国家社科基金“优秀”结项成果，证书号：20150818

虚构对象的形上学

徐　敏 \ 著

中国社会科学出版社

图书在版编目（CIP）数据

虚构对象的形上学／徐敏著．—北京：中国社会科学出版社，2018.9

ISBN 978 – 7 – 5203 – 3258 – 3

Ⅰ．①虚…　Ⅱ．①徐…　Ⅲ．①实在论—研究　Ⅳ．①B089

中国版本图书馆 CIP 数据核字（2018）第 224223 号

出 版 人　赵剑英
责任编辑　喻　苗
责任校对　胡新芳
责任印制　王　超

出　　版　中国社会科学出版社
社　　址　北京鼓楼西大街甲 158 号
邮　　编　100720
网　　址　http://www.csspw.cn
发 行 部　010 – 84083685
门 市 部　010 – 84029450
经　　销　新华书店及其他书店

印　　刷　北京明恒达印务有限公司
装　　订　廊坊市广阳区广增装订厂
版　　次　2018 年 9 月第 1 版
印　　次　2018 年 9 月第 1 次印刷

开　　本　710 × 1000　1/16
印　　张　21
插　　页　2
字　　数　334 千字
定　　价　88.00 元

序

這本書的主題是虛構對象，屬於形上學研究，但不止於形上學研究。形上學有時又被稱為“玄學”，讓人有莫測高深之感，而“虛構對象”則似乎玄之又玄，讓人更難窺其妙。但其實這樣的看法多半帶著成見。形上學研究的是組成這個世界的事物（或對象）的基本類型和它們的性質，而“虛構對象”指的則是小說、神話、傳說、電影等虛構作品中描述的事物，如福爾摩斯、哈姆雷特、孫悟空和賈寶玉等。這些虛構對象無疑是我們經常談論的對象，有關於它們的形上學問題在於我們應否承認這些對象的本體論地位，也就是：（i）應否認為它們構成這個世界（或至少思維對象界）的一個部分；以及（ii）如果應該，這些對象的共同特性為何。對（i）這個問題給出肯定答案的人屬於實在論者，給出否定答案的人則屬於反實在論者。反實在論者沒有必要回答（ii）這個問題，而實在論者對（ii）所給出的答案則不盡相同。

我說這本書不止於形上學的研究，因為對於虛構對象的言談、思維感知和推論也是我們日常生活、甚至嚴肅科學的一部分。《紅樓夢》的讀者評論賈寶玉的性情與言行，秦始皇和許多古代許多皇帝都追求虛妄的長生不老藥，科學家則對於不存在的無摩擦力運動物體做出預測與推論，這些言談的指稱是什麼？這些言談的內容如何理解？與這些對象有關的心理現象的意向性如何解釋？有關於它們的推論與預測如何可能？甚至，我們如何可能知道任何有關於它們的任何事情？這些問題分別是當代語言哲學、心靈哲學、邏輯學、形式語意學以及認識論中的重要問題。基於這個繁複性，這本書因而有著複雜的跨哲學領域特性，對問題的討論與處理也相對不容易。

從文獻上看，西方哲學對於虛構對象的討論始自柏拉圖的某本對話錄；從時間上看，真正對於這個問題的熱烈討論則開始於 1 個多世紀之前。1 個世紀的時間雖然不長，但隨著文明與理智的進步，相關的討論的張力與複雜度卻越來越強。因而，對於一個發展了 1 個多世紀的當代哲學主題來說，想要全面掌握相關的文獻，不僅非常困難、也是一件折磨人的事，但徐敏在這一方面所下的功夫顯然值得掌聲鼓勵。這本書對於虛構對象反實在論的許多大家 – 如羅素、弗雷格、亞當斯、布洛克、辛迪卡、馬爾庫斯、拉珀波特、以及最近的埃弗雷特 – 的觀點都做了適當程度的討論與評價，更對許多虛構對象實在論的學者 – 如梅農、沃爾特斯多夫、帕森斯、扎爾塔、刘易思、范英瓦根、湯姆遜等人 – 的觀點做了深入的分析和評論。特別難得的是，許多這方面的理論，特別是羅素、帕森斯、扎爾塔和刘易思的理論，都涉及了繁複的數理邏輯背景和深刻的語言哲學與心靈哲學分析，對這些理論的掌握與評估其實都相對困難。但在我看來，無論從廣度或深度上看，徐敏對這些文獻的的掌握都是很不錯的，這一點尤其值得推薦。我相信，讀者們在讀完這本書後，對於過去一百多年來有關虛構對象的哲學討論，一定能夠有一個全面且深刻的理解。對於將來想要更深入研究這個主題的讀者來說，我確信這是一本很深入的導讀和評論書籍。

但這本書還不止是一本有關於虛構事物的導讀和評論性書籍。首先，這本書還包含了一個討論形上學方法論的專章（第二章），這對於將來有志於研究哲學問題 – 不論是不是形上學的問題，也不論是不是有關於虛構對象的問題 – 的學生和學者來說，無疑都有很好的參考價值。哲學 – 特別是形上學 – 的討論往往讓人有抽象的感覺，但一旦落實在方法論上，高度抽象的討論也就能展露出其嚴謹學科的面貌。簡單的說，哲學（包括形上學）的方法也就是推論出最佳理論的溯因推理方法；掌握了這一點，研究哲學的人就能夠觸類旁通，從一斑而窺其全豹。其次也是最重要的，這本書還有一個明顯不同於一般中文哲學著作之處：作者花了至少 1/4 的篇幅，仔細地闡述了他對於虛構對象所抱持的實在論想法，以及一些與虛構對象的言談有關的語言哲學問題。基本上，徐敏的觀點是個實在論的觀點；不過，有關於他的理論的細節則請容許我在此賣個關子，讓讀者們自己去發現。讀完這本書後，讀者們或許不會完全同意徐敏對於虛構對象的看法，但正如徐敏所說，他的目的只是想「對世界的結構給出某種理解的框架，並與其他的框架進行競爭」。我知道這本書所提出的“合取創造主義”是當代華人世界哲學家第一次對虛構對象所提出的哲學理論，也期待這個理論將來能夠在哲學的全球化討論中與其他的理論框架進行競爭。

從他還在廣州中山大學做博士生到現在，我和徐敏已經相識十多年了。十多年來，我們一直保持著聯繫，我也因而知道他是一位凡事執著而又認真的學者。我自己在虛構對象的問題上曾經作過數年的研究，也寫過一本博士論文和幾篇期刊文章。但和徐敏相比，我自知我研究的熱情與對於文獻的追蹤毅力都遠不及徐敏。當代華人哲學學者中，有些人是極為低調但極為認真地在從事學術的研究，徐敏就是我所知道的其中一位。根據我對徐敏過去學術發表的了解，這本書是他過去十多年來研究成果的結晶，許多部份則是對他在多個期刊上發表的論文的進一步擴充。基於這些了解，我很想說我閉著眼睛都能推薦這本書，但基於對讀者的道義，我還是仔細地讀了這本書。我的結論是：無論從章節編排的合理性、文字表達的清晰性、寫作觸及面的廣度、對相關文獻理解的深度與正確性、作者理論的創新性、書中論證的強度、對不同意見評析的準確性，或對於邏輯分析工具的熟練應用程度來看，這都是一本中文哲學界難得的成熟作品。我因此可以很負責任地強烈推薦這本書的出版，也十分期待它的問世。

王文方

台灣陽明大學心智哲學研究所教授兼所長

目　　录

导　言

在哲学的众多分支学科中，形上学（Metaphysics）是最基础的学科之一。这是因为其他哲学分支的研究工作总会依赖于特定的形上学立场，而任何形上学立场的合理性都要依赖于严肃的形上学考察。形上学主要研究两个基本问题。问题一："我们应该承认什么类型的对象?"问题二："我们承认的不同类型对象属于什么范畴，具有什么属性?"① 关于不同类型对象的形上学研究形成不同的部门形上学。一般地，关于某类对象的部门形上学，相应地主要研究两个基本问题。问题一："我们是否应该承认该类对象?"问题二："如果承认该类对象，该类对象属于什么范畴，具有什么属性?"本书进行的是关于虚构对象（fictional objects）的部门形上学研究。所谓"虚构对象"就是小说、神话、传说、电影等虚构作品中被虚构地描写的对象，比如福尔摩斯（Sherlock Holmes）、哈姆雷特（Hamlet）、孙悟空和贾宝玉。因此，本书将主要研究两个基本问题。问题一："我们是否应该承认虚构对象?"问题二："如果承认虚构对象，虚

① 实际上，这两个基本问题是形上学领域中的最核心问题。形上学中，专门研究这两个核心问题的领域有一个专有名词，即"本体论"（参见 S. Laurence, C. Macdonald, "Introduction: Metaphysics and Ontology", in S. Laurence, C. Macdonald eds., *Contemporary Readings in the Foundations of Metaphysics*, Oxford: Blackwell Publishers Inc., 1998, p. 3；王文方《形上学》，台北：三民书局 2008 年版，第 3 页；彭孟尧《形上学要义》，台北：三民书局 2013 年版，第 9—11 页）。本书中，笔者用"形上学"专指本体论这一形上学核心领域。"本体论"一词将另作他用，详见第一章第一节，这里做简要说明。在英文中，作为形上学子学科的本体论对应的词是"Ontology"，大写字母"O"是其学科标志。在本体论这一学科中，对第一个核心问题的回答，即对"我们应该承认什么类型的对象"的一个具体回答，构成一个特定的 ontology。注意，这里是小写字母"o"。为了避免写作本书的过程中发生混淆，笔者用中文的"本体论"专指英文中的 ontology，而不再指称作为学科的 Ontology。作为学科的 Ontology 将用"形上学"进行指称。

构对象属于什么范畴，具有什么属性?”

形上学家对虚构对象的关注至少可追溯至柏拉图（Plato）。在《智者篇》中，柏拉图便提出著名的非存在难题：当我们说一个事物不存在时，我们似乎既正确地断言了什么，又没有关于任何东西在进行断言。[①] 虚构对象往往被看作是典型的非存在物。以福尔摩斯为例，非存在难题可被表示为：当我们说福尔摩斯不存在时，我们似乎既正确地断言了什么，又没有任何东西在被断言。[②] 当然，非存在难题只是关于虚构对象的一个特定形上学话题，算不上核心话题，更不是所有话题。实际上，关于虚构对象的形上学研究已经形成一个正式的部门形上学。一个重要的表现就是，作为一个独立的主题，虚构对象被列入重要的形上学手册，比如由布莱克维尔（Blackwell）出版社出版、J. 金姆（J. Kim）等主编的《形上学选集》，[③] 牛津大学出版社出版、M. J. 洛克斯（M. J. Loux）和D. W. 齐默曼（D. W. Zimmerman）主编的《形上学牛津手册》。[④] 不难看出，手册所收录的文章集中讨论的便是这两个基本问题，即“我们是否应该承认虚构对象”和“如果承认虚构对象，虚构对象属于什么范畴、具有什么属性”。

关于我们是否应该承认虚构对象，有正反两方面意见。有的形上学家，即实在论者，基于特定证据认为应该承认虚构对象。有的形上学家，即反实在论者，则认为不存在合适的证据支持我们承认虚构对象，因此，不应该承认虚构对象。20 世纪 70 年代以前，在虚构对象的本体论地位问题上，哲学家们深受 B. 罗素（B. Russell）和 W. V. 奎因（W. V. Quine）的反实在论立场影响，很少有人对实在论抱同情态度。关于虚构对象，罗素和奎因的说法确实令人印象深刻。罗素宣称，从事哲学分析的人，必须拥有一种“健全的实在感”，而承认虚构对象会导致丢掉这种可贵的

---

① Plato, “The Sophist”, in F. M. Cornford tr. , *Plato's Theory of Knowledge: The Theaetetus and the Sophist of Plato*, London: Kegan Paul, Trench, Trübner & Company, 1935, p. 204.

② 笔者将在第八章讨论指称问题时，讨论否定存在难题。

③ A. Thomasson, “If We Postulated Fictional Objects, What Would They Be?”, in J. Kim et al. eds. , *Metaphysics: An Anthology*, Oxford: Blackwell Publishing Ltd. , 2012, pp. 59 – 72.

④ P. van Inwagen, “Existence, Ontological Commitment, and Fictional Entities”, in M. J. Loux, D. W. Zimmerman eds. , *The Oxford Handbook of Metaphysics*, Oxford: Oxford University Press, 2003, pp. 131 – 157.

实在感。[1] 奎因的用词同样不客气，他将虚构对象等可疑事物构成的领域称作本体论上的“贫民窟”，并建议形上学家高举奥卡姆剃刀，清除这种贫民窟，像他本人一样，在本体论问题上，奉行沙漠风景美学。[2]

从实在论者的角度看，20 世纪 70 年代之前，反实在论的压倒性气势就像封闭的屋子一样让人喘不过气来。幸运的是，墙上还留有一个“通风小孔”，通过这个小孔吹进来的便是实在论之风。钻这个孔的便是奥地利哲学家 A. 梅农（A. Meinong）。梅农的态度与罗素完全不同。梅农指出，形上学家经常对虚构对象等实体视而不见，他将这种观念称作“钟爱存在物的偏见”，或“钟爱现实之物的偏见”。[3] 显然，“钟爱现实之物的偏见”与“健全的实在感”针锋相对。70 年代以后，有的实在论者举起梅农的大旗，大张旗鼓地提出梅农主义虚构对象理论。梅农主义虚构对象理论出现之后，一场关于虚构对象的实在论与反实在论的争论正式到来。受到梅农主义虚构对象理论的影响，其他的虚构对象实在论理论也纷纷登场。关于虚构对象的一场真正的形上学论战随之全面打响。

70 年代之后，许多哲学家纷纷加入虚构对象实在论阵营，实在论阵营得以迅速壮大。实在论阵营中的著名代表包括：T. 帕森斯（T. Parsons）、E. N. 扎尔塔（E. N. Zalta）、N. 沃尔特斯多夫（N. Wolterstorff）、D. 刘易斯（D. Lewis）、G. 普莱斯特（G. Priest）、P. 范英瓦根（P. van Inwagen）、S. 索莫斯（S. Soames）、S. 克里普克（S. Kripke）、A. 汤姆逊（A. Thomasson）、N. 萨尔蒙（N. Salmon）、A. 沃特里尼（A. Voltolini）。同时，一批哲学家则继续为虚构对象反实在论辩护。反实在论阵营中的著名代表包括 S. 布洛克（S. Brock）、F. 亚当斯（F. Adams）、A. 埃弗雷特（A. Everett）、K. 沃尔特（K. Walton）、R. 赛恩思博里（R. Sainsbury）、T. 八木泽（T. Yagisawa）、M. 克里明斯（M. Crimmins）、F. 克鲁恩（F. Kroon）。

针对第一个基本问题，即我们是否有理由承认虚构对象，实在论者

---

① B. Russell, *Introduction to Mathematical Philosophy*, London: George Allen & Unwin, Ltd., 1930, pp. 169 - 170.

② W. V. Quine, “On What There Is”, in his *From a Logical Point of View*, New York: Harper & Row Publishers, Incorporated, 1961, p. 4.

③ A. Meinong, “The Theory of Objects”, in R. M. Chisholm ed., *Realism and the Background of Phenomenology*, Atascadero: Ridgeview Publishing Company, 1960, p. 82.

从“指称虚构对象”“量化虚构对象”“意向虚构对象”“承认虚构对象的低代价”以及“承认其他类型实体的本体论需要”等角度为虚构对象实在论进行辩护。反实在论者则试图消解这些证据的效力。针对第二个基本问题，即如果承认虚构对象，虚构对象属于什么范畴、具有什么属性，反实在论者并非必须回答，实在论者则构造不同的虚构对象理论，给出不同的回答。有的形上学家认为，梅农提出的对象理论图景为刻画虚构对象指明了方向，他们认为，虚构对象属于梅农式对象，需要进一步做的是对梅农的素朴对象理论进行更精确表达或发展。有的形上学家认为，虚构对象是可能对象，虚构对象与现实对象的不同之处在于它们仅仅是可能的。有的形上学家认为，虚构对象是人造抽象物，它们既不同于具体的物理对象，也不同于必然存在的抽象对象。有的形上学家则认为，虚构对象可以在传统本体论中进行定位，但是，虚构对象不是殊相，而是共相。

关于虚构对象的实在论与反实在论，到底哪一方更加合理？如果实在论更加合理，哪种虚构对象理论又更加可信？争论者必定都持有自己的偏好，并为其偏好提供证据支持。然而，在笔者看来，恐怕现在不存在，将来也不会存在压倒性的论证使得我们可以做出“唯一正确”的回答。诚如 D. M. 阿姆斯特朗（D. M. Armstrong）所言，形上学研究者的目的不是“证明”某个形上学回答是“正确的”，而是对世界的结构给出某种理解的框架，并与其他的框架进行竞争，借此帮助人们对这个世界能够有更好的包容性理解。①

笔者撰写本书的原因有两个。第一，为了满足自己对虚构对象本性的好奇心。第二，关于虚构对象形上学研究的文献虽然很多，但尚未出现一个令笔者足够满意的理论。这两个原因又密不可分。一方面，好奇心让笔者去关注关于虚构对象的形上学争论，却发现已有的说法都尚不足以满足自己的好奇心。另一方面，既然已有理论不能令人满意，自然便想自己构造一个理论刻画虚构对象，这便激起更加强烈的好奇心。

笔者的好奇心来自虚构对人类的重要性。众所周知，虚构是现代人

---

① D. M. Armstrong, *Sketch for a Systematic Metaphysics*, Oxford: Oxford University Press, 2010, p. 1.

生活中不可或缺的一部分。学习或工作之余，我们大部分时间都会用虚构内容进行填充，比如读小说、看电影、追电视剧。[①] 如果将虚构从生活中剥离出去，一大部分时间内，我们恐怕会百无聊赖、不知所措。不只我们如此，据说，我们的祖先也是如此。《极简人类史》的作者 D. 克里斯蒂安（D. Christian）认为，人类区别于其他近亲物种的最有力的标志就是语言符号，而语言符号的显著功能之一在于，能够让人类谈论不存在或不确定是否存在的事物。[②] 《人类简史：从动物到上帝》的作者 Y. N. 赫拉利（Y. N. Harari）认为，与现代人的祖先智人竞争的尼安德特人在力量、高度、速度等物理指标方面更有优势，然而，现代人的祖先智人更擅长讲故事。与尼安德特人相比，智人不但能表达现实情境，还能表达虚构情境。这种差异让智人在与尼安德特人的竞争中整体上处于优势而存活下来继续进化，而尼安德特人最终被淘汰掉。“讨论虚构的事物正是智人语言最独特的功能。”[③] 既然虚构是如此重要，作为一名哲学学者，笔者的好奇感恰恰可以表达为上述两个基本的形上学问题，即我们是否应该承认虚构对象？如果承认虚构对象，它们属于什么范畴、具有什么属性？

本书将分别对这两个基本问题进行回答，共分八章。具体而言，第一章回答“我们是否应该承认虚构对象”。笔者将论证，我们有合适的理由承认虚构对象，具体而言，将论证指称虚构对象现象、存在量化虚构对象现象和意向虚构对象现象构成支持虚构对象实在论的重要证据（关于其他角度的证据支持力，笔者将做简单评论）。第二章介绍虚构对象理论的评价标准。第三章到第七章回答“如果承认虚构对象，虚构对象属于什么范畴、具有什么属性”。笔者将对已有的虚构对象理论进行梳理、

---

① 一个重要的表现是越来越多的人愿意为网络上播放的电影、电视剧付费。仅以中国为例，根据一项调查报告，2017 年爱奇艺、优酷、腾讯、乐视视频等主要视频网站付费会员数量均超过 2000 万，视频付费用户总体已超过 1 亿。其中影院热映新片、独播网络大电影是用户最愿意付费的内容，60% 以上的用户愿意为之付费，近 50% 的观众愿意为独播网络剧、电视热播剧付费。请参见 https：//item. btime. com/4653gguaa509perltu8hludc1e8。

② ［美］大卫·克里斯蒂安：《极简人类史》，王睿译，孙岳校，中信出版社 2016 年版，第 53 页。

③ ［以色列］尤瓦尔·赫拉利：《人类简史：从动物到上帝》，林俊宏译，中信出版社 2012 年版，第 25 页。

归类和评价，在此基础上，提出并辩护一个新的虚构对象理论。具体而言，第三章对观念主义和柏拉图主义虚构对象理论进行梳理和评价。这两种理论都是在传统本体论结构下，对虚构对象进行范畴归属和属性刻画。第四章对可能主义和创造主义进行梳理和评价。可能主义者和创造主义者都拓展传统本体论结构，对虚构对象进行范畴归属和属性刻画。第五章考察两种折中主义的理论尝试。在第六章，笔者提出一种合取创造主义理念。在第七章，笔者将基于虚构属性构造一个特定版本的合取创造主义虚构对象理论。第八章探讨创作语境下的指称难题，笔者将提出接续主义虚构名字指称理论。最后，对全书进行总结。

第 一 章

关于虚构对象的实在论

关于虚构对象的部门形上学主要回答两个问题：我们是否应该承认虚构对象？假如承认虚构对象，虚构对象属于什么范畴、具有哪些属性？针对第一个问题，不同回答导致关于虚构对象的实在论和反实在论争论。针对第二个问题，不同回答导致不同的虚构对象理论。本章关注第一个问题，聚焦关于虚构对象的实在论和反实在论争论。

实在论者常常从语义现象和意向性现象两个方面寻求证据支持。笔者是一个实在论者，本章的目的是从这两个方面为虚构对象实在论进行辩护。具体而言，先厘清一些会用到的基本概念，然后分别论证指称虚构对象现象、存在量化虚构对象现象和意向虚构对象现象构成支持虚构对象实在论的重要证据。

第一节　基本概念

本章以及下文将经常用到四个基本概念："存在""本体论""实在论"和"反实在论"。下面对这几个概念的用法做基本介绍。

一　存在

一般认为，"存在"有两种用法，即一阶用法和二阶用法。

关于"存在"的一阶用法，即应用于个体对象的用法，有两种不同的观点。第一种观点认为，所有事物都是存在的，就是说，任给论域 D，"存在"对 D 中每个成员为真，也就是说，"存在"的外延是整个论域 D。第二种观点认为，事物可以是不存在的，就是说，任给论域 D，"存在"

不必对D中每个成员为真，就是说，“存在”的外延是论域D的子集即可。第一种观点常被称作“存在”的奎因式解释。第二种观点常被称作“存在”的梅农式解释。在奎因式解释下，“存在”空洞地适用于论域中的每个对象，不具有划分论域的功能，可通过量词和等词如下定义：x存在，当且仅当，$(\exists y)(y = x)$。该定义读作：x存在，当且仅当，x是某物（或x与某物同一）。在梅农式解释下，像日常谓词一样，“存在”具有划分功能，单凭论域不足以判定“存在”的外延。

关于“存在”的一阶用法，笔者主张奎因式解释，本书也将采取这种解释。一方面，这是因为奎因式解释已经被广泛接受。另一方面，在笔者看来，梅农式“存在”的内涵并不清晰，理由如下。

如果说“存在”具有划分论域功能，“存在”必定具有特定内涵。然而，令人遗憾的是，笔者尚未发现，坚持梅农式解释的学者明确“存在”的内涵并进行辩护。在笔者看来，纵使将来会有清晰化的努力，也不会令人满意。比如，他们或许会认为，“存在”可以用其他属性进行定义，比如说“物理的”或者“具体的”。[①] 以“物理的”为例，若借此界定“存在”的内涵，则“存在”将是多余的，存在对象就是物理对象。在日常语言中，诸如“物理的”这样的词语，指称的是清晰的普通概念，没有必要再引入一个“存在”谓词。或许，他们会退而认为，梅农式“存在”是不可定义的，必须被列为初始谓词，那么，将陷入神秘主义。[②]

与此对照，奎因式“存在”通过存在量词和等词进行定义。在笔者看来，奎因式“存在”拥有三方面优势。第一，奎因式“存在”与“说一个事物存在就是说它是一个东西而非什么都不是”的前理论直觉一致。第二，奎因式“存在”与“说一个事物存在并不能推出它具有任何其他的具体属性”前理论直觉一致。第三，奎因式“存在”仅仅通过存在量

---

① 扎尔塔曾尝试用具体性或者“占有时空”对“存在”进行解释（E. N. Zalta, *Abstract Objects: An Introduction to Axiomatic Metaphysics*, Dordrecht: D. Reidel Publishing Company, 1983, p. 52）。普莱斯特也曾做过类似定义，认为“存在”等同于“占有时空”或“拥有因果效力”（G. Priest, *Towards Non-being: The Logic and Metaphysics of Intentionality*, Second Edition, Oxford: Oxford University Press, 2016, pp. xxvi – xxviii）。

② 范英瓦根曾明确指责梅农式“存在”是神秘的词汇，是缺乏合适解释的技术词汇（P. van Inwagen, “Creatures of Fiction”, *American Philosophical Quarterly*, Vol. 14, No. 4, 1977, pp. 299 – 300）。

词和等词（而非熟悉的日常谓词）进行定义，而存在量词和等词都被看作是逻辑符号，因此，奎因式“存在”可被视作逻辑谓词，这与“存在乃是一种不依赖于任何对象的独立谓词”的前理论直觉一致。[①] 基于这些考虑，本书坚持“存在”的一阶用法的奎因式解释。然而，有必要提醒读者，下文中，出于展示特定理论（比如帕森斯的对象理论）的方便，笔者可能维持理论作者的梅农式用法，有了这里的说明应不会造成混淆。出现这种情况时，笔者也会明确加以说明。

上面讨论和规定的是“存在”的一阶用法。“存在”的二阶用法，即应用于属性的用法，不牵涉含混性，是意义单一的。简单讲，“存在”相当于“有示例”，用λ表达式可表示为“（λP）（∃x）（Px）”，即“是这样一个属性，有一个对象具有它”。其中，P 是一个属性变元。例如，“白马存在”意味的“（是）白马”这个属性拥有至少一个示例。在“存在”的二阶用法下，说“苏格拉底存在”是没有意义的。因此，“存在”的一阶用法和二阶用法在同一个语境下出现也不会造成混淆。

二　本体论

本书中，“本体论”指被一个主体承认的所有实体。这种用法下，“本体论”可加人称限制，如“奎因的本体论”“梅农的本体论”。例如，奎因的本体论包括物理对象以及通过物理对象构造的类。[②] 在这种用法下，“本体论”还可加量词限制，如“一个本体论”“多个本体论”。这种用法下，奎因主张的本体论宽容原则可表述为：出于不同的目的或需求，特别是解释的需求，在众多本体论中做不同的选择，是可以接受的。[③]

---

① I. 康德（I. Kant）将“存在”看作是逻辑谓词，而不是真正的谓词。前半句肯定性说法与这里的第三点吻合。后半句否定性说法与这里的第二点吻合。关于康德的存在观，可参见克里普克的说明性解释（S. Kripke, *Reference and Existence*, Oxford: Oxford University Press, 2013, pp. 35 – 36）。

② W. V. Quine, “On Individuation of Attributes”, in his *Theories and Things*, Cambridge: Harvard University Press, 1981, pp. 100 – 112.

③ W. V. Quine, “On What There Is”, in his *From a Logical Point of View*, New York: Harper & Row Publishers, Incorporated, 1961, p. 19.

三 实在论/反实在论

一般地，针对约束条件 φ，对任意本体论 O，如果 O 中包含满足条件 φ 的成员，那么，关于 φ 类实体，我们称 O 是实在主义的（realistic），否则，称 O 是反实在主义的（anti-realistic）[①]。假设 O 是主体 S 的本体论，并且关于 φ 类实体 O 是实在主义的，我们称 S 是关于 φ 类实体的实在论者（realist）；如果 O 是反实在主义的，我们称 S 是关于 φ 类实体的反实在论者（anti-realist）。[②] 例如，关于物理对象这类实体，奎因的本体论是实在主义的，奎因是一个实在论者；关于属性这类实体，奎因的本体论是反实在主义的，奎因是一个反实在论者。[③] 这里，牵涉的约束条件分别是“是一个物理对象”和“是一个属性”。

根据这里定义，特别地，如果一个本体论 O 包含虚构对象，那么，关于虚构对象这类实体，O 是实在主义的，否则是反实在主义的。笔者将关于虚构对象的所有实在主义本体论，通称为“关于虚构对象的实在论”，简称为“虚构对象实在论”。在不引起混淆的情况下，简称为“实在论”（realism）。类似地，将关于虚构对象的所有反实在论通称为“关于虚构对象的反实在论”，简称为“虚构对象反实在论”。在不引起混淆的情况下，简称为“反实在论”（anti-realism）。相应地，在不引起混淆的情况下，我们也会将关于虚构对象的实在论者/反实在论者，简称为“实在论者/反实在论者”。

有必要指出，这里对实在论的定义和传统界定稍有不同。根据对实在论的传统界定，关于一类实体的实在论，包含两个具体信条：（a）存在这类实体；（b）这类实体中的每一个都客观地存在，即独立于精神

---

① “包含”指的是“包含至少一个”。假设本体论 O_1 包含柏拉图式理念和数学实体，而本体论 O_2 仅仅包含数学实体。我们知道柏拉图式理念和数学实体都是抽象对象。因此，基于这里定义，关于抽象对象，O_1 和 O_2 都是实在主义的，因为 O_1 和 O_2 都包含至少一个抽象对象。

② 根据该定义，说一个人是实在论者或反实在论者一定隐含着某个范畴标记。只有关于一类实体的实在论者或反实在论者，不存在绝对意义上的实在论者或反实在论者。

③ W. V. Quine, “On Individuation of Attributes”, in his *Theories and Things*, Cambridge: Harvard University Press, 1981, pp. 100 – 112.

(the mental) 而存在。[①] 这里对实在论的界定则仅仅包含信条 (a)，可被称作“弱实在论”(weak realism)。笔者这样规定，是出于讨论虚构对象这类实体的需要。比如，有的哲学家认为，存在虚构对象，并认为虚构对象依赖于精神而存在（如观念主义），有的哲学家认为，存在虚构对象，并认为它们独立于精神而存在（如柏拉图主义）。有了前面的界定，我们可将上述情形描述为“实在论者关于虚构对象是否独立于精神而存在有分歧”，而不是缺少表达力的“存在关于虚构对象的实在论与反实在论争论”。[②]

特别地，有了上述对本体论、实在论、反实在论、实在论者、反实在论者的定义，关于虚构对象的部门形上学研究的两个基本问题可表述为：第一，我们的本体论是否应该包含虚构对象？第二，如果我们的本体论应该包含虚构对象，虚构对象属于什么范畴、具有什么属性？实在论者对问题一做出肯定回答，反实在论者做出否定回答。实在论者对问题二的不同回答导致不同的虚构对象理论。接下来，我们正式进入到关于虚构对象的本体论争论：我们的本体论是否应该包含虚构对象？

第二节　指称虚构对象现象与实在论

实在论者宣称，基于包含虚构对象的本体论，我们能更好地解释指称虚构对象现象，这构成支持实在论的证据。反实在论者则认为，不诉诸包含虚构对象的本体论，这种现象也能得到合理解释。本节将论证，针对指称虚构对象现象，尚未出现一种令人满意的反实在论语义学，指称虚构对象现象构成支持实在论的重要证据。

一　指称虚构对象现象与实在论语义学

自然语言语义学的任务是基于特定本体论对自然语言进行语义解释。

---

① M. Devitt, *Realism and Truth*, Princeton: Princeton University Press, 1991, pp. 13 – 14.

② 根据传统定义，这里“反实在论”可能意味“虚构对象不存在”，也可能意味“虚构对象存在但依赖于精神而存在”，因此，“存在关于虚构对象的实在论与反实在论争论”并不能准确表达这里涉及的分歧。

自然语言中有些单称陈述含有虚构名字。实在论者宣称，基于包含虚构对象的本体论，我们将能系统地为这些陈述提供合适的语义解释，这构成支持实在论的证据。

虚构名字指通常被看作用来指称虚构对象的专名，比如“福尔摩斯”“哈姆雷特”和“贾宝玉”。以“福尔摩斯”为例，含有虚构名字的单称陈述包括：

（1）“福尔摩斯是一个虚构角色”；

（2）“柯南·道尔创造了福尔摩斯”；

（3）“福尔摩斯比所有现实侦探的名声都大”；

（4）“福尔摩斯反映了人们的求真精神”。

这类语境将被称作“外虚构语境”。外虚构语境与“内虚构语境”相对。内虚构语境是从故事内部视角做出断言，断言成立与否依赖于故事的内容。比如，“福尔摩斯是一个侦探”是真的，因为该陈述所断言内容恰好是故事的一部分。外虚构语境是从故事外部视角做出断言，不是关于故事内容的，而是对现实本身进行断言。我们将外虚构语境下做出的陈述称作“外虚构陈述”，将内虚构语境下做出的陈述称作“内虚构陈述”。① 这里所谓的“外虚构陈述”和“内虚构陈述”，合起来相当于“文学评论陈述”。在笔者看来，文学评论中的陈述或者是从故事内部视角对故事内容的断言，即内虚构陈述，或者是从故事外部视角对虚构角色的相关特征的断言，即外虚构陈述。

这里选取的例句都是外虚构陈述，而不是内虚构陈述，这是因为内虚构陈述之断言特征常常被看作是有争议的。比如，在有的学者看来，内虚构陈述“福尔摩斯是一个侦探”看似直接做出一个断言，但实际上

① 本章第四节将考察意向虚构对象现象。这类现象反映在语言上即意向性陈述，比如“彼得崇拜福尔摩斯”。意向性陈述也是对现实本身的断言，而不是关于虚构内容的断言，因此，应当归入到外虚构陈述。然而，意向性是一个引发哲学争论的重要哲学概念，因此，有必要对意向虚构对象现象特别进行讨论。因此，在内/外虚构陈述区分的基础上，笔者将外虚构陈述所处语境划分为普通外虚构语境和特殊外虚构语境。意向性语境被看作是一种特殊的外虚构语境。本章第二节和第三节处理的是普通外虚构语境，第四节处理的是意向性语境。另外，读者将会看到，在第二章讨论虚构对象理论的解释力时，笔者也将创造性真理单列出来。在那里，创造性真理和意向性真理都被看作处于特殊外虚构语境。有了这里的说明，可知这与我们对虚构语境的分类并不冲突。

并没有。在他们看来，该陈述实际上表达的是“根据故事福尔摩斯是一个侦探”，而不是在直接做出断言。[①] 与此对照，一般地，诸如（1）—（4）的外虚构陈述却被看作是真正地做出断言，关于这些陈述之真假的语义直觉是坚实可信的。

在外虚构语境中，看起来虚构名字被用来指称一个对象，并且所指对象被断定为具有某个属性或处于某种关系中。在实在论者看来，一般地，一个虚构名字在各种外虚构语境中承担着相同的语义功能，对于出现在外虚构语境中的同一个虚构名字，要提供统一的语义解释。他们认为，正确的解释就是，如语法结构显示，虚构名字就是指称虚构对象的表达式。就是说，虚构名字在外虚构语境中承担的语义功能就是看起来所承担的语义功能，即指称某个虚构对象。例如，（1）—（4）中的“福尔摩斯”都指称了福尔摩斯这一虚构对象，并被断定为具有相应的属性或处于特定关系中。

二 罗素式反实在论策略

按照经典的反实在论策略，虚构名字是对不含虚构名字的语片进行缩写的装置，含有虚构名字的陈述可被分析为不含虚构名字的陈述，而不会丧失语义内容。当然，这仅仅为反实在论者提供了一个纲领。为了实现该纲领，反实在论者必须提供一个确定的消除虚构名字的模式。基于罗素的描述语理论，经典消除策略表现为这样一种思路：一个虚构名字可被替换为某个不含虚构名字的确定描述语。下文将称这种策略为“罗素式反实在论策略”。罗素式反实在论策略主要表现为如下三种不同的消除模式。

（一）简单罗素式消除模式

关于虚构名字，罗素写道：“整个非实体（non-entities）领域，比如……‘阿波罗’，‘哈姆雷特’等，都可令人满意地进行处理。这些词

① 比如，创造主义者范英瓦根和汤姆逊认为，“福尔摩斯是一个侦探”要被分析为“根据故事福尔摩斯是一个侦探”，说的是，根据某个特定的故事，福尔摩斯这个虚构对象具有“是一个侦探”这个属性。一般地，内虚构陈述要进行重述，不能直接地进行解读。详细说明，请参见本书第四章第二节。A. 普兰廷加（A. Plantinga）认为，“福尔摩斯是一个侦探”这样的陈述不能说是真的，也不能说是假的，因为它并不是真正地用来做出断言（A. Plantinga, *The Nature of Necessity*, Oxford: Oxford University Press, 1974, p. 153）。

组都是没有指称任何事物的指称性词组。一个关于阿波罗的陈述意味的是，根据经典词典中对‘阿波罗’意义的规定完成替换后所得的陈述，比如说，将‘阿波罗’替换为‘太阳之神’（the sun-god）。”①

这样，罗素提供了一种消除模式。根据该消除模式，一个虚构名字“N”将被分析为，一个只牵涉从虚构故事内部视角看N被赋予的那些属性的一个确定描述语。我们将把该消除模式称为“简单罗素式消除模式”。

根据简单罗素式消除模式，（1）—（4）中的“福尔摩斯”将最适合被分析为确定描述语“那个叫作‘福尔摩斯’并且是一个侦探并且住在贝克大街（……）的人”，该确定描述语只牵涉从故事内部视角看福尔摩斯被赋予的那些属性。假如简单罗素式消除模式是合理的，出现在外虚构语境中的虚构名字都可以被分析为一个特定的确定描述语，而不必承认虚构对象。②

但是，该消除模式是不合理的。考察陈述（1），（1）将被分析为：

（1*）那个叫作“福尔摩斯”、是一个侦探并且住在贝克大街（……）的人是一个虚构角色。

根据罗素的确定描述语理论，（1*）为真，当且仅当，恰恰存在一个事物具有如此那般的属性，并且该事物是一个虚构角色。然而，罗素认为，根本没有一个事物满足（1*）中的确定描述语，这样的表达式是“没有指称任何事物的指称性词组”。既然没有一个人满足该确定描述语，故（1*）不是真的。但是，根据我们的前理论直觉，福尔摩斯是一个虚构角色，（1）是真的。出现不一致。类似分析可应用于外虚构陈述（2）—（4）。

简单罗素式消除模式不能保证被分析陈述的真值保持不变，更不能做到保持语义内容不变：一个陈述的真假特征只是其语义内容的核心组成部分。因此，该消除模式是失败的。在笔者看来，这是一个强有力的反驳，因为分析语句与被分析语句至少应该保持真值一致，这是对反实

---

① B. Russell, “On Denoting”, *Mind*, Vol. 14, No. 56, 1905, p. 491.

② 用G. 赖尔（G. Ryle）的术语来讲，罗素的思路是：（1）—（4）这样的陈述“在语法意义上关于福尔摩斯”，但是，并非“在指称意义上关于福尔摩斯”。关于这两种意义的区分，请参见G. Ryle, “About”, *Analysis*, Vol. 1, No. 1, 1933, pp. 10 – 12。

在论者常用分析策略的基本要求。

简单罗素式消除模式，还面临另外两个指责。第一，虚构名字对应的确定描述语由故事内容决定，但故事往往并没有假设有且只有一个事物满足相应的描述语。比如，柯南·道尔并没有假设有且只有一个人是那样的侦探，他仅仅假设有一个人是如此那般。第二，假如简单罗素式消除模式合理，那么，假如有一个事物满足相应的描述语，故事作者便是在描述那个事物。比如，假如世界上果真有一个人具有福尔摩斯对应的那些属性，那么，根据简单罗素式消除模式，故事描述的就会是那个人。但是，正如克里普克正确地指出，如果那个人起诉柯南·道尔侵犯其隐私，并且柯南·道尔完全不知道有这样的人存在，更不认识那个人，法官会基于“故事所涉人物纯属虚构，如有雷同纯属巧合”而认定柯南·道尔无罪。①

基于以上三条反驳意见，在笔者看来，简单罗素式消除模式并不成功。

（二）复杂罗素式消除模式

克里普克曾考虑过一种略复杂的消除模式。② 这种模式可表述为，一个虚构名字“N”被分析为确定描述语“那个在故事 S 中是 F_1 并且是 F_2 并且是（……）的对象”，其中“S”指称“N”所对应的故事，“F1”“F2”……是从 S 的内部视角看分配给“N”的谓词。我们将把该消除模式称为“复杂罗素式消除模式”。例如，根据该模式，“福尔摩斯”将被分析为“那个在《福尔摩斯探案集》中叫作‘福尔摩斯’、是一个侦探并且住在贝克大街（……）的人”。

遗憾的是，复杂罗素式消除模式也不是一个合理的消除模式，因为它同样不能保证被分析陈述真值不变，更不能做到保持语义内容不变。考察陈述（1），（1）将被分析为：

（1**）那个在《福尔摩斯探案集》中叫作“福尔摩斯”、是一个侦探并且住在贝克大街（……）的人是一个虚构角色。

根据罗素的确定描述语理论，（1**）为真，当且仅当，恰恰存在一

① S. Kripke, *Reference and Existence*, Oxford: Oxford University Press, 2013, p. 27.

② Ibid., p. 22.

个事物满足该确定描述语，并且该事物是一个虚构角色。因为《福尔摩斯探案集》中的福尔摩斯不是一个真实的历史人物，故没有一个对象满足（1**）中的确定描述语，故（1**）不是真的。但是，我们的前理论直觉是福尔摩斯是一个虚构角色，（1）是真的。出现不一致。类似的分析可应用于外虚构陈述（2）—(4)。

另外，如前说明，故事作者并未假设有且只有一个人满足相应的描述语，因此，用“在《福尔摩斯探案集》中那个如此那般的侦探”来分析“福尔摩斯”，这个想法本身便不合理。因此，复杂罗素式消除模式同样并不成功。

（三）极端罗素式消除模式

奎因提供了一种极端消除模式。以“珸珈索斯”（“Pegasus”）为例，奎因写道：

“为了把诸如‘珸珈索斯’这样只包含一个字的名字（或者说所谓的名字）纳入到罗素的描述语理论，当然我们首先必须能够把这个字翻译为一个描述语。但这并不是什么大不了的限制。如果珸珈索斯这一概念是一个很模糊或者很基本的概念，以致不能按熟悉的方法将其适当地翻译为描述性短语，我们仍然可以利用下述人工的雕虫小技加以转换：诉诸被假设为不可分析的、不可归约的属性是珸珈索斯（being Pegasus）所对应的表达式‘是珸珈索斯’（‘is-Pegasus’）或者‘珸珈索斯化’（‘pegasizes’）。‘珸珈索斯’这个名词本身将被等同于一个派生的描述语：‘那个是珸珈索斯的事物’，‘那个珸珈索斯化的事物’。”①

这样，奎因提供了一个统一地消除虚构名字的模式。根据该模式，一个虚构名字“N”将被分析为确定描述语“那个是 N 的事物”，其中“是 N”是“N”对应的一个初始的不可归约的一元谓词。我们将把该消除模式称为“极端罗素式消除模式”。下面笔者说明极端罗素式消除模式也是不成功的。

考察陈述（1），（1）将被分析为：

（1***）那个是福尔摩斯的事物是一个虚构角色。

① W. V. Quine, “On What There Is”, in his *From a Logical Point of View*, New York: Harper & Row Publishers, Incorporated, 1961, pp. 7 - 8.

根据罗素的确定描述语理论，（1^{***}）为真，当且仅当，恰恰存在一个是福尔摩斯的事物，并且该事物是一个虚构的角色。但是，奎因承认，“福尔摩斯不存在”是真的。[①] 就是说，没有一个事物满足（1^{***}）中的确定描述语“那个是福尔摩斯的事物”，进而（1^{***}）不是真的。但是，我们的前理论直觉是福尔摩斯是一个虚构角色，因此（1）是真的。出现不一致。类似的分析可应用于外虚构陈述（2）—（4）。因此，同简单罗素式消除模式和复杂罗素式消除模式一样，极端罗素式消除模式同样不能保证被分析陈述真值不变，更不能做到保持语义内容不变。

另外，奎因所诉诸的形如“是福尔摩斯”这样的人工谓词是神秘的：该谓词既不能被理解为简单罗素式消除模式所需的谓词，也不能被理解为复杂罗素式消除模式所需的谓词，看起来也没有其他更合适的候选，因此，只能被看作是初始的人工谓词。特别地，不能看作是通过名字“福尔摩斯”进行定义，因为那显然会导致循环。

基于上述两个理由，笔者认为，极端罗素式消除模式同样并不成功。

三　弗雷格式反实在论策略

若反实在论者无法提供一个合理的消除模式，把虚构名字分析为不包含虚构名字的表达式，看起来他们必须承认虚构名字的确有所指称。但是，这也并不意味着，他们因此便会承认虚构对象。为了维护反实在论立场，有些反实在论者认为，虚构名字指称我们更熟知的实体，这些实体并不是我们通常理解的虚构对象。

A. 丘奇（A. Church）认为，在一些语境中，虚构名字指称的是弗雷格式（Fregean）含义（sense）。丘奇写道：“根据我们所主张的弗雷格式意义理论，‘谢里曼（Schliemann）寻找特洛伊所在地’断言的不是谢里曼和特洛伊所在地之间具有某种关系——因为谢里曼可能真的去寻找特洛伊所在地，但是特洛伊是一个纯粹的传说中的城市，特洛伊所在地不存在——而是断言谢里曼和一个概念，即特洛伊所在地这一概念，之间

---

① W. V. Quine, “On What There Is”, in his *From a Logical Point of View*, New York: Harper & Row Publishers, Incorporated, 1961, p. 9.

具有某种联系。”①

在丘奇的用法下，所谓概念指的是弗雷格式含义。② 丘奇强调，“谢里曼寻找特洛伊所在地”的意思不是“谢里曼寻找特洛伊所在地这一概念”，而是谢里曼和特洛伊所在地这一概念之间具有某个类似于寻找的关系。

如果把丘奇的建议做一般化处理，将得到一个统一的关于包含虚构名字（以及确定描述语）的单称陈述的语义学。具体而言，在外虚构语境中，虚构名字（以及确定描述语）并非指称失败，而是指称某个特定的弗雷格式含义。下文将称这种策略为“弗雷格式反实在论策略”。

如果弗雷格式反实在论策略是合理的，那么，仅仅诉诸更为哲学家们熟悉的弗雷格式含义这类实体，就可以对诸如（1）—（4）的陈述进行解释，而弗雷格式含义通常不被看作是虚构对象，进而也不必承认存在虚构对象。那么，这种方案合理吗？笔者认为，并非如此，理由如下。

首先，根据弗雷格式意义理论，在内涵语境下（比如在命题态度语境或模态语境下）一个单称词项才会指称其含义。③ 但是，陈述（1）—（4）并没有处于内涵语境中。判断一个语境为内涵语境的通常标准是同

---

① A. Church, *Introduction to Mathematical Logic*, Princeton: Princeton University Press, 1956, p. 8.

② 简单讲，G. 弗雷格（G. Frege）引入含义实体的目的是解释同一陈述认知差异难题。比如，“长庚星是长庚星”是无须任何经验观察便可知的平凡真理，相对照，“长庚星是启明星”却是需要大量经验观察和推理才可知的重要天文学真理。假如名字的意义仅仅在于所指称的对象，那么，看起来，上面两个陈述便应该是同义的，也因此，不可能承载不同的认知价值。弗雷格的主张是：名字的意义包含两个维度，一个维度是指称对象，另一个维度是表达含义，而且含义决定了指称。一个陈述所承载的认知价值不但与它所包含的符号的指称有关，还和这些符号所表达的含义有关。概言之：在弗雷格看来，因为“长庚星”和“启明星”所指对象相同，所以，“长庚星是长庚星”和“长庚星是启明星”都是真的；但是，“长庚星”和“启明星”所表达的含义并不相同，这决定了两个陈述所承载的认知价值并不相同，一个是平凡真理，另一个却是重要的天文学发现。关于引入含义的动机、含义的形上学特征、含义的语义学功能，欲了解弗雷格的主张和论证，请参见 G. Frege, “Sense and Reference”, *The Philosophical Review*, Vol. 57, No. 3, 1948, pp. 209 – 230。

③ 比如，“我相信鲁迅是《朝花夕拾》的作者”和“鲁迅是周树人”看起来并不能推出“我相信周树人是《朝花夕拾》的作者”，因为很可能我并不知道鲁迅就是周树人。同一替换律失效提示我们此处的“相信”是内涵语境的标识。弗雷格认为，在内涵语境下，名字指称的是含义，而不是通常所指，并将所指的含义称为“间接指称”（G. Frege, “Sense and Reference”, *The Philosophical Review*, Vol. 57, No. 3, 1948, p. 212）。

一替换法则失效。但是，诸如“是一个虚构角色”“被柯南·道尔创造”“比所有现实侦探更出名”等谓词并不会导致同一替换法则失效。以“被柯南·道尔创造”为例，“福尔摩斯被柯南·道尔创造”成立，再假设“福尔摩斯是有史以来最著名的虚构侦探”成立。据此，我们可以推出“有史以来最著名的虚构侦探被柯南·道尔创造”成立。

其次，坚持弗雷格式反实在论策略将导致对一些陈述的不当分析。比如“福尔摩斯是有史以来最著名的虚构侦探”是真的。但是，若坚持弗雷格式反实在论策略，该陈述必须被分析为假。根据该策略，“福尔摩斯”指称福尔摩斯这一含义，而“有史以来最著名的虚构侦探”指称有史以来最著名的虚构侦探这一含义，故二者指称并不同一，该同一陈述应该被判定为假。[①] 再比如，假设在一个故事中，开始出现“A”和“B”两个人名，根据故事情节发展，最后发现A和B是同一个人。让我们考察同一陈述“A就是B”。[②]既然根据故事，A和B是同一个人，因此，我们需要认定“A”和“B”仅仅是指称同一个虚构角色的两个名字而已。但是，根据弗雷格式反实在论策略，“A”和“B”指称的都是相应的含义，各自不同。因此，“A就是B”将是假的，矛盾于该陈述为真这一语义事实。[③]

再次，弗雷格式反实在论策略并不是一个明晰的可操作策略。以“柯南·道尔创造了福尔摩斯”为例。一方面，根据弗雷格式反实在论策略，该陈述实际上断言的是柯南·道尔与福尔摩斯这一含义处于某种关系中。丘奇认为，这种关系不是创造关系，却不能更清楚地说明这是一个什么样的关系。针对每一个谓词，都会有一个特定的新属性或关系与之对应，却不能对之做进一步解释。另一方面，“福尔摩斯”对应的含义应该是被故事赋予“福尔摩斯”的那些属性所决定，但是，福尔摩斯是一个“不饱和”的对象，即针对某些属性，我们既不能说福尔摩斯具有，也不能说福尔摩斯不具有。比如，我们不能说福尔摩斯的背上有一颗痣，

---

① 弗雷格式反实在论策略被看作针对虚构名字和确定描述语的一个一般分析策略。

② 请类比弗雷格的著名例子“启明星是长庚星”。“启明星”和“长庚星”的含义不同但是指称相同。这里，“A就是B”是在故事中成立的同一陈述。

③ T. Parsons, “Fregean Theories of Fictional Objects”, *Topoi*, No. 1, 1982, p. 85.

也不能说没有。弗雷格式含义用来唯一地呈现一个对象。[①] 但是，故事赋予虚构名字的属性不足以唯一地呈现一个对象，这导致我们根本找不到一个弗雷格式含义与一个虚构名字对应。[②] 以上两点导致弗雷格式策略远非一个可操作的策略。

最后，针对包含虚构名字的单称陈述，弗雷格式反实在论语义学不如实在论语义学更直接、更简单。以“柯南·道尔创造了福尔摩斯”为例，根据实在论语义学，这断言的是柯南·道尔和福尔摩斯这个虚构对象之间处于创造关系中。而根据弗雷格式反实在论语义学，该陈述并没有断言柯南·道尔和福尔摩斯之间具有创造关系，而是断言柯南·道尔和福尔摩斯这一含义处于不同于创造关系的某个关系中，至于这种关系是什么，弗雷格式反实在论者却不能进行具体说明。显然，实在论语义学处理得更加直接、更简单。

四　亚当斯式反实在论策略

作为直接指称主义的代表，亚当斯认为直接指称主义语义学和反实在论立场是一致的。根据直接指称主义，一个名字如果有所指称，它的意义就是它所指称的对象；如果没有指称，则没有任何意义。[③] 亚当斯持有虚构对象反实在论立场，认为虚构名字没有指称，因此，是没有意义的。他认为，诸如（1)—(4）的陈述所表达的是空缺命题，也因此都并非直接为真；但是，语用上这些陈述可能被用来表达其他一些饱和命题，这将能够用来解释我们对这些陈述的语义直觉（比如为真)。所谓“空缺命题”，就是与普通命题相比结构相同却包含空位的语义实体。故不必诉诸实在论，就可以解释诸如（1)—(4）的陈述的表面语义特征。我们将这种策略称为“亚当斯式反实在论策略”。

以“福尔摩斯比波洛（Poirot）更聪明”为例，亚当斯认为，“福尔摩斯”和“波洛”都没有指称任何对象（因此是没有意义的)，这个陈

① G. Frege, “Sense and Reference”, *The Philosophical Review*, Vol. 57, No. 3, 1948, p. 211.

② T. Parsons, “Fregean Theories of Fictional Objects”, *Topoi*, No. 1, 1982, p. 82.

③ F. Adams et al. , “The Semantics of Fictional Names”, *Pacific Philosophical Quarterly*, Vol. 78, No. 2, 1997, p. 130.

述表达了空缺命题 < （ ） 比 （ ） 更聪明 >。但是，该陈述在语用上可表达饱和命题。比如，它可能意味着，根据福尔摩斯所在的小说，福尔摩斯的聪明度是 m，而根据波洛所在的小说，波洛的聪明度是 n，并且 m 大于 n。[1] 这恰恰是真的。

出于如下理由，笔者认为亚当斯式反实在论策略是不合理的。

首先，亚当斯式反实在论策略依赖空缺命题这类有争议的实体。虽然布朗（D. Braun）和亚当斯等哲学家一再坚持这类实体，但是这类实体的合法性尚待确立。[2] 一方面，空缺命题很难被理解为命题。所谓命题，就是被语句所表达的内容。一个语句，特别是，简单单称语句，所表达的内容总是会包含两个部分。一个部分是主项，即被描述的项，即被言说之物。另一个部分是谓项，即用来描述的项，即用来言说之物。如果只有被言说之物，而没有言说之物，或者只有言说之物，而没有被言说之物，很难理解那可以被称作命题。另一方面，坚持空缺命题会导致不可接受的结果。比如，根据空缺命题观，“福尔摩斯是一个虚构角色”和“哈姆雷特是一个虚构角色”表达同一个空缺命题。该空缺命题可表示为 < （ ），是一个虚构角色 >，其中括号位置用来填充个体，但处于空缺状态。布朗也承认，对空缺命题观而言，这类违反直觉的结论是一个“令人不悦的结果”。[3] 亚当斯建议诉诸语用资源来解释。[4] 根据这种思路，语用上“福尔摩斯”和“哈姆雷特”与不同的确定描述语对应，这导致我们认为这两个陈述表达了不同的命题。但是，如前文论证，针对虚构名字，看起来很难找到一个确定描述语与之对应并保持相应陈述真假特征不变。另外，这种将语义学难题推到语用层面上进行解决的方法是令人担忧的：这或许将导致任何语义理论都可被看作是合格的，因为

---

① F. Adams et al. , “The Semantics of Fictional Names”, *Pacific Philosophical Quarterly*, Vol. 78, No. 2, 1997, p. 135.

② 布朗曾是一个反实在论者。他通过空缺命题为虚构陈述提供语义解释，并认为关于虚构对象的看起来为真的陈述实际上表达的是关于虚构内容本身的命题（D. Braun, “Empty Names”, *Noûs*, Vol. 27, No. 4, 1993, p. 466, note 8）；后来倒向实在论，持有包含虚构对象的本体论（D. Braun, “Empty Names, Fictional Names, Mythical Names”, *Noûs*, Vol. 39, No. 4, 2005, p. 609）。

③ D. Braun, “Empty Names”, *Noûs*, Vol. 27, No. 4, 1993, p. 464.

④ F. Adams et al. , “The Semantics of Fictional Names”, *Pacific Philosophical Quarterly*, Vol. 78, No. 2, 1997, p. 132.

遇到的问题看起来都可以通过在语用层面上进行解决，这最终将导致语义学难题的平凡化，进而导致语义学领域的平凡化。

其次，亚当斯式反实在论策略并不是一个明晰的可操作策略。实际上亚当斯仅仅提供了一个分析纲领：认为包含虚构名字的单称陈述表达空缺命题，这些命题不能够直接为真，但是，语用上这些陈述各自表达了不同的饱和命题，这些饱和命题的语义特征（比如为真）将用来解释这些陈述的表面语义特征（比如为真）。但是，亚当斯并没有提供一个具体的一般模式用来分析包含虚构名字的单称陈述将在语用上表达什么样的命题。亚当斯仅仅对个别例子提供了分析，因此，并未真正回应实在论者的挑战。实在论者的真正挑战在于，要求反实在论者给出一个一般的可操作的语义分析模式，而不仅仅是给出某种建议性的主张。

再次，亚当斯式反实在论策略更间接、更复杂。根据实在论语义学，诸如（1）—（4）的陈述直接表达了关于相应虚构对象的真命题。而根据亚当斯式反实在论策略，这些陈述自身表达的是空缺命题，这些空缺命题不能为真，但是语用上它们各自表达了某个饱和命题。这些饱和命题是真的，这间接地解释了我们认为这些陈述为真的语义直觉。显然，亚当斯式反实在论策略更间接，也更复杂。

五　布洛克式反实在论策略

有些反实在论者承认，针对诸如（1）—（4）的包含虚构名字的单称陈述，实在论语义学是有用的，甚至是必需的。但是，他们并不认为因此必须承认实在论。

布洛克提出“关于虚构对象的虚构主义”。其中，虚构主义是一种一般的哲学策略，“一般而言，虚构主义者都是看到了实在论的能力，主张虚构主义是为了避免实在论做出的本体论承诺”[①]。关于虚构对象的虚构主义则是在诸多关于虚构对象的实在论理论提出后，在承认实在论语义学解释功用的前提下，为避免实在论立场而做出的努力。

具体而言，布洛克提出，诸如（1）—（4）的外虚构陈述都要补充上前缀“根据实在论理论”，其中“实在论理论”指的是众多关于虚构对象

---

① S. Brock, “Fictionalism about Fictional Characters”, *Noûs*, Vol. 36, No. 1, 2002, p. 11.

的实在论理论的一个综合体。这些陈述是相应带前缀的陈述的缩写，这使得这些陈述看似做出断言且为真却不足以作为实在论的支持证据。① 我们将把该策略称为“布洛克式反实在论策略”。

考察陈述（1）。根据布洛克式反实在论策略，（1）是下面陈述的缩写：

（1****）根据实在论理论，福尔摩斯是一个虚构角色。

如果这种处理是恰当的，即使（1****）为真，这也并不意味着（1）直接为真。布洛克的论证思路是类比。正如内虚构陈述“福尔摩斯是一个侦探”要被理解为“根据故事，福尔摩斯是一个侦探”。前者没有“根据故事”前缀约束，不是真的，后者带有前缀约束，是真的。类似地，布洛克认为，针对（1）—（4）这样的外部陈述，通过引入“根据实在论理论”前缀，不必承认（1）为真，进而不必承认其中的“福尔摩斯”指称了虚构对象福尔摩斯，也不必承认存在虚构对象。② 布洛克认为：“以这种方式，虚构主义者为批评性断言（即外虚构陈述）提供了一种直觉上合理的解释，却不必承认虚构对象这类实体。”③

布洛克式反实在论策略，看起来提供了一种统一的处理方式：无论在内虚构语境下，还是在外虚构语境下，虚构名字都没有指称，出现虚构名字的句子统一地被分析为包含前缀的复杂语句。内虚构语境需要的前缀是“根据故事”，外虚构语境需要的前缀是“根据实在论理论”。因此，布洛克式反实在论策略曾被认为是实在论语义学的一个有力竞争对手。④ 然而，笔者认为，这种策略并不合理，理由有两个。

第一，通过（1）—（4）这样的陈述，说话者做出了真断言，且断言

---

① S. Brock, “Fictionalism about Fictional Characters”, *Noûs*, Vol. 36, No. 1, 2002, pp. 8 – 14.

② 布洛克将这种处理方法称为“关于虚构对象的虚构主义”，就是说，他将诸如（1）—（4）的外部陈述当作某种虚构内容，而实在论理论就是包含这些虚构内容的“故事”。因此，在他看来，实在论理论正如故事一样是“假的”，并不是“真实的”，就是说，并不成立。下文中读者将会看到，笔者对此并不认同。

③ S. Brock, “Fictionalism about Fictional Characters”, *Noûs*, Vol. 36, No. 1, 2002, p. 9.

④ Ibid., p. 14.

内容不是仅仅相对于实在论者才为真。这为文学评论家以及一般人群认可。[①] 这是实在论者和反实在论者共同承认和需进一步分析的。然而，根据布洛克式反实在论策略，这些句子并非真正为真，而仅仅是在实在论者看来是真的。这违反了语言共同体对这些陈述的语义判断。这个反驳是从实在论和反实在论争论的整体视角做出的，(1)—(4) 这样的语句为真，乃是双方都需要解释的语义资料，双方都有解释义务，而并非仅仅在实在论一方。[②] 布洛克式反实在论策略试图逃避解释义务，在笔者看来，这注定是一条没有希望的道路：站在竞争的路上，却选择逃避竞争，这注定是不会成功的。

其次，这种策略的主要想法是通过“根据实在论理论”前缀约束的复杂句来解释诸如 (1)—(4) 的外虚构陈述的表面真假特征，但是，这看起来并不能实现。以 (1) 为例，(1) 将被理解为 (1****)，即“根据实在论理论，福尔摩斯是一个虚构角色”。布洛克的想法是，通过 (1****) 为真解释 (1) 表面为真的语义特征。但是，假如 (1****) 为真，(1****) 便表达了一个真命题。然而，在布洛克看来，“福尔摩斯”是指称失败的名字，根据流行的直接指称主义，进而“福尔摩斯”便是没有意义的。再根据组合原则，(1****) 便是没有意义的，即没有表达命题，更不会表达真命题。或许，布洛克式反实在论者会诉诸空缺命题，认为即使“福尔摩斯”没有指称，包含它的句子也可以表达命题，比如表达空缺命题。但是，正如在前面论证，针对空缺命题的合法性，存在

---

① 关于诸如 (1)—(4) 陈述的“常识性”，请参见 J. Goodman, “A Defense of Creationism in Fiction”, *Grazer Philosophische Studien*, Vol. 67, No. 1, 2004, pp. 137 – 142；A. Thomasson, “Fictional Entities”, in *A Companion to Metaphysics*, J. Kim et al. eds., Oxford: Blackwell Publishing Ltd, 2009, p. 12。关于这些陈述的“科学性”，范英瓦根认为，它们属于“文学评论”这个理论学科。文学评论是对文学作品的内容、本质和价值进行严肃研究的学科。他认为，与物理学进行比较，文学评论和物理学都是理论学科，物理学属于狭义科学，但文学评论不是；然而，文学评论和物理学的共同点之一是能够提供真理，前者提供关于文学作品的真理，后者提供关于物理实体的真理（参见 P. van Inwagen, “Creatures of Fiction”, *American Philosophical Quarterly*, Vol. 14, No. 4, 1977, p. 303）。笔者同意，文学评论这个理论学科的科学性并不能与物理学等同，但是，两个学科都能各自提供真理。形上学家的兴趣在于，这些真理带来的形上学后承是怎样的。

② 比如，作为反实在论者，亚当斯也会认为有义务对这些陈述的真理性做出合适的解释，而不是逃避解释义务。

极大的争议性。笔者同意亚当斯，认为空缺命题只是类似命题的实体。[①]若如此，空缺命题无法成为真值的承担者。既然（1****）自身的语义特征（即为真）都无法得到解释，如何能够用来解释（1）的语义特征（即为真）呢？实际上，后来布洛克自己也承认，他不愿意放弃直接指称主义语义学，也不愿意承认空缺命题，这些选项都令人“不舒服”。[②]

在笔者看来，以上两条反驳都是强有力的。两条反驳加起来则足以构成巨大威胁，因此，布洛克式反实在论者是失败的。

六 埃弗雷特式反实在论策略

埃弗雷特主张另一种不同的反实在论策略。该策略基于假装（pretense）概念。许多学者都曾诉诸假装概念分析虚构名字出现的语句，但仅仅局限于内虚构语境，即仅仅用来分析诸如“福尔摩斯是一个侦探”这样的内虚构陈述。[③]比如，根据这种分析思路，通过“福尔摩斯是一个侦探”，说话者假装“福尔摩斯”指称一个人且该对象是一个侦探。埃弗雷特则认为，这种思路完全可以拓展，用来对诸如（1）—(4）的外虚构陈述进行分析。

他认为，一般地，通过说出这些外部陈述，说话者假装虚构对象（而不是现实的人或物）被指称且具有实在论者赋予它们的属性，如“是一个虚构对象”“被其作者创造”。[④]但是，在假装内涵算子约束下的指称虚构对象现象不会导致承认虚构对象。该策略背后是这样一种努力，即无论在内虚构语境，还是在外虚构语境，包含虚构名字的语句都要被分析为牵涉假装的语句，特别地，指称行为只是假装发生而非真正发生，因此，没有理由得出实在论结论。克里明斯曾更早地提出通过假装来处

① F. Adams et al., “The Semantics of Fictional Names”, *Pacific Philosophical Quarterly*, Vol. 78, No. 2, 1997, p. 130.

② S. Brock, E. Mares, *Realism and Anti-realism*, Stocksfield: Acuman Publishing Ltd., 2007, p. 215.

③ J. R. Searle, “The Logical Status of Fictional Discourse”, *New Literary History*, Vol. 6, No. 2, 1975, p. 330; S. Kripke, *Reference and Existence*, Oxford: Oxford University Press, 2013, pp. 23 – 24.

④ A. Everett, “Against Fictional Realism”, *Journal of Philosophy*, Vol. 102, No. 12, 2005, p. 640.

理外虚构语境。[①] 埃弗雷特的工作则使这种理念更加清晰，并有所发展。再后来，克鲁恩也持有类似的态度。[②] 为方便起见，下文把这种策略称为“埃弗雷特式反实在论策略”。在笔者看来，埃弗雷特式反实在论策略的合理性是十分可疑的，理由如下。

首先，如前所述，诸如（1）—(4）的外虚构陈述为真，而非假装为真，这为实在论者和其它反实在论者共同承认，也为文学评论家以及一般人群认可。这些陈述隶属一个严肃的理论学科，即“文学评论”。[③] 埃弗雷特式反实在论策略违反了语言共同体对这些陈述的语义判断。

其次，埃弗雷特诉诸的假装活动恐怕无法实现。先考虑一般的假装活动，比如我假装有一只飞马，我的假装活动牵涉对飞和马这两个基本概念的使用。为了实现该假装活动，我必须（真诚地）承认至少有一个能飞物且至少有一只马。这里牵涉的是一个一般原则（记作“原则 E”）：若一个假装活动牵涉对一个基本概念 C 的使用，假装活动的主体必须承认 C 的外延非空。假设不然，即有一个主体 S 的某次假装活动牵涉对某个基本概念 C 的使用，但是，S 认为 C 的外延为空。既然 S 认为 C 的外延为空，就是说不存在任何一个 C 类对象，那么 S 如何能够获知概念 C 呢？一般地，我们通过获知属于某个概念的个体而获知基本概念。[④] S 不能获知概念 C，便不能使用概念 C，特别地，不能从事牵涉概念 C 的假装活动。埃弗雷特诉诸的最关键假装活动是假装有一个虚构对象。[⑤] 比如，在埃弗雷特看来，（1）牵涉的假装活动包括假装有一个虚构对象被“福尔摩斯”指称。从埃弗雷特行文来看，虚构应是一个基本概念，加之埃弗雷特并未将该概念分解为更基本的概念，因此，有理由认为埃弗雷特承

---

① M. Crimmins, “Hesperus and Phosphorus: Sense, Pretense, and Reference”, *The Philosophical Review*, Vol. 107, No. 1, 1998, pp. 2 – 8.

② F. Kroon, “The Fiction of Creationism”, in F. Lihoreau ed., *Truth in Fiction*, Munich: Ontos Verlag, 2010, pp. 219 – 221.

③ P. van Inwagen, “Creatures of Fiction”, *American Philosophical Quarterly*, Vol. 14, No. 4, 1977, p. 303.

④ B. Russell, *The Problems of Philosophy*, London, New York: Oxford University Press, 1952, p. 101.

⑤ 内部陈述牵涉的是假装有现实的人或物被指称并具有相应属性。埃弗雷特认为，外部陈述同样牵涉假装，只不过是假装有“虚构对象”并具有相应属性。

认虚构是一个基本概念。[①] 根据原则 E，若埃弗雷特不承认虚构概念外延非空，便不能完成这样的假装活动。因为埃弗雷特的本体论中不包括虚构对象，他必须承认虚构概念的外延为空。如此看来，他并不能完成他所诉诸的假装活动。

再次，埃弗雷特并没有给出一种可操作的候选语义学。比如，埃弗雷特认为，诸如（1）—（4）的外虚构陈述，实际上要表达的是牵涉假装的真理，其真值条件要求关于现实世界的相应事实出现，但是并没有做出一般规定。“带有假装约束的真理成立仅当其他某个事实成立”，并且“我们关于虚构角色的谈论用来传达关于现实世界的信息。我猜测，至少在许多情况下，我们意在传达关于故事的作者或读者想象故事所描述的世界的情况”。[②] 埃弗雷特并没有真正回应实在论者的挑战。针对包含虚构名字的单称陈述，实在论者一般地给出了真值条件语义。实在论者的挑战在于，要求反实在论者给出一个一般的可操作语义分析，而不仅仅是给出某种建议性的主张，或者某种含糊的“猜测”。

基于这三点批评，笔者认为，针对指称虚构对象现象，埃弗雷特式反实在论策略也并不成功。

第三节 存在量化虚构对象现象与实在论

根据第二节论证，针对指称虚构对象现象，实在论为其提供了简单、直接、系统的语义解释，并且尚不存在合适的反实在论策略。指称虚构对象现象构成支持实在论的第一类语义证据。下面，我们将关注另一类语义证据，即存在量化（existentially quantifying）虚构对象现象。笔者将按照类似线索进行：首先展示存在量化虚构对象现象及其实在论解释，

① 或许埃弗雷特式反实在论者会尝试论证虚构不是基本概念，若如此，他们有义务提供恰当定义。埃弗雷特并没有提供这样的定义。假若果真存在这样的定义，这里的论证效力或被削弱。假若如此，基于前面做出的第一点和下文将要做出的第三点批评，笔者依然认为埃弗雷特式反实在论策略没有吸引力。特别是，如第一点指出的，笔者认为诸如（1）—（4）这样的外虚构陈述并不是虚构性的，而是真正的真理。这决定了布洛克式反实在论策略和埃弗雷特式反实在论策略都是没有吸引力的。

② A. Everett, “Against Fictional Realism”, *Journal of Philosophy*, Vol. 102, No. 12, 2005, pp. 645 - 646.

然后考虑可能的反实在论反驳意见，并分别进行反驳，最终说明存在量化虚构对象现象构成支持实在论的另一类语义证据。

一 存在量化虚构对象现象与实在论语义学

存在量词的通常解释方式是对象式（objectual）解释。根据量词的对象式解释，“（∃x）（φx）”为真，当且仅当，存在一个对象 d 使得“φx”对 d 为真。以存在量词的对象式解释为前提，实在论者宣称，对虚构对象进行存在量化的真陈述要求坚持实在论。

考虑下面陈述：

（5）“有些虚构对象具有现实原型”。

像前面的（1）—（4）一样，（5）同样是真的。根据量词的对象式解释，（5）为真，当且仅当，存在一个对象 d 使得“x 是虚构对象且 x 具有现实原型”对 d 为真，就是说，存在一个具有现实原型的虚构对象。实在论者宣称，该陈述为真这一语义事实决定了，必须承认有虚构对象，进而坚持实在论。当然，（5）仅仅是一个特例而已。这样的陈述有许多，比如：

（6）“有的虚构侦探比所有现实侦探都有名气”；

（7）“有些虚构人物出现在情节简单的小说中，而有些虚构人物出现在情节复杂的小说中”。[①]

因此，这里展示的是一个论证模式。概括地讲，实在论者宣称的是：只要存在一个对虚构对象进行存在量化的真陈述，就需要坚持实在论。[②] 实在论为存在量化虚构对象现象提供了一种统一、直接、简单的语义学。

以（5）为例，实在论者的论证（下文简称为“论证 R”）依赖于两点：

---

① 范英瓦根提供了更为复杂的例句。比如，“有些 19 世纪的小说中的有的角色，其外形特征描写所含的财富细节要比任何 18 世纪小说中的任何角色都要多”和“有的小说中的角色紧密地以现实人物为模型，而另外的一些角色却完全是文学想象的产物，而且通常很难仅仅通过文本分析获知哪些角色属于哪种范畴”（P. van Inwagen, “Fiction and Metaphysics”, *Philosophy and Literature*, Vol. 7, No. 1, 1983, p. 73）。

② T. Parsons, *Nonexistent Objects*, New Haven: Yale University Press, 1980, p. 32; P. van Inwagen, “Existence, Ontological Commitment, and Fictional Entities”, in M J. Loux et al. eds., *The Oxford Handbook of Metaphysics*, Oxford: Oxford University Press, 2003, pp. 137 – 138; S. Kripke, *Reference and Existence*, Oxford: Oxford University Press, 2013, pp. 69 – 70.

第一，（5）是真的；

第二，对（5）中的存在量词进行对象式解释。

不难看出，论证 R 是一个有效的（valid）论证，就是说，只要承认（5）为真，并且对（5）中的存在量词进行对象式解释，就要坚持虚构对象实在论。因此，从反实在论者的角度看，为了质疑论证 R 的可靠性（soundness），反实在论者只能选择论证（5）不是真的，或者论证可以用其他方式解释（5）中的存在量词。笔者将论证，无论沿着哪个方向，都尚不存在有说服力的反实在论策略。

二　辛迪卡式反实在论策略

先来考察对（5）之为真的质疑。在经典逻辑中，约束存在量词的一条逻辑规则是“存在引入规则”（Existential Introduction）：若 φ（a），则 (∃x)(φx)，其中 a 是一个名字。该规则（下文简称为“EI”）也被读作：所有名字都具有存在预设功能。K. J. J. 辛迪卡（K. J. J. Hintikka）认为，为了能够处理日常语言中的空名，即指称失败的名字（虚构名字被看作是典型代表），EI 需要被修改为如下版本：若 φ(a) 且∃x(x = a)，则 (∃x)(φx)。[①] 读作：若 a 具有 φ 属性，并且 a 存在，那么，至少有一个对象具有 φ 属性。下文将该规则简称为“REI”。辛迪卡提出的用 REI 取代 EI 的建议，引起许多逻辑学家的共鸣，特别是本体论上趋于保守的哲学家，比如自由逻辑学家 K. 兰伯特（K. Lambert）。[②]

REI 滋生出一种听起来合理的反实在论策略。根据这种反实在论策略：实际上，并不存在合适的理由支持（5）为真，认为（5）为真乃是运用不当逻辑规则所导致的不当结论，因此，论证 R 是不可靠的，至少论证 R 的可靠性要被悬置。具体而言，在反实在论者看来，认为（5）为真乃是出于如下两个前提：

（a）存在一个特定名字“N”，比如“福尔摩斯”，使得“N 是虚构

---

① K. J. J. Hintikka, “Existential Presuppositions and Existential Commitments”, *The Journal of Philosophy*, Vol. 56, No. 3, 1959, p. 133.

② 所谓“自由逻辑”，就是摆脱存在预设原则限制的逻辑（logic free of existence assumption），具体可参见 K. Lambert, *Free Logics: Their Foundations, Character, and Some Applications Thereof*, Sankt Augustin: Academia-Verlag, 1997。

对象且具有现实原型”为真；

（b）EI 规则对“N 是虚构对象且具有现实原型”适用，其中“N”就是（a）中特定名字。

根据这里的反实在论策略，反实在论者宣称的是，（b）实际上并不成立，即 EI 并不适用。基于虚构对象反实在论，若“N 是虚构对象且具有现实原型”是真的，N 一定会指称失败，因为没有任何对象是虚构对象。而在 N 指称失败的情况下，EI 并不适用。此时能够适用的规则是 REI。但是，根据 REI，从“N 是虚构对象且具有现实原型”并不能推出（5）为真，因为“N”没有指称，N 并不存在。

以“福尔摩斯”为例，反实在论者会同意“福尔摩斯是虚构对象且具有现实原型”是真的。但是，他们认为“福尔摩斯”指称失败，此时 EI 并不适用，应该适用的是 REI。然而，根据 REI，只有附加前提“∃x（x = 福尔摩斯）”成立，即福尔摩斯存在，才能推出（5）为真。基于反实在论立场，他们认为，没有一个对象是福尔摩斯，附加前提并不成立，因此推不出（5）为真。简言之，根据这里的反实在论策略，认为（5）为真乃是不当运用逻辑规则（即 EI）所致的不当结论，进而，论证 R 是不可靠的。我们将该策略称为“辛迪卡式反实在论策略”。

笔者认为，辛迪卡式反实在论策略并不合理，因为该策略依赖虚构名字指称失败这一前提。但是，并没有合适的理由支持虚构名字指称失败，理由有二。①

第一个理由是，人们对待虚构名字与对待指称失败的词语的“反应”是不同的。下面构造两个不同的日常对话说明这种区别。其中对话 1 例示的是指称失败现象，对话 2 例示的是指称虚构对象现象。

对话 1

A：门口的那个人（the man in the doorway）一直在看我。

B：门口并没有人。

---

① 在本章第二节中，我们展示了指称虚构对象现象，然后论证实在论能够为该现象提供更好的语义解释。第二节的讨论依赖于这样一个假设，即指称虚构对象现象是需要被严肃处理的语义现象。但是，我们在那里并没有为此进行论证。这里将要做的工作，实际上恰恰表明了这样一个结论，即日常语言中的指称虚构对象现象，应该被看作是需要被解释的语义资料，因为我们没有合适的理由将之处理为指称失败现象。这实际上对第二节工作构成有益的补充。

A：噢，我看错了，我以为那里有一个人。

B：你喜欢他吗？

A：谁啊？

B：门口的那个人。

A：门口并没有人。我刚才用“门口那个人”想指一个人，但是，实际上门口并没有人。因此，我没有谈论任何人。那么，喜不喜欢又从何谈起呢？

对话 2

A：刚才我和朋友聊起福尔摩斯。

B：虚构角色福尔摩斯？

A：对，虚构角色福尔摩斯。

B：你喜欢他吗？

A：我喜欢，我从小就崇拜福尔摩斯。在所有虚构的侦探中，福尔摩斯是最棒的。

对话 1 中，A 并不认为自己通过“门口的那个人”指称了任何对象。他认为，“门口的那个人”指称失败，表现在 A 无法回答喜欢还是不喜欢“他”；对话 2 中，A 承认自己通过“福尔摩斯”指称了福尔摩斯，表现在 A 回答自己喜欢甚至崇拜福尔摩斯。对话 1 和对话 2 的对比显示，指称虚构对象不等于指称失败，特别地，“福尔摩斯”指称了一个虚构对象，并非指称失败。相对照，“门口的那个人”则指称失败，没有指称任何对象。[①]

---

① 帕森斯构造了类似的对话（T. Parsons，“Referring to Nonexistent Objects”，in J. Kim et al. eds.，*Metaphysics*：*An Anthology*，Oxford：Blackwell Publishing Ltd.，1999，pp. 36－37）。帕森斯设计的对话用来说明指称非存在对象与指称失败不同（“非存在”是梅农意义上的非存在）。这里，笔者用来说明指称虚构对象与指称失败不同。帕森斯用“门口的那个人”来说明指称失败现象。笔者也选用“门口的那个人”。这个确定描述语是个著名的例子，对其使用至少可追溯到奎因（W. V. Quine，“On What There Is”，in his *From a Logical Point of View*，New York：Harper & Row Publishers，Incorporated，1961，p. 4）。设计对话时，笔者并没有选择诸如“燃素”（Phlogiston）或“火神星”（Vulcan）这样的名字。这是因为纵使在虚构对象实在论阵营内部，关于这些名字的指称特征，也存有争议。比如，范英瓦根认为，“燃素”和“火神星”只是被科学家错误地认为有所指称，但实际上没有指称任何对象（P. van Inwagen，“McGinn on Existence”，*The Philosophical Quarterly*，Vol. 58，No. 230，2008，p. 58）；萨尔蒙（N. Salmon）和 D. 布朗（D. Braun）却认为，它们都有指称，燃素与火神星是被科学家创造的抽象对象（N. Salmon，“Nonexistence”，*Noûs*，Vol. 32，No. 3，1998，p. 305；D. Braun，“Empty Names，Fictional Names，Mythical Names”，*Noûs*，Vol. 39，No. 4，2005，p. 615）。

第二个理由是，若承认虚构名字指称失败，将导致不能恰当解释包含虚构名字的日常陈述的重要语义特征。

比如，“福尔摩斯是虚构对象”被认为是真的。一般认为，承认命题是没有争议的，命题常被看作是语句所表达的内容，是真值的初始承载者。[1] 基于此，“福尔摩斯是虚构对象”便表达了一个真命题。但是，若“福尔摩斯”指称失败，该陈述表达什么命题呢？关于包含指称失败名字的陈述表达什么命题，主要有两种重要的候选意见。根据第一种意见，“福尔摩斯是虚构对象”表达了弗雷格式命题，其中“福尔摩斯”表达了某个弗雷格式含义，却指称失败。根据第二种意见，“福尔摩斯是虚构对象”表达了空缺命题，可表示为 <________，是虚构对象>。[2] 然而，若诉诸弗雷格式含义，仍然要承认“福尔摩斯”的含义作为呈现方式没有呈现任何对象（因为“福尔摩斯”指称失败），根据指称组合原则，该陈述不能为真。这与该陈述为真相矛盾。类似地，若诉诸空缺命题，同样难以解释“福尔摩斯是虚构对象”能够真正为真。因为所表达空缺命题的结构只包含一个属性，而不包含属性所归属的对象。难以理解这样结构的实体如何能够为真。[3] 另一方面，若坚持空缺命题，须承认“哈姆雷特是虚构对象”“J. H. 华生（J. H. Watson）是虚构对象”和“福尔摩斯是虚构对象”等陈述将表达同一个命题。[4] 这与它们表达了不同的命题这一直觉相矛盾。另外，在笔者看来，空缺命题仅仅是与命题拥有类似结构的实体，但并不是命题，无法拥有承担真值载体的功能。因此，若虚构名字指称失败，将导致无法承认包含虚构名字的单称陈述能够为真。

以上两个理由说明，更有理由相信虚构名字有所指称，而非指称失败。因此，没有合适理由认为 EI 不适用于“福尔摩斯是虚构对象且具有现实原型”，进而，没有合适理由通过否认（5）为真来质疑论证 R 的可靠性。因此，辛迪卡式反实在论策略并不成功。

---

① P. van Inwagen, “Why I Don't Understand Substitutional Quantification”, in his *Ontology*, *Identity and Modality*, Cambridge: Cambridge University Press, 2001, pp. 33 – 34.

② D. Braun, “Empty Names”, *Noûs*, Vol. 27, No. 4, 1993, p. 463.

③ 比如，布朗认为简单的空缺命题都为假（D. Braun, “Empty Names”, *Noûs*, Vol. 27, No. 4, 1993, p. 463）。

④ D. Braun, “Empty Names”, *Noûs*, Vol. 27, No. 4, 1993, p. 468.

三　马尔库斯式反实在论策略

反实在论者也可能选择对存在量词采取替换式（substitutional）解释，来避免承认存在虚构对象。根据替换式解释，“∃x(φx)”为真，当且仅当，存在一个名字“N”使得“φ(N)”为真。[①] 以（5）为例，根据量词的替换式解释，（5）为真不是因为存在具有现实原型的虚构对象，而是仅仅因为存在一个名字 N，比如“福尔摩斯”，使得“N 是虚构对象且具有现实原型”为真。坚持替换式解释的学者往往认为，包含空名的句子可以空洞地为真，因此，承认（5）为真不必要求坚持实在论。R. B. 马尔库斯（R. B. Marcus）因明确主张存在量词的替换式解释而闻名。下文将称该反实在论策略为“马尔库斯式反实在论策略”。

笔者认为，马尔库斯式反实在论策略是不合理的。具体给出理由之前，先简单说明存在量词的对象式解释和替换式解释之间的关系。

给定一个一阶量化语言，假如每个对象都有一个名字，[②] 并且每个名字都有所指称，[③] 那么，对象式解释和替换式解释相对该语言是等价的。这里的等价性可这样界定：相对一阶量化语言 L，存在量词的对象式解释和替换式解释是等价的，当且仅当，对 L 中的任何一个存在量化陈述 S，据存在量词的对象式解释 S 是真的，当且仅当，据替换式解释 S 是真的。下面具体说明。给定一个一阶量化语言 L，假设（a）每个对象都有一个名字，并且（b）每个名字都指称一个对象。基于（b），单称句的通常真值条件规定是成立的，即“φ(N)”为真，当且仅当，“φ(x)”对“N”的指称 N 为真，其中“N”是一个名字。我们将该真值条件规定简称为“TC”。[④] 下面说明两种解释等价。假设根据存在量词的替换式解释“∃x

---

① R. B. Marcus, “Nominalism and the Substitutional Quantifier”, in her *Modalities: Philosophical Essays*, Oxford: Oxford University Press, 1995, p. 119.

② 这不是量化语言经典语义学要求的一部分。一阶量化语言的模型定义允许有的对象没有名字。

③ 这是量化语言经典语义学要求的一部分。根据模型定义，一个名字必须获得论域中的一个对象作为其指称。

④ 这里假设坚持量词替换式解释者也会承认 TC 是成立的。就是说，在名字 N 有指称的情况下，“φ（N）”为真，当且仅当，“φ（x）”对 N 所指称的对象为真。坚持量词替换式解释者，是要避免没有指称的名字给解释存在量化语句带来的麻烦，对名字有指称的情况的处理，与坚持量词对象式解释者并无不同。

(φx)”是真的，那么，存在一个名字“N”使得“φ(N)”是真的，根据TC，存在一个对象d（即“N”的指称）使得“φ(x)”对d为真，因此，根据存在量词的对象式解释，“∃x(φx)”是真的。再假设根据存在量词的对象式解释“∃x(φx)”是真的，那么，存在一个对象d使得“φ(x)”对d为真，再根据（a）和TC，存在一个名字“N”（即d的名字）使得“φ(N)”为真，因此，根据存在量词的替换式解释，“∃x(φx)”是真的。所以，若（a）和（b）满足，则存在量词的两种解释是等价的。

实际上，在一般的一阶量化语言的语义规定中，（b）通常是成立的，但是（a）未必成立。在（a）不成立的情况下，存在量词的两种解释并不等价。比如说，假设存在一个对象d，在某语言L中，没有一个名字指称它，并且谓词“F”对d为真，且对每个有名字的对象都不为真。根据存在量词的对象式解释“∃x(Fx)”是真的，因为“Fx”对d为真。但是，根据替换式解释，“∃x(Fx)”不是真的，因为没有一个名字N使得“F（N）”为真。

有了上面铺垫，下面说明为何马尔库斯式反实在论策略不合理。理由有二，第一个理由针对存在量词替换式解释本身，第二个理由针对量化虚构对象现象。

第一，如果坚持存在量词的替换式解释，我们将不知道存在量化句表达什么命题，因此不知道存在量化句到底意味着什么。如前所述，承认命题被认为是没有争议的。基于此，量词的替换式解释将被重述为：“∃x(φx)”为真，即它所表达的命题为真，当且仅当，存在一个名字“N”使得“φ(N)”为真，就是说，使得“φ(N)”所表达的命题为真。但是，“∃x(φx)”应该被认为表达什么命题呢？如范英瓦根所论证，看起来最可能的候选意见是认为“∃x(φx)”表达的命题是双等式右面的内容，即存在一个名字“N”使得“φ(N)”为真，因为它们具有相同的真值条件。[①] 然而，“∃x(φx)”并不表达这样的内容，否则，“∃x(φx)”与“存在一个名字‘N’使得‘φ(N)’为真”将表达相同的命题，但这并不成立。因此，如果坚持量词的替换式解释，我们将不知道存在量化式

① P. van Inwagen, “Why I Don't Understand Substitutional Quantification”, in his *Ontology, Identity and Modality*, Cambridge: Cambridge University Press, 2001, p. 35.

表达什么命题，不知道存在量化式意味着什么。[①] 与此不同，实在论者坚持量词的对象式解释，则不会面临这样的问题。坚持量词的对象式解释者，可认为“∃x(φx)”表达的命题就是，至少有一个对象具有φ属性。

第二，纵使退一步承认量词的替换式解释是可以接受的，有些对虚构对象进行存在量化的真陈述将依然无法获得合理的解释。（从实在论的视角进行描述）设想存在一个虚构对象，并且在日常语言中没有一个名字指称它，且它具有属性F，并且每一个有名字的虚构对象都不具有属性F。实在论者坚持存在量词的对象式解释，这使得“有的虚构对象是F”之为真将很容易获得解释：它是真的，因为至少有一个虚构对象具有F属性。相对照，若坚持存在量词的替换式解释，“有的虚构对象是F”将是假的，因为并不存在一个名字N使得“N是F”是真的。让我们举一个例子进行说明。

假设（I）有这样一部小说，根据这部小说，一个哲学家是总统，其面相和一种奇特的猴子非常相似，却不幸中年早逝，除此外对它没有任何的描述，特别地，作者并没有赋予它一个名字；另外，假设（II）小说作者指出，这个虚构人物是以前任美国总统小布什为现实原型的；最后，假设（III）没有其他虚构人物是以小布什为现实原型的。在这些假设条件下，通常我们会一致断言“有的虚构人物以小布什为现实原型”。

实在论者坚持存在量词的对象式解释，将能够很容易地解释该断言因何为真：它为真，因为存在一个虚构人物以小布什为现实原型。为了解释该断言为真，坚持存在量词替换式解释的反实在论者，则必须找到一个名字N使得“N是一个虚构人物且以小布什为现实原型”为真。根据假设（II）和（III），这样一种想法是合理的：如果“N是一个虚构人物且以小布什为现实原型”为真，那么N是这里所涉虚构人物的名字。然而，根据假设（I），根本没有一个名字用来命名该虚构人物。

或许，坚持存在量词替换式解释的反实在论者会退一步说，日常语言中的确没有名字与所涉虚构人物对应，然而，出于语义解释的需要，

① P. van Inwagen, “Why I Don't Understand Substitutional Quantification”, in his *Ontology, Identity and Modality*, Cambridge: Cambridge University Press, 2001, p. 36.

可以将日常语言扩充为包含无穷多个名字的足够丰富的语言。[①] 然后，挑取一个名字与所涉及的虚构人物对应。笔者认为，这种操作是不合理的。其一，仅仅为了对日常语言中的某个或某些存在量化语句给出语义解释，而将日常语言任意地拓展为一个极其复杂的人工语言，甚至是无穷语言，这是不可取的。与其说，这是在解决语言问题，不如说，这是在改变问题，因为所涉及的语言本身已经改变了：语言拓展前后，存在量词的解释已经发生了变化。其二，纵使承认这样一个包含无穷多个名字的语言，挑选一个名字与所涉虚构人物对应，也会面临任意性指责。在一系列的名字中，纯粹的符号差别不足以作为挑取一个名字而不选择其他名字的理由。

简言之，根据上述分析，若坚持存在量词的替换式解释，则很难回答存在量化语句表达什么命题；针对一些对虚构对象进行存在量化的真陈述，存在量词的替换式解释也不能用来恰当地解释它们因何为真。实在论者坚持存在量词的对象式解释却不会导致这些问题。因此，没有理由放弃对象式解释而坚持替换式解释。因此，马尔库斯式反实在论策略并不成功。

第四节　意向虚构对象现象与实在论

在第二节和第三节，笔者论证了，指称虚构对象现象和存在量化虚构对象现象构成支持实在论的两种重要语义证据。本节将关注另外一类现象，即意向虚构对象现象。不难理解，意向行为与指称行为具有一定的相似性，比如，二者都对应主体和对象之间的二元关系，指称行为也具有意向性特征。但是，意向行为并不能简单归约为指称行为，指称行为也不能简单归约为意向行为。意向性在哲学上具有独特的重要地位，本节特别处理意向虚构对象现象。

一　意向虚构对象现象与实在论解释

关于意向虚构对象现象，前理论直觉可概括为三点。（a）意向虚构

---

① R. B. Marcus, "Nominalism and the Substitutional Quantifier", in her *Modalities: Philosophical Essays*, Oxford: Oxford University Press, 1995, p. 120.

对象不等于什么都没有意向。比如，彼得崇拜福尔摩斯不等于彼得什么都没有崇拜。该特征将被称为“有所意向直觉”。(b) 同一个虚构对象可以以不同方式呈现于不同的意向状态中。假设彼得崇拜出现在柯南·道尔所写故事中的那个大侦探，他还崇拜世界上最著名的虚构侦探。实际上，他的两个心理状态意向的是同一个虚构人物，即福尔摩斯（假设福尔摩斯就是世界上最著名的虚构侦探）。福尔摩斯以不同方式呈现于彼得的两次意向状态中，这表现为福尔摩斯同时满足所牵涉的两个确定描述语，即“柯南·道尔所写故事中的那个大侦探”和“最有名的虚构侦探”。该特征将被称为“不同方式相同对象直觉”。(c) 不同虚构对象可以以相同的方式呈现于不同的意向状态中。假设今天彼得崇拜最有名的虚构侦探，即福尔摩斯。一年后，他依然崇拜最有名的虚构侦探。然而，很可能一年后“最有名的虚构侦探”指称卡通片中的大侦探柯南，而非福尔摩斯。那么，实际上彼得前后所崇拜的是两个不同的虚构人物，虽然它们以相同的方式呈现于他的崇拜状态中。该特征将被称为“相同方式不同对象直觉”。显然，承认虚构对象，将为意向虚构对象现象提供系统、简单而直接的解释。① 实际上，我们正是在用实在论语言对其三个特征进行表达。

二　拉珀波特式反实在论策略

基于是否承认意向性必须牵涉意向对象，意向性刻画模式可划分为对象性模式和非对象性模式，前者认为必须如此，后者认为不必如此。

对象性模式包括“行为—对象模式”（下文将简称为“AO 模式”）和“行为—内容—对象模式”（下文将简称为“ACO 模式”）。根据 AO 模式，当一个主体处于某个意向状态，正发生的仅仅是该主体和某个对象处于特定的二元意向关系中。例如，假设彼得正处于对苏格拉底的崇拜状态中。根据 AO 模式，该崇拜状态将被分析为“彼得和苏格拉底处于崇拜这个二元关系中”。根据 ACO 模式，当一个主体处于某个意向状态，

① R. M. Chisholm, “Beyond Being and Nonbeing”, in J. Kim et al. eds., *Metaphysics: An Anthology*, Oxford: Blackwell Publishing Ltd, 2012, pp. 36 – 37; S. Kripke, *Reference and Existence*, Oxford: Oxford University Press, 2013, p. 61.

所发生的是该主体和被特定呈现方式呈现的某个对象处于特定的二元意向关系中。考虑彼得对苏格拉底的崇拜状态，该状态将被分析为彼得和被特定呈现方式呈现的苏格拉底处于崇拜这个二元关系中。假设所涉呈现方式可表述为“最深刻地影响柏拉图的哲学家”，这将构成崇拜这一意向行为的内容，那么该崇拜状态将被分析为“彼得和作为最深刻地影响柏拉图的哲学家的苏格拉底处于崇拜这个二元关系中”。

非对象性模式的典型代表是 W. J. 拉珀波特（W. J. Rapaport）提出的“行为—内容”模式（下文将简称为“AC 模式”）。根据 AC 模式，当一个主体处于某个意向状态，正发生的不过是该主体做出某种特定方式的某类意向行为。[①] 例如，据 AC 模式，彼得对苏格拉底的崇拜状态将被分析为“彼得**<u>苏格拉底式地</u>**崇拜”（Socrates-ly admire），其中，“苏格拉底式地”是一种意向方式标记，不可再被分析，特别地，不能被分析为牵涉苏格拉底这个个体。[②] 据 AC 模式，除了意向主体外，一个意向状态将仅仅牵涉两个元素，即某个意向方式和某个意向行为类型。

回到对意向虚构对象现象的讨论，显然，AO 模式和 ACO 模式都无法为反实在论者提供可用资源，因为为了解释所涉的三个特征，两个模式都要求承认虚构对象作为被意向的对象，这会倒向实在论立场。然而，反实在论者依然可能选择使用 AC 模式来解释所涉的三个特征。特别地，若持有 AC 模式，反实在论者将能够在某种意义上一般地对“有所意向直觉”——每个意向状态都牵涉一个被意向的对象——进行解释。具体而言，AC 论者将通过“每个意向状态所涉及的意向行为都处于某个意向方式（或内容）”来解释。[③] 比如，“**<u>苏格拉底式地</u>**崇拜”被用来解释崇拜苏格拉底这样的意向性直觉。这种策略将被称为“拉珀波特式反实在论策略”。

然而，笔者认为，这种策略不会成功，理由如下。

① R. W. Rapaport, “An Adverbial Meinongian Theory”, *Analysis*, Vol. 39, No. 2, 1979, p. 75.

② 下文会多次出现表示意向方式的副词，有些地方的表达会显得不自然。比如“苏格拉底式地崇拜”，是很不自然的中文表达。实际上，对应的英文（“Socrates-ly admiring”）也是不自然的。诉诸形如“苏格拉底式地”的表达式是构造 AC 理论的需要。为了表示强调和引起读者的注意，下文出现的所有表示意向方式的副词，都将用黑体下划标出。

③ R. W. Rapaport, “An Adverbial Meinongian Theory”, *Analysis*, Vol. 39, No. 2, 1979, p. 76.

首先，拉珀波特式反实在论者面临神秘性指责。基于这种处理方式，**福尔摩斯式地**崇拜（Holmes-ly admiring）和**孙悟空式地**崇拜（Sun-Wukong-ly admiring）将被用来解释崇拜福尔摩斯和崇拜孙悟空之间的差别。为此，我们需要知道**福尔摩斯式地**（Holmes-ly）和**孙悟空式地**（Sun-Wukong-ly）这两个意向方式之间到底有怎样的差别。然而，它们却被设定为初始的，不可再分析的。这让 AC 论者（进而让拉珀波特式反实在论者）陷入神秘主义。或许 AC 论者会尝试通过因果效力来避免这里的神秘主义指责。比如，在某种意义上，**周杰伦式地崇拜**（Zhou-Jielun-ly admiring）和**邓丽君式地崇拜**（Deng-Lijun-ly admiring）所对应的因果链条有着明显的差异：周杰伦的出现往往构成前一种崇拜状态出现的原因，而且这种崇拜状态往往会导致周杰伦出现才会导致的某种行为结果；**邓丽君式地**崇拜情况，可做类似分析。① 然而，这种退路是行不通的。因为福尔摩斯和孙悟空被反实在论者看作并不存在，因此，根本不会具有任何因果效力，也不会具有任何因果效力差异。因此，诉诸因果效力并不能帮助拉珀波特式反实在论者逃避神秘性指责。

其次，纵使 AC 论者能够摆脱神秘主义指责，能够解释"有所意向直觉"，他们也难以解释"不同方式相同对象直觉"和"相同方式不同对象直觉"。考虑前面的例子，彼得崇拜出现在柯南·道尔所写故事中的那个侦探，并且彼得崇拜那个最有名的虚构侦探。根据 AC 模式，这两个意向状态将分别被分析为"彼得**出现在道尔所写故事中的那个侦探式地**崇拜"和"彼得**那个最有名的虚构侦探式地**崇拜"。显然，这里所牵涉的两种崇拜行为是非常不同的，这虽然能解释"不同方式直觉"，却不能解释"相同对象直觉"。针对以上两个意向状态，AC 论者只能做出这样的分析：彼得分别做出两种不同方式的崇拜行为。类似地，AC 论者难以解释"相同方式不同对象直觉"。考虑前面的例子，一年前后，彼得都崇拜最知名的虚构侦探。根据 AC 模式，一年前后彼得做出相同方式的崇拜行为。这

---

① 一般地，M. 彭德贝瑞（M. Pendlebury）用这种策略处理心理体验（M. Pendlebury, "In Defence of the Adverbial Theory of Experience", in F. Orilia et. al. eds., *Thought, Language and Ontology*, Dordrecht: Kluwer Academic Publishers, 1998, p. 102）。这里考虑的是，AC 论者特别地用该策略来处理意向性问题。

能解释两个意向状态的“相同方式直觉”，但难以解释“不同对象直觉”。

最后，坚持意向性的 AC 刻画模式将导致无法理解牵涉意向性的某些日常语片。例如，在日常言语实践中，可以很自然地做出这样的断言：

(8)“我崇拜苏格拉底，他是一个哲学家”。

其中，前一个分句牵涉意向性，代词“他”被看作指代了前面被崇拜的对象苏格拉底。但是，若坚持关于意向性的 AC 刻画模式，(8) 将被分析为：

(8*)“我在**苏格拉底式地**崇拜，他是一个哲学家”。

除了主体我之外，前一个分句还牵涉两个语义单位，一个是崇拜行为，一个是**苏格拉底式地**这一崇拜方式。我们发现，(8*) 中的代词“他”不能顺利地进行回指，“他”指的不是主体我，不是崇拜行为，也不是**苏格拉底式地**这一崇拜方式，因为显然三者都不是哲学家。

或许 AC 论者会把 (8*) 进一步分析为：

(8**)“我在**苏格拉底式地**崇拜，苏格拉底是一个哲学家”。

这似乎能够保持 (8) 的意义却不至于面临困境。对此，笔者表达两点质疑。

首先，这种方案取消了日常语言中代词的回指功能，因为它把“他”替换为“苏格拉底”，但是，“苏格拉底”在前面的分句中并不是一个具有独立意义的语义单元。

其次，纵使承认“**苏格拉底式地**崇拜”中的“苏格拉底”是一个具有独立意义的语义单元，这使得“他”可以回指到“苏格拉底”的指称，拉珀波特式反实在论者仍然不能摆脱困境。因为如果把 (8) 分析为 (8**) 是合理的，那么，类似地，

(9)“我崇拜福尔摩斯，他是一个虚构角色”

将被分析为：

(9*)“我正**福尔摩斯式地**崇拜，福尔摩斯是一个虚构角色”。

其中，第二个分句中的“福尔摩斯”指称了一个对象，且被断定为是一个虚构角色。面对牵涉虚构名字和意向性的上述语片，拉珀波特式反实在论者将被迫承认存在虚构对象，倒向实在论。

简言之，实在论者可以系统、简单、直接地解释意向虚构对象现象。反实在论者最可能诉诸拉珀波特式反实在论策略进行解释，却会面临严

重的理论困难。

第五节 总结

根据前文分析，针对指称虚构对象现象、存在量化虚构对象现象和意向虚构对象现象，实在论者可以提供系统、简单、直接的解释。针对这三种现象，都尚未出现令人满意的反实在论解释。因此，我们有理由主张实在论解释，坚持虚构对象实在论。

针对实在论，前面论证是解释性的。我们仅仅指出支持实在论的证据，并论证针对这些证据的支持力的反驳意见都不成功。也就是说，假如承认虚构对象这类实体，我们将能够为待解释资料做出更合理的解释，至少到目前为止如此。然而，假如将来会出现可接受的反实在论解释，这里的论证便会丧失说服力。毋庸置疑，理论上，这样一种可能性似乎总是存在的。在此意义上，我们的辩护是间接的。那么，针对实在论，是否存在恰当的直接论证甚至证明呢？我们能否根据一些自明的前提和原则直接地推出实在论立场？

实际上，不止关于虚构对象的实在论面临这种问题。一般地，关于本体论立场，正如阿姆斯特朗所指出，本体论立场无法像数学和逻辑那样能被证明或证伪，也无法像自然科学一样找到可靠的信念辩护。[①] 在笔者看来，对于本体论立场的最好辩护是所谓“最佳解释论证”。比如，阿姆斯特朗的共相实在论，刘易斯的模态实在论，M. 戴维特（M. Devitt）的常识实在论，都是诉诸最佳解释论证。仅以戴维特的常识实在论为例。根据戴维特的常识实在论，存在可观察物理对象。针对可观察物理对象实在论，我们能为其提供一个正面论证或证明吗？他认为，除了最佳解释论证之外，关于可观察物理对象的实在论无须更多辩护。其中，最佳解释论证思路如下：特定条件下，好像（it is as if）草坪上存在一只乌鸦，对此最直接的解释是，因为草坪上存在一只乌鸦，所以好像草坪上存在一只乌鸦。假若没有更好的解释，戴维特得出结论说，既然这个实

---

① D. M. Armstrong, “Reacting to Meinong”, *Grazer Philosophische Studien*, No. 50, 1996, p. 617.

在论解释是更好的解释，那么物理对象实在论成立。[①]

在笔者看来，好像虚构名字指称虚构对象，好像虚构对象被存在量化，好像虚构对象被意向，对这些现象最直接的解释就是，虚构名字就是指称虚构对象，虚构对象就是被存在量化，虚构对象就是被意向。既然没有其他更好的解释，实在论解释便是最好的解释。笔者同样认为，除了这个最佳解释论证外，关于虚构对象的实在论无须更多论证。

实际上，的确有实在论者尝试对实在论进行“直接”论证（即非解释性论证）。在结束本章之前，笔者对两个著名的尝试进行简单评价。在笔者看来，这两个论证的启发性大于合理性。

沃特里尼认为，为了给出虚构作品的同一化条件，必须承认虚构对象，这构成针对虚构对象实在论的直接的真正的本体论论证。[②] 虚构作品被看作是依赖语言结构的语义性实体。沃特里尼设想，两个互不相识的人写出具有相同语言结构（即包含相同虚构名字、相同谓词、相同修饰语且语词的组合结构也完全一样）的虚构文本。他认为，此时两个虚构文本对应两个不同的虚构作品。既然两个虚构文本的语言结构完全一样，决定所涉虚构作品差别的只能是在语义上，而谓词的语义以及量词等修饰语的语义与通常语义并无不同，没有差别。因此，差别一定发生在诸如虚构名字的单称词项的语义上，就是说，两个相同的虚构名字指称两个不同的虚构对象。简言之，为了解释虚构作品之不同，必须承认虚构对象之不同，因此，必须持有包含虚构对象的实在论。

作为一个实在论者，笔者当然同意沃特里尼的结论，但是，对该论证的说服力持保留意见。的确，一个人如果承认虚构对象，那么，承认虚构作品是非常自然的选择，毕竟虚构对象就是虚构作品中的虚构对象，虚构对象不能脱离虚构作品。但是，沃特里尼先承认虚构作品，然后论证说承认虚构对象是给出虚构作品同一条件之必需。这样的论证思路是

---

① M. Devitt, *Realism and Truth*, Princeton: Princeton University Press, 1997, pp. 74 – 75.

② A. Voltolini, "How Fictional Works Are Related to Fictional Entities", *Dialectica*, Vol. 57, No. 2, 2003, pp. 225 – 238; A. Voltolini, "Précis of How Ficta Follow Fiction", *Dialectica*, Vol. 63, No. 1, 2009, p. 54.

令人质疑的，理由有二。其一，对于反实在论者而言，虚构作品实在论可能同样是可疑的。比如，虚构作品反实在论者可能会只承认虚构文本，但不承认虚构作品。这种态度自身并不会导致自相矛盾。关于虚构作品实在论的合理性，至少是存在争议的。其二，沃特里尼的论证依赖于一个假设，即在他所设想的情境下出现了两个不同的虚构作品，而在笔者看来，这个假设并非确实。实际上，笔者认为，若两个人果真独立地写出相同的文本，他们便写出了相同的虚构作品，所涉虚构角色当然也便是相同的，这是更加符合直觉的。①

汤姆逊认为，虚构对象存在的条件是现实存在的，是没有争议的，因此，没有理由不承认虚构对象。② 在汤姆逊看来，语词“虚构对象”（或“虚构角色”）的意义和用法本身便保证了虚构对象实在论的合理性，换句话说，使用“虚构对象”一词的言语行为具有以言行事的效果，效果之一就是创造相应的虚构对象。“否认虚构角色却从事关于虚构的实践便是扭曲了诸如‘虚构角色’等词项的日常用法……说‘简·奥斯汀（J. Austen）写了一个虚构作品假装指称艾玛’，然后说‘艾玛这个虚构角色出现在简·奥斯汀的虚构作品中’将是多余的。”③ 简单讲，人们的日常文学实践加上语词“虚构对象”的日常用法，便决定了必须承认虚构对象。

在笔者看来，汤姆逊的论证表明了一点，即虚构对象实在论与人们日常对“虚构对象”或“虚构角色”的用法和文学实践是一致的。但是，这种一致性能否保证实在论的合理性呢？对此，笔者持保留态度。反实在论者可以一致地承认所有关于虚构对象的实践，承认关于虚构对象的谈论是有意义的，却并不承认虚构对象。前文提到的各种反实在论策略早已表明如此。作为一个实在论者，笔者同意汤姆逊的观念，即基于日常的文学实践和诸如“虚构对象”的理论词项的通常用法，而持有实在论立场是个自然的选择，但是，二者之间是否具有支持关系或者推出关

---

① 笔者还会对这种情形进行更多讨论，具体见本书第六章。

② A. Thomasson, “Fictional Characters and Literary Practices”, *British Journal of Aesthetics*, Vol. 43, No. 2, 2003, pp. 138–157.

③ Ibid., pp. 150–151.

系呢？对此，笔者持保留态度。

笔者认为，沃特里尼和汤姆逊所做论证的效力是可疑的，但是，却具有重要的启发性。沃特里尼的论证带来的启发至少有两点。其一，虚构对象与虚构作品密切相关，若承认其中一类实体，最好也要承认另一类实体。如果已经承认了虚构作品，为什么还要费力消除虚构对象呢？其二，一个虚构对象理论若能同时回答虚构作品的本性问题，将是更加有吸引力的。[①] 汤姆逊的论证带来的启发是：纵使缺少直接的论证，与反实在论相比，实在论也具有一个显见的优势，即我们的文学实践和关于虚构对象的谈论本身都“指引”我们接受虚构对象，包含虚构对象的本体论是最自然不过的选项。

最后，引用范英瓦根的文字来为本章的辩护工作做个有用的注脚：

“十九世纪的英国形上学家 F. H. 布拉德莱（F. H. Bradley）曾经说过，形上学是一种为那些你无论如何都会相信的事情找坏理由的尝试……有一件事几乎确定为真，亦即：无论我看到过多少哲学论证，都会去接受这样一些信念。当然，我会尝试尽量公平且客观地讨论与我立场相反的观点，不过，我不太可能会做得很成功……我曾经看过一些形上学的书，试图纯粹透过逻辑论证的基础，以及对细心收集到的资料所做的客观评断，而去辩护自己的立场。这些作者的写作方式，如果不是要暗示他们在形成其形上学主张时是没有偏见的，便是要暗示他们会将自己的偏见摆在一旁，而只考量证据与论证。我不是宣称能看穿别人的心思，但我怀疑有任何形上学家能够做到这点。”[②]

回应本章议题：我们是否应该持有包含虚构对象的本体论？对笔者而言，与反实在论相比，相对而言，实在论是更加合理的。笔者无意断言，实在论便是“正确的”本体论。然而，假如本章的论证是合理的，那么，我们至少拥有三类证据主张实在论，即指称虚构对象现象、存在量化虚构对象现象和意向虚构对象现象。在笔者看来，这三类现象展示

---

① 笔者将在第七章提出自己的虚构对象理论，在那里，笔者将严格界定什么是虚构作品（故事）、虚构作品的同一条件、存在条件以及虚构作品与虚构对象之间的关系。

② ［美］彼得·范英瓦根：《形上学》，苏庆辉译，台北：学富文化事业有限公司 2002 年版，第 21—22 页。

的正是，关于虚构对象实在论的强烈直觉背后所隐含的根据之所在。[①] 笔者认为，对关于物理对象相关现象而言，假如物理对象实在论是一种有用的本体论，那么，对虚构对象相关的现象而言，虚构对象实在论同样是一种有用的本体论。因此，假如物理主义是可接受的，那么，在同样意义上，虚构对象实在论也是可接受的。

---

① 为何支持实在论的证据会恰恰分为语义和意向性两个维度呢？或许是因为虚构对象的本性会牵涉语义和意向性。比如，有的实在论者认为，虚构对象就是语言用法创造的实体（S. Schiffer, "Language-Created Language-Independent Entities", *Philosophical Topics*, Vol. 24, No. 1, 1996, p. 157）。有的实在论者认为，虚构对象就是依赖于主体意向性的实体（A. Thomasson, *Fiction and Metaphysics*, Cambridge: Cambridge University Press, 1999, pp. 22 – 23）。

第二章

如何评价虚构对象理论

第一章处理的是关于虚构对象的部门形上学的第一个基本问题，即我们是否应该持有包含虚构对象的本体论。根据第一章论证，至少存在三类证据支持虚构对象实在论，即指称虚构对象现象、存在量化虚构对象现象和意向虚构对象现象。本书将用较大的篇幅来讨论第二个基本问题，即如果存在虚构对象，虚构对象属于什么范畴、具有什么属性？对该问题的不同回答导致不同的虚构对象理论。从第三章开始，我们将对主要的虚构对象理论进行展示和评价，在具体考察各种虚构对象理论之前，本章将对如何评价虚构对象理论进行必要的说明。

第一节　形上学理论评价标准

在形上学研究领域，如何对相互竞争的形上学理论进行比较和评价，是个复杂也容易引起争议的问题。一个突出的表现是，针对同一个形上学理论，不同的形上学家可能持有完全不同的态度。以刘易斯提出的可能世界理论为例，根据该理论，在我们居住的现实世界之外，还存在无数的可能世界。简单讲，现实世界可以成为的任何可能的样子都对应着一个可能世界，但是，刘易斯认为，所有可能世界（包括现实世界）之间相互隔绝，没有任何因果关联。[①] 刘易斯的可能世界理论让一部分哲学家瞠目结舌、不敢相信，但另一部分哲学家却坚信不疑。如何评价形上学理论的确是个容易引起争议的话题。虽然如此，在进行形上学研究的

① D. Lewis, *On the Plurality of Worlds*, Oxford: Basil Blackwell Ltd., 1986, p. 2.

过程中，关于如何比较不同的形上学理论，在分析形上学家共同体内，依然存在一些被广泛认可的可资利用的评价标准。[①] 根据不同的功能特征，笔者将这些标准分别称作“清晰性标准”“一致性标准”“解释力标准”和“简单性标准”。[②]

一　清晰性标准

分析视角下的形上学研究，对清晰性有较高的要求。一个形上学理论对需要回答的问题必须做出明确回答，所使用概念的意义要足够清晰，所宣称信条的意义要足够清晰。特别地，一个形上学理论需要对可能引起混淆的概念进行澄清。清晰性标准说的是，在其他条件均等的情况下，若一个理论比另外一个理论更清晰，则前者比后者更可信。比如说，针对某个需要回答的形上学问题，一个形上学理论给出了明晰的回答，另一个理论却闪烁其词拒绝作答，或者只是模糊地进行回答，那么，相比较而言，前一个理论将比后一个理论更加可信。再比如说，如果一个理论对其使用的基本概念的内涵和外延做出说明，另一个理论却没有，那么，在其他条件均等的情况下，前者比后者相对更可信。

二　一致性标准

一致性标准可以在两种意义上进行理解。一种是消极意义上，一种是积极意义上。

消极意义上的一致性标准要求一个理论不能承认矛盾。具体而言，又可通过两个视角来理解消极的一致性标准，即表面的视角和推理的视角。在表面的视角下，一致性标准要求一个形上学理论表述本身不能包含矛盾。在其他条件均等的情况下，一个理论表述一致，一个不一致，一致的理论便更可信。推理视角下的一致性标准，又有强和弱两个版本。强版本要求，一个形上学理论不能推出矛盾。就是说，在其他条件均等

---

① 王文方曾对评价形上学理论需要考虑的事项进行梳理，并以问题清单的形式加以展示（王文方：《形上学》，台北：三民书局2008年版，第36—39页）。

② 在笔者看来，这些标准可以看作是当今形上学家从事理论比较工作需要具备的公共知识。有了这些标准，形上学理论比较便不再是纯粹的偏好选择，而是有需要考虑的客观标准，这将使得形上学研究成为一种广义的科学研究。

的情况下，若一个理论没推出矛盾，另一个理论推出矛盾，相比较而言，前者便更可信。弱版本要求，一个形上学理论不能推出与常识相矛盾的结论，不能推出与其他理论或领域中被接受的信念相矛盾的结论。

表面视角下的一致性标准很容易满足，几乎不会有人接受明显自相矛盾的理论。但是，为了判断一个理论是否满足推理角度下的一致性标准，却需要做一番推理工作。先来考察强版本，强版本要求一个理论不能推出矛盾。比如，刘易斯的本体论中包含可能世界，却不包含不可能世界，理由就是承认不可能世界会导致矛盾。① 为了保持其世界理论的一致性，刘易斯拒绝承认不可能世界。所涉推理过程大体如下。假设 w 是一个不可能世界，在 w 上 P 且非 P。刘易斯认为，“在 w 上”是一个限制性约束语，分配原则适用，就是说，从“在 w 上 P 且非 P”可推出“在 w 上 P，且在 w 上非 P”。而“在 w 上非 P”与“并非在 w 上 P”没有什么不同，因此，“在 w 上 P，且并非在 w 上 P”，而这是一个明显的逻辑矛盾。因此，基于一致性标准，刘易斯拒绝承认不可能世界。再来考察弱版本的一致性标准。还是以刘易斯的可能世界理论为例，这个理论招致怀疑的一个理由便是，它的内容似乎与常识不一致。这里的常识常被称作“现实主义假设”，即现实世界是唯一存在的世界。根据刘易斯的理论，存在多个世界甚至无穷多个世界，这与该现实主义常识相矛盾，这导致该理论遭受许多学者怀疑。这里考虑的便是弱版本的推理意义上的一致性标准。

前面说的是消极意义上的一致性标准，相对照，积极意义上的一致性标准要求一个理论应该有能力消解看起来的矛盾。如果看起来一个理论需要同时承认 P 和非 P，这个理论最好具有足够的资源来消解矛盾。此时，一致性标准说的是，在其他条件均等的情况下，若一个理论有能力消解看起来的矛盾，而另一个不能，那么，前者比后者更加可信。

三 解释力标准

假设有两个相互竞争的形上学理论，如何判断哪个更加可信呢？为回答这个问题，我们特别需要考虑的是理论解释力。根据解释力标准，

---

① D. Lewis, *On the Plurality of Worlds*, Oxford: Basil Blackwell Ltd., 1986, p. 7.

给定需要解释的资料，若一个理论能够解释的资料比另一个理论更多，那么，在其他条件均等的情况下，前一个理论比后一个理论更加可信。以刘易斯的可能世界理论为例，刘易斯宣称，他的理论比其他的理论更可信，就是因为比其他理论具有更好的解释力。[①] 比如，在他看来，该理论能够非常轻松地为模态语句提供解释。比如，“可能存在蓝色的天鹅”为真，当且仅当，存在一个在其上存在蓝色的天鹅的可能世界。简单讲，承认可能世界之后，如此那般的可能性便可通过如此那般世界的存在性进行解释，可能性就意味着存在性。[②] 值得指出的是，上面真值条件中的“在其上”也是按照字面意思进行理解，即，理解为“在如此那般的世界上面”。在刘易斯看来，其他的理论都无法为模态语句提供这么好的解释。基于这种强大的解释力，他认为他的可能世界理论是更加可信的。的确，在对形上学理论进行比较时，解释力是需要考虑的极其重要的指标。实际上，在分析哲学传统下，形上学理论可被看作广义的科学理论，恰恰是因为它们像科学理论一样为这个世界提供解释。

除了比较能够解释资料的数量之外，也需要比较能够解释资料的重要程度。根据解释力标准，在其他条件均等的情况下，如果一个理论能够解释的资料是更重要的或更为核心的，而另一个理论能够解释的资料不那么重要或不那么核心，那么，前一个理论比后一个理论更可信。简言之，解释力标准要求在比较两个形上学理论时，不但要考虑能够解释资料的个数，也需要考虑能够解释资料的重要程度，解释资料的个数越多，解释的资料越重要，理论便越可信。

四　简单性标准

简单性标准也常常被称作“经济性标准”。简单性标准反映的是，人们在解释世界过程中的一种自然的期望，即，假若两个理论对同一组现象进行解释，在其他条件均等的情况下，能够提供更简单解释的理论，相对更加可信。这种期望背后的假设是，世界的真实的样子应该是简单的，而不是复杂的。

---

① D. Lewis, *On the Plurality of Worlds*, Oxford: Basil Blackwell Ltd., 1986, pp. 4 – 5.

② Ibid., p. 5.

简单性标准不但应用于日常解释，也应用于科学解释。在笔者看来，简单性标准在哲学解释中的价值要高于在科学解释中的价值，这是因为哲学解释追求合理性，而科学解释追求真理性。哲学家几乎不会宣称自己的理论是唯一正确的理论，至多宣称自己的理论是最合理的理论。简单性标准说的恰恰是，在其他条件均等的情况下，提供更简单解释的理论是更加合理的，因此更加可信。相对照而言，科学家会宣称自己的理论提供的是真理性解释，而不仅仅是合理性解释。在科学家看来，真理性高于合理性，即，真理一定是合理的，但合理的不一定都是真理。因此，简单性标准对哲学的重要程度要高于对科学的重要程度。

那么，如何理解简单性呢？简单性可分为两类，一种是本体论上的简单性，一种是解释过程的简单性。两种简单性决定了两种意义上的简单性标准。本体论上的简单性标准也被称作“奥卡姆剃刀原则”，即“若无需要勿增实体”，就是说，若不是必需，就不要额外增加实体到理论中来。解释过程的简单性标准，即，通过更简单的步骤做出解释的理论相对更加可信。

值得指出的是，两种意义的简单性标准可能导致理论复杂度的相对性。两个相互竞争的理论，可能一个在本体论上更简单，但在解释过程上更复杂，而另一个在解释过程上更简单，但本体论上更复杂。因此，在运用简单性标准评价理论时，需要明确指出考虑的是什么意义上的简单性。比如，现象主义理论在本体论上只承认感觉资料，因此，在本体论上比物理主义要更简单。但是，现象主义对日常物理现象的解释则要更复杂，甚至对有些现象根本无法提供合适的解释。类似地，物理主义理论在本体论上承认了物理对象，在本体论上要比现象主义更复杂，但是对日常物理现象的解释却更简单。①

第二节 虚构对象理论评价标准

前面介绍的是，如何一般地对形上学理论进行评价。从第三章开始，

---

① W. V. Quine, “On What There Is”, in his *From a Logical Point of View*, New York: Harper & Row Publishers, Incorporated, 1961, pp. 17–18.

我们将对多个虚构对象理论进行评价，评价虚构对象理论同样需要执行上述四个标准，即清晰性标准、一致性标准、解释力标准和简单性标准。这仅仅是形上学理论评价标准在虚构对象主题上的特殊应用。在展示和评价虚构对象理论之前，本节做必要的辅助说明。关于简单性标准的应用，笔者没有特别需要说明之处。下面就清晰性标准、一致性标准和解释力标准的应用，做一些必要说明。

一 基础问题和范畴区分

清晰性标准的其中一个要求是，一个形上学理论对需要回答的形上学问题必须做出清晰回答。一般地，一个关于特定类型实体的形上学理论，必须回答两个基础性问题。第一，这类实体存在的条件是什么？第二，这类实体的同一化标准是什么。这两个问题牵涉两个最重要的形上学概念，即存在性和同一性。虚构对象也不例外，不同虚构对象理论可能会将虚构对象归入不同类型的范畴，但是，都需要对这两个问题做出一般回答。

第一个问题可称为“存在条件问题”。对一个实在论者而言，既然坚持包含虚构对象的本体论，首先便需要回答虚构对象存在的条件是什么。若不能回答这个问题，关于虚构对象的形上学图景便是模糊不清的。回答存在条件问题是获得清晰图景的必然要求。值得指出的是，所谓存在性条件既包含“开始存在条件”，也包括“继续存在性条件”，前者规定的是一个事物开始存在的条件，后者规定的一个事物在开始存在后，继续存在的条件。第二个问题可称为“同一化条件问题”。关于同一化条件问题与清晰的形上学图景之间的关系，奎因曾提出一个重要口号，即“没有同一性便没有实体”。就是说，如果不能为一类实体提供同一化条件，就不应该承认这类实体。① 为虚构对象提供同一化条件，就是规定不同虚构对象之间的区分条件。若不能给出同一化条件，便不能对虚构对象进行区分，进而不能指称，不能描述，不能比较，不能计数，形上学图景便一定是不清晰的。比方说，若没有同一化条件规定，我们恐怕不

① W. V. Quine, “Speaking of Objects”, in his *Ontological Relativity and Other Essays*, New York: Columbia University Press, 1969, p. 23.

能完成用“福尔摩斯”指称福尔摩斯，因为我们不知道如何将福尔摩斯从众多虚构对象中挑选出来。因此，一个虚构对象理论最好能够回答同一化条件问题。

笔者也将同一化条件问题视作一个虚构对象理论需要回答的核心问题。当一个问题被视作核心的，这意味的是，纵使假设一个理论已经满足了其他的标准，但若它无法对此问题做出合理的回答，那么，该理论仍将是不可接受的，至少是存在重大缺陷的。在笔者看来，同一化条件问题便是这样的问题。奎因的口号说明的恰恰是该问题对一个形上学理论的核心重要性。

清晰性标准不但要求回答以上两个基础性问题，还要求回答这些问题时使用的概念是清晰的。含混不清的概念将导致含混不清的回答。在展示和评价具体的虚构对象理论时，我们将分别对所涉概念的清晰性进行考察。

另外，清晰性标准还要求能够做出特定的范畴区分。除了能够区分虚构对象和真实对象之外，一个清晰的虚构对象理论还应该有能力对另外两对范畴做出区分，即纯粹的虚构对象与历史的虚构对象，纯粹的虚构对象与虚构的虚构对象。比如，福尔摩斯是纯粹的虚构对象，现实中并没有一个人是福尔摩斯，福尔摩斯并不是被虚构地描写的历史人物。相比较，电视剧《戏说乾隆》中的乾隆是个历史的虚构对象，现实中有一个人就是乾隆，故事虚构描写的就是同一个人。纯粹的虚构对象与历史的虚构对象，虽然同属虚构对象范畴，但二者有所差别，一个恰当的虚构对象理论应该有能力对此做出区分。另外，存在故事嵌套现象，故事嵌套带来的是纯粹虚构的对象和虚构的虚构对象之间的区分。比如，在哈姆雷特故事中，哈姆雷特是真实的，但是，哈姆雷特让演员演的《谋杀贡扎戈》（*The Murder of Gonzago*）中的贡扎戈（Gonzago）却是虚构的。因此，哈姆雷特是一个虚构的人，但是，贡扎戈不是虚构的人，应该被称作是“虚构的虚构的人”。一个恰当的虚构对象理论应该有能力对此做出区分。

二 消解矛盾

一致性标准有两方面要求。一方面要求一个虚构对象理论不能直接断言矛盾，也不能间接地牵涉不一致性，即理论内容不能与常识冲突，不能与其他领域中的合理信念相冲突。另一方面要求能够对看起来的矛盾信念进行消解。这里特别指出一种待消解的矛盾。虚构作品中的对象并非总是具有一致的属性，可能会具有相互矛盾的属性。① 假设有这样一个虚构对象，它既是圆形的，又是方形的。既然圆形隐含非方形，我们知道，这个虚构对象既是方的又是非方的。② 因此，看起来这样的虚构对象会导致承认矛盾。一个虚构对象理论最好能够消解这样的矛盾。

三　解释资料

解释力标准要求虚构对象理论具备足够的解释力，那么，虚构对象理论到底需要解释哪些资料呢？笔者将不涉及模态性的解释资料分成四类，即关于虚构对象的内部真理、普通外部真理、创造性真理和意向性真理。③ 其中，创造性真理和意向性真理是被挑出来的特殊外部真理。牵涉模态性的解释资料包含两类，即本质内部性真理和本质虚构性真理。

所谓“内部真理”，即在内虚构语境下被断言的真理。比如，“福尔摩斯是一个侦探”通常被看作是真的。在文学赏析课堂上，假如一个学生被要求就这个陈述的真假进行判断，并且他回答“假”，那么，他便做出了一个错误判断。为了对虚构作品和虚构对象进行恰当赏析，首先需要确定关于虚构对象的内部真理到底有哪些。

与内部真理相对的是外部真理。所谓“外部真理”，即在外虚构语境

---

① 许多关于虚构对象的形上学家都注意到不一致的虚构对象带来的矛盾性。比如，帕森斯和范英瓦根都曾明确讨论矛盾的虚构对象，并思考在什么意义上可以承认这样的对象却不承认矛盾（T. Parsons, *Nonexistent Objects*, New Haven: Yale University Press, 1980, p. 42; P. van Inwagen, “Existence, Ontological Commitment, and Fictional Entities”, in M. Loux, D. Zimmerman eds. , *The Oxford Handbook of Metaphysics*, Oxford: Oxford University Press, 2003, p. 153）。

② 对这样的故事，我们甚至可以做更细致的描述。比如，故事内容可以是这样的：“从前有一个圆的方块。所有人都很好奇，一个东西怎么可以既是圆的又是方的，于是，所有人都来到圆的方块面前。有人问圆的方（故事的拟人化处理）：‘你是圆的吗?’圆的方回答：‘是的。’有人问圆的方：‘你是方的吗?’圆的方回答：‘是的。’一个小姑娘选择和圆的方交朋友。圆的方问小姑娘：‘其他人都讨厌我，说我让他们很烦躁，你为什么选择和我交朋友呢?’小姑娘回答说：‘我选择你做我最好的朋友，是因为你在这个世界上是最独特的，别的事物是圆的就不能是方的，是方的就不能是圆的，而你既是圆的又是方的。’从此，圆的方和这个小女孩成为世界上最要好的朋友。”笔者曾讲这个故事给女儿听，她很喜欢这个故事。

③ 笔者并未将所谓“否定存在性真理”列入解释资料清单。在第八章，笔者将说明，否定存在性真理不应该算作是合格的解释资料。实际上，包含虚构名字的否定存在陈述具有语境敏感性，在不同的语境下将获得不同的语义分析。

下被断言的真理。外部真理是关于世界本身的，而不是关于故事内容的。为方便，笔者将外部真理分为三类，即创造性真理、意向性真理和普通外部真理。所谓“创造性真理”就是与创造性有关的外部真理，比如“柯南·道尔创造了福尔摩斯”。[①] 所谓“意向性真理”就是与意向性相关的外部真理，比如“彼得崇拜福尔摩斯”。创造性真理和意向性真理以外的外部真理，将被称为“普通外部真理”，比如“福尔摩斯反映了人们的求真精神”“福尔摩斯是一个虚构角色”。在第一章进行本体论探究时，笔者将意向性真理当作是一种特殊的外部真理。从第三章开始将进行形上学理论比较，笔者也把创造性真理看作是一种特殊的外部真理。读者将会看到，在关于虚构对象的形上学讨论中，创造性是个极其重要的概念，不同的虚构对象理论都会努力对创造性真理进行解释，解释的好坏也会构成理论评价的重要指标。

模态相关的真理包含两类。一类是本质内部性真理。一类是本质虚构性真理。比如，“福尔摩斯本质地是一个侦探”是本质内部性真理，表达的是，福尔摩斯这个虚构对象本质地具有“是一个侦探”这个内部属性。“福尔摩斯本质地是虚构的”是本质虚构性真理，表达的是，福尔摩斯这个虚构对象本质地具有虚构性。

相比较而言，外部真理的解释资料资格要比内部真理的资格要大。这是因为内部真理似乎可以理解为限定意义上的真理，而不是真正意义上的真理。具体而言，在有的形上学家看来，内部真理可看作是相对虚构作品本身才成立的真理。比如，按照这种理解，“福尔摩斯是一个侦探”，实际上表达的是“根据《福尔摩斯探案集》，福尔摩斯是一个侦探”。

---

① 毫无疑问，我们总是说虚构对象是被其作者创造的。有人或许对是否应该将“虚构对象被创造”作为解释资料存有疑虑。设想一个部落，该部落内的每个人都认为虚构对象是被“发现的”，而不是被“创造的”。一个“正确的”或“恰当的”虚构对象理论应该解释“虚构对象被创造”呢？还是应该解释“虚构对象被发现”呢？笔者认为，对我们群体而言，一个恰当的虚构对象理论应该尊重和解释创造性直觉，对被设想的部落而言，一个恰当的虚构对象理论应该尊重和解释被发现直觉。关于虚构对象的创造性直觉，K. 法恩（K. Fine）曾说：“当我们独立于形上学理论来思考这个问题时，看起来没有任何理由认为我们的语言用法是比喻意义上的。我们总是非常自然地说创造。另外，说莎士比亚发现了哈姆雷特或者最早地表征了哈姆雷特，看起来是错误的。说真正的真理看起来是假的，却认为比喻意义上错误的命题是真的，这是对语言多么奇怪的曲解。”（K. Fine，“The Problem of Non-Existents”，*Topoi*，No. 1，1982，p. 130.）

那么，作为解释资料的各种真理，重要程度如何区分呢？哪些更加核心呢？这是一个争议性极大的问题，不同类真理重要性的排序会直接影响理论优劣评估。或许正因为如此，在关于虚构对象的形上学研究文献中，尚未发现哪个学者明确对各类真理的重要程度进行排序。这是可以理解的。一般而言，一个形上学家在研究虚构对象本性之前，便已经拥有了特定的本体论，或者具有了特定的本体论偏好。在此基础上，对虚构对象的形上学研究，就是如何一致地将虚构对象定位到其本体论结构中。关于虚构对象的诸多真理中，哪些真理更加重要，哪些真理相对不那么重要？对这样问题的回答，不可避免地会受到假定的本体论结构的影响。

基于对虚构对象本性的长期思考，若要尽量保持中立性，并按照核心性或重要程度降序排列，在笔者看来，下面的排序应是比较合理的：①创造性真理（比如“福尔摩斯被柯南·道尔创造”），②意向性真理（比如“彼得崇拜福尔摩斯”），③普通非模态外部真理（比如“福尔摩斯代表了人们的求真精神”），④本质虚构性真理（比如“福尔摩斯不可能不是虚构角色”），⑤内部真理（比如“福尔摩斯是一个侦探”），⑥本质内部性真理（比如“福尔摩斯不可能不是一个侦探”）。以上排序并非任意。笔者认为，在排序时，应当遵守下面的原则：（1）尽量尊重文学实践者的共识；（2）模态性直觉让位于现实性直觉；（3）不牵涉哲学概念的直觉让位于牵涉哲学概念的直觉；（4）内部真理直觉让位于外部真理直觉。基于原则（2），⑥让位于⑤。再根据原则（4），⑤让位于④。再根据原则（2），④让位于③。再根据原则（3），③让位于①和②。再根据原则（1），②让位于①。综合起来，便有了前面的排序。在形上学研究中，解释资料的确定和重要性排序，是一个颇有争议的话题，也是一个值得严肃研究的重要话题。[①] 这里，笔者并不是要宣称以上解释资料

---

① 在J. 谢菲尔（J. Schaffer）教授的指导下，罗格斯大学（Rutgers University）的D. 罗斯（D. Rose）正在就日常的形上学直觉和解释资料的本性，撰写其博士论文。论文的题目是“杂乱的目的论和民间形上学”（Promiscuous Teleology and Folk Metaphysics）。他们的工作已经取得了实质性的研究成果，比如，“现实因果的民间直觉”（Folk Intuitions of Actual Causation），“神经科学判断与直觉形上学的入侵”（Neuroscientific Prediction and the Intrusion of Intuitive Metaphysics），“民间部分整体学是目的论”（Folk Mereology is Teleological）。以上三篇论文分别发表于 *Philosophical Studies*、*Cognitive Science* 和 *Noûs*。更详细内容，请参见罗斯的网站 http：//davidro91. wixsite. com/david-rose。

清单和重要性排序是没有争议的。但是，为了避免理论评价标准不统一，笔者将该清单和排序作为工作假设。[①]

为何基于文学实践者的共识，创造性真理应该被列为核心解释资料呢？关于虚构对象的被创造性直觉，笔者愿意引用汤姆逊《虚构与形上学》中的一段较长的文字。值得提及的是，出现这段文字的那一章被选入金姆等编的《形上学选集》。[②] 那一章的标题就是“如果我们承认虚构对象，它们会是什么”。这段文字对那一章而言至关重要。在笔者看来，那章之所以被选中，正是因为这段文字非常明确地将关于虚构对象的创造性直觉表达出来，而这对于所有虚构对象实在论者而言都是一种正式的提醒，即理论构造应该首先尊重这一重要直觉，无论最终选择去直接地解释，还是间接地解释。

汤姆逊说道：“在日常的文学讨论中，我们将虚构角色看作是通过作者的行为在某个时刻被创造而开始存在的实体。如果某个人坚持说，乔治·华盛顿是福尔摩斯迷，我们会反驳说，在华盛顿时代，福尔摩斯还不存在，这个角色直到1887年才被创造（create）出来。‘虚构’一词源自拉丁词 fingere，这个词的意思就是‘形成’，日常实践中我们将虚构角色看作是通过作者创作虚构作品而形成的，这与词源分析也是明显一致的。我们不会说虚构作品的作者发现（discover）了虚构角色，也不会说作者在永远存在的抽象对象或者非存在对象或者可能对象中将角色挑选出来。相反，我们说，作者创生（invent）了角色，编出了角色（make up），创造了角色，在被作者创作之前，根本没有虚构对象。在对虚构的日常理解中，我们认为作者在编写角色的过程中，是具有真正的创造力（genuinely creative）。我们崇拜作者的一个原因就是他们能够创出有共鸣感的、多维度的角色，而不仅仅是像在游戏板上抠出特定的图形（cardboard cut-outs），有时我们会觉得像福尔摩斯这样的虚构角色能够被创造出来，真是一件幸运的事，因为假如柯南·道尔的行医工作更繁忙些的话，他可能就没有创造福尔摩斯了。因此，如果我们承认虚构角色并且

① 感谢朱菁促使笔者明确这一工作假设。

② A. Thomasson, “If We Postulated Fictional Objects, What Would They Be?”, in J. Kim et al. eds., *Metaphysics: An Anthology*, Oxford: Blackwell Publishing Ltd., 2012, pp. 59 – 72.

要求与我们关于虚构角色的通常实践相一致的话，看起来我们应该将它们看作是通过作者的心理行为和物理行为而开始存在的实体，是本质上被创造的实体。”①

这段话非常清楚地说明了关于虚构对象的被创造性直觉。任何一个实在论者都应该尽量保证与这一直觉相一致并提供解释。比如，范英瓦根并不认同汤姆逊的创造主义理论，却同样认同虚构对象是被创造的实体。②

在结束关于解释力标准应用的说明之前，笔者就本质虚构性真理和本质内部性真理进行简单的说明。先考察本质虚构性真理。以福尔摩斯为例，福尔摩斯本质地是虚构的吗？笔者认为，答案是肯定的。下面，笔者尝试给出两方面证据。

第一类证据是范畴归属上的证据。考虑我面前的这张桌子，（A1）“这个桌子是粗糙的”和（A2）“这个桌子是具体对象”都是对它的真描述。通常，粗糙性被看作是这个桌子具有的非本质属性，因为很可能（比如明天）它会变成光滑的；而具体性被看作是这个桌子的本质属性，假如有一个不是具体的对象，而是抽象对象，那它一定不会是这张桌子。试问（A3）“福尔摩斯是一个虚构角色”与（A1）归入同一类，还是与（A2）归入同一类更合适？显然是后者，其中，“虚构角色”和“具体事物”可被称作“范畴概念词”，用来进行本体论上的范畴归属。③ 形上学上的范畴归属应该被看作牵涉的是本质属性。

克里普克为我们提供了一类实践约定上的证据。虚构作品作者通常会提前声明：“故事中所涉人物及情节纯属虚构，如有雷同，纯属巧合。”④ 也就是说，纵使果真出现一个福尔摩斯那样的人，而柯南·道尔

---

① A. Thomasson, *Fiction and Metaphysics*, Cambridge: Cambridge University Press, 1999, pp. 5 – 6; A. Thomasson, “If We Postulated Fictional Objects, What Would They Be?”, in J. Kim et al. eds., *Metaphysics: An Anthology*, Oxford: Blackwell Publishing Ltd, 2012, pp. 59 – 60.

② P. van Inwagen, “Creatures of Fiction”, *American Philosophical Quarterly*, Vol. 14, No. 4, 1977, p. 305.

③ 帕森斯将范畴概念词指称的属性称为核外属性，而将普通谓词指称的属性称为核内属性。同“真实事物”一样，“虚构角色”属于范畴概念词（T. Parsons, *Nonexistent Objects*, New Haven: Yale University Press, 1980, p. 23）。

④ S. Kripke, *Naming and Necessity*, Cambridge: Harvard University Press, 1980, pp. 157 – 158; S. Kripke, *Reference and Existence*, Oxford: Oxford University Press, 2013, p. 27.

与此人没有任何联系，那么也不能断定这个人就是福尔摩斯，因为故事描写的是一个虚构的人。克里普克风趣地指出，如果那个人告柯南·道尔侵犯个人隐私，法官会依据上述声明宣告柯南·道尔无罪。这也说明，福尔摩斯的虚构性应被看作其本质属性。如果一个对象不是虚构的，该对象一定不是福尔摩斯。换句话说，在任何可能情形下，如果福尔摩斯存在，他一定会是一个虚构人物。

再来考察本质内部性真理。假如“福尔摩斯是一个侦探”是真的，那么，福尔摩斯可能不是一个侦探吗？答案是否定的。关于虚构活动的特殊性，H. 多伊奇（H. Deutsch）曾指出，如果假设所谓内部真理是真正成立的，那么，一个虚构作品作者描写什么虚构对象，将仅仅被虚构作品描述本身决定，进一步，一个作者是“不可能”错误地描述他所创造的虚构对象的。[①] 以福尔摩斯为例，当柯南·道尔将“福尔摩斯”描写为侦探，他是不可能错的。类似地，在其他的内部属性归属上，柯南·道尔也是不会犯错的。因此，假如所谓内部真理是真正地成立的，那么，它们表达的将是必然真理，一个虚构对象的内部属性是其本质属性。

最后，回到虚构对象理论的评价标准。我们已经确定了虚构对象理论需要解释的资料，并对其重要程度进行了排序，在此基础上，便可应用解释力标准到虚构对象的形上学研究领域。简单而言，根据解释力标准，在其他条件均等的情况下，能够解释更多真理、能够解释更重要真理的虚构对象理论将是更加可信的。

第三节　总结

没有虚构对象理论的评价标准，便不能恰当地对虚构对象理论进行评价和比较。本章列出四个评价标准，即清晰性标准、一致性标准、解释力标准和简单性标准。清晰性标准要求对需要回答的形上学问题做出清晰回答，所涉概念的意义必须清晰，命题的意义必须清晰，特别是要能够对虚构对象与现实对象进行区分，对纯粹虚构对象和历史虚构对象进行区分，对纯粹虚构对象与虚构的虚构对象进行区分。一致性标准要

① H. Deutsch, “The Creation Problem”, *Topoi*, Vol. 10, No. 2, 1991, p. 220.

求一个虚构对象理论不能直接断言矛盾、不能推出矛盾，能够对看起来的矛盾进行消解，特别是能够消解矛盾的虚构对象带来的矛盾性。解释力标准要求一个恰当的虚构对象理论应该对本质内部性真理、内部真理、本质虚构性真理、普通外部真理、意向性真理和创造性真理进行更合理的解释，解释的资料数量越多、解释的资料越重要，便越可信。简单性标准要求本体论上的简单性和解释步骤的简单性。从第三章开始，我们将具体对各种虚构对象理论进行评价。

第三章

观念主义和柏拉图主义

从本章开始，我们将处理关于虚构对象的部门形上学的第二个基本问题，即，如果持有包含虚构对象的本体论，那么，虚构对象属于什么范畴，具有什么属性？实在论者对该问题的不同回答导致不同的虚构对象理论。为了述评的方便，我们将按照如下线索进行。先考察囿于传统本体论的虚构对象理论，再考察突破传统本体论的虚构对象理论。本章将对观念主义和柏拉图主义进行考察，两种理论都是在传统本体论框架下，完成对虚构对象的范畴归属和属性刻画。

第一节　观念主义

传统的本体论结构只包含现实之物，具体而言，可分成两部分。一部分是具体对象，一部分是抽象对象。具体对象又分成两部分，即物理实体和心理实体。具体对象实然存在，即，现实地存在却可能不存在。比如，笔者眼前的电脑屏幕是物理实体，而笔者对电脑屏幕的心理印象是心理实体。两者都现实地存在，但显然都并非必然存在。再比如，数学实体和属性，通常被看作是抽象实体，不但现实地存在而且必然存在。观念主义者认为，在传统本体论框架下便能为虚构对象找到合适的本体论位置。

一　观念主义及其代表人物

以福尔摩斯为例，在传统的本体论结构中，他会属于哪个部分呢？他是具体对象吗？如果是具体对象，他或者是物理实体，或者是心理实体。那么，他是物理实体吗？如果是物理实体，我们一定应该能够在时空中找到他，但是，并没有任何一个占有时空的对象会是福尔摩斯。那么，福尔摩斯是心理实体吗？观念主义者认为，虚构对象就是心理实体，是人们头脑中的观念。所谓“观念”是一种呈现于主体意识中的感觉印象，或者说心理图像。

观念主义的主要代表包括 J. P. 萨特（J. P. Sartre）和奎因笔下的假想人物麦克斯（McX）。萨特把艺术作品所刻画的对象看作是依赖于主体和主体的想象行为的观念，特别地，作为虚构作品所刻画的对象，虚构对象也被看作是观念。① 以琣珈索斯（Pegasus）这只虚构的飞马为例，奎因则写道：“麦克斯自知不能认为哪个时空域有一匹有血有肉的飞马。若继续被质问，麦克斯会回答，琣珈索斯是人们心灵中的观念。”②

的确，若被问及虚构名字（如“福尔摩斯”）指称了什么，在传统本体论框架下，最自然的回答似乎便是观念。如前所言，毕竟物理世界中不存在虚构对象，并且虚构对象与以数学实体和共相为代表的抽象对象看起来又极不相似。另外，我们想到虚构对象的时候，总会拥有特定的观念，比如福尔摩斯的观念、哈姆雷特的观念和孙悟空的观念。若用弗雷格的术语来讲，观念主义者认为，虚构对象不属于第一领域（物理对象领域），不属于第三领域（抽象对象领域），而是属于第二领域（观念对象领域）。③

二　对观念主义的评价

观念主义是人们很容易想到的一种观点。但是，这并不意味着因此它便是合理的。在笔者看来，观念主义并不是一种合理的想法。④ 笔者将会以第二章提到的四个评价标准为线索，考虑观念主义者会如何努力去

---

① J. P. Sartre, *The Psychology of Imagination*, New York: Carol Publishing Group, 1991, pp. 177 - 178.

② W. V. Quine, “On What There Is”, in his *From a Logical Point of View*, New York: Harper & Row Publishers, Incorporated, 1961, p. 2.

③ 弗雷格对三个领域的区分，参见 G. Frege, “The Thought: A Logical Inquiry”, *Mind*, Vol. 65, No. 259, 1956, pp. 298 - 302。

④ 就笔者所知，没有当代形上学家公开为观念主义进行辩护，这里是严肃考察这种很容易想到的观点。

满足相应标准，然后对观念主义进行评价。

（一）清晰性维度

清晰性标准要求对“存在条件问题”和“同一化条件问题”做出恰当回答。先来考虑“存在条件问题”。“存在条件”包含“开始存在条件”和“继续存在条件”。

先考虑开始存在条件。关于开始存在条件，观念主义者大致会这样回答：一般地，作为心理实体，每个观念都依赖于作为其载体的相应意识主体的心理活动，作为观念的虚构对象同样如此。以福尔摩斯为例，如果福尔摩斯这一观念的主体的相应心理活动发生了，它便会存在，否则便不会存在。就是说，福尔摩斯的开始存在条件就是相应主体的心理活动。福尔摩斯这个观念的主体是谁呢？因为我们都认为，柯南·道尔创造了福尔摩斯，因此，柯南·道尔应该是福尔摩斯这一观念的主体。它所依赖的就是柯南·道尔创作活动发生时的心理活动。

针对开始条件问题的上述回答，听起来似乎不会招致什么质疑。但是，柯南·道尔创造的仅仅是自己的私人性观念，这与福尔摩斯的跨主体间性（intersubjectivity）是不一致的。[①] 福尔摩斯不但能够被柯南·道尔把握，也能被其读者把握，福尔摩斯具有主体间性。如果福尔摩斯是被柯南·道尔创造的观念，这将是不可能的。因此，观念主义者对开始存在条件问题的回答并不合理。

再来考虑继续存在条件。在笔者看来，观念主义者同样难以对该问题做出恰当回答，因为观念主义与虚构对象的跨时持存性并不相容。无论是在 1887 年柯南·道尔刚刚写完福尔摩斯故事的时候，还是在 131 年后的今天，福尔摩斯都是存在的。这种看法是自然的，福尔摩斯具有跨时持存性。一般地，虚构对象具有跨时持存性。但是，众所周知，观念具有瞬时性，此时我所具有的观念（比如我拥有的关于面前的电脑屏幕的心理印象）明天便不再存在了。如果虚构对象是观念，虚构对象便不会具有跨时持存性。

---

① 对大多数虚构对象理论而言，主体间性都不会带来难题。为了讨论的方便起见，笔者将虚构对象的主体间性算作是普通外部真理，不进行单列讨论。在下文解释力维度部分，笔者将详细说明主体间性。

或许观念主义者会退一步，认为131年前的福尔摩斯观念和131年后的福尔摩斯观念同属一个观念类型，这能够解释福尔摩斯跨时持存。笔者认为，这种退路并不合理。假如福尔摩斯被看作是观念，那么，前后两个福尔摩斯仅仅是相似而不同一，故不是真正意义上的跨时持存；假如福尔摩斯被看作是观念类型，那么，它的确会跨时间同一，但是，观念类型不是观念，这导致放弃观念主义信条。

最后考虑同一化条件。既然虚构对象隶属观念范畴，观念的同一化条件就是虚构对象的同一化条件。观念是私人性实体，因此，其同一化条件中一定会涉及观念载体或主体。就是说，如果观念a和观念b的主体不同，那么，a和b一定是两个不同的观念。因此，特别地，假设a观念是一个虚构对象，b观念是另一个虚构对象，如果a和b的主体不同，那么，a和b一定不同。考虑福尔摩斯，从观念主义的角度看，当我思考或谈论福尔摩斯，福尔摩斯是我的观念，当你思考或谈论福尔摩斯，福尔摩斯是你的观念。因此，既然你我是两个不同主体，你的福尔摩斯和我的福尔摩斯一定不同。然而，这与虚构对象的主体间性不相容。另外，除了观念主体之外，基于观念的瞬时性，观念发生的时间也将是其同一化条件的一部分。若如此，此时我把握的福尔摩斯一定不同于彼时我把握的福尔摩斯，这会导致与虚构对象的跨时持存性不相容。基于以上考虑，笔者认为，观念主义者难以为虚构对象提供恰当的同一化条件。

清晰性标准还要求，能够区分虚构对象和真实的对象，区分纯粹的虚构对象和历史的虚构对象，区分纯粹的虚构对象和虚构的虚构对象。观念主义者或许能够有效做出第一对区分，比如将真实的对象看作日常的人和物，相对照，将虚构对象看作是观念。两者的差别是范畴上的根本区分。然而，在笔者看来，观念主义者恐怕难以恰当地做出后两对区分。

先考虑纯粹的虚构对象和历史的虚构对象。当我们说福尔摩斯是一个纯粹的虚构对象，从观念主义的角度看，这是在描述福尔摩斯这一观念。观念主义者很可能会认为，福尔摩斯观念之虚构性意味着，它没有表征任何物理对象。相比较，《戏说乾隆》中的乾隆也是一个观念，它也没有表征任何物理对象。在这个意义上，福尔摩斯和乾隆共同分享“虚构性”。为了解释乾隆观念的历史性，它同时必须具有一定意义上的历史性。什么意义上的历史性呢？在笔者看来，最合理的回答应该是这样的。乾隆观念是其主体依照历史上的乾隆进行构造的结果，而福尔摩斯观念的主体并未依照任何历史人物进行构造。但是，这似乎并不成立，因为福尔摩斯观念同样是依照历史人物的样子进行构造的结果，据说柯南·道尔将某个医学博士的许多特征赋予了福尔摩斯。由此看来，观念主义者难以对“纯粹的虚构对象”和“历史的虚构对象”做出恰当区分。

再来考虑纯粹的虚构对象和虚构的虚构对象。前面提到，从观念主义的角度看，福尔摩斯的虚构性意味的是，福尔摩斯观念并未表征任何物理对象。那么，贡扎戈的虚构的虚构性呢？的确贡扎戈观念也没有表征任何物理对象，因此，这顶多可以用来解释贡扎戈之虚构性。但如何解释叠置的虚构性呢？这似乎需要贡扎戈观念能够涉及双重的空表征性，很难理解那会是怎样的双重表征。因此，在笔者看来，观念主义者同样难以区分纯粹的虚构对象和虚构的虚构对象。

（二）一致性维度

一致性标准要求观念主义者能够对看起来成立的矛盾进行消解。特别地，应该能够消解矛盾虚构对象带来的矛盾性。在笔者看来，观念主义者难以消解这种不相容性。以虚构的圆形的方块为例，它既是方形的，又不是方形的。按照观念主义的理解，该虚构对象就是一个矛盾的观念，这个观念同时既是方的又不是方的。然而，任何观念都是主体构造出来的现实的心理图像，而任何心理图像中都不会允许矛盾性。① 观念的现实性决定了其无矛盾性。因此，观念主义者难以消解矛盾的虚构对象带来的矛盾性。

（三）解释力维度

解释力标准要求观念主义者能够合理地解释关于虚构对象的创造性真理、意向性真理、普通外部真理、本质虚构性真理、内部真理和本质内部性真理。下面，笔者先论证观念主义者难以解释创造性真理、内部真理和本质内部性真理，然后论证观念的私人性导致也难以解释其他

---

① 人们只能想象出一部分可能的观念，很多可能的观念都难以想象出来。比如，我们或许能想象出来一个五边形的观念，但是，想象不出来一个一百边形的观念。更不要说想象出来不可能的观念了。

真理。

先考察创造性真理。以福尔摩斯为例，福尔摩斯是被柯南·道尔创造的。但是，根据观念主义，当我做出“福尔摩斯被柯南·道尔创造”这个断言，这牵涉的仅仅是我的某个观念，这意味着我的观念是被柯南·道尔创造的。然而，我的观念并不是被柯南·道尔创造的，至少不是在通常的意义上。或许，观念主义者会退而认为柯南·道尔在某种弱的意义上创造了作为我的观念的福尔摩斯。具体而言，柯南·道尔先创造出一个故事文本，然后，我通过阅读该故事文本或拷贝，形成作为我的观念的福尔摩斯。在此意义上，他们认为是柯南·道尔而非我本人创造了作为我的观念的福尔摩斯。

但是，这听起来并不合理。根据这一图景，我们至多有理由认为柯南·道尔创造了作为我的观念的福尔摩斯借以形成的外在刺激物，却没有理由认为柯南·道尔创造了作为我的观念的福尔摩斯。[①] 纵使承认外在刺激是必需的，对于福尔摩斯这一观念的形成而言，我的主动性阅读和构思也是更加不可或缺的。考虑到创造活动的主动性，我们有理由认为，我作为主动性阅读和构思活动的主体，更有理由被看作是作为我的观念的福尔摩斯的创造者，而不是创造外在刺激物的柯南·道尔。或许，观念主义者会认为柯南·道尔和作为读者的我联合创造了我的福尔摩斯观念，基于柯南·道尔的文本创作活动是福尔摩斯观念得以产生的初始原因，柯南·道尔才被看作是福尔摩斯观念的创造者。在笔者看来，这种辩解仍然不合理，这样的思考丝毫不能减损“观念主体才是观念的创造者”的真理性。就是说，我的观念的形成可能在某个环节上需要柯南·道尔的活动，但是，这并不影响我才是我的观念的创造者。

或许观念主义者会干脆选择认为，当我说“福尔摩斯被柯南·道尔创造”时，“福尔摩斯”指的是柯南·道尔的观念。这样，他们的确能够

---

① 类似地，或许观念主义者会认为在如下意义上柯南·道尔创造了作为我的观念的福尔摩斯：福尔摩斯是被柯南·道尔的福尔摩斯观念所因果地导致发生的观念。同样，这种意义太弱了。假设我有一个航空母舰的观念，便画了一个粗线图，然后传给张三，张三照着画了个图，……最后传给了赵六，赵六有了个澡盆的观念。这里的因果导致关系同样是成立的，但是，我们根本不会说是我创造了赵六的澡盆观念。

躲避这里的批评。但是，他们会面临同样严重的困难。假若如此，我将不能把握“福尔摩斯被柯南·道尔创造”的意义，因为“福尔摩斯”所指称的对象只有柯南·道尔才能把握。“福尔摩斯被柯南·道尔创造”将成为私人性真理。这将是更加糟糕的结果。

再考虑内部真理和本质内部性真理。以福尔摩斯为例，“福尔摩斯是一个侦探”表达了一个关于福尔摩斯的内部真理。观念主义对此将如何进行解释呢？观念主义者大致会这样回答：既然虚构对象是观念，而观念是一种心理图像，因此，像其他心理图像一样，作为心理图像的虚构对象将会具有构成性属性。正如“红色的树”这样的观念由“红色”和“树”两个子观念构成，作为一个特殊的观念，福尔摩斯由“戴帽子”“叼烟袋”“住在贝克大街”等多个子观念构成。在笔者看来，这种回答并不能令人满意。纵使“戴帽子”“叼烟袋”“住在贝克大街”这样的心理上可塑形的内部属性对应的子观念，可作为福尔摩斯这一观念的构成成分，也难以找到观念与福尔摩斯的其他内部属性相匹配。比如，“是一个侦探”“探案如神”对应怎样的观念呢？这里的批评或许并不是压倒性的。或许，随着心理学研究领域的进展，会找到这些属性对应的心理成分。然而，从形上学的角度，笔者对此不抱乐观态度。在没有出现这样的研究成果之前，只能认为并不能找到福尔摩斯对应的所有构成性子观念。特别地，观念主义者并不能合理解释“福尔摩斯是一个侦探”。因此，观念主义者至少不能对部分内部真理做出恰当的解释。当然，既然不能合理解释内部真理，也更不能解释本质内部性真理了。

下面，笔者将说明观念主义者难以承认虚构对象的主体间性。对观念主义者而言，这将导致一个灾难性的结果，即，难以解释关于虚构对象的所有真理。这其中当然包括普通外部真理、意向性真理和本质虚构性真理。[①]

前文已经提到了主体间性概念。所谓虚构对象的主体间性，即，不

---

① 如下文展示，虚构对象的主体间性被所有内部真理和外部真理隐含。因此，笔者并未将主体间性真理看作是特别需要解释的一种资料，而是归入一般的外部真理。

同的主体可把握同一个虚构对象。[①] 下面我们通过指称性和意向性两个角度说明虚构对象具有主体间性。比如，在交流中，当我对你断言“福尔摩斯反映了人们的求真精神”（或者“福尔摩斯是一个侦探”），你我会认为双方把握的是同一个真理，关于福尔摩斯的同一个真理。因此，虚构真理的主体间性要求承认虚构对象的主体间性。另外，若你我都喜欢福尔摩斯，那么，当我告诉你我喜欢福尔摩斯，你是能够理解我的意向状态的，你能把握到我喜欢的是福尔摩斯。当你告诉我你喜欢福尔摩斯，同样，我能理解你的意向状态，我能把握到你喜欢的是福尔摩斯。意向

---

① 精确而严格地界定“主体间性”并非易事。这里，笔者诉诸了“把握”一词，这样做的好处是对读者而言相对容易理解，不足之处在于使用“把握”这个日常词汇会导致定义不够严格。

“主体间性”是一个认识论概念。一般地，物理对象（如我面前的这台电脑）被看作具有主体间性，通达物理对象的常用手段是亲知。有的哲学家认为，自然数等抽象对象也具有主体间性，但是，通达抽象对象的手段不是亲知，而是某种不同的机制。那么，应该如何定义主体间性呢？

笔者倾向于下面的定义：一个对象具有主体间性，当且仅当，不同主体能够知道它存在（定义项可不严格地表述为：不同主体可以把握它）。

下面是笔者探索该定义的过程。直观上，说一个对象 x 具有主体间性，指的是两个主体能够知道 x。这里牵涉模态词“能够”。这意味着，事实上可能只有一个人或没有任何一个人知道 x，但是，x 仍然能够被两个人知道，因此具有主体间性。不过，严格讲，这里的“知道”用语不太恰当，因为“知道”常被看作命题态度词。因此，上面规定应该改写为只包含作为命题态度词“知道”的一种表达形式。

定义（1）：x 是主体间的，当且仅当，存在两个主体 S_1 和 S_2，对任何属性 F，如果 x 具有 F，那么 S_1 和 S_2 能够知道 x 是 F。换句话说，“知道 x”意味着对 x“知一切”。

我们每个人都不可能具有关于我面前这台电脑的所有知识。根据定义（1），这台电脑便不会具有主体间性。故定义（1）不合理。

定义（2）：x 是主体间的，当且仅当，存在两个主体 S_1 和 S_2，存在属性 F_1 和 F_2，x 具有 F_1 和 F_2，并且 S_1 能知道 x 具有 F_1，且 S_2 能知道 x 具有 F_2。其中，F_1 和 F_2 可以是同一个属性。换句话说，“知道 x”意味着对 x“有所知”。

显然，将“知一切”弱化为“有所知”是有道理的。如果对某物有所知，便一定已经通达“它”。但是，在笔者看来，“有所知”要求依然过强。主体间性要求的只是通达“它”。在逻辑上这说的是，只要知道它存在即可。

定义（3）：x 是主体间的，当且仅当，存在两个主体 S_1 和 S_2 都能知道 x 存在。

定义（2）中“x 具有 $F_1(F_2)$”总是能够推出“x 存在”。因此，定义（2）强于定义（3）。根据定义（3），通常物理对象具有主体间性，我们能通过亲知获得存在性知识；对柏拉图主义者而言，抽象对象也具有主体间性，柏拉图主义者认为通过某种先验机制能够获得存在性知识。下文会提到，观念不具有主体间性，因为观念被看作私人性实体，只有其主体能够知道它存在。基于此，笔者认为上述对主体间性的定义是合适的。当然，笔者这里并不想为该定义进行全面辩护。这个注释的目的是说明“主体间性”的意义大体上是怎样的。

性真理的主体间性，同样要求承认虚构对象的主体间性。

然而，众所周知，观念是私人实体，不具有主体间性。观念的私人性导致我们根本不可能拿一个主体的观念和另一个主体的观念进行比较，因为这需要将两个观念同时放入同一个主体的意识中进行比较，这是不可能的。观念主义者将虚构对象看作观念，这导致观念主义与虚构对象的主体间性不相容。或许观念主义者会质疑虚构对象的主体间性。具体而言，他们或许会认为，纵使承认你和我“看似意向同一虚构对象”和“看似指称同一虚构对象”，这也不能演绎地得出“虚构对象具有主体间性”的结论。或许“意向”和“指称”所涉虚构对象虽看似同一，实不同一，仅仅相似而已。再进一步，他们指出，将虚构对象处理为观念，则恰恰属于这种情况。这既构成反对虚构对象主体间性的理由，也构成支持观念主义的理由。然而，这种进路并不合理。假若诉诸相似性，从认识论的角度看，至少理论上要能够比较两个观念，判定它们相似还是不相似，但是，这恐怕是无法完成的，因为观念是私人实体。

观念主义与虚构对象的主体间性不相容，这导致观念主义者难以解释所有虚构真理，当然也包括普通外部真理、意向性真理和本质虚构性真理。所有虚构真理都需要承认虚构对象的主体间性。考虑普通外部真理，比如“福尔摩斯反映了人们的求真精神”。这个真理并不是只有某个特定主体才能把握，它表达的是不同主体都能把握的真理，它被看作是文学评论领域内的公共真理。但是，假如观念主义是正确的，那么，当我持有这个真理时，我持有的真理是：我的福尔摩斯观念反映了人们的求真精神。当你持有这个真理时，你持有的真理是：你的福尔摩斯观念反映了人们的求真精神。既然我的福尔摩斯观念和你的福尔摩斯观念一定是不同的，那么，我们所持有的真理也一定是不同的。这与虚构真理的主体间性相矛盾，因此观念主义者难以恰当解释普通外部真理。再考虑意向性真理，在观念主义者看来，当我喜欢福尔摩斯，那么，我喜欢的是我的福尔摩斯的观念，因此，我的这种意向状态是不可能被你所把握的。但是，如前所言，牵涉虚构对象的意向状态是可以具有主体间性的，这导致观念主义者不能恰当地解释意向性真理。本质虚构性真理情况也类似。因此，特别地，观念主义者难以解释普通外部真理、本质虚构性真理和意向性真理。

（四）简单性维度

简单性标准要求本体论上的简单性和解释过程的简单性。通过解释力维度的讨论，我们知道观念主义者对几乎所有虚构真理，都没能做出恰当的解释，因此，更谈不上解释过程的简单性。但是，值得指出的是，观念主义在本体论上是极其简单的。观念主义的本体论没有依赖任何有争议的实体，仅仅要求包含观念的本体论。观念主义的所有回答都是基于传统的本体论结构，其本体论是极其经济的。

三　评价汇总

对虚构对象进行范畴归属时，观念主义可能是最先能够想到的答案。基于以上讨论，我们知道观念主义并不令人满意。正如奎因所言，在思考或谈论巴特农神庙时，我们显然不会将之与巴特农神庙观念混淆，如果承认虚构对象的话，思考或谈论虚构对象时，我们也不应该将它们与关于它们的观念相混淆，因为虚构对象和观念是两回事。[①] 下面，通过表3—1 汇总对观念主义的评价。[②] 通过表 3—1，可以清楚地看到，虽然观念主义具有本体论意义上的简单性，却具有多方面的理论不足。观念主义还远远不是一种可接受的虚构对象理论。

表 3—1　　对观念主义的评价

清晰性
开始存在条件：－
继续存在条件：－
同一化条件：－
区分虚构对象和现实对象：＋
区分纯粹的虚构对象和历史虚构对象：－
区分纯粹虚构对象和虚构的虚构对象：－
不依赖不可信概念资源：＋

① W. V. Quine, "On What There Is", in his *From a Logical Point of View*, New York: Harper & Row Publishers, Incorporated, 1961, p. 48.

② 对于没有理由判定不满足标准的情况，笔者采取“无罪推定”原则。比如，没有理由认为观念主义依赖了不可信的形上学概念，便认定它满足“不依赖不可信的形上学概念”。类似地，认定观念主义满足“与常识不冲突”，“与其他领域的深度信念不冲突”。

续表

解释力
创造性真理：-
意向性真理：-
普通外部真理：-
本质虚构性真理：-
内部真理：-
本质内部性真理：-
一致性
积极的一致性：-
消极的一致性：+
简单性
解释过程简单性：-
本体论的简单性：+

第二节　柏拉图主义(Ⅰ)：沃尔特斯多夫的理论

基于第一节的考察，我们知道，既不能将虚构对象归到传统本体论中的“物理实体”，也不能归到“心理实体”。若仍然坚持传统本体论，看起来只能将虚构对象归到“抽象实体”。抽象实体具有两个特征：第一，不占有时空；第二，不但现实存在还必然存在。我们将这条路线统称为“关于虚构对象的柏拉图主义”，简称为“柏拉图主义”。柏拉图主义主要有三个代表，即沃尔特斯多夫、帕森斯和扎尔塔。笔者将分别对三人的理论进行介绍和评价。先考察沃尔特斯多夫的理论。

一　作为类型的虚构对象

沃尔特斯多夫将虚构对象处理为共相，而不是殊相。他持有包含类型（kind）的本体论，类型是一种与属性类似的共相。沃尔特斯多夫认为，一谈到类型，我们自然会想到自然类。比如植物学的范畴和动物学的范畴。但是，除此外还有其他类型。比如，“红色”这个属性对应着红色事物这一类型，“这个屋子里的椅子”对应着这个屋子里的椅子这一类型。[①] 类型和属性之间有紧密联系，却也存在差异，是两类不同的共相。具体表现如下。（1）个体具有（has）属性，却例示（exemplify）类型。（2）作为两种不同的共相，类型与属性之间存在一个 1－1 映射关系，每个属性都对应一个类型，每个类型都对应一个属性。[②]（3）一个类型与其对应属性必然且永远“外延”同一，就是说，必然地，对任何时间点 t，殊相 x，类型 K，x 在 t 是 K 的示例，当且仅当，x 在 t 具有 k 属性，其中 K 是 k 所对应的类型。[③] 另外，（4）类型像属性一样必然存在、永远存在。[④]

在承认类型的基础上，沃尔特斯多夫将虚构对象看作是类型，故事就是故事文本所描述的命题以及这些命题所隐含的命题的合取命题。[⑤] 比如，《福尔摩斯探案集》就是一个巨大的合取命题，其合取枝命题包括“有一个侦探住在贝克大街”“叫作‘福尔摩斯’的侦探探案如神”等简单命题。在某种意义上，一个命题可以“含有”类型：如果命题 P 成立，那么，类型 K 一定拥有示例，就称命题 P 含有类型 K。[⑥] 比如，“有一个侦探住在贝克大街”这个命题含有类型“侦探”“大街”，因为若该命题成立，则一定至少有一个人是侦探，至少有一个地方是大街。特别地，

---

① N. Wolterstorff，“Characters and Their Names”，*Poetics*，Vol. 8，No. 1－2，1979，p. 109.

② 比如，“等边矩形”和“等角菱形”对应两个不同的类型：虽然所涉属性外延相同，但仍然是两个属性，进而对应两个不同的类型。

③ N. Wolterstorff，“Characters and Their Names”，*Poetics*，Vol. 8，No. 1－2，1979，pp. 109－111.

④ Ibid.，pp. 112，125.

⑤ 沃尔特斯多夫有自己的一套哲学词汇。特别地，他将故事看作是合取事态（state of affairs），可以是可能的事态，也可以是不可能的事态（N. Wolterstorff，“Worlds of Works of Art”，*The Journal of Aesthetics and Art Criticism*，Vol. 35，No. 2，1976，pp. 121－132）。他对事态的用法，与当代哲学家对命题的用法基本相同，因此，当代哲学家更习惯于将他的观点解释为故事是合取命题（P. van Inwagen，“Existence，Ontological Commitment，and Fictional Entities”，in M. Loux，D. Zimmerman eds.，*The Oxford Handbook of Metaphysics*，Oxford：Oxford University Press，2003，p. 151）。出于方便考虑，笔者同样采纳这种做法。另外，沃尔特斯多夫认为，一个故事描述了一个世界，即艺术作品世界。艺术作品世界与现实世界不同，因为每个事态在现实世界上或者成立或者不成立，但是，对艺术作品世界而言，这不一定满足。笔者将简单地称之为“故事”，而不再引入世界概念。

⑥ N. Wolterstorff，“Characters and Their Names”，*Poetics*，Vol. 8，No. 1－2，1979，p. 108.

作为合取命题的故事可以含有类型，比如，《福尔摩斯探案集》含有“侦探”和“大街”这两个类型。类型之间也可以处于包含关系中：类型K1包含K2，当且仅当，必然地，如果一个对象属于K2，也属于K1。[①] 比如，猫这一类型包含波斯猫这一类型。但是，并非故事含有的所有类型都是虚构对象。只有故事包含的最大（maximal）的事物类型才是虚构对象。如果故事s含有类型K，且K不包含任何的s含有的其他类型，那么，类型K便是故事s的最大类型。

基于这些概念，沃尔特斯多夫的观点可如下概括：一个故事中的虚构对象便是该故事含有的最大事物类型。比如，《福尔摩斯探案集》中包含一个与“福尔摩斯”对应的最大人物类型，该类型包含“叫作‘福尔摩斯’”“住在贝克大街”“探案如神”等类型。这个最大的人物类型，在沃尔特斯多夫看来，就是福尔摩斯。更一般地，可如下概括：一个虚构单称词项“N”指称的是其相应故事s包含的一个最大事物类型K，K包含“N”被赋予的所有内部属性对应的类型。

以乞乞科夫这个虚构角色为例，沃尔特斯多夫写道：“在我看来，果戈理使用‘乞乞科夫’这个名字所做的大致如此。他并没有用这个名字指称任何一个人，然而，通过这种用法，为我们描绘了一个特定的人物类型，就是说，不是任何类型的特定的人，而是一个特定的人物类型，即《死魂灵》中的乞乞科夫。果戈理所使用的‘乞乞科夫’永远也不会指称一个特定的人；《死魂灵》世界中不会锁定永远也不会锁定任何一个特定人。然而，存在一个人物类型，即《死魂灵》中的乞乞科夫，该人物类型被果戈理描绘，该人物类型是《死魂灵》世界的一个成分。”[②] 继而，当我们使用“《死魂灵》中的角色乞乞科夫”，我们指的就是《死魂灵》包含的那个最大成分乞乞科夫。[③]

二 虚构对象的存在条件和同一化条件

在沃尔特斯多夫看来，类型和属性一样，同属共相，且具有同样的

---

① N. Wolterstorff, “Characters and Their Names”, *Poetics*, Vol. 8, No. 1 - 2, 1979, p. 113.

② Ibid., p. 109.

③ Ibid., p. 114.

存在条件。类型 K 存在的条件，就是它所对应的属性 k 存在的条件。沃尔特斯多夫认为，属性是永远存在、必然存在的实体，因此，类型也是永远存在、必然存在的实体。[①] 因此，作者并没有将虚构对象创造出来，即没有让虚构对象从无到有。更恰当地说，作者选择了虚构对象，并且将它们呈现在我们面前。或许作为抽象对象的福尔摩斯，在柯南·道尔创作《福尔摩斯探案集》之前，还不能被称作是虚构角色，是柯南·道尔的工作导致福尔摩斯成为一个虚构角色。因此，严格地说，柯南·道尔选择的不是福尔摩斯这个角色，而仅仅是福尔摩斯这个人物类型，因为在选择前，它还没有成为虚构角色。[②] 简言之，在沃尔特斯多夫看来，作为类型的虚构对象永远存在且必然存在，其开始存在条件和持续存在条件都是“空洞的”。就是说，虚构对象不需要任何具体的条件便开始了存在，也不需要任何具体的条件便持续存在。

因为虚构对象只是被选择或描绘出来的类型，虚构对象同样要受类型的同一化条件约束。关于类型的同一化条件，沃尔特斯多夫并没有明确回答。但是，基于他关于类型所明确表达的观点，我们可以大致推论出其观点。第一，如前所说，他认为，类型和它所对应的属性一一对应，具有相同的存在条件。第二，两个类型的外延同一，甚至必然地外延同一，并不能保证类型同一。比如，“等角菱形”和“等边矩形”外延必然同一，但两个类型并不同一。[③] 第三，存在空的类型，即外延为空的类型。比如，在这个屋子里没有椅子的情况下，“这个屋子里的椅子”便是一个空的类型。[④] 后面两条对属性而言情况完全一样，即外延同一无法保证属性同一，存在空的属性。再加之，沃尔特斯多夫通过属性来引入类型，并认为类型与其相应的属性存在条件相同。我们有理由认为，对沃尔特斯多夫而言，类型是像属性一样的内涵性实体，无法给出任何外延性的同一化条件，给出一个充分必要性的同一化条件是不可能完成的任务。假若如此，作为类型的虚构对象的同一化条件也是无法给出的。或

---

① N. Wolterstorff, “Characters and Their Names”, *Poetics*, Vol. 8, No. 1 - 2, 1979, pp. 112, 125.

② Ibid., p. 113.

③ Ibid., p. 110.

④ Ibid., p. 112.

许沃尔特斯多夫认为，这并不能构成对其理论的一个真正批评，因为属性本身也是类似的实体，却已经被哲学家广泛接受。

三 虚构对象的内部属性与外部属性

沃尔特斯多夫认为，谈论虚构对象的内部语境和外部语境要区别对待，这是由虚构对象的本性决定的。外虚构语境下做出的陈述，即外虚构陈述，需要依照其表面语法结构直接进行分析。内部语境下做出的陈述，即内虚构陈述，则要进行系统性的间接分析。

先考察外虚构陈述，比如“福尔摩斯是一个人物类型”“福尔摩斯被人们崇拜”。沃尔特斯多夫认为，外部陈述需要进行直接分析。这两个陈述只需根据其表面语法结构提示进行分析：它们表达的命题分别是福尔摩斯是一个人物类型、福尔摩斯被人们崇拜。[①] 就是说，沃尔特斯多夫能够对普通外部真理和意向性真理进行解释。

再考察内虚构陈述。对内部陈述的分析比外部陈述复杂。先看一般的主谓结构的单称陈述。比如，内部陈述“福尔摩斯被父母所生”被用来表达一个真命题。但是，作为人物类型，福尔摩斯是一个抽象的对象，不可能被任何人所生。因此，该陈述实际上所表达的命题一定与其表面语法结构不完全一致。沃尔特斯多夫认为，该陈述表达的并不是福尔摩斯具有“被父母所生”这个属性，而是“被父母所生”这个属性与福尔摩斯处于某种特定关系当中。沃尔特斯多夫将这种关系称为“（）分析地在（）内”（analytically within）。一般地，属性P分析地在类型K内，当且仅当，属性P是K所对应的关联属性的一个组成成分。[②] 福尔摩斯这个人物类型对应的是一个复杂的合取属性，被合取的属性是故事赋予他的那些属性。“福尔摩斯被父母所生”表达的便是“被父母所生”这个属性分析地在福尔摩斯这个人物类型内，即该属性是福尔摩斯对应的合取属性的一个枝属性。类似地，“福尔摩斯是一个侦探”表达的便是，“是一个侦探”分析地在福尔摩斯这个人物类型内，即“是一个侦探”是福尔

① N. Wolterstorff, “Characters and Their Names”, *Poetics*, Vol. 8, No. 1 – 2, 1979, pp. 125 – 126.

② Ibid., pp. 124 – 125, 124.

摩斯对应的合取属性的一个枝属性。

值得注意的是，内虚构语境下的关系陈述处理起来要更加复杂。[①] 第一种关系陈述："aRb"，其中 a 是虚构对象，b 是一个真实对象。"aRb" 实际上表达的是，"与 b 处于 R 关系" 这个属性分析地在类型 a 内。比如 "福尔摩斯住在伦敦"，表达的是 "住在伦敦" 这个属性分析地在福尔摩斯这个人物类型内。第二类关系陈述："aRb"，其中 a 和 b 都是虚构对象。"aRb" 实际上表达的是，"与 b 的一个例子处于 R 关系" 这个属性分析地在类型 a 内。比如，"福尔摩斯与华生是好朋友" 表达的是，"与华生的一个示例是好朋友" 这个属性分析地在福尔摩斯这个人物类型内，其中华生也是一个人物类型。直观上讲，该陈述断言的是，构成福尔摩斯这个人物类型的那些属性中有这样一个，即和某个华生类型的人是好朋友。这听起来也并不难理解。第三类关系陈述："aRb"，其中 a 是一个现实对象，b 是一个虚构对象。"aRb" 表达的是，"a 与之具有 R 关系" 这个属性本质地在 b 内。[②] 这个属性用 λ 表达式，即 "λxaRx"。比如 "伦敦是福尔摩斯的主要工作地点" 表达的是 "伦敦是其主要工作地点" 这个属性本质地在福尔摩斯内。

四　理论评价

首先，沃尔特斯多夫的理论看起来是个相对较为清晰的理论。通过前面论述，可知作为类型的虚构对象永远存在并且必然存在，因此，其开始存在条件和继续存在条件，都是空洞的，即，开始存在和继续存在都无须任何条件。就是说，针对 "存在条件问题" 沃尔特斯多夫能够做出明晰的回答。在此意义上，该理论是清晰的。

其次，从解释资料的数量来看，沃尔特斯多夫的理论也拥有较强的解释力。沃尔特斯多夫将 "福尔摩斯是一个虚构角色" 和 "我崇拜福尔

---

① N. Wolterstorff, "Characters and Their Names", *Poetics*, Vol. 8, No. 1 - 2, 1979, p. 126.

② 严格来讲，"a 与之具有 R 关系" 中的 "之" 应该去掉，用括号替换，或者用变元 x 替代。但是，若如此，则中文中并没有这样的合法表达。为了更好理解这类属性，这里再多举一个例子说明。比如，武汉在广州的北部。若去掉 "武汉"，则形成一个关系属性，即 "在广州的北部"。若去掉 "广州"，则形成另一个关系属性，即 "武汉在（）北部"。若勉强用不带括号的中文表达，则可像笔者一样诉诸 "其" 表示为 "武汉在其北部"。

摩斯”都直接解释为“福尔摩斯具有是一个虚构角色这个属性”“我与福尔摩斯处于崇拜关系中”。他将“福尔摩斯是一个侦探”解释为“是一个侦探这个属性分析地在福尔摩斯这个人物类型中”，将“福尔摩斯是华生的好朋友”解释为“以一个华生类型的人为好朋友这个属性分析地在福尔摩斯这个人物类型中”。简言之，他的理论能够对普通的外部真理和意向性真理做出解释，也能对内部真理做出解释。他还能解释本质内部性真理，因为在沃尔特斯多夫看来，福尔摩斯不但分析地含有是一个侦探这个属性，也必然地含有这个属性。因此，沃尔特斯多夫的理论拥有较强的解释力。

沃尔特斯多夫的理论拥有上述优势，那么，该理论是一个合理的虚构对象理论吗？笔者认为，该理论仍然不能令人满意。下面以四个标准为线索对该理论进行批判性评价。

第一，清晰性维度。

虽然沃尔特斯多夫能够清晰地回答存在条件问题。但是，根据前文介绍，我们知道，他并不能为虚构对象提供恰当的同一化条件。沃尔特斯多夫将类型看作是与相应属性 1 - 1 对应，而属性常被看作是内涵性实体或超内涵实体，并无合适的充分必要条件作为其同一化标准。若如此，类型同样如此，进而将为沃尔特斯多夫带来同一化困难。沃尔特斯多夫会受此责难吗？在笔者看来，恐怕不会。他可能会回应说：类型与其对应属性具有同样的同一化条件。既然形上学家已经普遍接受了属性，那么，他便不会面临任何难题。一方面，如果属性被认为具有可接受的同一化条件，那么，类型就会具有同样的同一化条件；如果属性被认为不具有可接受的同一化条件，但被形上学家广泛接受，那么，类型同样如此，不会比属性更好，但也不会更糟糕。无论如何，都不会面临同一化困难。在笔者看来，这个逃避指责的策略是行得通的。那么，是不是说，沃尔特斯多夫的理论是绝对清晰的呢？并非如此。

清晰性标准要求能够区分虚构对象与真实的对象，区分纯粹的虚构对象和历史的虚构对象，区分纯粹的虚构对象和虚构的虚构对象。先来考虑第一对区分。实际上，沃尔特斯多夫的“虚构对象”范畴仅仅包括纯粹的虚构对象。在这样的前提下，的确可以区分虚构对象与真实对象。虚构对象是类型，属于抽象实体，而真实的对象是具体的，占有时空位置；虚构对象被故事文本描述，而真实对象未被故事文本描述。然而，笔者认为，这样的区分并不合理，因为虚构对象不只包括纯粹的虚构对象。在第二对区分讨论中，将具体说明理由。

再考虑区分纯粹的虚构对象和历史的虚构对象。关于如何处理历史虚构对象，沃尔特斯多夫的理论并没有提供统一的处理方案。有时，沃尔特斯多夫认为历史虚构对象同虚构对象一样是事物类型。比如，沃尔特斯多夫写道，在果戈理所写的《死魂灵》中，“俄国”实际上指称的是一个国家类型，现实的俄国并不会完全具有该国家类型包含的属性。因此，果戈理笔下的俄国是一个虚构对象。[①] 有时，他又认为，现实对象出现在故事中依然是现实对象，而不会成为虚构对象。比如，当我们根据故事说“福尔摩斯住在伦敦”，其中的“伦敦”指称的就是现实的城市伦敦。[②]

这个困难或许并非不可解。比如，沃尔特斯多夫可以将所有所谓“历史虚构对象”统一地处理为纯粹虚构对象，进而所有关于所谓“历史虚构对象”的陈述都要归约为关于纯粹虚构对象的陈述。比如，与前面提到的处理方法不同，“福尔摩斯住在伦敦”表达的命题将不再是“住在伦敦”这一属性分析地在福尔摩斯这个人物类型中，因为并不存在“住在伦敦”这样的属性。伦敦同福尔摩斯一样是虚构对象，是事物类型，并没有“住在伦敦”这样的属性。再基于沃尔特斯多夫的理论，“福尔摩斯住在伦敦”表达的将是“住在一个伦敦类型的城市”这个属性分析地在福尔摩斯这个人物类型内。在笔者看来，这种解答方案并不会令人满意，因为历史虚构与纯粹虚构的差别在于前者关于历史对象，而后者关于纯粹虚构对象。一个恰当的虚构对象理论应该能够做出合适的区分，说明历史虚构有历史的成分也有虚构的成分，而纯粹虚构纯粹地是虚构，没有历史的成分。前面提到的处理方案则将二者混为一谈了。

最后考虑区分纯粹的虚构对象和虚构的虚构对象。沃尔特斯多夫并没有明确表示如何处理虚构的虚构对象。但是，从其理论假设不难推出他的观点。如果一般地将虚构对象处理为类型，那么，纯粹虚构人物哈

---

① N. Wolterstorff, “Characters and Their Names”, *Poetics*, Vol. 8, No. 1 - 2, 1979, p. 108.

② Ibid. , p. 126.

姆雷特与虚构的虚构人物贡扎戈似乎都应该处理为人物类型。若这样，它们在本体论上似乎并无差别。那么，是什么决定哈姆雷特的虚构性呢？哈姆雷特被莎士比亚挑选出来，这解释了其虚构性。又是什么决定了贡扎戈的虚构的虚构性呢？贡扎戈被一个虚构的作者挑选出来吗？既然虚构的作者是一个人物类型，这意味着贡扎戈是被一个抽象的人物类型挑选出来？这如何能够成立呢？在笔者看来，沃尔特斯多夫难以区分纯粹的虚构对象与虚构的虚构对象。

因此，沃尔特斯多夫不能区分虚构对象与现实对象，不能区分纯粹的虚构对象与历史的虚构对象，也不能区分纯粹的虚构对象与虚构的虚构对象。这最终将导致沃尔特斯多夫的理论在形上学意义上是不够清晰的。

第二，解释力维度。

首先，沃尔特斯多夫不能解释创造性真理。沃尔特斯多夫承认，如果将虚构对象归属到类型范畴，虚构对象将不是真正意义上被创造的，而是被发现或挑出来的。然而，我们关于虚构对象的一个强烈直觉是，虚构对象是被创造的，这也是文学实践者的共识。正如汤姆逊所言，假若尊重关于虚构的实践，那么，如果承认虚构对象，就应当将虚构对象看作是被创造的实体。[①] 假如面临两个选择，一个是认为福尔摩斯是被柯南·道尔创造的，一个是认为被柯南·道尔挑选出来的？我们会做何选择？显然，我们会选择前者。如果一个人的本体论与这样的真理不一致，他可以选择修正自己的本体论，也可以径直否认这样的真理。沃尔特斯多夫选择的是后者。因此，他坦言，他不能承认虚构对象被创造。这是他的理论必须承担的一个代价。在第二章，我们将创造性真理看作是具有核心重要性的解释资料，因此，这是一个巨大的代价。实际上，这也是所有柏拉图主义者将承担的一个巨大代价。

其次，沃尔特斯多夫不能解释本质虚构性真理。从他的类型理论的角度看，纵使福尔摩斯没有被柯南·道尔描述，纵使柯南·道尔没有从事任何文学创作，都不会影响福尔摩斯的存在性。就是说，福尔摩斯可以没有成为虚构对象，福尔摩斯并非本质上是虚构的。因此，柯南·道

---

① A. Thomasson, "If We Postulated Fictional Objects, What Would They Be?", in J. Kim et al. eds., *Metaphysics: An Anthology*, Oxford: Blackwell Publishing Ltd., 2012, p. 60.

尔难以解释虚构对象的本质虚构性。

第三，一致性维度。

一致性标准要求，能够消解看似成立的矛盾。特别地，要求能够消解矛盾的虚构对象带来的麻烦。但是，看起来沃尔特斯多夫并不能避免这方面的麻烦。

具体而言，假如沃尔特斯多夫的理论是正确的，不一致的虚构对象将会导致“膨胀的”虚构对象。[①] 比如，假设在一个故事中，存在一个圆形的方块。根据沃尔特斯多夫的理论，它描绘的是一个事物类型，该事物类型分析地包含属性“方形的”和“不是方形的”。除此外，它还包含哪些属性呢？沃尔特斯多夫通过“必然推出”来确定其他属性，作为虚构对象的事物类型包含的属性就是它必然地推出的属性，或者说它包含的属性在必然推出关系下封闭。对沃尔特斯多夫而言，类型和属性之间的“必然推出”与“分析地包含”是不可区分的，他经常在二者之间直接用“或者”来表示可相互替代。[②]“必然推出”定义如下：类型 K 必然推出属性 P，当且仅当，必然地，任给对象 x，若 x 例示 K，则 x 具有属性 P。[③] 根据该定义，若一个事物类型不可能被例示，那么，它空洞地必然推出所有属性（因为空集是任何集合的子集）。因此，我们正讨论的虚构的圆形的方块可必然推出所有属性，进而，分析地包含所有属性。然而，关于矛盾的虚构对象，这并不成立。从故事内部看，虽然一个虚构对象可以具有矛盾的属性，它也不会因此便具有所有的属性。一个恰当的虚构对象理论应该避免这样的结果。[④]

为了避免承认膨胀的虚构对象，沃尔特斯多夫及其追随者或许会说，可以启用相干逻辑系统，来避免“矛盾推出一切”。在笔者看来，若一个类型包含矛盾属性则包含所有属性，这看起来没什么值得反驳的，因此

---

① 范英瓦根也曾提出这种忧虑（P. van Inwagen, “Existence, Ontological Commitment, and Fictional Entities”, in M J. Loux et al. eds. , *The Oxford Handbook of Metaphysics*, Oxford: Oxford University Press, 2003, p. 153）。不过，范英瓦根并没有考虑沃尔特斯多夫会如何回应。

② N. Wolterstorff, “Characters and Their Names”, *Poetics*, Vol. 8, No. 1 –2, 1979, p. 126.

③ Ibid. , p. 113.

④ 比如，范英瓦根先尝试诉诸“归属关系”，后诉诸“持有”关系，来避免承认膨胀的虚构对象，具体分析见第四章。

也没有必要为此引入相干逻辑。一般地，若一个类型包含矛盾属性，那么，它的任何一个示例都会具有矛盾属性。因此，既然都已经具有矛盾属性，也便什么都能是了，因此该类型也便包含所有属性了。比如，若一个对象既是红的又不是红的，那么，它也就什么都能是了。①

另外，我们甚至可以从矛盾相干地推出一切，而不仅仅是空洞地推出。假设一个对象 o 在 F 属性上产生矛盾，就是说，“F(o) 且¬F(o)”。根据合取消去规则，“F(o)”，并且“¬F(o)”。既然“F(o)”，根据析取引入规则，可推出“F(o) 或者 G(o)”，其中 G 是任意的属性。基于“¬F(o)”，根据析取消去规则，可推出“G(o)”。每一步都并非空洞推出，而是相干地推出。因此，“矛盾推出一切”并不应该被认为是一个应该避免的现象。

坚持沃尔特斯多夫的类型理论的一个结果是，矛盾类型分析地包含所有属性。或许这个结论对于类型理论本身不是什么大不了的问题，甚至不是一个问题。但是，当他用类型理论来处理虚构对象时则会带来问题，因为我们并不会认为矛盾的虚构对象是具有所有属性的“膨胀对象”。这构成笔者对沃尔特斯多夫理论的第四个反驳意见：若虚构对象是如沃尔特斯多夫所描述的类型，那么，矛盾的虚构对象将是包含所有属性的膨胀对象，但这并不成立。② 就是说，虽然矛盾的虚构对象不会给沃尔特斯多夫在直接意义上带来不一致性问题，但是，矛盾的虚构对象却同样给他带来膨胀的虚构对象难题。膨胀的虚构对象是与人们的常识不一致的。因此，这同样影响了沃尔特斯多夫理论的一致性。

第四，简单性维度。

看起来，像观念主义一样，沃尔特斯多夫的理论的一个优势是，将

---

① 请注意，纵使对于承认“红色”是含混（vague）词汇的人，也不会轻易承认一个日常对象在某个时刻可以既是红的又不是红的。比如，关于“红色”的外延，认知主义者会认为，一个对象不是红的，就是非红的，不存在模糊区域；三值逻辑学家则认为，一个对象或者是红的，或者是非红的，或者是不确定的。

② 笔者将来要构造的虚构对象理论也需要避免承认膨胀的虚构对象。笔者将假设我们都有一种计算虚构对象具有什么内部属性的能力，而不去给出一个精准的计算机制，一个限制就是这种计算机制计算出的属性不会导致膨胀的虚构对象。因为沃尔特斯多夫是将虚构对象归属到类型范畴，而膨胀的矛盾类型看起来是不可避免的，因此，他不能通过直接限制的方式避免承认膨胀的虚构对象。

虚构对象定位到传统的本体论结构中。具体对象处于时空中，实然存在。共相是抽象对象，永远存在，必然存在。沃尔特斯多夫将虚构对象处理为类型，并将类型置于共相范畴。这看起来构成该理论的一个显著优势，即具有本体论上的经济性。

不过，笔者将论证，这种看起来的经济性实际上并不成立。这种经济性依赖于一点，即，类型范畴本身能够得到本体论上的辩护，是一个清晰的，可资利用的范畴。那么，类型是一个清晰的可信的范畴吗？我们有合适的理由承认类型这一范畴吗？笔者对此表示怀疑。沃尔特斯多夫让我们通过属性来理解类型，但是，类型与属性到底有怎样的差别呢？如果找不出二者之间的实质差别，怎能利用属性来理解类型呢？在沃尔特斯多夫看来，类型与属性的密切关系表现为下面四点。第一，任给一个类型，都存在唯一的一个属性与其对应。比如，红色属性与红色事物类型对应。[①] 第二，一个类型与它所对应的属性具有同样的存在条件。[②] 比如，红色事物类型存在的条件就是红色属性存在的条件。第三，殊相具有属性，却例示类型。比如，一个红色的事物具有红色属性，却例示红色事物类型。第四，一个类型与其对应的属性永远、必然地外延同一：任给一个殊相 x，必然地，在任何时间点 t，x 在 t 例示类型 K，当且仅当，x 在 t 具有 K 对应的属性 k。[③] 简言之，类型 K 与其对应的属性 k，不但一一对应，而且存在条件相同，只不过 K 被对象例示，而 k 被对象具有，但外延却又完全相同。然而，“具有”与“例示”又有什么差别呢？难道我们不是有时说对象例示属性，有时等价地说对象具有属性吗？很难看出二者之间有何差别。基于以上四点，在笔者看来，很难说明类型与属性之间有何实质差别。因此，根本没有合适的理由在属性之外再引入类型这类实体。特别地，当我们考虑沃尔特斯多夫用类型处理虚构对象时，这种忧虑变得更加明显。比如，他将福尔摩斯处理为人物类型，但是，为了刻画福尔摩斯，却必须诉诸福尔摩斯对应的合取属性。然而，既然该人物类型与相应的合取属性之间看起来没

---

① N. Wolterstorff, “Characters and Their Names”, *Poetics*, Vol. 8, No. 1 –2, 1979, p. 109.

② Ibid., p. 112.

③ Ibid., p. 111.

什么差别，又一一对应，为什么不直接宣称福尔摩斯就等同于那个合取属性呢？

为了区分类型和属性，支持沃尔特斯多夫想法的人或许会说，类型与集合更像，而不是与属性更像。然而，沃尔特斯多夫本人对此予以否认。[①] 他认为，类型与属性更像，与集合更不像。比如，集合是外延性实体，但是，类型与属性都是内涵性实体。该退路走不通。

沃尔特斯多夫将类型放入传统本体论结构中的抽象实体领域，并将虚构对象归入类型这一范畴。如果前面的论证是合理的，那么，沃尔特斯多夫并不能对属性和类型做出合适的区分。假如属性和类型之间没有实质的差别，那么，沃尔特斯多夫就是在承认一种本体论意义上含混的实体，类型范畴本身缺乏本体论上的辩护，涉嫌神秘主义。因此，沃尔特斯多夫的理论并不具有他所宣称的本体论上的简单性。相反，因为他依赖类型这类本体论上含混的实体，他的理论在本体论意义上是更加复杂的。

另外，从解释过程上看，沃尔特斯多夫的虚构对象理论也是复杂的。这具体表现在内部真理要通过“（）分析地在（）内”进行解释。这种解释与内部真理拥有的表面语法结构差异极大。另外，他对关系陈述的分析也是较为复杂的。因此，该理论也不具有解释过程上的简单性。

五　评价汇总

为了更方便地看清沃尔特斯多夫的理论的优势和劣势，下面通过表3—2对前面所做评价做简单汇总。通过表3—2，我们可以看到，在理论清晰性方面，该理论能够对“存在条件问题”和“同一化条件问题”做出清晰回答。不能恰当区分虚构对象与真实对象、纯粹的虚构对象和历史的虚构对象、纯粹的虚构对象与虚构的虚构对象。在解释力方面，该理论拥有较强的解释力，但不能对创造性真理和本质虚构性真理做出解释。在简单性方面，该理论既不具有本体论上的简单性，也不具有解释过程上的简单性。在一致性方面，矛盾的虚构对象依然为该理论带来不小的麻烦。然而，不难看出，与观念主义相比，沃尔特斯多夫的理论具有更多优势。

---

① N. Wolterstorff, “Characters and Their Names”, *Poetics*, Vol. 8, No. 1-2, 1979, p. 111.

表 3—2　　对沃尔特斯多夫理论的评价

清晰性
开始存在条件：+
继续存在条件：+
同一化条件：+
区分虚构对象和现实对象：-
区分纯粹的虚构对象和历史虚构对象：-
区分纯粹虚构对象和虚构的虚构对象：-
不依赖不可信概念资源：-
解释力
创造性真理：-
意向性真理：+
普通外部真理：+
本质虚构性真理：-
内部真理：+
本质内部性真理：+
一致性
积极的一致性：+
消极的一致性：-
简单性
解释过程简单性：-
本体论的简单性：-

第三节　柏拉图主义(II)：帕森斯的理论

沃尔特斯多夫先提出一个类型理论，然后将该理论应用到虚构领域，对虚构对象进行刻画。帕森斯的思路类似，他先提出一个对象理论（theory of objects），然后将该理论应用到虚构领域，对虚构对象进行刻画。梅农最早主张应该建构一般的对象理论，也因此，帕森斯也常被称为“新梅农主义者”。在笔者看来，这个称呼是恰当的。梅农主张急需建构一个一般的对象理论，但并没有提出一个足够清晰的形上学理论，正是帕森斯完成了这个宏伟的目标。我们先来介绍帕森斯的对象理论。

一 如何构建一个对象理论

帕森斯将所有对象分成两部分，存在的对象和不存在的对象（出于展示帕森斯理论的方便，这里临时性地保持帕森斯对“存在”谓词的梅农式用法，在下文将转换为奎因式用法）。比如，我眼前的这台电脑、帕森斯、梅农、窗外鸣叫的蝉等都是存在的对象，存在的对象之外的对象便是非存在对象。帕森斯让我们先考虑存在的对象。关于存在的对象，他首先假设，若两个存在的对象具有的属性完全一样，那么，它们便是同一个对象。[①] 若将该假设的前后件调换，则显然是成立的，即若两个对象同一，那么便具有完全一样的属性。基于这两点，关于存在的对象，帕森斯得出这样一个一般原则：对于任何一个存在的对象，都存在一个特定的非空属性集与该对象一一对应。他以居里夫人为例，居里夫人是一个存在的人，与她一一对应的属性集便是｛P：居里夫人具有 P｝。类似地，任给一个存在的对象 o，与 o 一一对应的属性集是｛P：o 具有 P｝。因此，若我们将 n 个存在的对象作为一列，而它们对应的属性集作为另一列，做成一个表格将是这样的（见表 3—3）：

表 3—3　　存在对象与属性集合对应关系

存在的对象	属性集
o_1	｛P：o_1具有 P｝
o_2	｛P：o_2具有 P｝
…	…
o_n	｛P：o_n具有 P｝

帕森斯认为表 3—3 的左面一列可以拓展到包含所有的对象。但是，

① T. Parsons, *Nonexistent Objects*, New Haven: Yale University Press, 1980, p. 17. 这个原则通常要归功于莱布尼茨，其著名的表述是“世界上不存在完全相同的两片树叶”，也因此，通常会被称作“莱布尼茨律”。另外一个方向，即若两个对象是同一个对象则具有完全相同的属性，偶尔也被称作“莱布尼茨律”。

如何列出所有的对象呢？我们似乎无从下手。帕森斯建议我们可先对右面一列进行拓展。具体而言，右面一列将列出的是所有可能的属性组合。{P：居里夫人具有P}是无穷属性组合中的一个。{由黄金构成，是一座山}，则是另一个不同组合。帕森斯认为，前面给出的属性—对象对应原则可适用于任意的属性的组合，对应的对象可以是存在的对象，也可以是非存在对象。[①] 通过拓展右面一列，即列出所有可能的属性组合，再基于该对应原则，便已经列出了所有的对象。比如，{由黄金构成，是一座山}对应的便是一个非存在对象，可称作“金山”（the golden mountain）。[②]

帕森斯认为，通过拓展表格的方式，我们便已经大体了解其对象理论的内容。一个对象理论主要回答三个问题：（1）对象的存在条件是什么？[③]（2）一个对象具有怎样的属性？（3）对象的同一化条件是什么？表格拓展所反映的内容可以通过下面两条原则进行间接表达：

原则一：任给一个属性组合，都有一个对象具有该集合中的属性且仅仅具有该集合中的属性。

原则二：没有两个对象具有完全相同的属性（换句话说，如果两个对象具有完全相同的属性，那么，它们便是同一个对象）。

原则一用来回答“对象的存在条件是什么”和“一个对象具有怎样的属性”。根据原则一，任给一个属性组合都对应着一个对象，并且该对象恰恰具有该组合中的所有属性。根据帕森斯的理解，这既是开始存在的条件，也是继续存在的条件。原则二用来规定对象的同一化条件。根据原则二，若两个对象具有完全相同的属性则同一。原则二的反方向则是一条逻辑法则：若两个对象同一则具有完全相同的属性。两条加起来，

---

① T. Parsons, *Nonexistent Objects*, New Haven: Yale University Press, 1980, p. 18.

② 中文中并没有一个词能够恰当地对英文中的“the”进行翻译。比如，“the golden mountain”具有唯一性隐含，就是说，隐含着有唯一的一个对象是golden mountain。但是，中文中似乎没有这样的词能够具有这样的隐含功能。比如，若翻译为“那个金山”，“那个”似乎能够具有唯一性指称功能，但是，这样的表达方式并不符合中文的表达习惯。因此，国内哲学界通常将“the golden mountain”勉强翻译为“金山”，其中的唯一性隐含完全没有了。笔者这里沿用了通常译法。

③ 这里，“存在”是奎因式用法。x存在，当且仅当，x与某物同一。奎因式的“x存在”相当于帕森斯所言的“x是一个对象”。

则给出了对象的同一化条件：两个对象同一，当且仅当，它们具有完全相同的属性。

二 对象理论

下面，正式介绍帕森斯的对象理论。在开始之前，在术语使用上，我们需做一点调整。前面提到，帕森斯将所有对象分为两部分，即存在的对象和不存在的对象。然而，在第一章，笔者已经表明，奎因的存在观是更加合理的，而根据奎因的存在观，所有的对象都是存在的，不可能有非存在对象。笔者会将存在的奎因式用法贯穿整本书，因此，需要一个谓词来替代帕森斯的“存在”。

实际上，帕森斯本人已经提供了这样的候选。他在谈及存在的对象时，无论举例还是做一般表述，都将“存在的对象”与“真实的对象”不做区分。比如，在拓展表格时，左面一列是要列出存在的对象，但在表头位置标示的是“真实的对象”。[①] 再比如，在解释｛由金子构成，是一座山｝对应的对象时，帕森斯说，该对象“不会是一个存在的对象……没有任何真实的金山”，紧接着，帕森斯补充道，不存在的金山即“不真实的”金山。[②] 因此，在笔者看来，用“真实的”来替换“存在的”不会导致理论内容的丢失。下面介绍帕森斯的内容时，涉及“存在”的地方一概替换为“真实”。而“存在”的用法将完全是奎因式的，“存在”和“有”意义相同。为了避免存在概念可能带来的麻烦，有时笔者还会使用“有”而不用与其同意的“存在”。

做了术语调整后，前面提到的帕森斯的想法将是这样的：一般地，一个对象不是“真实”的，就是“不真实”的；根据前面提到的原则一，任给一组属性都存在一个对象具有且仅仅具有这些属性，该对象可能是真实的，也可能是不真实的；根据原则二，任给两个对象，无论真实，还是不真实，若它们具有完全相同的属性，那么，它们是同一个对象。

这两个原则是构建对象理论的精神基石，但是，还不适合直接用来建构对象理论。一方面，若不对属性的类别进行限制，原则二看起来将

---

① T. Parsons, *Nonexistent Objects*, New Haven: Yale University Press, 1980, p. 18.

② Ibid..

是空洞的。若两个对象具有完全相同的属性，当然会是同一的，因为其中便已经包含诸如“与自身同一”这样的属性。就是说，若 y 具有“与 x 同一”这个属性，那么，y 当然与 x 会是同一的。另一方面，若直接将之列为对象理论的原则，则会面临悖论。考虑如下属性组合：{由金子构成，是一座山，是真实的}。根据原则一，便有这样的一个对象：它由金子构成、是一座山并且是真实的。然而，真实的对象中并没有任何金山。[①] 为了避免矛盾，帕森斯必须对属性类别进行限制，对原则一和原则二进行修正。帕森斯有时也这样表达这里的困难：假如不加任何限制，生成的真实的金山会导致违背这样一个理论构造原则，即“真实对象的领域不能动，只是增加非真实对象进来”。[②]

帕森斯认为，原则一所牵涉的属性组合不应该允许出现“是真实的”。他把诸如“是真实的”这样的属性称为“核外属性”（extranuclear properties），而将“由金子构成”“是一座山”这样的属性称为“核内属性”（nuclear properties）。帕森斯规定，原则一要求的属性组合必须是核内属性组合。这样便避免了前面提到的原则一导致的矛盾。同样，原则二中出现的属性也必须是核内属性，这样对象的同一化条件便不再是空洞的，对象具有的核内属性而非所有属性构成其同一化条件。特别地，诸如“与 N 同一”这样的属性被看作核外属性。

然而，为了保持原则一的高度概括性，帕森斯规定，每个核外属性都对应一个唯一的核内属性，它们在日常语言上是不可区分的。以“是真实的”为例，帕森斯认为，“是真实的”有时指称一个核外属性，有时指称一个核内属性，被指称的核内属性与核外属性在真实的对象上外延是完全一样的。再考虑前面提到的属性组合{由金子构成，是一座山，是真实的}。当我们提及这个属性组合，若“是真实的”指的是核内属性，而不是核外属性，那么，原则一是适用的。根据原则一，便有一个这样的对象：它由金子构成、是一座山并且是真实的。然而，承认这个对象不会导致矛盾。该对象的确不是真实的，即不具有“是真实的”这

① T. Parsons, *Nonexistent Objects*, New Haven: Yale University Press, 1980, p. 23.

② T. Parsons, “Fictional Characters and Indeterminate Identity”, in F. Lihoreau ed., *Truth in Fiction*, Munich: Ontos Verlag, 2010, p. 29.

个核外属性，但是，它却同时具有该核外属性对应的核内属性“是真实的”。用下标来标示核内与核外，将看得更加清楚，即：该对象不是真实的$_{e}$，但是，是真实的$_{n}$。下标“e”代表“核外”，“n”代表核内。因此，并无矛盾。

简言之，基于核内属性与核外属性的区分，帕森斯将原则一和原则二分别修正为：[①]

原则一*：任给一个核内属性组合，都有一个对象具有该集合中的核内属性且仅仅具有该集合中的核内属性。

原则二*：没有两个对象具有完全相同的核内属性（换句话说，如果两个对象具有完全相同的核内属性，那么，它们便是同一个对象）。[②]

这两个原则便构成了帕森斯的对象理论的非形式化版本。[③] 帕森斯将该理论应用到虚构领域，对虚构对象进行刻画。下面考察帕森斯的虚构对象理论。

三 虚构对象理论

在帕森斯看来，为了回答“虚构对象属于什么范畴，具有什么属性”，即虚构对象是什么样的对象，需要走两个步骤。第一步，需要有一个足够丰富的本体论。他认为，通过提出对象理论，他已经完成了这一步。他的本体论中包含所有对象，所有真实的对象和不真实的对象。第二步，需要给出一种方法来回答，若给定一个故事，故事描述的到底是哪个或者哪些虚构对象。[④]

在具体介绍帕森斯的虚构对象理论之前，有必要先解释一下，为何笔者将帕森斯的虚构对象理论归入柏拉图主义阵营。这主要是基于两条

---

① 下面两个原则是帕森斯对原则一和原则二进行限制得到的结果。出于对照方便的考虑，分别将这两个原则记作“原则一*”和“原则二*”。下文将展示扎尔塔的“原则一**”与“原则二**”，情况类似。

② T. Parsons, *Nonexistent Objects*, New Haven: Yale University Press, 1980, p. 19.

③ 该理论的形式化非模态版本，请参见 T. Parsons, *Nonexistent Objects*, New Haven: Yale University Press, 1980, pp. 63 – 97；形式化模态版本，请参见 T. Parsons, *Nonexistent Objects*, New Haven: Yale University Press, 1980, pp. 98 – 151。在附录 I 中，笔者将概括帕森斯理论所依赖的形式化语言和语义，帮助读者理解帕森斯的理论。

④ T. Parsons, *Nonexistent Objects*, New Haven: Yale University Press, 1980, p. 49.

理由。第一条理由是形式上的。根据帕森斯为其对象理论构造的语义学，所有的对象，无论真实的，还是不真实的，都具有必然存在性。这表现为每个语义解释的对象论域都是一样的。① 第二条理由是哲学上的。根据帕森斯的原则一*，一个对象的存在条件仅仅依赖于相应的核内属性的存在，而核内属性通常被认为是必然存在的。在帕森斯的语义学中，这表现为所有模型具有相同的核内属性论域。另外，原则一*被设定为必然成立的原则。② 因此，特别地，对帕森斯而言，虚构对象将是必然存在的。注意：存在是奎因意义上的。另外，帕森斯也认为，虚构对象是不占有时空的。③ 因此，笔者认为，将帕森斯的理论归入柏拉图主义是恰当的。

下面介绍帕森斯的虚构对象理论。帕森斯处理的主要是原生（native）虚构对象。实际上，“原生”表达的是虚构对象与故事之间的一种关系。一个虚构对象 o 原生于故事 s，或者说，o 是故事 s 的原生虚构对象，当且仅当，通过创作故事 s，o 被创造出来。也因此，他将这类语境下虚构名字的用法称作“创造性用法”（creative use）。④ 顾名思义，就是说，一个虚构名字出现在相应虚构对象“被创造”的语境中。例如，福尔摩斯是柯南·道尔所写故事中的原生虚构对象，琣珈索斯是某个神话中的原生虚构对象，圣诞老人则是某个传说中的原生虚构对象。然而，正如沃尔特斯多夫一样，帕森斯不会真的认为虚构对象是被创造的，因为一个对象的存在仅仅依赖于相应属性的存在，而不依赖于什么作者写

① T. Parsons, *Nonexistent Objects*, New Haven: Yale University Press, 1980, p. 99.

② Ibid., pp. 98 – 100.

③ 根据传统的本体论，抽象对象具有两个特征，即不占有时空且必然存在。前面论证的是，根据帕森斯的理论，虚构对象是必然存在的。那么，在帕森斯看来，虚构对象是否占有时空呢？帕森斯认为，典型的虚构对象都是不饱和的（T. Parsons, “A Meinongian Analysis of Fictional Objects”, *Grazer Philosophische Studien*, No. 1, 1975, p. 80）。只有饱和的对象才会是真实的（T. Parsons, *Nonexistent Objects*, New Haven: Yale University Press, 1980, p. 20; T. Parsons, “Fictional Characters and Indeterminate Identity”, in F. Lihoreau ed., *Truth in Fiction*, Munich: Ontos Verlag, 2010, p. 30）。因此，典型的虚构对象是不真实的，即不占有时空。另外，帕森斯认为，在其对象理论框架下，“故事描写的纯粹虚构对象竟然会是真实的”这样的想法是不能接受的（T. Parsons, *Nonexistent Objects*, New Haven: Yale University Press, 1980, p. 187）。因此，应该将虚构对象看作是不占有时空的。

④ T. Parsons, “A Meinongian Analysis of Fictional Objects”, *Grazer Philosophische Studien*, No. 1, 1975, p. 80.

了什么故事。[1] 它们在作者创作故事之前便已经存在了，因此，“被创造”相当于“被发现”或者“被挑出”。无论如何，对帕森斯而言，“被创造”不是真正意义上的被创造。他认为，在谈论虚构对象时，人们错误地使用了“创造”一词。[2]

与原生虚构对象对应的是引进的（immigrant）虚构对象。同“原生”一样，“引进”指称的也是一种关系。一个虚构对象 o 被引进到故事 s，或者说，o 是故事 s 中的引进的虚构对象，当且仅当，s 是关于 o 的故事，但是，在故事 s 被创作之前，o 原生于其他某个故事。假如我写了一个小说，在小说中，福尔摩斯娶了阿加莎。阿加莎是我小说的原生虚构对象，而福尔摩斯是引进的虚构对象，因为福尔摩斯在我创作小说之前便已经原生于柯南·道尔的小说中。[3] 引进的对象可以是虚构的，也可以是真实的。比如，柯南·道尔所写的关于福尔摩斯的故事中，伦敦便是引进的，因为在柯南·道尔创作之前，伦敦便已经存在了。但是，故事的确是关于伦敦的故事。也就是说，故事中的“伦敦”就是在通常的意义上使用，即指称了早已存在的伦敦。[4] 类似地，在上面提到的关于阿加莎的故事中，“福尔摩斯”也是在通常意义上使用，即指称早已存在的福尔摩斯。

那么，就让我们考察第二步。帕森斯需要回答如下问题：假定一个虚构对象原生于某个故事，我们如何在众多对象中挑出该虚构对象呢？该虚构对象的同一化条件是什么呢？帕森斯认为，答案是自然的。以福尔摩斯为例，“福尔摩斯”所指称的，就是那个仅仅具有在故事中福尔摩斯具有的那些核内属性的对象。[5] 就是说，

福尔摩斯 = 与｛核内属性 P：根据柯南·道尔所写故事，福尔摩斯具

① T. Parsons, “A Meinongian Analysis of Fictional Objects”, *Grazer Philosophische Studien*, No. 1, 1975, p. 79; T. Parsons, *Nonexistent Objects*, New Haven: Yale University Press, 1980, p. 51.

② T. Parsons, *Nonexistent Objects*, New Haven: Yale University Press, 1980, p. 51.

③ T. Parsons, “A Meinongian Analysis of Fictional Objects”, *Grazer Philosophische Studien*, No. 1, 1975, p. 79.

④ Ibid., p. 79; T. Parsons, *Nonexistent Objects*, New Haven: Yale University Press, 1980, p. 52.

⑤ 帕森斯假设了这样一个大致的计算机制，给定一个文本，一个合格的读者能够计算出其中的虚构对象会具有什么属性：合格的读者能够挑出有哪些虚构对象，也能计算出关于虚构对象有哪些内部真理（T. Parsons, *Nonexistent Objects*, New Haven: Yale University Press, 1980, p. 181, note 4）。

有 P｝ 一一对应的那个对象。①

基于原则一*和原则二*，我们知道，有唯一的一个对象仅仅具有该集合中的所有属性。因此，“ = ”右面的确定描述语的确会指称唯一的一个对象。更一般地，帕森斯给出一个一般的对应模式：②

故事 s 中的 N = 那个与 ｛核内属性 P：在 s 中 N 具有 P｝ 一一对应的对象。或者说，故事 s 中的 N = 那个具有且仅仅具有如此那般属性的对象。其中“N”可以是一个虚构名字，也可以是一个条件描述。③

看一个条件描述的例子：

《西游记》中那个本领超群的石猴 = 与 ｛核内属性 P：在《西游记》中那个本领超群的石猴具有 P｝ 一一对应的对象。我们知道，其中“那个本领超群的石猴”指称的便是虚构对象孙悟空。换句话说，孙悟空就是具有且仅仅具有《西游记》赋予那个石猴的那些属性的对象。

需要注意的是，该对应模式中的“N”用来指称的必须是原生于 s 中的虚构对象。否则以上对应模式并不成立。首先，这对真实对象而言并

---

① T. Parsons, *Nonexistent Objects*, New Haven: Yale University Press, 1980, p. 54.

② Ibid. , p. 55.

③ 这里的对应模式应用于虚构对象的原出故事单一的情况。这是常见情况。也存在一个虚构对象拥有多个原出故事的情况。若考虑多原出故事现象，理论就会变得复杂得多。下面是帕森斯的处理方案（T. Parsons, “Fictional Characters and Indeterminate Identity”, in F. Lihoreau ed. , *Truth in Fiction*, Munich: Ontos Verlag, 2010, pp. 27 – 42）。假设有一个虚构对象 o，它有两个原出故事 s_1 和 s_2，而且 s_1 和 s_2 在 o 是否具有某些属性上并不一致。比如说，根据 s_1，o 具有 P，但根据 s_2，o 不具有 P。在这样的情况下，o 到底具不具有 P 呢？o 到底具有哪些属性呢？为了处理这样的情况，帕森斯将自己的二值理论拓展为三值理论。一个语句可选取值是三个，即确定真，确定假和不确定。在此基础上，帕森斯认为，在上述情况下，o 在具有还是不具有 P 这个问题上，答案是“不确定”。但是，在 s_1 和 s_2 没有出现不一致的那些属性，o 确定地都具有；s_1 和 s_2 都没有明确的属性，o 确定地都不具有。一般地，任给一个虚构对象 x，x 有 n 个原出故事，在属性归属问题上，x 满足下面两条：（1）任给属性 P，若在至少一个故事中 x 具有 P，并且故事之间在 x 是否具有 P 上并无不一致，那么，x 确定地具有 P；（2）如果所有故事都未规定 x 具有 P，那么，x 确定地不具有 P；（3）如果故事之间在 x 是否具有 P 上有不一致，那么，x 不确定地具有 P。这样规定的好处是，在原出故事之间并不一致的情况下，依然可以找出唯一的一个虚构对象与之对应。帕森斯将这里所涉难题称为“多福尔摩斯难题”。

不成立。[①] 比如，《福尔摩斯探案集》中的伦敦≠那个具有且仅仅具有{核内属性P：根据《福尔摩斯探案集》伦敦具有P}中核内属性的对象。因为，假如这样，《福尔摩斯探案集》便不再是关于真实的城市伦敦的作品。但是，在帕森斯看来，作品描述的就是真实的伦敦。如前所说，伦敦是引进到故事中来的对象。[②]

关于虚构对象具有的关系属性，这里做一个说明。以福尔摩斯为例，我们知道，根据故事福尔摩斯住在伦敦。因此，根据帕森斯的理论，福尔摩斯具有"住在伦敦"这一核内属性。但是，伦敦是否具有"被福尔摩斯住"这个核内属性呢？[③] 根据帕森斯的理论，伦敦不会具有这个属性，因为如果它具有这个属性，它就不会是真实的伦敦。[④] 但帕森斯认为，故事中的伦敦就是真实的伦敦。简言之，帕森斯认为，福尔摩斯具有"住在伦敦"这个核内属性，但是，伦敦并不具有"被福尔摩斯住"这个核内属性。因此，下面关于关系属性的等价规则对虚构对象并不成立：a［Rb］当且仅当［aR］b。就是说，a具有"与b处于R关系中"这个关系属性，并不能推出b具有"a与之处于R关系中"这个关系属性。一般地，帕森斯认为，真实对象不可能具有牵涉任何虚构对象的关系属性。[⑤]

这样，帕森斯便回答了前面的第二个问题，即一个故事到底描述了怎样的虚构对象？前面提到的对应模式非常明确地回答了这个问题。简言之，一个虚构对象与故事分配的一组核内属性一一对应，它不但具有

---

① 帕森斯承认，诸如伦敦的现实对象是被引入到虚构故事中来的，但是，偶尔人们也会将"伦敦"看作具有"创造性"用法，即用来指称一个被作者创造的原生虚构对象。并且，我们会用"《福尔摩斯探案集》中的伦敦"来指称这样的一个虚构的城市，即与{核内属性P：根据《福尔摩斯探案集》伦敦具有P}一一对应的对象。偶尔的创造性用法，并不影响出现在故事中的"伦敦"一般地被用来指称一个真实的城市。请参见T. Parsons, *Nonexistent Objects*, New Haven: Yale University Press, 1980, pp. 52, 57–58。

② T. Parsons, *Nonexistent Objects*, New Haven: Yale University Press, 1980, pp. 52, 58.

③ "住在"是一个常见的核内关系。帕森斯认为，核内关系被对象填充后得到的关系属性依然是核内属性（T. Parsons, *Nonexistent Objects*, New Haven: Yale University Press, 1980, pp. 52, 79）。因此，"被福尔摩斯住"（即"福尔摩斯住在（）"）也是核内属性。

④ T. Parsons, "Fictional Characters and Indeterminate Identity", in F. Lihoreau ed., *Truth in Fiction*, Munich: Ontos Verlag, 2010, p. 31.

⑤ T. Parsons, *Nonexistent Objects*, New Haven: Yale University Press, 1980, pp. 52, 60.

这组核内属性，这组核内属性还构成了其同一化条件。

除了核内属性，虚构对象还具有核外属性。虚构对象的核外属性又有哪些呢？在帕森斯看来，无法将一个虚构对象具有的所有核外属性都列出来。但是，至少包括下面四类。[①] 第一类：本体论属性（ontological properties）。比如，“是虚构对象”“是不真实的”“存在”。以福尔摩斯为例，福尔摩斯是虚构对象，是不真实的，却是存在的。这三个属性都是福尔摩斯的核外属性。请注意，这里的“存在”是奎因意义上的，指的是“有物与之同一”。第二类：模态属性（modal properties）。比如，“是可能的”“是不可能的”。以福尔摩斯为例，在帕森斯看来，福尔摩斯是可能的对象。帕森斯这样定义可能性：对象 o 是可能的，当且仅当，可能存在一个真实的对象具有 o 的所有核内属性。[②] 虽然事实上没有一个真实的对象具有福尔摩斯的那些属性，但是，这却并非是不可能的。也正是因为这种可能性，故事才那么引人入胜。第三类：意向属性（intentional properties）。比如，“被人们崇拜”“被人们思考”。以福尔摩斯为例，福尔摩斯被人们思考，也被人们崇拜。第四类：技术属性（technical properties）。比如，“饱和的”“不饱和的”。饱和性是帕森斯定义的一个技术属性。一个对象是饱和的，当且仅当，任给一个核内属性，该对象或者具有该属性，或者具有该属性对应的否定属性。[③] 因此，所有真实对象都是饱和的。比如，我眼前的这台电脑，若不是白的，便一定是非白的，其他属性情况类似。但是，福尔摩斯却是不饱和的，因为存在这样的核内属性，福尔摩斯不具有它，也不具有它的否定。比如，“福尔摩斯的背上有一颗痣”不成立，“福尔摩斯的背上没有一颗痣”也不成立，因为根据故事两者都不成立。[④]

四　理论评价

帕森斯的虚构对象理论具有一定的理论优势，具体如下。

---

① T. Parsons, *Nonexistent Objects*, New Haven: Yale University Press, 1980, p. 23.

② Ibid., pp. 52, 21.

③ Ibid., p. 19.

④ Ibid., p. 56.

第一，该理论具有一定的解释力，并且提供的解释也较为简单。

该理论的最大特点是，对虚构对象的刻画满足“所读即所得”，即读者读故事时“读到”一个虚构对象具有什么属性，该虚构对象便具有什么属性。该理论对内部真理的解释尊重了其表面语法结构，在这方面具有明显的优势。在帕森斯看来，“‘珀珈索斯是一只飞马’所表达的就是这个世界中的真理之一”，而他的理论使得人们可以认为“该语句是真的，真正意义上是真的，它是一个关于某个非真实对象的真理”。[①]

该理论也能对普通外部真理和意向性真理做出恰当的解释。比如，“福尔摩斯是一个虚构角色”，将被解释为福尔摩斯具有是“一个虚构角色”这个核外属性；“我崇拜福尔摩斯”，将被解释为福尔摩斯具有“被我崇拜”这个核外属性。综合来看，帕森斯的理论能够对内部真理、普通外部真理和意向性真理做出解释，而且解释的过程也相对较为简单。

第二，该理论的内容较为清晰。

该理论能够清晰地对“开始存在条件问题”和“继续存在条件问题”做出回答。帕森斯认为，虚构对象的存在条件就是相应的核内属性组的存在。这既是其开始存在的条件，也是其继续存在的条件。通常对属性的理解都是柏拉图主义的，即属性必然存在，其存在并不需要任何条件。这在帕森斯的理论中表现为，给定框架下不同世界上属性集是等同的。[②]因此，在帕森斯看来，虚构对象之存在，并不需要依赖任何的经验条件，开始存在和继续存在条件都是空洞的。

第三，理论一致性较好。

一致性标准要求能够消解矛盾的虚构对象带来的不一致性。考虑同时具有“是方的”和“不是方的”的虚构对象。帕森斯会认为，这样的虚构对象同时具有这两个属性。但是，他认为，这不会带来真正的矛盾。这样的对象可称作是“矛盾的对象”，但是矛盾的对象并不会带来真正的矛盾。帕森斯认为，F(o)和 -F(o)可以同时成立，其中 -F 是 F 对应的否定属性。不会带来真正的矛盾，是因为 -F(o)并不能推出并非 F(o)。

---

① T. Parsons, “A Meinongian Analysis of Fictional Objects”, *Grazer Philosophische Studien*, No. 1, 1975, p. 78.

② T. Parsons, *Nonexistent Objects*, New Haven: Yale University Press, 1980, p. 99.

一个对象可以同时具有一个属性和它的否定属性，这是为帕森斯理论的形上学原则一*所允许的。

这说的是，帕森斯的理论能够对矛盾的虚构对象带来的不一致性进行消解。在积极的意义上，该理论是一致的。①

虽然帕森斯的理论具有上述优点，在笔者看来，帕森斯的理论还不是一个能够令人满意的理论。下面，笔者将从两个宏观维度对帕森斯的虚构对象理论进行批判性评价。第一个维度是考察其本体论基础（即对象理论）的合理性。第二个维度是考察其虚构对象理论本身的合理性。

（一）关于对象理论

在笔者看来，帕森斯的对象理论面临下面四个困难。当然，这四个困难会最终影响到其虚构对象理论。第一个困难将导致其虚构对象理论在本体论上的含混性和复杂性。第二个和第三个困难则削弱其虚构对象理论的清晰性。第四个难题在一定程度上影响了理论一致性。下面分别说明四个困难。

第一，对象理论的提出动机令人质疑。

帕森斯提出对象理论的目标是要达到这样一个结果，即每个属性组合都与一个（真实的或不真实的）对象一一对应。在表3—3中，表现为通过拓展右面的属性组合列拓展左面的对象列。我们将这个动机称作"梅农式直觉"，因为梅农或许是最早持有这种直觉和目标的哲学家。② 在笔者看来，梅农式直觉是非常可疑的。

梅农式直觉，即每个属性组合都对应一个对象，在语言层次上表现为：任给一个确定描述语"the φ"，都有一个对象满足 φ，即，每个确定描述语都有指称。在笔者看来，该直觉显然是不合理的。那么，为什么梅农式直觉会听起来有合理性，进而被梅农和帕森斯这样的哲学家采纳呢？大致来讲，有两种证据似乎支持该直觉。笔者将分别进行反驳。

第一种证据是形如"如此那般的那个对象是如此那般的"（the φ is

① 然而，笔者将论证该理论导致与常识或逻辑定律相矛盾的结论。在消极的意义上，该理论不是一致的。

② A. Meinong, "The Theory of Objects", in R. M. Chisholm ed., *Realism and the Background of Phenomenology*, Atascadero: Ridgeview Publishing Company, 1960, pp. 76 – 117.

φ）的陈述。这些陈述通常被认为是真的，比如，“我在2016年写的那篇书评是我在2016年写的书评”“当今的法国国王是当今法国的国王”。梅农和帕森斯认为，这些陈述之所以为真，就是因为主语所指称的对象具有谓语所指称的属性：“我在2016年写的那篇书评”指称了一篇论文（真实的一篇论文，笔者在2016年确实撰写了一篇书评），并且具有“是我在2016年写的书评”这个属性；“当今的法国国王”指称了一个人（一个不真实的人，因为当今法国没有国王，实行的是总统制），它具有“是当今法国的国王”这个属性。

然而，在笔者看来，根本没有必要扩张本体论来解释这些句子的真假特征。笔者认为，“我在2016年写的那篇书评是我在2016年写的书评”实际上表达的是一个条件句，即“如果我在2016年写的那篇书评存在，那么，它是我在2016年写的书评”。类似地，“当今的法国国王是当今法国的国王”实际上表达的是“如果当今的法国国王存在，那么，他是当今法国的国王”。这不但能解释这些语句为真，还能解释为何这些语句表达了分析真理，就是说，是根据其意义便为真的陈述。在笔者看来，这样的分析并不会丢失原来陈述的内容。如果一个梅农主义者抱怨说，这种分析丧失掉了语句的表面语法结构。笔者的回应是，那并没有什么，因为这样的语句根本不会在日常语境中说出来，特殊的语境得到特殊的分析并没什么不妥。若梅农主义者仍然不满意，笔者建议他去阅读P. F.斯特劳森（P. F. Strawson）的作品。斯特劳森同样认为，“当今的法国国王”实际上没有指称，但并不影响它可以有意义地作为主语出现在一个语句中。[①] 具体而言，他认为“当今法国国王”的意义在于，它可能被用来在特定的语境中指称一个人，这便足够了。“当今法国国王是当今法国国王”的意义在于它可能在特定的语境下用来表达一个真命题。一般地，单称词项的意义并不依赖于其实际上是否有指称，而仅仅依赖于它可能被用来指称一个对象，一个语句的意义也不依赖于其现实地为真或假，而在于它可能在一个特定语境下用来表达一个真命题或假命题。斯特劳森的分析听起来更加精细，也更有说服力。无论如何，在笔者看来，一

---

① P. F. Strawson, *Introduction to Logical Theory*, London: Methuen & Co. Ltd., pp. 188 – 189; P. F. Strawson, “On Referring”, *Mind*, Vol. 59, No. 235, 1950, p. 327.

个确定描述语的意义在于其所唯一描述的对象，这样的直觉并不可信。因此，梅农式直觉并不合理。

关于梅农式直觉的不合理性，据说有人曾编了不少的笑话。下面是笔者自己改编的一个。

笑话发生在一个支持梅农的哲学家 M 和一个反对梅农的哲学家 X 之间。一开始，M 说："《梅农选集》第四卷第 253 页中有一个段落，在这个段落中，梅农承认自己的理论是不一致的。"经过很长时间的查证，X 并没有发现这样的段落。X 生气地对 M 说："根本没有这样的段落啊！"M 回答说："哦，那你可错了，的确有这样一个段落，但是，它不是真实的，它就出现在梅农选集第四卷第 253 页，在那里梅农说自己的理论不一致。这能有错吗？"X 愤怒地摔门而出。①

如果笔者是 X，也同样会摔门而出，因为根本没有这个段落，没有就是没有。

第二种证据是形如"如此那般的那个对象不存在"（the φ does not exist）的真陈述。比如，在日常语言中，我们可能会说"当今法国国王不存在"，并认为该陈述为真。如何解释该陈述为真呢？梅农和帕森斯认为，"当今法国国王"指称了一个对象，并且该对象恰好"不存在"，因此，该陈述为真。这里的"存在"相当于"真实"，是具有区分功能的谓词。说"当今法国国王不存在"相当于说"当今法国国王不真实"。该陈述是真的，因为主语指称的对象恰好是不真实的。关于该对象的不真实性，梅农和帕森斯的推理可能是这样的：真实对象都是饱和的，而当今法国国王是不饱和的，因此，当今法国国王是不真实的。

在笔者看来，梅农和帕森斯的解释并不令人满意，因为我们说"当今法国国王不存在"的时候，我们并不会承认主语是有所指称的，相反，我们会认为主语什么都没有指称，因为当今法国国王不存在！在承认该陈述主语没有指称任何对象的基础上，罗素的确定描述语理论足以解释该陈述为何为真。根据确定描述语理论，实际上，"当今法国国王不存在"并不是一个单称陈述，该陈述真正断言的是，并没有唯一的一个人

① 范英瓦根曾经构造一个类似的笑话（Peter van Inwagen, "Meta-ontology", *Erkenntnis*, Vol. 48, No. 2, 1998, p. 236）。这里构造的笑话与之类似却不同。

是当今法国国王。在笔者看来，这是一个更加合理的解释。当我们说出“如此那般的那个对象不存在”时，我们断言的就是，“如此那般的那个对象”对应的唯一性并没有被满足，严格来讲，该陈述并不是单称陈述，而是对存在量化陈述的否定。

因此，诸如“如此那般的那个对象是如此那般的”和“如此那般的那个对象不存在”的陈述都不足以支持梅农式直觉。如无需要，勿增实体。这里，根本没有必要承认诸如当今法国国王的非真实对象。没有了这样的需要，也就根本不需要提出一个所谓对象理论，因为看起来传统的本体论是足够的。梅农认为，传统本体论结构包含两部分，“真实的”对象（如我面前的电脑）和“潜存”的对象（如数学实体），当今法国国王既不属于前者，也不属于后者。就是为了能够刻画诸如当今法国国王这样的非真实对象，梅农才倡议提出一个一般的对象理论。① 因此，笔者认为，帕森斯的对象理论的目标并不存在，帕森斯对象理论并不具有合适的提出动机。

第二，针对核内属性与核外属性，缺少恰当的区分标准。

帕森斯对象理论的基本原则是原则一*和原则二*。这两个原则是将原则一和原则二中出现的“属性”限制为“核内属性”的结果。这样做既能够避免悖论，也使得对象的同一化条件不再是空洞的。因此，帕森斯理论依赖的核心概念便是核内属性。为此，显然需要解释和区分什么样的属性是核内属性，什么样的属性不是核内属性，即是核外属性。但是，遗憾的是，帕森斯自己并没有给出两种属性的区分标准。

帕森斯坦言，自己无法给出区分核内属性与核外属性的标准。② 但是，他认为关于属性认知态度的历史情况或许会提供一些有用线索。③ 具体而言，如果所有人都同意一个谓词指称了个体的通常属性，那么，它指称的便是核内属性。如果所有人都不同意一个谓词指称了个体的通常属性，那么，它指称的便是核外属性。关于一个谓词是否指称了个体的

① R. M. Chisholm, “Beyond Being and Nonbeing”, *Philosophical Studies*, No. 24, 1973, p. 245.

② T. Parsons, *Nonexistent Objects*, New Haven: Yale University Press, 1980, p. 24.

③ T. Parsons, “Referring to Nonexistent Objects”, in J. Kim and E. Sosa eds., *Metaphysics: An Anthology*, Oxford: Blackwell Publishing Ltd., 1999, p. 40.

通常属性，若存在争议，那么，该谓词同样指称了核外属性。

笔者认为，从属性区分标准所需来看，这些历史线索显然是不够的。先看两个方面的反例。

前文提到，意向属性被帕森斯看作是核外属性。然而，就笔者所知，关于意向动词能够指称个体的属性，并不存在什么争论。或许，帕森斯会说，关于意向动词用来指称属性，的确不存在争论，但是，它们用来指称的不是通常属性。然而，如何区分通常属性和非通常属性呢？难道通常属性不就是核内属性，而非通常属性不就是核外属性吗？这种解释无疑将陷入循环。

再以日常属性“红色”这一核内属性为例。的确少有哲学家认为“红色”不指称个体的通常属性。但是，让我们假设，在历史上存在着这样一个哲学家，他基于自己特殊的本体论（无论那是什么），而认为“红色”指称的不是个体的通常属性，甚至他可能认为“红色”没有指称任何属性，更甚他可能认为根本不存在任何个体，更没有个体的属性了。若帕森斯的说法是成立的，那么，关于“红色”是否指称个体通常属性，便存在争议，进而红色便不是核内属性。但是，在笔者看来，纵使帕森斯自己也会承认，这样一个另类哲学家的出现不会影响日常属性为核内属性。

另外，关于人们对谓词的指称的认知态度，我们如何能够获得贯彻整个历史的认知判断呢？我们需要熟知整个哲学史还是仅仅阅读基本哲学教材便够了？若是哲学史，我们真能知道整个哲学史吗？若是教材，怎样的教材才合格呢？对这样的问题，恐怕不存在任何非任意性回答。因此，帕森斯并没有给出合适的标准来区分核内属性和核外属性。

从支持帕森斯的角度出发，D. 杰凯特（D. Jacquette）曾经尝试提出一个区分标准。具体而言，根据这个标准，若一个属性对应的“窄否定”和“宽否定”是等价的，那么，它是核外属性；否则，就是核内属性。[①] 所谓“窄否定”就是对属性的否定。所谓“宽否定”就是对命题的否定。比如，红色是核内属性，因为与之对应的宽否定与窄否定并不等价。就是说，并非对任意对象 o，“并非 o 是红色的”与“o 不是红色的”等价。

---

① D. Jacquette, “Nuclear and Extranuclear Properties”, in L. Albertazzi et al. eds., *The School of Alexius Meinong*, London: Ashgate Publishing Limited, 2001, p. 412.

比如，令｛红色的，不是红色的｝对应的对象为t，“t不是红色的”是真的，因为t具有“不是红色”这一属性。但是，“并非t是红色的”是假的，因为t也具有“是红色的”这一属性。t构成一个合适的反例。再比如，虚构性是核外属性，因为与之对应的宽否定与窄否定是等价的。就是说，对于任意对象o，“并非o是虚构的”与“o不是虚构的”是等价的。

在笔者看来，这种区分方法依然不合理。这种区分标准是以承认不真实的对象为前提的。若不考虑不真实的对象，无论是核内属性还是核外属性，宽否定与窄否定都是等价的。但是，这组属性的区分并不以承认不真实对象为基础。正如帕森斯自己承认，不但他承认核内属性与核外属性之区分，那些不承认不真实对象的哲学家同样承认，比如弗雷格、罗素和G. 赖尔（G. Ryle）。[①] 因此，从帕森斯的角度看，该区分标准并不能用来有效区分核内与核外属性，因为该区分标准的操作需要预设非真实对象，而为了恰当地理解非真实对象，又需要区分核内与核外属性。这是明显的循环。

第三，核外属性与核内属性的联系并不合理。

为了避免诸如｛由金子构成，是一座山，是真实的｝的属性组合导致悖论，帕森斯引入核内属性与核外属性的区分。比如，“是真实的”通常被用来指称一个核外属性，不妨将之称为“核外真实性”。帕森斯认为，与核外真实性相对，还有一个“核内真实性”，在日常语言中，我们同样用“是真实的”来指称。帕森斯认为，｛由金子构成，是一座山，是真实的｝中的“是真实的”指的是核内真实性。与该核内属性组合对应，的确存在一个对象恰恰具有这三个核内属性。特别地，该对象具有核内真实性。但是，该对象并不具有核外真实性，因为任何金山都不会是真实的。这样，帕森斯便避免了“真实的金山悖论”。

真实性仅仅是一个例子。帕森斯认为，针对每一个核外属性 F_e，都存在一个核内属性 F_n，F_e 和 F_n 在真实对象上的外延是一样的。帕森斯将 F_n 称作 F_e 的下线（watered-down）变形。实际上，这里“下线”是一个函数，一个从核外属性到核内属性的函数。[②] 下线函数不但将核外属性与核

① T. Parsons, *Nonexistent Objects*, New Haven: Yale University Press, 1980, p. 24.

② Ibid., pp. 24, 79.

内属性密切地联系了起来，还让帕森斯避免陷入悖论。[①] 它对帕森斯的对象理论是非常重要的。然而，在笔者看来，下线函数或者下线变形概念是非常可疑的。理由如下。

首先，看起来没有必要引入下线函数。帕森斯引入下线函数是为了解决所谓“真实的金山悖论”。但是，若不用该函数便可以解决悖论，便没有必要再引入该函数。下面便是一种可能的办法。[②] 具体而言，在承认核内属性与核外属性区分的前提下，可认为“是真实的”是意义单一的，只指称某个核外属性，即真实性，而不指称任何核内属性。接下来，认为并没有一个对象与属性组｛由金子构成，是一座山，是真实的｝对应，因为真实性是核外属性，不允许作为“构成”对象的属性。这种方案比引入下线函数更合理，因为这种方案比帕森斯的方案承诺更少的核内属性。若无需要，勿增实体。假若如此，我们便论证了，有比引入下线函数更好的方法避免“真实的金山悖论”。

帕森斯或许会认为这会让原则一丧失概括性，因此，似乎并没有比引入下线函数更加合理。笔者认为，这里存在一个直觉取舍问题。“原则一的概括性直觉”和“日常谓词的非含混性直觉”哪个更加合理呢？“是真实的”这个谓词是意义含混的吗？在笔者看来，真实性的意义是清晰的，它就是一个普通的核外属性。另外，梅农主义者的一个假设是核内属性才适合用来规定虚构对象的同一化条件，因此，原则一中的属性应该限制为“核内属性”。就是说，原则一的适用不是毫无条件的，只有核内属性才能牵涉其中。结合这两点可知，原则一的绝对概括性直觉要让位于日常谓词的非含混性直觉。因此，有理由认为用｛由金子构成，是一座金山，是真实的｝来构造对象乃是一个非法的操作。

退一步讲，纵使引入下线函数才能避免真实的金山悖论，笔者依然认为下线函数并不可信，因为下线函数是神秘的。若仅仅考虑函数的数

① 下线函数将核外属性与核内属性密切联系起来。但两种属性的关联不限于此。比如，一个对象具有的核外属性很可能是被它具有的核内属性决定的。比如，｛是红的，不是红的｝对应的对象具有“是不可能的”这个核外属性，而这是被它同时具有“是红的”和“不是红的”两个核内属性决定的。

② D. Jacquette, “Nuclear and Extranuclear Properties”, in L Albertazzi et al. eds., *The School of Alexius Meinong*, London: Ashgate Publishing Limited, 2001, p. 413.

学意义，该函数没有任何问题。但是，这里是作为一个哲学概念使用，因此，有必要问：给定一个核外属性，如何便能对应或生成一个核内属性呢？梅农认为，连接一个核外属性和相应核内属性的中枢是“模态瞬间”（modal moment），却未对模态瞬间做详细解释。[①] 模态瞬间是什么？只有唯一的一个模态瞬间吗？还是每个核外属性都需要一个不同的模态瞬间呢？看起来，很难知道这些问题的答案会是什么。模态瞬间看起来是神秘的，下线函数也是神秘的。神秘性判断源自于笔者的这样一个坚实的直觉，即我们使用的诸如“是真实的”这样的核外谓词不是模糊的，仅仅指称了唯一的一个属性。若一个理论不能尊重这点，并不能说明该直觉有问题，相反，说明的是该理论需要修正或放弃。

第四，所有对象都必然存在。

这条反驳与帕森斯的对象理论的形式化版本有关系。在帕森斯的形式化理论中，$(x)\Box\exists y(y=x)$（记作“NEC”）不但是模态有效的，也是可以证明的。针对量化模态语言，帕森斯坚持定域语义学，即针对一个模态结构 F，所有可能世界拥有相同的论域。[②] 这使得对任何可能世界 w 而言，w 论域中的任何一个成员在所有的可能世界的论域中都是存在的，就是说，NEC 相对任何 w 为真，根据模态结构的任意性，NEC 是模态有效的。NEC 也是帕森斯的非存在对象理论的定理，可如下证明。[③] 首先，$(x)\exists y(y=x)$ 是经典逻辑定理。然后，根据必然化规则，$\Box(x)\exists y(y=x)$ 是量化模态逻辑定理。再根据逆巴坎公理，$(x)\Box\exists y(y=x)$ 也是定理。[④]

形上学家使用的语义学是应用语义学（applied semantics），而不是纯粹语义学（pure semantics）。[⑤] 在帕森斯的应用语义学下，NEC 意味的是每个对象必然具有实体地位，或者说每个对象必然存在。然而，显然这

① D. Jacquette, “Nuclear and Extranuclear Properties”, in L Albertazzi et al. eds. , *The School of Alexius Meinong*, London: Ashgate Publishing Limited, 2001, p. 413.

② T. Parsons, *Nonexistent Objects*, New Haven: Yale University Press, 1980, pp. 98 – 99.

③ Ibid. , p. 100.

④ 帕森斯将巴坎公理和逆巴坎公理都列为系统公理（T. Parsons, *Nonexistent Objects*, New Haven: Yale University Press, 1980, p. 127）。

⑤ 这对区分来自普兰廷加（A. Plantinga, *The Nature of Necessity*, Oxford: Oxford University Press, 1974, pp. 126 – 128）。

并不成立。以真实人物苏格拉底为例，苏格拉底是实然物，而非必然物。这与 NEC 不相容。对此，帕森斯做出了回应。他认为，NEC ［即 $(x)\Box\exists y(y=x)$］仅仅意味着每个对象必然地与某物同一；“苏格拉底是实然物”则意味的是“苏格拉底是真实的却可能不是真实的”，即 $Ra \wedge \Diamond\neg Ra$，其中“R”指称真实性，“a”指称苏格拉底。这与 NEC 并不矛盾。[①]

笔者认为，这种辩护并不奏效。帕森斯认为，“苏格拉底是实然物”意味的是 $Ra \wedge \Diamond\neg Ra$。在他的系统中，这等价于 $Ra \wedge \Diamond\exists y((y=a) \wedge \neg Ra)$。然而，当我们说“苏格拉底是实然物”时，我们的意思是，虽然苏格拉底存在，但苏格拉底可能根本不存在。最恰当的表示方式就是 $\exists y(y=a) \wedge \Diamond\neg\exists y(y=a)$。所牵涉可能性是说可能没有一个对象是苏格拉底，就是说，可能苏格拉底什么都不是（is nothing）。在此情况下，说苏格拉底具有任何属性都是不合适的，非真实性同样不行。因此，笔者认为，帕森斯对实然物的解释是不恰当的，他对 NEC 的辩护并不成功。

前面展示的是，帕森斯的对象理论面临的四个困难。他的对象理论面临的困难，最终会影响其虚构对象理论的合理性。首先，帕森斯的对象理论缺少合适的引入动机（特别是并没有合适的理由承认非真实对象），这导致其虚构对象理论的本体论基础是不可靠的。同沃尔特斯多夫类似，帕森斯所设想的本体论上的简单性难以实现，因为预先引入的“对象”范畴本身便是可疑的。相反，依赖本体论上可疑的对象范畴，会增加该理论在本体论意义上的复杂性。其次，核外属性和核内属性缺乏合适的区分标准，核外属性与核内属性之间的联系也是可疑的，这两点严重削弱了帕森斯虚构对象理论的清晰性。最后，帕森斯的理论承认 NEC，这与普通的形上学常识不相一致，这最终某种程度上影响了帕森斯虚构对象理论的一致性。

（二）关于虚构对象理论

帕森斯的对象理论是其虚构对象理论的本体论基础。在笔者看来，前面四条质疑已经足以说明这种本体论基础是不坚实的，因此，有充分的理由放弃帕森斯的虚构对象理论。然而，不只如此，笔者对帕森斯的虚构对象理论本身也有不少的忧虑。

---

① T. Parsons, *Nonexistent Objects*, New Haven: Yale University Press, 1980, p. 100.

第一，不能解释创造性真理。

这条批评实际上适用于所有的柏拉图主义理论。根据柏拉图主义，虚构对象是必然存在的对象，因此，是不可能真正被创造的。前文提到，帕森斯认为，用“被创造”来描述虚构对象是不恰当的，虚构对象更应该被看作是被“挑选”或者被“发现”。以福尔摩斯为例，在帕森斯看来，在柯南·道尔创作故事之前，福尔摩斯对应的那些属性便已经存在，因此，福尔摩斯便已经存在了。因此，他是不可能被创造的。对此，笔者的态度是，帕森斯的“挑选说”或者“发现说”本身并不会导致矛盾，因此，若仅仅从理论一致性的角度来考虑，并不会带来严重的问题。但是，任何一个虚构对象理论首先应该是关于虚构对象的理论，因此，都应该努力保证与人们关于虚构对象的直觉或常识一致。创造性真理反映的便是这样一个重要常识，是需要解释的核心资料。

因此，面对虚构对象的被创造性直觉，若假定帕森斯的虚构对象理论，恐怕只能得出结论说直觉或常识错了。当然，并非所有的直觉或常识都是正确的。然而，如果文学实践者并不质疑这个直觉，而理论建构者为了保持自己理论的一致性，选择放弃这个直觉。我们只能认为，这构成这个理论的一个缺陷。或许，作为一个铁杆的梅农主义者，帕森斯会认为这个代价是必须承受的：拥有一个一致的梅农主义对象理论，比保持虚构对象的被创造性直觉更加重要。然而，笔者要提醒的是，作为一个虚构对象理论，这是一个必须承受的巨大代价。

第二，不能解释本质虚构性真理。

以福尔摩斯为例，“福尔摩斯本质地是虚构的”，这是一个关于福尔摩斯的外部真理。就是说，本质虚构性是福尔摩斯的一个核外属性。帕森斯能够对此做出合理的解释吗？帕森斯认为，福尔摩斯的虚构性，在于柯南·道尔恰好写了一个虚构文本，这个虚构文本正确地将福尔摩斯这个不真实的对象“挑选”了出来。当然，福尔摩斯并非必然地会被挑出来。比如说，假如柯南·道尔当年的医学实践太繁忙的话，恐怕福尔摩斯就永远不会被挑出来了。从帕森斯的角度看，在那种情况下，福尔摩斯将不再是虚构的，也因此，福尔摩斯可能不是虚构的。所以，帕森斯的理论难以对本质虚构性真理进行解释。

第三，难以解释本质内部性真理。

柯南·道尔写了《福尔摩斯探案集》之后，福尔摩斯便被确定了。福尔摩斯是一个侦探，而且，他不可能不是一个侦探。如果一个对象不是一个侦探，他一定不会是福尔摩斯。就是说，福尔摩斯本质地是一个侦探。一般地，虚构对象本质地具有其内部属性。对此，帕森斯的理论能够一致地做出解释吗？我们知道，帕森斯认为，福尔摩斯就是那个仅仅具有"福尔摩斯"被赋予的那些核内属性的对象。那么，他能否认为福尔摩斯不但现实地具有这些属性，也本质地具有这些属性呢？特别地，他能否认为福尔摩斯本质地是一个侦探呢？看起来，他不能。

从其对象理论的角度看，一个对象仅仅被其对应的核内属性集决定。那么，核内属性集之间会具有重要的形上学差异？若考虑两个核内属性集，从决定一个对象的意义上，两个集合在形上学意义上并无实质差异。因此，从帕森斯的角度看，如果认为虚构对象本质地具有其核内属性，那么，任何对象都该本质地具有其核内属性。这是因为虚构对象与普通对象的差别，仅仅在于是否被一个虚构故事文本描写，在形上学意义上，这牵涉的仅仅是一个并不重要的关系属性而已。假若如此，不但福尔摩斯本质地是一个侦探，日常对象也会本质地具有其通常属性。比如，笔者会本质地是一个哲学学者，一般地，也会本质地具有其他核内属性。但是，这显然并不成立。比如，笔者可能会成为一个宗教人士，或者成为一个数学家，而不再做一般意义上的哲学学者。

上述批评之所以能够成立，是因为对帕森斯而言，两个对象之间并无实质差异，都仅仅与一个核内属性集对应而已。对帕森斯而言，核内属性集具有优先地位，核内属性集决定了对象，而不是对象决定核内属性集。但是，两个核内属性集之间并无实质差异。或许，帕森斯会说，福尔摩斯对应的核内属性集和笔者对应的核内属性集之间存在重要差异。比如，前者是不饱和的，而后者是饱和的。就是说，任给一个核内属性，笔者或者具有它，或者不具有它，但是，这对福尔摩斯并不成立。进一步，这种差异决定了福尔摩斯本质地具有其核内属性，而笔者并不本质地具有自己的核内属性。

这并不会成功，笔者有两点回应。其一，笔者认为，看起来没有理由认为饱和性具有模态隐含功能。在笔者看来，从帕森斯的视角看，任何两个对象在本体论意义上都是平等的，没有任何特殊之处。这集中体现在原则一*和原则二*，这是帕森斯理论的核心。其二，纵使假设饱和性具有模态隐含功能，也不能解释本质内部性真理。这是因为，帕森斯认为，一个对象的虚构性，并不能阻止它的现实性，而现实的对象是不会本质地具有其核内属性的。帕森斯自己提到，如果现实中有一个人具有某个故事中赋予某个角色属性，完全符合，那么，故事描述的就是这个现实的人。① 在这种情况下，虚构对象将是现实的，但是，现实对象不会本质地具有其核内属性。因此，帕森斯依然无法解释关于虚构对象的本质内部性真理。②

第四，对虚构性的处理方式不统一。

我们知道，无论是纯粹的虚构对象（比如《福尔摩斯探案集》中的福尔摩斯），还是历史虚构对象（比如《戏说乾隆》中的乾隆），都是被虚构地描写的对象。它们的差别表现在一个是历史上真实存在的对象，一个不是。在被虚构地描写这一点上并无差异。因此，一个虚构对象理论应该努力保证与此一致。

遗憾的是，帕森斯的处理方式与此并不一致。比如，福尔摩斯被虚构地描写成一个侦探：根据《福尔摩斯探案集》，福尔摩斯是一个侦探。帕森斯将这种虚构性刻画为"福尔摩斯是一个侦探"，就是说，福尔摩斯真的具有"是一个侦探"这个核内属性。然而，对历史虚构对象的处理方式却不同。乾隆被虚构地描写为多次微服私访：根据《戏说乾隆》，乾隆多次微服私访。在帕森斯看来，不能认为乾隆真的具有"多次微服私访"这一核内属性，否则，他便不再是乾隆了，因此，也便不是历史虚构了。乾隆只能被看作是引进到《戏说乾隆》中来的对象。在帕森斯看来，虽然乾隆不具有"多次微服私访"这一核内属性，但是，作为引入对象，他具有"根据《戏说乾隆》多次微服私访"。③

---

① T. Parsons, *Nonexistent Objects*, New Haven: Yale University Press, 1980, p. 185.

② 表现在其形式语义中，即，一个模型框架的对象域是固定的，模型之间的可能差异顶多出现在存在对象集合以及属性的外延上（T. Parsons, *Nonexistent Objects*, New Haven: Yale University Press, 1980, p. 99）。这样的模型框架定义，完全允许一个对象在不同的模型上具有不同的属性，而该对象可以是真实的对象，也可以是虚构的对象。因此，一个虚构对象完全可以实然地具有其内部属性，就是说，在现实模型下具有而在其他某个解释下并不具有相应内部属性。

③ T. Parsons, *Nonexistent Objects*, New Haven: Yale University Press, 1980, p. 57.

简言之，针对纯粹虚构对象与历史虚构对象的虚构性，帕森斯的处理方式并不统一。在语言层面上，表现为：任给一个陈述“根据故事 s，o 是 F”，若 o 是纯粹虚构对象，则该陈述可去掉“根据故事 s”直接分析为“o 是 F”；若 o 是一个历史虚构对象，该陈述保持原状不变，不需做任何进一步分析。笔者认为，诸如“根据故事 s，o 是 F”这样的句子应该获得统一的分析，不能视 o 的指称情况而定。一个语句的语义分析，不应该因为其构成成分指称对象的类型不同而有差异。[①] 纯粹虚构对象与历史虚构对象在是否是历史对象上的确有差别，但是，在虚构性上并无差别，不应该有不同的对待方式。基于此，笔者认为，这导致帕森斯并不能恰当地区分纯粹的虚构对象与历史的虚构对象，因为两类虚构对象的虚构性并没能得到合适的说明。

第五，对虚构的虚构对象的刻画太过粗糙。

帕森斯并不认为虚构的虚构对象会为其理论带来太大困难。他曾明确讨论“贡扎戈”的例子。“假设一个故事出现在另一个故事中，就像《哈姆雷特》剧本中包含的剧本那样的著名例子一样。我的理论如何来处理子故事中的角色呢?”[②] 帕森斯认为，虚构的虚构角色与普通的虚构角色并无本质不同，“故事中的故事中的角色将是相当普通的虚构对象，它们具有通常的核内属性”[③]。就是说，虚构的虚构角色具有的核内属性就是子故事分配的那些属性。比如，贡扎戈具有“被谋杀者谋杀”这样的核内属性。帕森斯提醒，贡扎戈并不是被主故事赋予的核外属性决定，这样的核外属性包括“被哈姆雷特想到”和“不是真实的”。[④]

笔者认为，这种处理方式太过粗糙。或许对帕森斯而言，他是急于要为虚构的虚构对象进行本体论定位，认为只要能够回答诸如贡扎戈这样的对象是怎样的对象即可。但是，他未能考虑到贡扎戈和哈姆雷特的

---

① 类似地，对一个语句的语义分析也不应该依赖于其构成成分是否有指称。比如，克里普克在其著名的洛克讲座中强调，针对否定存在句“N 不存在”，我们不能在“N”有指称的情况下做出一种分析，而在“N”没有指称的情况下做出另一种分析（S. Kripke, *Reference and Existence*, Oxford: Oxford University Press, 2013, p. 152）。

② T. Parsons, *Nonexistent Objects*, New Haven: Yale University Press, 1980, p. 200.

③ Ibid., p. 201.

④ Ibid..

重要本体论差异。哈姆雷特是真实的虚构对象，而贡扎戈是虚构的虚构对象。它们属于不同的本体论层级。正如笔者前面曾经提到的，在帕森斯的对象理论背景下，所有的对象在本体论意义上都无实质差异，差别仅仅在于相应的核内属性集合的差异。这不允许帕森斯能够对哈姆雷特和贡扎戈的本体论层级差异做出区分。看起来，帕森斯无法在纯粹的虚构对象和虚构的虚构对象之间做出恰当的区分。

第六，存在难以区分现实对象和虚构对象的情况。

在第二章介绍清晰性标准时，我们提到，一个虚构对象理论应该能够区分纯粹的虚构对象和历史的虚构对象，区分纯粹虚构对象和虚构的虚构对象，还需要能够区分纯粹虚构对象和现实的对象。关于纯粹虚构对象与现实对象的区分，对一般的虚构对象理论都不会造成威胁。比如，从观念主义的角度看，虚构对象（比如福尔摩斯）是一个观念，而现实对象（比如柯南·道尔）是物理对象，两者隶属不同的范畴，不可能产生混淆。类似地，从沃尔特斯多夫的角度看，虚构对象是抽象的类型，而现实对象是具体对象，无论如何不会发生混淆。但是，在这方面，帕森斯的虚构对象理论却会面临一个难题。

帕森斯将虚构对象归属到对象这个一般的范畴，而一个对象的同一性仅仅通过它所对应的核内属性集合所决定。因此，一个对象的同一性并不能决定其现实性或非现实性。但是，这为帕森斯带来了困难。帕森斯自己也发现了这个困难："如果一个故事果真对宇宙的历史做出了完全正确的描述，那么，它所创造的所有虚构对象将是真实的对象。人们会因此认为我的理论是不正确的。"[①] 帕森斯自己的态度是，这样的偶然性听起来是非常奇怪的，因此，这样的批评并不严重。笔者认为，这并不是一个小问题。这牵涉的是虚构性和真实性的区分，这两个概念是形上学中的核心概念，具有重要的哲学价值。克里普克曾在其著名的洛克讲座中专门指出：假如一个作者描写的虚构角色与现实中某个人的特征完全一致，并且此人起诉该作者侵犯隐私，那么，假如作者能够证明与此人并无联系，故事完全是虚构的，则此人会被判无罪。[②] 就是说，纵使虚

① T. Parsons, *Nonexistent Objects*, New Haven: Yale University Press, 1980, p. 185.

② S. Kripke, *Reference and Existence*, Oxford: Oxford University Press, 2013, p. 27.

构描述与现实情况完全吻合，虚构对象也变不成真实对象，这是一个基本的形上学事实。但是，遗憾的是，帕森斯的虚构对象理论难以尊重这个简单的事实。

第七，同一化标准牵涉循环。

根据帕森斯的虚构对象理论，一个虚构对象就是那个恰恰具有故事分配给它的那些核内属性的对象。比如，福尔摩斯就是，恰恰具有｛核内属性 P：根据柯南·道尔所写故事，福尔摩斯具有 P｝中的属性的对象。一般地，一个虚构对象的内部属性规定了其同一化条件。下面笔者将论证，至少对有的虚构对象而言，帕森斯提供的虚构对象同一化条件会牵涉循环。以福尔摩斯为例，根据故事，福尔摩斯和华生是好朋友，因此，福尔摩斯具有的内部属性之一便是“和华生是好朋友”。该属性是关于华生的一个属性，因此，为了确定该属性，必须首先能够挑出华生。就是说，需要知道华生的同一化条件。华生的同一化条件又是什么呢？根据帕森斯的同一化标准，类似地，“福尔摩斯与之是好朋友”这个属性构成华生这个虚构对象的同一化条件的一部分。该属性是关于福尔摩斯的，为了确定该属性，需要先对福尔摩斯同一化。简言之，为了同一化福尔摩斯，必须同一化华生，而为了同一化华生，又必须先同一化福尔摩斯。这里显然牵涉一个循环性。这个循环性导致帕森斯为虚构对象提供的同一化标准实际上是不可操作的。

第八，关系属性等价原则失效。

帕森斯认为，关系属性一般等价原则在同时涉及真实对象和虚构对象时将失效。就是说，若 a 是虚构对象而 b 是真实对象，或者 a 是真实对象而 b 是虚构对象，那么，a［Rb］与［aR］b 并不等价。比如，令 a = 福尔摩斯，b = 伦敦。福尔摩斯具有“住在伦敦”这一核内属性，但是，伦敦并不具有“被福尔摩斯住”这个属性。在帕森斯看来，任何真实的对象都不能具有涉及虚构对象的关系属性。①

从帕森斯对象理论内部的角度看，这种处理是合理的，甚至是必需的。因为如果伦敦具有“被福尔摩斯住”这一核内属性的话，该属性便会成为其同一化条件的一部分。进而，伦敦便不再是引进到故事

① T. Parsons, *Nonexistent Objects*, New Haven: Yale University Press, 1980, p. 60.

中的对象，而是原生的虚构对象，因为其同一化条件要依赖于故事关于伦敦说了什么。但是，帕森斯认为，在故事中，“伦敦”指称的就是真实的伦敦，伦敦是被引进到故事中的对象，而不是原生于故事的虚构对象。①

从虚构对象理论评价的视角看，关系属性等价关系原则失效是帕森斯理论的一个不足，因为该原则是一个普遍有效的原则，无论涉及的对象属于什么类型。假设R是一个二元关系，a和b处于关系R中。这个假设可以表示为a［Rb］，也可以表示为［aR］b。前者突出的是作为关系者项的a，后者强调的是作为关系者项的b。若需要，笔者可以通过其他的方式来达到相同的突出效果，比如用黑斜体：前者是*a*Rb，后者是aR*b*。因此，二者差别仅仅在于说话者突出或强调的对象不同，实质上没有差别。从真理论的角度来说，无论是a［Rb］还是［aR］b，它们为真的形上学基础都是一样的，都是a和b处于R关系中这个事实。因此，关系属性等价原则是普遍有效的，不依赖于a和b的范畴归属。

这样，我们完成对帕森斯的虚构对象理论的批判性评价。下面，结合形上学理论评价标准，对以上批评意见进行简单说明。第一条到第三条，说的是，帕森斯的理论不能解释创造性真理、本质虚构性真理、本质内部性真理。这三条削弱了帕森斯虚构对象理论的解释力。第四条到第六条，说的是，帕森斯的理论不能合理地区分纯粹虚构对象和历史虚构对象，不能区分纯粹虚构对象和虚构的虚构对象，不能区分真实对象和虚构对象。这三条极大地影响了帕森斯理论的清晰性。第七条，同一化条件牵涉循环性。这进一步削弱了该理论的清晰性。第八条，关系属性等价原则失效。这导致帕森斯的理论与普遍有效的逻辑法则不一致，影响了该理论的一致性。

五 评价汇总

为了更清楚地厘清帕森斯理论的优势和劣势，下面通过表3—4汇总前面所做评价。通过表3—4，可知该理论并不能区分纯粹虚构对象和现

---

① T. Parsons, “A Meinongian Analysis of Fictional Objects”, *Grazer Philosophische Studien*, No. 1, 1975, p. 79.

实对象，不能区分纯粹虚构对象和历史虚构对象，不能区分纯粹虚构对象和虚构的虚构对象。该理论能够回答存在条件问题，但是，对同一化条件问题的回答牵涉循环性。另外，该理论依赖的核内属性和核外属性缺乏合适的本体论区分标准，两类属性之间的联系也是含混不清的。这最终导致该理论的清晰性程度不高。该理论虽能对部分资料进行解释，但不能解释创造性真理、本质虚构性真理和本质内部性真理。不过，解释过程相对较为简单，特别表现在，对内部真理的解释与表面语法结构完全一致。该理论虽然能够消解矛盾的虚构对象带来的不一致性，但是，理论内容与常识性信念（比如“并非所有对象必然存在”）相冲突，与逻辑定律（比如关系属性等价原则）相冲突，这极大地削弱了该理论的一致性。帕森斯的理论并不具有预期的本体论上的简单性，因为其对象理论的提出缺乏合适的本体论动机。

表 3—4　　对帕森斯理论的评价

清晰性
开始存在条件：+
继续存在条件：+
同一化条件：-
区分虚构对象和现实对象：-
区分纯粹的虚构对象和历史虚构对象：-
区分纯粹虚构对象和虚构的虚构对象：-
不依赖不可信概念资源：-
解释力
创造性真理：-
意向性真理：+
普通外部真理：+
本质虚构性真理：-
内部真理：+
本质内部性真理：-
一致性
积极的一致性：+
消极的一致性：-

续表

简单性
解释过程简单性：+
本体论的简单性：-

第四节 柏拉图主义(III)：扎尔塔的理论

同帕森斯一样，扎尔塔同样是先构建一个足够丰富的本体论背景框架，然后将虚构对象定位到该框架中。具体而言，扎尔塔首先构造一个一般的抽象对象理论。然后，将虚构对象处理为一类特殊的抽象对象。相比较，帕森斯是先构造一个一般的对象理论，然后，将虚构对象处理为帕森斯所定义的对象范畴。通过前面讨论，我们知道，帕森斯的虚构对象理论并不令人满意。本节对扎尔塔的虚构对象理论进行梳理和评价。具体而言，先展示扎尔塔的抽象对象理论，然后，展示其虚构对象理论，最后进行理论评价。

一 抽象对象理论

扎尔塔的理论构想是提出一个一般的抽象对象理论。他所理解的抽象对象包括哲学史中经常被讨论的一些理论实体，比如柏拉图的理念、莱布尼茨的单子、弗雷格的含义和模态逻辑学家眼中的可能世界。① 他希望他的理论能够帮助人们更好地理解这些广受关注却缺少清晰性的理论实体。扎尔塔承认，他的抽象对象理论的一个理论源头是梅农式的对象理论，特别是帕森斯的对象理论。②

通过本章第三节的论述，我们知道，为了提出一个一致的对象理论，帕森斯区分了核内属性与核外属性。扎尔塔指出，帕森斯的这种建构方

① E. N. Zalta, *Abstract Objects: An Introduction to Axiomatic Metaphysics*, Dordrecht: D. Reidel Publishing Company, 1983, p. 2.

② Ibid., p. 6.

法源自梅农的学生 E. 莫利（E. Mally）。[①] 帕森斯则以这个想法为基础，提出一个系统化的对象理论，最终使这个梅农主义想法发扬光大。关于如何构建一个对象理论，莫利还曾提出另外一种方法。根据这种方法，应该将对象与属性之间的“具有”关系区分为两种，而不是将属性区分为两种。对象和属性之间的“具有”关系是模糊的：或者是通常的“满足”关系，或者是“确定”关系。[②] 一个属性可以用来确定一个对象，但是，该对象却不满足该属性。[③] 比如，圆的方被“圆”和“方”两个属性确定，却并不满足这两个属性。扎尔塔以莫利的这个想法为基础，尝试构建一个一般的抽象对象理论。

为了建构一个抽象对象理论，扎尔塔不再使用听起来含混不清的“确定”概念，而是改用“编码”这个更具技术味道的词汇。他不再使用“满足”，而是用“例示”这个哲学家更常用的概念。一个对象可以例示属性，也可以编码属性。扎尔塔将对象区分为具体对象和抽象对象。他认为，只有抽象对象才能够编码属性，具体对象只能例示属性。

像帕森斯一样，扎尔塔也是通过提出两个形上学原则，来回答“抽象对象存在的条件是什么”“抽象对象具有怎样的属性”以及“抽象对象的同一化条件是什么”。两个原则具体如下。读者会看到，这两个原则与帕森斯的两个形上学原则极为相似。为了表示它们之间的相似性，笔者将扎尔塔的原则分别称为“原则一**”和“原则二**”。两个原则分别如下：[④]

---

① E. N. Zalta, *Abstract Objects: An Introduction to Axiomatic Metaphysics*, Dordrecht: D. Reidel Publishing Company, 1983, p. 10.

② 法恩将这对区分导致的两种谓述分别称为“外部谓述”和“内部谓述”（K. Fine, “The Problem of Non-Existents”, *Topoi*, No. 1, 1982, p. 137）。这样的称呼与帕森斯的“核外属性”和“核内属性”区分正好对应。

③ 参见 E. Mally, *Gegenstandstheoretische Grundlagen der Logik und Logistik*, Leipzig: Barth, 1912, p. 76。关于莫利想法的更多解读，请参见 A. Hieke, G. Zecha, “Ernst Mally”, in E. N. Zalta ed., *The Stanford Encyclopedia of Philosophy* (Winter 2016 Edition), URL = < https://plato.stanford.edu/archives/win2016/entries/mally/ >。

④ E. N. Zalta, *Abstract Objects: An Introduction to Axiomatic Metaphysics*, Dordrecht: D. Reidel Publishing Company, 1983, pp. 13, 34.

原则一**：任给一个属性组合，都有一个抽象对象，编码且仅仅编码该集合中的属性。

原则二**：两个抽象对象同一，当且仅当，它们编码完全相同的属性。

根据原则一**，任给一个属性组，都存在一个抽象对象与之对应，并且该对象编码且仅仅编码这组属性。原则一**既回答了抽象对象的“存在条件问题”，也规定了一个抽象对象是怎样的对象（抽象对象“具有”怎样的属性）。比如，给定集合｛是圆的，是方的｝，根据原则一**，便存在一个抽象对象，编码且仅仅编码“是圆的”和“是方的”这两个属性。原则二**，则规定了抽象对象的同一化条件。任给两个抽象对象，如果它们编码完全相同的属性，则是同一个抽象对象。换句话说，一个抽象对象的同一性是被它所编码的属性所决定的。以圆的方为例，作为一个抽象对象，它的同一化条件由这样的事实决定：它编码了“是圆的”和“是方的”这两个属性，并且仅仅编码了这两个属性。

这两条原则是扎尔塔抽象对象理论的核心原则。两条原则可以推出一个更强的形上学原则：任给一组属性，都存在唯一的一个抽象对象，编码且仅仅编码了这组属性。以｛是圆的，是方的｝为例，根据原则一**，存在一个抽象对象 o，它编码且仅仅编码“是圆的”和“是方的”这两个属性。再根据原则二**，如果有一个抽象对象恰恰编码了这两个属性，便一定会与 o 同一。因此，这样的抽象对象有且只有一个。

特别需要指出的是，扎尔塔认为，他的抽象对象理论可以轻松避开梅农主义者面临的“真实的金山悖论”。为了避免这个悖论，帕森斯区分了核内属性和核外属性，并且在核内属性和核外属性之间设置了一个下线函数。扎尔塔认为，假如像莫利一样选择“双关系”理论，而不是“双属性”理论，那么，问题便简单了。根据扎尔塔的理论，｛由黄金构成，是一座山，是真实的｝确定了唯一的一个抽象对象，不妨称为“真实的金山”。该抽象对象编码且仅仅编码了这三个属性。但是，真实的金山并没有例示真实性，现实世界中并不存在一座由黄金构成的山。编码一个属性是一回事，而例示一个属性是另一回事。两者之间在逻辑上是独立的。这样，扎尔塔轻松地避开了真实的金山悖论。

最后，展示两个重要的辅助规定。一个是关于抽象性，一个是关于编码关系。扎尔塔的目标是构建一个抽象对象理论。那么，“抽象对象”的内涵到底是什么？抽象性到底意味着什么呢？扎尔塔的回答是，说一个对象是抽象的，就是意味着，它不是具体的。① 那么，具体性的内涵又是什么呢？扎尔塔认为，具体对象就是占有时空位置的对象。② 因此，抽象对象就是不占有时空位置的对象。这个关于抽象性内涵的说明，对于理解理扎尔塔的抽象对象理论而言是非常重要的。原则一** 和原则二** 构成对抽象对象的“形式刻画”，一个人可能从形式上理解了这两个原则，却仍然不懂什么是抽象对象。这里的内涵性规定，则是重要的补充。另外，关于编码关系，扎尔塔的限定是：只有抽象对象才能编码属性。③ 就是说，编码能力为抽象对象所独有，提出编码关系就是为了专门刻画抽象对象。

原则一** 和原则二**，再加上前面两个辅助规定，构成了扎尔塔抽象对象理论的基础版本。为了处理抽象对象的模态属性，扎尔塔将其理

---

① 扎尔塔用“E!”来定义“抽象性”。抽象性的记号是“A!”。在其对象理论的基础版本中，他的定义是：A!（x），当且仅当，¬ E!（x）（E. N. Zalta, *Abstract Objects: An Introduction to Axiomatic Metaphysics*, Dordrecht: D. Reidel Publishing Company, 1983, p. 18）。在模态版本中，定义是：A!（x），当且仅当，□¬ E!（x）（E. N. Zalta, *Abstract Objects: An Introduction to Axiomatic Metaphysics*, Dordrecht: D. Reidel Publishing Company, 1983, p. 60）。那么，“E!”表示的是一种什么属性呢？在扎尔塔的系统中，这是一个初始的一元谓词。扎尔塔指出，他用“E!”表示的是“占有时空位置”（E. N. Zalta, *Abstract Objects: An Introduction to Axiomatic Metaphysics*, Dordrecht: D. Reidel Publishing Company, 1983, p. 52）。在形上学领域，“占有时空位置”指的就是“具体性”。因此，笔者这里是用“具体性”来解释“E!”。实际上，扎尔塔自己也承认，“E!”可以替换为“C!”，而“C!”指的就是具体性（E. N. Zalta, *Abstract Objects: An Introduction to Axiomatic Metaphysics*, Dordrecht: D. Reidel Publishing Company, 1983, p. 51）。无论如何，“E!”意味的不是奎因意义上的“存在性”。因为，奎因意义上的存在性被所有对象都具有。而扎尔塔理解的“E!”对应的是“真实的存在”或“具体的存在”，而“¬ E!（x）”或者“□¬ E!（x）”对应的是“抽象的存在”或“柏拉图意义上的存在”（E. N. Zalta, *Abstract Objects: An Introduction to Axiomatic Metaphysics*, Dordrecht: D. Reidel Publishing Company, 1983, p. 52）。

② E. N. Zalta, *Abstract Objects: An Introduction to Axiomatic Metaphysics*, Dordrecht: D. Reidel Publishing Company, 1983, p. 50.

③ Ibid., p. 33.

论扩展为一个模态版本。首先，原则一** 和原则二** 都将不但现实地成立，也必然地成立。其次，关于抽象性和编码关系的辅助规定，也强化为模态版本。具体而言：说一个对象是抽象的，意味的是，它不可能是具体的，其中，具体性指的是占有时空位置；① 假如一个对象不是抽象的，它必然地不能编码任何属性。② 最后，是一个刻画编码关系的模态公理，即，如果一个对象可能编码一个属性，那么，它必然地编码该属性。③ 读者将会发现，从扎尔塔的角度看，这条公理对于恰当地理解虚构对象具有重要作用。

这便是扎尔塔的抽象对象理论。④ 在扎尔塔看来，他的抽象对象理论能够对许多哲学上并不清晰的哲学范畴进行刻画，比如，柏拉图的理念、莱布尼茨的单子、弗雷格式含义、模态逻辑学家眼中的可能世界。⑤ 具体而言，他认为在其抽象对象领域中能够准确地为这些实体进行定位。特别地，扎尔塔认为，他的抽象对象理论能够成功地刻画虚构对象。下面，我们就来考察扎尔塔的虚构对象理论。

二　虚构对象理论

扎尔塔的虚构对象理论是其抽象对象理论在虚构领域的特殊应用。在扎尔塔看来，用传统本体论结构便能完成对虚构对象的定位。扎尔塔认为，他的抽象对象理论对抽象对象进行了系统的形上学刻画。因此，为了给出其虚构对象理论，他需要做的仅仅是从抽象对象领域中将虚构对象挑选出来。这个挑选程序是怎样的呢？

扎尔塔的回答和帕森斯的回答是类似的。考虑属性集：{p：根据柯南·道尔的小说，福尔摩斯具有 p}。根据原则一** 和原则二**，存在唯一的一个抽象对象编码且仅仅编码这些属性。扎尔塔宣称，该抽象对象

---

① E. N. Zalta, *Abstract Objects: An Introduction to Axiomatic Metaphysics*, Dordrecht: D. Reidel Publishing Company, 1983, p. 60.

② Ibid., p. 73.

③ Ibid., p. 69.

④ 笔者将在附录 II 中概括展示扎尔塔理论所依赖的形式化语言和语义，帮助读者更好地理解理论内容。不过对形式化内容不感兴趣的读者，则可以略过，不会影响对理论的非形式化理解。

⑤ E. N. Zalta, *Abstract Objects: An Introduction to Axiomatic Metaphysics*, Dordrecht: D. Reidel Publishing Company, 1983, pp. 41 – 47, 78 – 90, 126 – 145.

就是福尔摩斯。更一般地，一个虚构对象就是那个恰恰编码相应内部属性的抽象对象。扎尔塔和帕森斯的回答是类似的，不同的是，帕森斯用的是“例示”，而扎尔塔用的是“编码”。

上面概括的是扎尔塔的大致观点。在扎尔塔看来，他还需要给出更加精确的挑选机制。下面将通过一系列的定义更精确地描述该挑选机制。

在前面的例子分析中，我们已经用到了“根据柯南·道尔的小说”。但是，小说又是什么呢？扎尔塔认为，小说或者故事，同样是抽象对象。为了精准定位虚构对象，需要先了解什么是小说或故事。假如故事是抽象对象，就一定会编码属性。故事编码什么属性呢？我们都知道，故事是由其内容决定的。根据扎尔塔的抽象对象理论，抽象对象是由其编码的属性决定的。扎尔塔认为，故事的内容便提供了故事所编码的属性。具体而言，扎尔塔认为，故事的内容是一个一个的命题。他将命题视作一种特殊的属性，即 0－元属性。继而，他认为，一个故事就是编码它的内容所包含的那些命题，即 0－元属性。与普通抽象对象不同，作为抽象对象的故事编码的是 0－元属性。

扎尔塔通过下面三个定义完成对故事的定义。

定义 1：抽取

F^1抽取于 F^0 ［记作 Const（F^1，F^0）］，当且仅当，F^1是从 F^0抽取出来的 0－元属性。①

定义 1 的形式化记法是：Const（F^1，F^0），当且仅当，$F^1=[\lambda x F^0]$。

定义 1 可读作：一个属性抽取于一个命题，当且仅当，该属性是从该命题通过兰贝塔操作得到的 0－元属性。定义中的 F^0的上标“0”，用来表示命题（或语句）本来不含任何变元。F^1的上标“1”，用来表示抽取之后的兰贝塔表达式中变元 x 只出现 1 次。不难看出，抽取是这样一种逻辑操作，它让我们可以从一个命题抽取出一个 0－元属性。为什么扎尔塔会想到从命题抽取出 0－元属性呢？这是因为，在日常的逻辑实践中，有时，逻辑学家会方便地将语句看作是 0－元谓词。坚持了这样的方便说法，便可认为一个赋值函数是针对所有谓

① E. N. Zalta, *Abstract Objects: An Introduction to Axiomatic Metaphysics*, Dordrecht: D. Reidel Publishing Company, 1983, p. 77.

词的。对普通谓词，赋值函数分配一个通常的外延；对0－元谓词，则分配一个真值。这里，扎尔塔严肃对待这种说法，认为语句就是0－元谓词，指称的就是0－元属性。0－元属性成为他的形上学理论的重要概念资源。

定义2：空洞属性

F^1是空洞属性［记作Vac(F^1)］，当且仅当，F^1是从某个命题抽取出来的0－元属性。①

定义2的形式化记法是：Vac(F^1)，当且仅当，$\exists F^0$Const(F^1，F^0)。

定义2可读作：所谓空洞属性就是从命题抽取出来的0－元属性。比如，“苏格拉底是智慧的”对应的属性是“是这样一个x使得苏格拉底是智慧的”，这是一个特定的0－元属性。请注意，该属性与“是这样一个x使得x是智慧的”是不同的。前者是一个0－元属性，后者是一个1－元属性。0－元属性是扎尔塔的一个技术概念，而1－元属性就是我们日常概念系统中的属性，比如“智慧”这个属性。

定义3：故事

z是一个故事［记作Story(z)］，当且仅当，z只编码空洞属性，并且有一个具体的对象完成了对它的创作。②

定义3的形式化记法是：Story(z)，当且仅当，$\forall F(zF \rightarrow Vac(F) \wedge \exists x(Cx \wedge Axz))$，其中“A”指称的是创作关系（authorship relation）。

定义3可读作：故事就是只编码空洞属性且被作者创作的抽象对象。就是说，一个抽象对象能够成为故事的一个必要条件是，仅仅编码空洞属性。但是，这还构不成充分条件。为了成为故事，还需要有一个作者完成了关于它的创作活动。比如，《福尔摩斯探案集》便是一个故事。③第一，它仅仅编码空洞属性，这些属性抽取于诸如“福尔摩斯是一个侦探”“福尔摩斯住在贝克大街”的命题。第二，有一个具体的人，即柯南·道尔，完成了关于它的相应创作活动。

---

① E. N. Zalta, *Abstract Objects: An Introduction to Axiomatic Metaphysics*, Dordrecht: D. Reidel Publishing Company, 1983, pp. 77－78.

② Ibid., p. 91.

③ 这里，笔者方便地将《福尔摩斯探案集》看作是一个大的故事。它里面包含诸如《血字的研究》这样的小故事。

在“故事”定义的基础上，扎尔塔进一步定义“角色”“虚构角色”和“虚构类归属”。

先来看如何定义“角色”。角色定义需要一个辅助性的缩写定义。

定义 4：编码命题

z 编码命题 F^0（记作 ΣzF^0），当且仅当，z 编码从 F^0 抽取的 0 – 元属性。①

定义 4 的形式化记法是：ΣzF^0，当且仅当，z［λxF^0］。

定义 4 可读作：编码一个命题，指的就是，编码从该命题抽取出来的 0 – 元属性。这个缩写定义使得我们可以方便地认为，命题是可以直接被编码的，而不必总是再诉诸抽取操作，认为从命题抽取出的 0 – 元属性才可以被编码。比如，有了定义 4，我们可以说，故事是编码命题的抽象对象，而不再麻烦地说，故事编码从命题抽取出来的 0 – 元属性。下面的定义会表明，缩写定义 4 会带来很大的便利。

定义 5：角色

x 是故事 s 中的角色［记作 Char（x，s）］，当且仅当，s 编码了一个关于 x 的命题。②

定义 5 的形式化记法是：Char（x，s），当且仅当，∃F（Σs Fx），其中 s 是一个故事。

定义 5 可以读作：一个对象是一个故事中的角色，指的就是，该故事编码了一个关于该对象的命题。简单来讲，一个对象是一个故事中的角色，只要故事中有关于它的内容即可。这是因为一个故事编码的命题，恰恰就是它所包含的内容。根据定义 5，福尔摩斯和伦敦都是《福尔摩斯探案集》中的角色，因为《福尔摩斯探案集》编码了命题“福尔摩斯住在伦敦”。这是一个关系命题，该命题的两个关系者项是福尔摩斯和伦敦。因此，根据定义 5，角色可以是现实的具体对象（如伦敦），也可以是抽象的虚构对象（如福尔摩斯）。

当然，扎尔塔的最终目标是刻画虚构角色，而不是诸如伦敦的现

① E. N. Zalta, *Abstract Objects: An Introduction to Axiomatic Metaphysics*, Dordrecht: D. Reidel Publishing Company, 1983, p. 78.

② Ibid., p. 92.

实角色。为此，他需要将虚构角色从一般的角色中区分出来，需要对“虚构角色”进行定义。为了定义虚构角色，需要一个辅助定义。

定义 6：原出

x 原出于故事 s［记作 Origin(x, s)］，当且仅当，x 是故事 s 中的一个抽象角色，并且 x 不是 s 被创作之前的任何故事中的角色。①

形式化记法是：Origin(x, s)，当且仅当，

$Char(x, s) \wedge A!x \wedge (\forall y)(\forall y')(\forall s')(Ays \wedge (Ay's' < Ays) \rightarrow (\neg Char(x, s'))$，其中“$<$”是高阶关系，成立于命题之间，$F^0 < G^0$ 意味的是 F^0 发生在 G^0 之前。

定义 6 可读作：一个对象原出于一个故事，意味的是，该对象是抽象的，并且该对象是该故事中的角色，并且不是该故事被创作之前的任何的故事中的角色。比如，根据定义 5，伦敦是《福尔摩斯探案集》中的角色，但是，根据定义 6，伦敦不是原出于《福尔摩斯探案集》，因为伦敦不是抽象的。再比如，孙悟空能够算作是《西游记后传》中的角色，却不是原出于该故事，因为孙悟空也是《西游记》中的角色，而且《西游记》的创作时间早于《西游记后传》。根据定义 6，福尔摩斯原出于《福尔摩斯探案集》，因为福尔摩斯是该故事中的角色，并且福尔摩斯是抽象的，并且他不是之前被创作的故事中的角色。

定义 7：虚构角色

x 是一个虚构角色［记作 Fict（x）］，当且仅当，x 原出于某个故事。②

定义 7 的形式化记法是：Fict（x），当且仅当，$\exists s Origin(x, s)$。

定义 7 可读作：虚构性意味的是原出于某个故事。根据定义 7，福尔摩斯是一个虚构角色，因为它原出于故事《福尔摩斯探案集》。相对照，伦敦不是一个虚构角色，因为，伦敦并不是抽象的，因此，也不会原出于任何故事。

定义 8：虚构类归属

x 是一个虚构的 G［记作 Fict G（x）］，当且仅当，x 原出的故事编码

① E. N. Zalta, *Abstract Objects: An Introduction to Axiomatic Metaphysics*, Dordrecht: D. Reidel Publishing Company, 1983, p. 93.

② Ibid..

了命题 x 是 G。[1]

定义 8 的形式化记法是：Fict G（x），当且仅当，$\exists s$（Origin（x，s）$\wedge$ ΣsGx）。

定义 8 可读作：说一个对象是一个虚构的 G，指的是，该对象是一个角色，并且该角色原出的故事编码了命题“该对象是一个 G”。或者，更简单地讲，指的是，该对象是一个角色，并且根据它原出的故事，它是一个 G。比如，根据定义 8，福尔摩斯是一个虚构的侦探，因为福尔摩斯原出于《福尔摩斯探案集》，而《福尔摩斯探案集》编码了“福尔摩斯是一个侦探”这个命题。

基于以上定义，扎尔塔通过规定下面一条公理来挑选虚构对象，即回答一个虚构对象到底编码什么属性。

原出角色公理：

如果 x 原出于 s，那么，x 是一个抽象对象，并且，该对象满足：它编码属性 F，当且仅当，s 编码命题 Fx。[2]

该公理的形式化记法是：$\forall x \forall s$（Origin（x，s）$\rightarrow x =$（ιz）（$zF \leftrightarrow \Sigma sFx$））。

该公理可读作：一个虚构角色就是，那个编码且仅仅编码其原出故事所分配的那些属性的抽象对象。换一种说法，一个虚构角色编码什么属性，依赖于该虚构角色的原出故事的内容，原出故事分配给它怎样的属性，它就编码怎样的属性。比如，福尔摩斯原出于《福尔摩斯探案集》，福尔摩斯就是那个编码且仅仅编码《福尔摩斯探案集》分配给他的那些属性的抽象对象。

这样，通过一系列的定义，扎尔塔最终给出了挑选虚构对象的程序。一个虚构对象是一个抽象对象，它编码且仅仅编码它所原出的故事分配它的那些属性。当然，这里假设了一个计算虚构对象在故事中到底被分配了哪些属性的能力。对此，扎尔塔并没有给出一个精确的计算的逻辑，他的大致建议是诉诸相关逻辑。

---

① E. N. Zalta, *Abstract Objects: An Introduction to Axiomatic Metaphysics*, Dordrecht: D. Reidel Publishing Company, 1983, p. 97.

② Ibid., p. 93.

相关封闭原则：

如果故事 s 编码 P_1，s 编码 P_2，……，s 编码 P_n，并且，根据相关逻辑，P_1，P_2，P_n推出 Q，那么，s 编码 Q。[①]

形式化记法是：任给故事 s，命题 P_1，P_2，……，P_n和 Q，如果 ΣsP_1，ΣsP_2，……，ΣsP_n，并且 P_1，P_2，……，$P_n \vdash_R Q$，那么，ΣsQ。

相关封闭原则给出的是一种计算故事内真理的方法。如何计算故事内真理，这是一个不容易回答的理论问题。帕森斯曾表示，看起来，没有什么合适的原则帮助我们能够准确地推理计算出一个故事的所有内部真理。[②] 这实际上，也是文学评论领域的一个研究议题。[③]

三 理论评价

扎尔塔的抽象对象理论具有一些显著的优势。笔者将先说明其理论优势，然后，对其进行批判性评价，指出该理论的不足之处。

下面将从简单性、清晰性、解释力和一致性四个维度，分别说明扎尔塔的虚构对象理论的优势。

第一，该理论具有本体论意义上的简单性。

扎尔塔将虚构对象看作是抽象对象，而抽象对象范畴属于传统本体论范畴。因此，他的虚构对象理论的首要优势便是，本体论意义上的简单性。类似地，观念主义者将虚构对象看作是观念，也具有本体论上的简单性。然而，根据本章第一节的论证，遗憾的是，观念主义面临太多难题，难以成为一个有前途的理论。读者将会看到，相比较而言，扎尔塔的理论具有更多的优势。

第二，该理论具有一定程度的清晰性。

这部分地表现在，该理论对虚构对象的“存在条件问题”做出了清晰的回答。扎尔塔认为，虚构对象是抽象对象，而抽象对象之存在仅仅依赖于相应的属性组的存在。属性通常被看作是必然存在的，因此，在

---

① E. N. Zalta, “The Road Between Pretense Theory and Abstract Object Theory”, in A. Everett & T. Hofweber eds., *Empty Names, Fiction and The Puzzles of Non-existence*, Stanford: CSLI Publications, 2000, p. 126.

② T. Parsons, *Nonexistent Objects*, New Haven: Yale University Press, 1980, p. 179.

③ S. Kripke, *Reference and Existence*, Oxford: Oxford University Press, 2013, p. 59.

扎尔塔看来，抽象对象拥有空洞的存在条件。[①] 这既指开始存在的条件，也指继续存在的条件。

除了能够给出虚构对象的存在条件之外，扎尔塔也能够做出相应的范畴区分。首先，扎尔塔能够区分虚构对象和现实对象，虚构对象相当于他所言的“角色”，即被故事有所描述的对象，而现实对象则是未被故事描述的对象。扎尔塔还能够合理地区分纯粹虚构对象和历史虚构对象。具体而言，纯粹虚构对象和历史虚构对象的共同点是，两者都是故事中的角色，不同点在于纯粹虚构对象是抽象的，而历史虚构对象是具体的。这种解释听起来也是有说服力的。[②]

另外，虽然扎尔塔未曾明确讨论虚构的虚构对象，但是，在笔者看

---

① 扎尔塔本人并没有对属性的形上学特征做出明确表态。据 B. 林斯基（B. Linsky）分析，扎尔塔并不认同亚里士多德主义的属性观，就是说，不认为属性依赖于其示例而实然存在（B. Linsky, “Remarks on Platonized Naturalism”, *Croatian Journal of Philosophy*, Vol. 5, No. 1, 2005, p. 14）。笔者认为，据此可以推论扎尔塔倾向于坚持柏拉图主义属性观。假若扎尔塔拒绝对属性的形上学特征进行表态，那么，扎尔塔的虚构对象理论将面临更严重的指责：该理论将是不完整的。这里，笔者抱着同情态度，推论扎尔塔对属性持有柏拉图主义观点。

② 帕森斯面临对虚构性的处理方式不一致的问题。若 o 是真实的，则“根据故事 o 是 F”要根据字面意思进行解释；若 o 是虚构的，则“根据故事 o 是 F”要被解释为“o 具有 F 属性”。这导致帕森斯无法承认，纯粹虚构对象与历史虚构对象在同样的意义上是虚构的。这是因为帕森斯没有明确地给出一个故事理论。扎尔塔提出了一个故事理论，他认为，故事是编码命题的抽象对象。这使得他可以对“根据故事 o 是 F”做出统一的解释，即，无论 o 是具体的，还是抽象的，该语句表达的都是，某个故事与 o 和 F 之间具有特定三元关系（该三元关系被谓词“根据（）（）是（）”指称）。这样，扎尔塔能够在相同的意义上解释虚构性：一个对象的虚构性就是故事对它有所说。在扎尔塔的概念系统中，这对应的是“角色”定义。无论是纯粹虚构对象，还是历史虚构对象，它们都是故事中的角色。一个对象的纯粹虚构性意味的是，它不但是角色（具有虚构性），它还是原生于某个故事的角色（或者说被故事“创造”的角色）。一个对象的历史虚构性意味的是，它虽然是角色（具有虚构性），却不是原生于故事的角色（或者说不是被故事“创造”的角色）。因此，笔者认为扎尔塔并不面临对虚构性的处理方式不一致的问题。另外，或许有人依然会认为，扎尔塔也会对“根据故事 o 是 F”做出不同的解释。因为假如 o 是纯粹虚构对象，该语句隐含着 o 编码了 F；假如 o 是历史虚构对象，该语句并不隐含 F 编码了 o。笔者认为，两种不同情况下的隐含不同，这从扎尔塔的理论视角看是可以接受的。根据扎尔塔的虚构对象理论，纯粹虚构对象是抽象对象，而纯粹虚构对象编码属性；历史虚构对象不是抽象对象，不编码任何属性。“抽象对象”这一范畴的相关归属上的差异，决定了前面所提到的隐含内容的差异。因此，在笔者看来，这不会给扎尔塔的理论带来什么困难。相比较而言，帕森斯面临问题是因为，在他的对象理论框架下，所有对象在形上学意义上都是平等的。在扎尔塔的抽象对象理论下，“抽象对象”和“具体对象”是两个根本不同的本体论范畴。这决定了扎尔塔有更丰富的形上学资源，能够更灵活地避开许多难题。

来，他有足够的理论资源来做出区分。考虑贡扎戈这个虚构的虚构人物。在笔者看来，扎尔塔可尝试提供如下解释。贡扎戈是《谋杀贡扎戈》这个故事中的虚构角色，而《谋杀贡扎戈》是《哈姆雷特》中的故事。具体而言，这里牵涉两个故事，即《哈姆雷特》和《谋杀贡扎戈》。按照扎尔塔的理论，两个故事都是仅仅编码命题的抽象对象。《谋杀贡扎戈》编码了“贡扎戈被谋杀”这样的命题，贡扎戈原生于《谋杀贡扎戈》。那么，如何解释贡扎戈的虚构的虚构性呢？这种虚构性的根源是《谋杀贡扎戈》是《哈姆雷特》故事中的故事。在扎尔塔的理论背景下，这个故事嵌套的事实，可以表示为：《哈姆雷特》编码了这样一个命题：“有一个作者创作了《谋杀贡扎戈》”。相比较，哈姆雷特这个纯粹虚构的对象只是原生于某个现实被创作的故事。笔者认为，关于如何区分纯粹的虚构对象和虚构的虚构对象，这样的解释听起来是合理的。

第三，该理论具有较大的解释力。

扎尔塔区分了两种“具有”关系，即“例示”和“编码”。这种区分使得扎尔塔的理论，能够对内部真理和许多外部真理做出听起来合理的解释。首先，该理论能够解释内部真理。比如，“福尔摩斯是一个侦探”是真的。在扎尔塔看来，这是因为福尔摩斯编码了“是一个侦探”这个属性。就是说，内部真理表达的是编码性真理，而非例示性真理。该理论同样能解释“福尔摩斯不可能不是一个侦探”。这是因为，根据扎尔塔的抽象对象理论中一条特征公理，假若一个抽象对象现实地编码一个属性，则必然编码该属性。[①] 就是说，一般地，扎尔塔的理论能够解释本质内部性真理。再来考虑普通的外部真理，比如，“福尔摩斯反映了人们的求真能力”。在扎尔塔看来，这个陈述表达的就是“福尔摩斯例示了‘反映了人们的求真能力’这个属性”，而这恰恰是真的。就是说，外部真理是例示性真理，而不是编码性真理。因此，一般地，扎尔塔同样能够对普通的外部真理进行解释。类似地，意向性真理也能获得解释。比如，“我崇拜福尔摩斯”将被解释为“福尔摩斯例示了‘被我崇拜’这个属性”。简言之，扎尔塔的理论具有相当大的理论解释力，能够对内部

---

① E. N. Zalta, *Abstract Objects*: *An Introduction to Axiomatic Metaphysics*, Dordrecht: D. Reidel Publishing Company, 1983, p. 69.

真理、本质内部性真理、普通外部真理和意向性真理做出解释。

第四，该理论一定程度上满足了一致性标准。

一致性标准特别要求，一个虚构对象理论应该能够消解矛盾的虚构对象带来的不一致性。矛盾的虚构对象不会对扎尔塔的理论造成威胁。不妨考虑虚构的圆的方，该虚构对象既是方的，又不是方的，因此，似乎会带来不一致性。从扎尔塔的角度看，首先，作为虚构对象的圆的方是一个抽象对象，因此，它编码属性“是方的”，同时编码属性“不是方的”。然而，这不会带来矛盾，因为扎尔塔的抽象对象理论允许抽象对象编码矛盾的属性。一个抽象对象编码矛盾的属性，并不会带来真正的矛盾，只有例示矛盾的属性才会带来真正的矛盾。具体可如以下形式化表达。一方面，“F(o)并且－F(o)”构成矛盾，其中－F是F对应的矛盾属性，F(o)意味的是o例示F属性，－F(o)意味的是o例示－F。或者，更精确地，像扎尔塔一样诉诸λ记号来表达，即“$[\lambda xFx]o \wedge [\lambda x\ \neg Fx]o$”构成矛盾，其中¬是对命题的否定算子。另一方面，相对照，“oF并且o－F”并不构成矛盾，其中“oF”意味的是o编码F，“o－F”指意味的是o编码－F。或者，更精确地，用λ记号表达，即“$o[\lambda xFx] \wedge o[\lambda x\ \neg Fx]$”不构成矛盾。

虽然扎尔塔的理论具有上述优点，在笔者看来，该理论仍不是一个能够令人满意的虚构对象理论。下面，笔者将从两个维度对扎尔塔的虚构对象理论进行批判性评价。第一个维度是考察其本体论基础（即抽象对象理论）的合理性。第二个维度是考察其虚构对象理论本身的合理性。

（一）关于抽象对象理论

关于扎尔塔的抽象对象理论，笔者将提出两点批评。一个是对该理论的概念基础的质疑。另一个是对该理论的理论后承的不满。第一个批评将削弱扎尔塔的虚构对象理论的清晰性。第二个则会影响虚构对象理论的一致性。下面，我们分别考察。

第一，例示—编码关系的区分缺乏足够的必要性辩护。

哲学家们通常承认对象和属性之间只有一种谓述关系，即例示关系。在语言层面上，这表现为日常语言中出现的“是”的意义是单一的。比如，当我断言“这个桌子是方的”和“刘翔是跑得快的”，系词“是”指称的都是例示关系。扎尔塔则认为，日常语言中的“是”是模糊（ambiguous）的，有时指的是“例示”，有时指的是“编码”。比如，当我断言“这个桌子是方的”，“是”指称了例示关系；当我断言“福尔摩斯是一个侦探”，“是”指称的是编码关系。显然，这已经偏离人们对系词意义的普通认知。扎尔塔需要对区分“例示”与“编码”的必要性进行辩护。

扎尔塔引入编码概念主要是为了维护梅农式直觉。梅农式直觉可表示为，任给一组属性，都有一个对象恰恰具有这组属性。糟糕的是，梅农式直觉会导致“真实的金山悖论”。帕森斯通过区分核内—核外属性，来避免悖论。扎尔塔则建议，通过区分例示—编码关系，来避免悖论。① 笔者在评价帕森斯的理论时，已经详细论证，梅农式直觉是非常可疑的。因此，既然编码概念的引入是为了维护梅农式直觉，而梅农式直觉本身是可疑的，那么，扎尔塔并没有为引入编码概念提供合适的理由。

退一步，纵使假设梅农式直觉是可信的，也不必非得区分例示和编码。一个有竞争力的选项就是帕森斯的核内—核外属性区分。前文已经展示如何通过核内—核外属性区分来避免“真实的金山悖论”，维护梅农式直觉。到底是应该区分核内—核外属性，还是区分例示—编码关系呢？杰凯特曾间接论证，核内—核外属性区分会更有合理性。具体而言，他尝试展示，假设区分核内—核外属性，可对例示—编码关系的区分进行定义和归约，但是，若假设区分例示—编码关系，却不能将核内—核外属性的区分进行定义和归约。② 因此，相比较而言，核内—核外区分比例示—编码区分更加合理，因为这对区分能够同时维护两个差异性直觉。简言之，纵使承认梅农式直觉，核内—核外区分也要比例示—编码区分更加合理，因此，仍然缺少合适动机引入例示—编码区分。

扎尔塔也已经意识到，例示—编码区分可能给其他哲学家带来困扰，

---

① E. N. Zalta, *Abstract Objects: An Introduction to Axiomatic Metaphysics*, Dordrecht: D. Reidel Publishing Company, 1983, pp. 9 – 13.

② D. Jacquette, “Nuclear and Extranuclear Properties”, in L. Albertazzi et al. eds., *The School of Alexius Meinong*, London: Ashgate Publishing Limited, 2001, pp. 421 – 423.

他曾特别撰写文章尝试从哲学史获得支持。① 根据扎尔塔的观察，从哲学史的角度看，承认两种谓述关系的哲学家并不少见。在笔者看来，这些证据是否成立，若成立具有多大程度的效力，扎尔塔是需要做进一步论证的。这里，考察一个有代表性的例子。扎尔塔指出，柏拉图在《巴门尼德篇》中隐含地指出，对象与属性似乎可处于两种关系中：一种是"与自身处于关系中"（in relation to itself），另一种是"与其他处于关系中"（in relation to others）。笔者认为，如果没有进一步论证，这样的例子并不能对例示—编码关系区分构成实质支持。② 首先，是否柏拉图真的承认这样两种关系的区分，这需要做细致的文本解释。其次，纵使柏拉图真的承认有上面提到的那种区分，柏拉图的区分是否就是扎尔塔做出的例示—编码区分，这也是可疑的。在笔者看来，用帕森斯的核内—核外属性区分，同样能够解释柏拉图隐含承认的区分。假如这里的分析是合理的，扎尔塔的哲学史考察也并不能足够支持例示—编码关系的区分。

第二，NEC 与形上学常识冲突。

这条批评与扎尔塔的抽象对象理论的形式化模态版本有关系。③ 在模态版本的抽象对象理论下，NEC，即 $(x)\Box\exists y(y=x)$，不但是模态有效的，也是可以证明的。针对量化模态语言，像帕森斯一样，扎尔塔选取的是定域语义学，即针对一个模态结构 F，所有可能世界拥有相同的论域。④ 这使得对任何可能世界 w 而言，w 论域中的任何一个成员在所有的可能世界的论域中都是存在的，就是说，NEC 相对任何 w 为真，根据模

① E. N. Zalta, "A Common Ground and Some Surprising Connections", *Southern Journal of Philosophy*, No. 40, 2002, pp. 1 – 25.

② 亚里士多德在范畴篇中也曾做出类似区分，即"being said of a subject"和"being in a subject"。看起来，与柏拉图的上述区分是类似的。但是，K. 克斯力克（K. Koslicki）将这对区分解释为"本质谓述"和"实然谓述"（K. Koslicki, Ontological Dependence: An Opinionated Survey, in M. Hoeltje et al. eds., *Varieties of Dependence: Ontological Dependence, Grounding, Supervenience, Response-Dependence*, Augustin bei Bonn: Philosophia Verlag, 2013, pp. 35 – 36）。笔者并不是要断言，克斯力克式的解释更加合理。只是要说明，扎尔塔直接用这样的例子来支持例示—编码区分，这里的证据支持关系并没有扎尔塔认为的那么强，至少是有争议的。

③ 形式化的模态版本的抽象对象理论，请参见 E. N. Zalta, *Abstract Objects: An Introduction to Axiomatic Metaphysics*, Dordrecht: D. Reidel Publishing Company, 1983, pp. 59 – 76。

④ E. N. Zalta, *Abstract Objects: An Introduction to Axiomatic Metaphysics*, Dordrecht: D. Reidel Publishing Company, 1983, p. 61.

态结构的任意性，NEC 是模态有效的。NEC 也是扎尔塔的抽象对象理论的定理，可如下证明：首先，(x)∃y(y = x) 是经典逻辑定理。然后，根据必然化规则，□ (x)∃y(y = x) 是量化模态逻辑定理。再根据逆巴坎公理，(x)□∃y(y = x) 也是定理。在评价帕森斯的对象理论时，笔者已经论证，NEC 与日常事物的实然存在性不一致。这里，对扎尔塔的理论同样奏效。或许扎尔塔会辩护说，日常事物的实然性，指的是“实然具体却可能不具体”[①]。在笔者看来，这是不能令人满意的。因为当我们说“苏格拉底是一个实然物”，我们的意思是，苏格拉底虽然现实存在，却可能不存在。我们的意思，并不是说苏格拉底是具体的或占有时空的，但是，他可能不是具体的或者不占有时空的。我们的意思是，他可能根本不存在，可能什么都不是。

请注意两点。首先，在扎尔塔的形式语言中，有一个“E!”谓词，但是，该谓词的意思与“存在”不同。“x 存在”意味的“∃y(y = x)”，对任何世界的论域中的任何对象都为真。而“E!”仅仅是一个区分性谓词，意味的是具体性，或占有时空位置。“E!”不是逻辑谓词，外延分配具有偶然性。其次，在扎尔塔的形式语言中，实际上并没有我们已经用到的等词“ = ”。但是，纵使如此，我们的批评仍然是奏效的。出于批评的需要，我们可以将“ = ”加入到形式语言中，基于扎尔塔给出的语义，批评依然奏效。实际上，扎尔塔曾经将其抽象对象理论依赖的逻辑系统片段扩展为包含等词的系统，并且证明了 NEC 是系统定理。[②]

前面展示的是，扎尔塔的抽象对象理论面临的两个困难。抽象对象理论面临的困难，最终会影响其虚构对象理论的合理性。首先，扎尔塔的例示—编码区分缺少合适的引入动机，而这是用来刻画虚构对象的核心概念，这将极大地影响扎尔塔的虚构对象理论的清晰性。根据第二章

---

① 扎尔塔的确曾经建议，具体与抽象的区分不是本质性的，就是说，具体的事物并非必然具体，抽象的事物也并非必然抽象（B. Linsky, E. N. Zalta, “In Defense of the Simplest Quantified Modal Logic”, *Philosophical Perspectives*, No. 8, 1994, pp. 431 – 458）。

② 参见 B. Linsky, E. N. Zalta, In Defense of the Simplest Quantified Modal Logic, *Philosophical Perspectives*, No. 8, 1994, p. 435；[加拿大] B. 林斯基、[美] E. 扎尔塔：《现实化的可能体与最简的量化模态逻辑》，《哲学译丛》1994 年第 1 期，第 47 页。中译本依赖的是原文的一个早期版本。该版本是林斯基 1992 年在北京大学讲演的讲稿。

的介绍，一个虚构对象理论的清晰性要求这个理论所使用的核心概念是清晰的。其次，扎尔塔理论的一个理论后承是 NEC，这与普通的形上学常识不相一致，这最终一定程度上影响了扎尔塔虚构对象理论的一致性。根据第二章的介绍，消极意义上的一致性标准要求，一个虚构对象理论不能推出与常识相矛盾的结论。

（二）关于虚构对象理论

扎尔塔的虚构对象理论以其抽象对象理论为本体论基础。前面两条批评，特别是对例示—编码关系区分的质疑，表明这种本体论基础并不坚实。下面，笔者尝试对扎尔塔的虚构对象理论进行批判性评价。

第一，不能解释创造性真理。

在第二章，笔者指出，在所有的解释资料中，创造性真理处于核心位置。创造性真理是普通人群的公共信念，也是文学评论领域中的重要理论常识。一个虚构对象理论应该能够合理地解释创造性真理。然而，像所有柏拉图主义者一样，这对扎尔塔而言是个不可能完成的任务。以福尔摩斯为例，根据扎尔塔的理论，福尔摩斯是抽象对象，是必然存在的实体，他的存在性不依赖于任何的经验条件。作为一个虚构对象，福尔摩斯的确依赖于柯南·道尔的创作活动。但是，柯南·道尔的创作活动让福尔摩斯成为一个虚构对象，而不是让福尔摩斯从不存在到开始存在。根据扎尔塔的理论，柯南·道尔并没有创造福尔摩斯。福尔摩斯在被柯南·道尔描述之前，便已经存在。扎尔塔只能认为，福尔摩斯是被发现的，或者是被挑选出来的。扎尔塔的虚构对象理论与虚构对象的被创造性是不相容的。不能解释虚构对象的被创造性，将是该理论必须承受的一个巨大代价。

第二，不能解释本质虚构性真理。

一个虚构对象理论应该能够解释本质虚构性真理。本质虚构性真理是一种牵涉本质属性的外部真理。以福尔摩斯为例，“福尔摩斯本质地是虚构的”是一个关于福尔摩斯本质属性的外部真理。然而，遗憾的是，扎尔塔不能对此做出合理解释。从扎尔塔的角度看，福尔摩斯的虚构性，可以在两种意义上进行理解。第一种意义上，虚构性意味的是被某个故事描述。这对应的是扎尔塔的“角色”概念。福尔摩斯的虚构性意味的是他是一个角色。在这种意义上，福尔摩斯当然不是本质地虚构的。虽然福尔摩斯现实地是一个角色，但是，福尔摩斯可以存在于抽象对象领域，而不被任何故事描述。这是可能的。在第二种意义上，虚构性意味的是纯粹虚构性，即原出于某个故事。这对应的是扎尔塔的“虚构角色”概念。在这种意义上，福尔摩斯的虚构性意味的是他是一个虚构角色。实际上，角色概念弱于虚构角色概念。就是说，所有虚构角色都是角色，但并不是所有角色都是虚构角色。因此，第一种意义上的批评，同样适用于这里。福尔摩斯可以存在于抽象对象领域，而不被任何故事描述，不原出于任何故事，这是可能的。因此，无论在哪种意义上理解“虚构性”，扎尔塔都难以对虚构对象的本质虚构性做出合理的解释。

第三，虚构对象的同一化条件涉嫌循环。

根据扎尔塔的理论，虚构对象是抽象对象。因此，虚构对象受抽象对象的同一化条件约束。就是说，两个虚构对象同一，当且仅当，它们恰恰编码完全相同的属性。就是说，一个虚构对象所编码的属性决定了其同一化条件。再根据原出角色公理，一个虚构对象在故事中被分配的属性决定了其同一化条件。看起来，这个同一化条件规定是非常清晰的，纵使是反对扎尔塔理论的形上学家也不得不承认。[①] 然而，笔者将论证说明，在操作过程中该标准会面临循环性难题。

以福尔摩斯为例，根据故事，福尔摩斯和华生是朋友。因此，根据扎尔塔的理论，福尔摩斯编码了“和华生是朋友”这个属性。编码该属性是福尔摩斯的同一化条件的一部分。就是说，为了能够同一化福尔摩斯，我们必须首先能够把握“和华生是朋友”这一属性。该属性牵涉到华生这个角色。那么，华生又是谁呢？根据扎尔塔的理论，华生是一个虚构对象。为了知道他是谁，我们同样需要知道其同一化条件。根据扎尔塔的理论，编码“福尔摩斯和他是朋友”是其同一化条件的一部分。因此，类似地，为了知道华生是谁，我们需要知道福尔摩斯是谁。显然，这里存在一个循环：为了同一化福尔摩斯，我们需要同一化华生，而为了同一化华生，我们又必须同一化福尔摩斯。这种循环将导致扎尔塔为虚构对象提供的同一化条件是不可操作的。或许，扎尔塔的抽象对象理论自身不会面临循环性问题，但是，当它被应用到虚构领域，就一定会

---

① A. Thomasson, *Fiction and Metaphysics*, Cambridge: Cambridge University Press, 1999, p. 56.

遭遇循环性问题。

第四，故事的同一化条件涉嫌循环。

扎尔塔的虚构对象理论中，故事是非常重要的理论实体。诸如“角色”和“虚构角色”等重要概念，都需要通过故事实体进行定义。所谓“角色”就是被某个故事所描述的对象。所谓“虚构角色”就是原出于某个故事的角色，而“原出”关系本身同样要通过故事实体进行定义。故事如此重要，那么，故事是什么呢？故事的同一化条件又是什么呢？

根据扎尔塔的理论，故事是抽象对象，仅仅编码命题，即0－元属性。故事既然是抽象对象，便受抽象对象的同一化条件约束。具体而言，一个故事编码的命题决定了其同一化条件。注意，在扎尔塔的理论中，命题是形上学意义上的实体，命题不能等同于语句。扎尔塔将命题看作是0－元属性。属性范畴是扎尔塔的本体论中的重要组成部分。以《福尔摩斯探案集》为例，该故事编码了“福尔摩斯是一个侦探”这一命题。因此，编码该命题构成了该故事的同一化条件的一部分。这个命题是关于福尔摩斯的命题。因此，为了同一化《福尔摩斯探案集》，我们需要知道福尔摩斯是谁？为此，我们需要同一化福尔摩斯。根据原出角色公理，福尔摩斯是这样一个抽象对象，他满足：若《福尔摩斯探案集》编码命题福尔摩斯是F，那么，福尔摩斯就编码F，而且福尔摩斯只编码这样的属性。形式化记法是：福尔摩斯 = $(\iota z)\ (zF \leftrightarrow \Sigma sFx)$，其中s指的是《福尔摩斯探案集》。因此，为了确定福尔摩斯到底编码了哪些属性，我们需要确定《福尔摩斯探案集》到底编码了关于福尔摩斯的哪些命题。为此，我们需要知道《福尔摩斯探案集》这个故事是什么故事。就是说，我们需要先同一化《福尔摩斯探案集》。显然，这里出现了一个循环：为了同一化《福尔摩斯探案集》，我们需要同一化福尔摩斯，而为了同一化福尔摩斯，我们需要同一化《福尔摩斯探案集》。这里遭遇的循环性，导致扎尔塔理论下的故事实体是非常可疑的。

值得说明的是，这里的论证从一个不同的视角，强化了前一条批评意见，即虚构对象的同一化条件涉嫌循环。在那里，笔者论证的是，虚构对象的同一化条件会因为牵涉其他虚构对象而遭遇循环。这里，论证的是虚构对象的同一化条件，会因为牵涉故事而遭遇循环。

以福尔摩斯为例，为了同一化福尔摩斯，需要同一化《福尔摩斯探案集》，为了同一化《福尔摩斯探案集》，又需要同一化福尔摩斯。

第五，关系属性等价原则失效。

评价帕森斯理论时，我们指出，帕森斯理论带来的一个不利结果是关系属性等价原则失效。扎尔塔理论也面临同样的问题。考虑“福尔摩斯住在伦敦”。根据扎尔塔的理论该语句要被分析为“福尔摩斯编码‘住在伦敦’这一属性”。根据关系属性等价原则“福尔摩斯住在伦敦”应该可以推出“伦敦住着福尔摩斯”。那么，对扎尔塔而言，这是成立的吗？如何解释这个作为逻辑后承的关系判断呢？扎尔塔有两种解释方式，但似乎都不能奏效。该语句可能意味着“伦敦编码了‘住着福尔摩斯’这一属性”，但是，这并不成立，因为伦敦是历史对象，并不具有编码功能。该语句可能意味着“伦敦例示‘住着福尔摩斯’这一属性”，但是，这也不成立，因为“住着”关系的关系者项必须都是具体对象，不能是抽象对象。扎尔塔的理论的概念基础就是例示—编码区分，看起来只有这两种分析方法。既然都不奏效，看起来，扎尔塔只能认为关系等价原则失效。

第六，面临膨胀的虚构对象难题。

扎尔塔要求内部真理在相干逻辑下封闭。就是说，若在故事中 P_1 成立，且 P_2 成立，……，且 P_n 成立，并且根据相干逻辑，P_1 且 P_2 且……且 P_n 的合取会演推 Q，那么，在故事中 Q 成立。[①] 然而，在评价沃尔特斯多夫理论时，我们已经说明，“矛盾推出一切”在相干逻辑下也是成立的。过程如下：假设 $P \wedge \neg P$，进而推出 P。根据析取引入规则有 $P \vee Q$。再根据 $P \wedge \neg P$ 可推出 $\neg P$。再根据析取三段论，有 Q。因此，对扎尔塔而言，矛盾的虚构对象一定是膨胀的。但这是不可接受的。比如，虚构的圆的方编码矛盾的一对属性“是方的”和“不是方的”，但并非编码所有属性。矛盾不意味着膨胀，这是关于虚构对象的常识。扎尔塔面临膨胀的虚构对象难题。

---

① E. N. Zalta, “The Road Between Pretense Theory and Abstract Object Theory”, in A. Everett & T. Hofweber eds., *Empty Names, Fiction and The Puzzles of Non-existence*, Stanford: CSLI Publications, 2000, p. 126.

四 评价汇总

为了更清楚地了解扎尔塔虚构对象理论的优势和劣势，下面通过表3—5汇总前面所做评价。首先，在清晰性维度，扎尔塔的理论面对的问题相对较多。其一，该理论的核心概念“编码”缺乏合适的引入动机。其二，虽然扎尔塔给出了虚构对象的开始存在条件和继续存在条件，但是，虚构对象的同一化条件是循环的。不过，扎尔塔拥有足够的理论资源来区分纯粹虚构对象和真实的对象，区分纯粹的虚构对象和历史的虚构对象，区分纯粹的虚构对象和虚构的虚构对象。其次，在解释力维度，扎尔塔的理论能够对大部分资料进行解释，但是，不能解释创造性真理和本质虚构性真理。再次，在一致性维度，通过编码关系，扎尔塔的理论能够消解矛盾的虚构对象带来的不一致性，能够满足积极意义上的一致性标准。但是，该理论的理论后承 NEC 与形上学常识不一致，并且关系属性等价原则失效，还面临膨胀的虚构对象难题，这些最终导致不能满足消极意义上的一致性标准。最后，在简单性维度，扎尔塔的虚构对象理论在本体论上是相对简单的。它将虚构对象归入抽象对象范畴，而抽象对象是传统本体论结构的一部分。编码关系是扎尔塔引入的一个技术性概念，这导致其对内部真理和本质内部性真理的解释过程显得相对较为复杂。

表3—5　　　　对扎尔塔理论的评价

清晰性
开始存在条件：+ 继续存在条件：+ 同一化条件：- 区分虚构对象和现实对象：+ 区分纯粹的虚构对象和历史虚构对象：+ 区分纯粹虚构对象和虚构的虚构对象：+ 不依赖不可信概念资源：-

续表

解释力
创造性真理：－
意向性真理：＋
普通外部真理：＋
本质虚构性真理：－
内部真理：＋
本质内部性真理：＋
一致性
积极的一致性：＋
消极的一致性：－
简单性
解释过程简单性：－
本体论的简单性：＋

第五节　总结

本章介绍和评析的是观念主义和柏拉图主义。观念主义与柏拉图主义的共同点在于，基于传统本体论框架对虚构对象进行范畴归属和属性刻画。根据观念主义，虚构对象属于具体对象范畴下的心理观念。根据柏拉图主义，虚构对象是抽象对象。我们展示了三个主要代表，即沃尔特斯多夫、帕森斯和扎尔塔。沃尔特斯多夫认为，虚构对象是事物类型，而事物类型是共相。帕森斯认为，虚构对象是梅农式对象。扎尔塔认为，虚构对象是具有编码属性功能的抽象对象。笔者对观念主义和柏拉图主义分别进行了批判性评价，对比情况可参考表7—1（见第七章末尾）。从表7—1可以看出，虽然观念主义是人们常常会想到的一种观点，但是，还远远不是一种合格的虚构对象理论。特别是，观念主义的解释力几乎为零。这是不可容忍的。三个柏拉图主义理论也并非令人满意。在一致性方面，三个理论都不能完全做到一致性的全部要求，特别是，都依赖不可信的概念资源。具体而言，沃尔特斯多夫、帕森斯和扎尔塔分别依赖“类型”“核内—核外属性区分”和“例示—编码关系区分”。一致性方面，三个理论都能做到积极的一致性要求，但都违反了消极的一致性要求。具体而言，沃尔特斯多夫面临膨胀的虚构对象难题，帕森斯和扎尔塔都承认所有对象必然存在、关系属性等价原则失效，扎尔塔也面临膨胀的虚构对象难题。解释力方面，三个理论都不能解释创造性真理与本质虚构性真理。帕森斯理论则更糟糕，还不能解释本质内部性真理。简单性方面，三个理论都不能同时满足本体论和解释过程的简单性。具体而言，帕森斯理论满足解释过程的简单性，却不满足本体论的简单性；扎尔塔满足本体论的简单性，却不满足解释过程的简单性；沃尔特斯多夫则两种简单性都不满足。在笔者看来，观念主义和柏拉图主义都并非令人满意，但相对而言扎尔塔的柏拉图主义理论相对更有优势。在表 7—1 中表现为，在每个比较维度上扎尔塔的理论或者不逊于或者优于其他两个柏拉图主义理论。

第四章

可能主义和创造主义

在第三章，我们梳理并评价了观念主义和柏拉图主义。它们分别将虚构对象归属到两个传统本体论范畴，即心理实体和抽象实体。相比较而言，柏拉图主义比观念主义更加可信，但是，同样面临许多理论问题。有的形上学家认为，在传统本体论结构下对虚构对象进行范畴归属，是行不通的，虚构对象处于传统本体论结构之外。本章将对突破传统本体论结构对虚构对象进行刻画的两种尝试进行梳理和评价。两种尝试分别是可能主义和创造主义。

第一节　可能主义

一　可能主义及其代表人物

可能主义者认为，虚构对象并非存在于现实世界，而是存在于其他可能世界，在它们存在的可能世界上，它们具有被相应故事分配的那些属性。就是说，虚构对象是纯粹可能的对象，即仅仅存在于其他可能世界的对象。可能对象不属于传统本体论范畴：在传统本体论结构中，无论是物理实体、心理实体还是抽象实体，都是现实存在的，但是，可能对象并非现实存在。可能主义的代表包括早期克里普克、刘易斯和普莱斯特。这部分将分别展示三人的思想，在下文将进行整体评估。

（一）克里普克

克里普克曾经主张关于虚构对象的可能主义想法。他的想法主要出现于一篇讨论量化模态逻辑语义学的论文中，论文题目是“关于模态逻辑的语义思考”。[①] 以福尔摩斯为例，克里普克认为，在现实世界上没有一个人具有福尔摩斯的所有内部属性，因此，福尔摩斯并非现实地存在，但是，在其他可能世界上，可能存在具有那些属性的人，那就是福尔摩斯。克里普克写道：“福尔摩斯在现实世界上的确不存在，但是，在其他可能世界上，他是可以存在的。”[②] 在那篇论文中，虽然克里普克提出了可能主义想法，却没有提出一个完整的可能主义虚构对象理论。后来，克里普克在其名著《命名与必然性》和《指称与存在》中放弃了可能主义想法。在《命名与必然性》中，克里普克写道：“我持有这样的形而上学观点，即假定（现实地）没有福尔摩斯，那么，也不能说有一个可能的人，如果他存在的话，便是福尔摩斯。”[③] 在《指称与存在》中，克里普克指出，他在《关于模态逻辑的语义思考》中仅仅需要这样一种形上学假设，即可能存在现实地并不存在的对象，他当时错误地将福尔摩斯看作是能够说明该假设的例子。[④] 克里普克最终转向创造主义想法，在本章第二节，我们将就他的创造主义想法做更多讨论。

（二）刘易斯

刘易斯关于虚构对象的思考，始于他对内部真理的关注。他写道：“我们可以正确地断言福尔摩斯住在贝克大街，福尔摩斯喜欢卖弄他的心理推理能力。相反，我们不能说福尔摩斯是个顾家的男人，不能说他与警察有紧密的合作……如果我们能够按照字面意思理解关于虚构角色的这些描述，将普通的主谓结构形式赋予它们，就像对真实的人物一样，那将是理想的做法。”[⑤] 如果能这样做的话，好处是不言自明的，“福尔摩斯就是一个人，一个有血有肉的人，他与尼克松都属于相同的范畴”。[⑥] 刘易斯认为，福尔摩斯就是一个有血有肉的人，只不过并不存在于现实世界上，而是存在于其他的可能世界上。刘易斯写道：“我的想法是，我

① S. Kripke, “Semantic Considerations on Modal Logic”, in L. Linsky ed., *Reference and Modality*, London: Oxford University Press, 1971, pp. 63－72.

② Ibid., p. 65.

③ S. Kripke, *Naming and Necessity*, Cambridge: Harvard University Press, 1980, p. 158.

④ S. Kripke, *Reference and Existence*, Oxford: Oxford University Press, 2013, p. 40.

⑤ D. Lewis, “Truth in Fiction”, *American Philosophical Quarterly*, Vol. 15, No. 1, 1978, p. 37.

⑥ Ibid..

们是在这样一种意义上使用'福尔摩斯'，对于任意的一个世界 w，在 w 上如果福尔摩斯故事作为已知事实被报道，而不是作为故事被讲出，这个名字指称那个（whichever）在 w 上完成了关于福尔摩斯的所有规定的人。"① 这样的世界显然不是现实世界，而只能是纯粹可能的世界。②

从可能主义的视角，关于虚构对象，刘易斯主要考察了三个议题，即，"如何计算故事的内部真理"，"如何处理矛盾的虚构对象"和"如何处理虚构的虚构对象"。

如果福尔摩斯仅仅是可能对象，那么，他具有哪些属性呢？刘易斯认为，福尔摩斯具有的属性就是故事赋予他的那些属性。就是说，如果"根据《福尔摩斯探案集》，福尔摩斯具有 F"是真的，那么，福尔摩斯便具有 F。刘易斯认为，对现实世界适用的经典逻辑在故事内依然奏效。就是说，根据经典逻辑，如果 φ_1，φ_2，……，φ_n 能够推出 φ_{n+1}，那么，"根据故事 s，φ_1"，"根据故事 s，φ_2"，……，"根据故事 s，φ_n"能够推出"根据故事 s，φ_{n+1}"。③ 进而，只需要了解"根据故事 s，φ"成真的条件是什么？刘易斯尝试给出两个定义。在他看来，第一个定义是错误的，第二个定义是较为理想的选择。

定义 1："根据故事 s，φ"为真，当且仅当，对任意的在其上 s 被当

---

① D. Lewis, "Truth in Fiction", *American Philosophical Quarterly*, Vol. 15, No. 1, 1978, p. 41.

② D. 卡普兰（D. Kaplan）更早想到刘易斯所诉诸的可能世界。卡普兰说道："在一定的意义上，故事也是可能的，即存在一个可能世界，在这个世界上故事内容被真实地报道（told）。再假设存在这样的世界，该世界上的语言与我们的语言在语法和语义上都完全是一样的，除了专名的指称不同。让我们将这样的故事世界称为'M 世界'。在每个 M 世界上，'珸珈索斯'将原出于对某只飞马的命名仪式。"（D. Kaplan, "Bob and Carol and Ted and Alice", in K. J. J. Hintikka et al. eds., *Approaches to Natural Langauge*: *Proceedings of the* 1970 *Stanford Workshop on Grammar and Semantics*, Dordrecht: D. Reidel Publishing Company, 1973, p. 507.）但是，卡普兰并不认为因此虚构名字便指称所谓可能的对象。他认为，珸珈索斯不存在，"珸珈索斯"没有指称，在这里如此，在任何地方都一样。卡普兰从理解日常语言的意义角度出发认为，在现实世界上虚构名字没有指称，在其他的可能世界上也没有指称。他说，"M 世界中的居民会说他们的名字'珸珈索斯'在我们的世界上也有所指称，指称了在我们世界上并不存在的事物。对此，我并不反对。但是，我保留权利来回应一句说，但是我们的名字'珸珈索斯'即使在他们的世界上也没有指称任何事物"。（D. Kaplan, "Bob and Carol and Ted and Alice", in K. J. J. Hintikka et al. eds., *Approaches to Natural Langauge*: *Proceedings of the* 1970 *Stanford Workshop on Grammar and Semantics*, Dordrecht: D. Reidel Publishing Company, 1973, pp. 507－508.）

③ D. Lewis, "Truth in Fiction", *American Philosophical Quarterly*, Vol. 15, No. 1, 1978, p. 38.

作已知事实报道而不是作为虚构故事被讲出的世界上，φ 都是真的。[①]

刘易斯认为，定义 1 太过粗糙，面临的主要问题是无关的世界被用来判定内部真理。比如，当我们说“福尔摩斯住在伦敦”，我们假设伦敦是英国的首都，在地图上处于特定位置，与其他的城市处于特定的空间关系。[②] 在刘易斯看来，为了判定与伦敦有关的内部真理是否成立，这样的知识必须被假定是成立的。类似地，还要其他的知识。这样的知识不成立的世界根本无须考虑。想得更远一些，被考虑的世界上至少物理定律跟我们的世界应该是一样的。假若不然，纵使假设故事 s 被当作事实报道，这样的可能世界也与内部真理判定无关。因此，为了恰当地给出“根据故事 s，φ”为真的条件，需要对考虑的世界进行限制。

刘易斯认为，每个故事都对应一个背景信念集。背景信念集具有限定相关可能世界的功能。简言之，一个故事的背景信念集是故事诞生所在地人们的公共知识。另外，刘易斯认为，“根据故事 s，φ”是一种隐含的反事实条件句，意味的是“假若故事 s 实现了，φ 会成立”。继而，刘易斯基于自己的反事实条件句理论，建议如下定义“根据故事 s，φ”的成真条件。

定义 2：“根据故事 s，φ”为真，当且仅当，对任意一个 s 的背景信念集成立的世界 w，都存在一个世界 w′，使得在 w′上 s 被当作事实报道，φ 是真的，并且与任何一个在其上 s 被当作事实报道但 φ 为假的世界相比，w′与世界 w 更加相似；如果不存在任何世界 w′使得 s 在其上可以作为事实报道，那么“根据故事 s，φ”空洞为真。[③]

根据定义 2，需要考虑的世界被限定在背景信念集成立的那些可能世界，进而，要求相对任何一个这样的世界，反事实条件句“假若故事 s 实现了，φ 会成立”是真的。[④] 需要注意的是，背景信念集成立的情况

---

① D. Lewis, “Truth in Fiction”, *American Philosophical Quarterly*, Vol. 15, No. 1, 1978, p. 41.

② Ibid. .

③ Ibid. , p. 45.

④ 若要形式化表达，定义 2 说的是：“根据 s，φ”为真，当且仅当，任给 $w \in W_B$，$w \models S > \varphi$ 成立。其中 > 是反事实条件句符号，⊨ 是公式在世界上为真的符号，W_B 是背景信念集成立的世界集，s 是相应故事。$w \models S > \varphi$（非空洞）成立，即，存在一个世界 w_1，使得 s 在 w_1 上成立且 φ 为真，且 w_1 比任何 s 成立且 φ 不成立的世界相比，与 w 更相似。若用 D（x，y）表示 x 和 y 的相似度，上面的条件规定是：对任意的 w_2，若 $w_2 \models s$ 成立且 $w_2 \models \varphi$ 不成立，那么，$D(w_1, w) > D(w_2, w)$。

下，故事 s 实现且 φ 为真的世界可能是一个，也可能是多个。因此，严格讲，“福尔摩斯所在世界”（the world of Sherlock Holmes）这样的说法并不恰当。比如，在有的世界上“福尔摩斯”具有奇数根头发，而在有的世界上具有偶数根头发，哪个世界才真正地是福尔摩斯所在的世界呢？刘易斯认为，最好的回答就是：假如故事实现且与现实世界更相似的世界有多个，而不是一个，那么，这些世界都该被看作是福尔摩斯所在的世界。[①] 在这些世界上都为真的命题就是故事中为真的命题，比如“福尔摩斯是一个侦探”“福尔摩斯住在贝克大街”。在这些世界上都为假的命题就是故事中为假的命题，比如，“福尔摩斯是一个顾家的男人”“福尔摩斯与警察有紧密的合作”。在有的世界上为真而在有的世界上为假的命题，在故事中既非真也非假，比如，“福尔摩斯有奇数根头发”和“福尔摩斯有偶数根头发”。[②]

这样，刘易斯便给出了计算故事内部真理的方法。简言之，为了计算出故事内部真理，我们需要了解故事的背景信念集、故事本身明确表达的命题、定义 2 以及经典逻辑。一般地，故事 s 中的虚构对象 n，存在于 s 的背景信念集成立、故事 s 被当作事实报道的世界。在这样的世界上，n 具有 F 属性，如果“根据故事 s，n 具有 F”是真的。以福尔摩斯为例，福尔摩斯存在于《福尔摩斯探案集》对应的背景信念集成立、故事被当作事实报道的世界上，在这样的世界上，福尔摩斯具有故事赋予他的那些属性。

刘易斯还特别考虑应该如何处理矛盾的虚构对象。所谓矛盾的虚构对象，指的就是被赋予相互矛盾的属性的虚构对象。刘易斯考虑了可能出现矛盾的两种情况。第一种可称为“绝对的矛盾”。比如，故事中若出现诸如“圆的方”这样的表达，显然会导致矛盾。对于这样绝对矛盾的虚构对象，刘易斯承认没有合适的办法进行处理。他认为，“对于这种绝对不可能的虚构，我们不要指望能够拥有任何有意义的真概念，或者，

① D. Lewis, “Truth in Fiction”, *American Philosophical Quarterly*, Vol. 15, No. 1, 1978, pp. 42 – 43.

② 帕森斯在考虑同一个虚构对象的相互冲突故事源时，也曾启用三值策略。请参见 T. Parsons, “Fictional Characters and Indeterminate Identity”, in F. Lihoreau ed., *Truth in Fiction*, Munich: Ontos Verlag, 2010, pp. 27 – 42。

我们只能对此假装拥有一个真概念，假装除了可能的可能世界之外，还存在不可能的可能世界”①。除了绝对矛盾的虚构对象之外，还有看起来不那么矛盾的虚构对象。以福尔摩斯为例，刘易斯指出，柯南·道尔在前后不同的部分，对华生的旧枪伤的位置描述是不一致的。这种情况也会导致故事的矛盾性，进而导致出现矛盾的虚构对象。这种情况的出现很可能由于作者的疏忽。

对于如何处理这种矛盾的虚构对象，刘易斯考虑了两种方案。② 第一种方案是尽量少地直接删掉一部分内容来避免矛盾。刘易斯认为，这种方案太过粗糙。当然，也不难看出，这种方法会面临任意性指责。他建议，应该考虑给予故事和作者更多尊重的方法。第二种方案是将不一致的故事分解成多个一致的部分，然后，基于故事的部分来定义“根据故事 s，φ”为真的条件。进一步，刘易斯考虑了两种方法。第一种方法如下：“根据故事 s，φ”是真的，当且仅当，根据 s 的每个一致的部分 s_i，“根据 s_i，φ”都是真的。刘易斯将这种方法称为“交集方法”。第二种方法如下：“根据故事 s，φ”是真的，当且仅当，根据 s 的某个一致的部分 s_i，“根据 s_i，φ”是真的。刘易斯将这种方法称为“并集方法”。

若坚持交集方法，一个矛盾的故事的内部真理将构成一个一致的命题集，不会导致矛盾。而且，内部真理依然在逻辑后承关系下封闭。③ 交集方法的一个代价是，故事说的不全是故事的内部真理。在刘易斯看来，这个代价过高了。

若坚持并集方法，故事说的全是故事的内部真理。在这点上，并集

---

① D. Lewis, “Truth in Fiction”, *American Philosophical Quarterly*, Vol. 15, No. 1, 1978, pp. 45 – 46.

② D. Lewis, “Postscripts to ‘Truth in Fiction’”, in his *Philosophical Papers* (Volume I), Oxford: Oxford University Press, 1983, p. 277.

③ 比如，考虑合取引入规则。合取引入规则是经典逻辑中的一个有效推理规则：P，Q，所以，P∧Q。考虑矛盾的虚构的话，需要特别考虑：P，¬ P，所以，P∧¬ P。这里要问的下面推理规则是否有效：“根据 s，P”，“根据 s，¬ P”，所以“根据 s，P∧¬ P”。反例都要求存在一个 P，使得“根据 s，P”成立，且“根据 s，¬ P”成立，且“根据 s，P∧¬ P”不成立。根据交集方法，前两个条件要求的是 P 和¬ P 在所有的一致故事部分中都是成立的。但是，这是不会成立的，因为任何一个一致的故事部分都不会允许矛盾出现。所以，不会出现反例。故内部真理在合取引入规则下封闭。一般地，内部真理在经典逻辑下封闭。矛盾的虚构不会带来反例。

方法优于交集方法。但是，并集方法也要承受巨大代价。[①] 代价就是内部真理在逻辑后承关系下并不封闭。[②] 考虑故事 s 的两个彼此并不一致的部分 s_1 和 s_2，“根据 s_1，φ”是真的，但是，“根据 s_2，并非 φ”是真的。根据并集方法，有：“根据 s，φ”是真的，并且“根据 s，并非 φ”是真的。在刘易斯看来，根据并集方法，虽然“根据 s，φ”是真的，并且“根据 s，并非 φ”是真的，但是，却推不出“根据 s，φ 且非 φ”。这是因为，没有任何一个 s 的一致部分 s_i，使得“根据 s_i，φ 且非 φ”。这表明，内部真理在经典逻辑的合取引入规则下并不封闭。

刘易斯认为，并集方法更加可信，该方法的代价也是应该承受的。在与交集方法进行比较之后，刘易斯指出，“如果我们否认了相互矛盾的两个命题在不一致的故事中为真，我们便同时一并否认了该故事的特殊性。我们一定不能在推演关系下封闭，虽然这会削弱故事中的真与故事中的不为真之间的重大差异”[③]。

这便是刘易斯对矛盾虚构对象的态度。关于绝对的矛盾的虚构对象，刘易斯承认无法给出任何有意义的理论。关于前后不一致的故事中的虚构对象，刘易斯认为情况并没那么糟糕，通过并集方法可以给出一个差强人意的说法。

最后，刘易斯还考虑了虚构的虚构对象的问题。他设想了这样一个例子：一个歌手在自己的歌里，假装自己是阿格里·德福（Ugly Dave），而阿格里·德福又吹牛讲了很多自己的故事。他用这个例子说明，存在“故事中的故事”，这会导致假装嵌套现象。在这个例子中，歌手假装阿格里·德福假装说自己很厉害。刘易斯问道：“为什么嵌套的假装没有坍

---

① D. Lewis, “Postscripts to ‘Truth in Fiction’”, in his *Philosophical Papers* (Volume I), Oxford: Oxford University Press, 1983, p. 277.

② 刘易斯认为还有一个不一致性代价。但是，刘易斯为此论证并不充分。考虑故事 s 的两个彼此并不一致的部分 s_1 和 s_2，“根据 s_1，φ”是真的，但是，“根据 s_2，并非 φ”是真的。根据并集方法，可知“根据 s，φ”是真的，“根据 s，并非 φ”也是真的。刘易斯认为，这就是不一致性代价。在笔者看来，刘易斯论证的说服力并不强。假如接受了即将展示的逻辑后承关系下不封闭代价，那么，这里情形并不会带来真正的矛盾，因为这推不出“根据 s，φ 且非 φ”。就是说，只要承认面临推演关系不封闭代价，就可以避免不一致性代价。

③ D. Lewis, “Postscripts to ‘Truth in Fiction’”, in his *Philosophical Papers* (Volume I), Oxford: Oxford University Press, 1983, pp. 277 - 278.

塌？当歌手假装阿格里·德福假装很厉害时，这与歌手假装阿格里·德福真的很厉害有什么差别呢？我所举的例子一定是前者，而不是后者……我们必须区分假装的假装与真正的假装。直觉上，我们能做出这个区分，但是，如何进行分析呢？"[①] 所谓的"坍塌"就是假装假装会坍塌为假装，若如此的话，假装的假装与假装将没有差别，并且任何的假装叠置都将坍塌为假装。对于为何嵌套假装的坍塌不会发生，刘易斯坦言，自己不知道如何进行分析。[②]

（三）普莱斯特

普莱斯特同样认为，纯粹虚构对象都并非现实存在，却存在于其他的可能世界上。[③] 作为一个可能主义者，关于虚构对象，普莱斯特思考了如下议题："如何解释内部真理和普通外部真理""如何解释意向性真理""如何解释创造性真理""如何消解矛盾的虚构对象带来的不一致性"。下面，分别进行介绍。

先看内部真理。以福尔摩斯为例，福尔摩斯真的是一个侦探吗？普

---

① D. Lewis, "Postscripts to 'Truth in Fiction'", in his *Philosophical Papers* (Volume I), Oxford: Oxford University Press, 1983, p. 280.

② 让我们举一个假装不会坍塌的例子。比如，假装假装做作业与假装做作业不同。一个人在假装做作业时并没有真的在做作业。一个人假装假装做作业时，却可能真的在做作业。

③ 普莱斯特会同意自己被列入可能主义阵营，因为他的确宣称，（大多数）虚构对象仅仅存在于可能世界上。以福尔摩斯为例，他承认：在现实世界上福尔摩斯不存在，但是，福尔摩斯至少在某个可能世界上存在。但是，值得注意的是，普莱斯特的"存在"谓词是具有区分功能的，相当于"真实性"或者"占有时空位置"，或者扎尔塔所说的"具体性"。若将"存在性"替换为"具体性"，严格来讲，他的立场应该表达为：虚构对象是现实非具体但可能具体的对象，或者说，虚构对象是实然非具体的对象。显然，这类实体已经超出了传统本体论范围，传统本体论只包含现实的对象。在传统本体论中，一个对象不是现实具体的（比如日常的物理对象），就是现实抽象的（比如数学实体）。抽象和具体是对立范畴，抽象的不可能是具体的，具体的也不可能是抽象的。普莱斯特所理解的虚构对象不属于其中任何一种，在笔者看来，将普莱斯特列入第三章是合适的。另外，由于普莱斯特也认为自己是可能主义者，因此，笔者选择将普莱斯特作为可能主义的一个代表。但是，请读者注意，普莱斯特的"存在谓词"是梅农意义上，而不是奎因意义上的。为了论述的方便，在介绍普莱斯特的思想时，笔者像普莱斯特一样在梅农意义上使用"存在"谓词。有了这里的说明，当不会引起混淆。另外，最早提出"实然非具体对象"概念的是林斯基和扎尔塔。他们认为，"现实论者错误地认为抽象与具体的分别是范畴性分别，一物之为抽象或具体乃是本质如此。依我们看来，这种见解并无真凭实据。我们看不出有什么理由不去承认一种实然地非具体的实体，即事实上非具体但在其他可能世界上是具体的实体"。（B. Linsky, E. N. Zalta, "In Defense of the Simplest Quantified Modal Logic", *Philosophical Perspectives*, No. 8, 1994, pp. 446, 283 - 294.）

莱斯特认为，如果这指的是福尔摩斯是否现实地是一个侦探，那么，答案是否定的。[1] 普莱斯特认为，诸如“是一个侦探”这样的属性都具有存在隐含功能，就是说，如果 a 是一个侦探，那么，a 一定是存在的。因此，在现实世界上，福尔摩斯并不是一个侦探。假若福尔摩斯是一个侦探，福尔摩斯就是存在的，但是，福尔摩斯现实地并不存在。简言之，“福尔摩斯是一个侦探”并非现实为真。那么，如何解释这样的语句为真的语义直觉呢？

普莱斯特认为，福尔摩斯在他所存在的可能世界上，真正地具有相应的内部属性。[2]“福尔摩斯是一个侦探”在那样的世界上是真的，“福尔摩斯存在”在那样的世界上也是真的。一般地，一个虚构对象在它所存在的可能世界上真正地具有故事赋予它的那些属性。

再来看普通外部真理。如果福尔摩斯在现实世界上不存在，那么，看起来他也不能具有任何的属性。对此，普莱斯特并不认同。他认为，虽然虚构对象现实地并不存在，但是在现实世界上也可以具有属性，其中便包含外部属性。比如，他认为，虽然福尔摩斯不具有“是一个侦探”这一属性，但是，福尔摩斯具有“并非是一个侦探”这一属性。类似地，虽然福尔摩斯不具有存在性，但是，福尔摩斯具有“不存在”这一属性。另外，福尔摩斯还具有“被柯南·道尔表征为是一个侦探”这个特征。普莱斯特将以上几点用一个公式表达：$@ \models^{+} \neg Eh \wedge \neg Dh \wedge c\Phi Dh$。[3] 读作：在现实世界上，“福尔摩斯不存在，且福尔摩斯不是一个侦探，且柯南·道尔将福尔摩斯表征为是一个侦探”是真的。其中，“E”是普莱斯特的存在谓词。“D”指称的是“是一个侦探”这一属性。“h”指称的是福尔摩斯，“c”指称的是柯南·道尔。“Φ”指称的是表征算子。因此，福尔摩斯现实地可以具有“不存在”和“被柯南·道尔表征为一个侦探”这样的外部属性。

---

① G. Priest, *Towards Non-being: The Logic and Metaphysics of Intentionality*, Oxford: Oxford University Press, 2005, p. 117.

② Ibid..

③ Ibid., p. 118.

普莱斯特特别考虑一些关系命题。[①] 假如 a 是一个真实的侦探，那么，“福尔摩斯比 a 更出名”将是真的。为了避免“比 a 更出名”这一属性具有存在隐含功能，普莱斯特用意向性谓词“听说”来定义该属性。就是说：“福尔摩斯比 a 更出名”在现实世界上为真，当且仅当，听说福尔摩斯的人比听说 a 的人多。用形式记号表示，即，在现实世界上，满足 xHh 的人的个数，比满足 xHa 的人的个数多。类似地，“普莱斯特比福尔摩斯高”在现实世界上为真，当且仅当，普莱斯特的高度比柯南·道尔表征福尔摩斯具有的高度要大。用形式记号表示：令 n_1 和 n_2 是两个数字，“Px”表示“x 是普莱斯特的高度”，“Hx”表示“x 是福尔摩斯的高度”。“普莱斯特比福尔摩斯高”现实地为真，将被解释为：“$Pn_1 \wedge c\Phi Hn_2 \wedge n_1 > n_2$”在现实世界上为真。对这些关系陈述做上述处理，将使得这些外部陈述之为真不会与福尔摩斯不存在这一事实相矛盾。

接下来，考虑意向性真理。普莱斯特认为，一般地，意向性并不具有存在隐含性，比如，“当约翰害怕某物，这是一种约翰和他所害怕的对象之间的关系。约翰对该对象具有一种近切的现象学亲知（immediate phenomenological acquaintance）。被害怕的对象可能存在也可能不存在”[②]。因此，普莱斯特认为，虚构对象之不存在，并不会影响我们可以现实地与之产生意向关系。就是说，“虚构对象的存在性特征与意向性无关”。[③] 比如，在普莱斯特看来，一个人可以崇拜福尔摩斯，虽然福尔摩斯并不存在。

再考虑创造性真理。普莱斯特承认关于虚构对象的创造性直觉。但是，他的可能主义立场却让他无法直接对此做出解释。普莱斯特写道：“很多时候，谈论创造都是没有问题的。柯南·道尔真的创造了他的故事手稿；这些手稿中出现了对人、案件、地点的描述，甚至包含诸如‘福尔摩斯’的名字。如果这是虚构角色所牵涉的创造性，那么，当然没有问题。但是，

① G. Priest, *Towards Non-being: The Logic and Metaphysics of Intentionality*, Oxford: Oxford University Press, 2005, p. 123.

② G. Priest, “Creating Non-Existents”, in F. Lihoreau ed., *Truth in Fiction*, Munich: Ontos Verlag, 2010, p. 111.

③ G. Priest, *Towards Non-being: The Logic and Metaphysics of Intentionality*, Oxford: Oxford University Press, 2005, p. 117.

柯南·道尔真的创造了福尔摩斯吗？更一般地，不存在的对象真的是被那些对他们有所想象、害怕、崇拜等的认知主体所创造吗？”[①] 普莱斯特认为，答案是否定的，理由也很简单，“福尔摩斯不存在，因此，柯南·道尔不会真正地创造他”。[②] 普莱斯特认为，既然福尔摩斯不存在，关于福尔摩斯的创造性问题是没有意义的。不过，当一个人问“柯南·道尔是创造了福尔摩斯吗”，或许这个问题不应当按照字面意思进行理解。比如，或许问话者要问的是“假若柯南·道尔没有写那些故事，还会有一个事物是福尔摩斯吗”。普莱斯特认为，若如此，答案是肯定的。在那样的情况下，有一个对象是福尔摩斯，这个对象就是福尔摩斯自己。[③] 当然，这样的答案并不能帮助人们解释关于虚构对象的创造性直觉。

最后来看普莱斯特如何处理矛盾的虚构对象。普莱斯特认为，出现矛盾的虚构对象是正常的现象。在他看来，矛盾就是矛盾，没有必要像刘易斯那样通过分解故事来避免矛盾。普莱斯特认为，可能的虚构对象存在于纯粹可能的世界中，而不可能的虚构对象存在于不可能的世界中。普莱斯特说道，“一个小说可能显然是不一致的，这样的小说在不一致的世界中将会成为现实”[④]。为了处理矛盾的虚构对象，承认不可能的世界即可。在普莱斯特看来，这是一个非常自然的选择。严格来讲，既然普莱斯特将矛盾的虚构对象定位到不可能世界，他的观点应该被称作“非现实主义”，而不是“可能主义”。不过，在更宽泛的意义上，他依然应该被称作可能主义者，因为他同样承认大多数虚构对象是可能对象。这里，考虑到行文的方便，笔者在宽泛的意义上使用“可能主义”一词。

二　对可能主义的评价

可能主义具有一定的直观合理性。人们会倾向于认为，现实世界包含的是现实对象，而可能世界包含的是我们想象力所能通达的对象，这其中应当包含虚构对象，因为虚构是典型的想象活动的产物。可能主义

---

① G. Priest, *Towards Non-being: The Logic and Metaphysics of Intentionality*, Oxford: Oxford University Press, 2005, pp. 118 - 119.

② Ibid., p. 119.

③ Ibid..

④ Ibid., p. 121.

还具有一些显见的优势。

首先，可能主义者可轻松回答虚构对象的“存在条件问题”和“继续存在条件问题”。这是因为，从可能主义的角度看，虚构对象与现实对象并无实质差别，唯一的差别在于（大多数）虚构对象存在于纯粹的可能世界，而现实对象存在于现实世界上。这种差异不会影响它们具有同样的开始存在条件和继续存在条件。以“人”这个范畴为例，现实的人（比如笔者）在现实世界上具有怎样的开始存在条件，虚构的人（比如福尔摩斯）在他们存在的世界上会具有同种类型的开始存在条件；继续存在条件情况类似。

另外，可能主义者能够合理地区分虚构对象和现实对象，区分纯粹虚构对象和历史虚构对象。先看第一对区分。可能主义者可以用普莱斯特的表征概念进行区分。具体而言，“虚构对象”意味的是被作者虚构地表征的对象，现实对象则从未被故事表征。比如，福尔摩斯是虚构的，是因为他被柯南·道尔表征为是一个侦探，而笔者是一个真实的对象，因为从来未被虚构表征。再看第二对区分。我们知道，纯粹虚构对象和历史虚构对象都是虚构的，但是，后者具有历史性，而前者不具有。从可能主义的角度看，历史性可解释为现实存在性。具体而言，假如用普莱斯特的概念，可这样进行区分：如果一个对象被作者虚构地表征为具有一些特征，并且该对象并非现实存在，那么，该对象是纯粹虚构对象；如果一个对象被作者虚构地表征为具有一些特征，并且该对象现实存在，那么，该对象是历史虚构对象。比如，福尔摩斯是纯粹虚构对象，因为他被柯南·道尔表征为一个侦探，并且福尔摩斯并非现实地存在（而是仅仅可能存在）；乾隆是一个历史虚构对象，因为他被《戏说乾隆》剧本作者表征为一个风流倜傥的皇帝，并且乾隆是现实存在的人。若用普莱斯特的形式记号来表示：$@ \models^{+} \neg Eh \wedge c\Phi Dh$，但是，$@ \models^{+} Eq \wedge a\Phi Kq$。其中，c 指称柯南·道尔，h 指称福尔摩斯，Φ 指称表征关系，D 指称“是一个侦探”这一属性，a 指称《戏说乾隆》剧本作者，q 指称乾隆，K 指称“是一个风流倜傥的皇帝”这一属性，E 指称存在属性。若在刘易斯的理论背景下思考，则不能诉诸表征关系，而是要通过提及故事。比如，福尔摩斯是纯粹虚构对象，是因为相应故事是关于福尔摩斯的，并且福尔摩斯并非现实存在；乾隆是历史虚构对象，是因为相应故事或剧本是关于乾隆的，并且乾隆是现实存在的对象。

另外，可能主义者也没有诉诸不可信的形上学概念。回顾柏拉图主义者帕森斯和扎尔塔，帕森斯通过核内—核外属性区分，而扎尔塔通过例示—编码关系区分，对虚构对象进行刻画。相比较，可能主义者并没有诉诸任何新的形上学资源。

最后，但也是最重要的，就是可能主义者对内部真理的解释，尊重了其表面语法结构。比如，“福尔摩斯是一个侦探”与“笔者是一个哲学学者”都是真的，而且都是按照表面语法结构进行解读。前者表达的就是福尔摩斯具有“是一个侦探”这个属性。后者表达的就是笔者具有“是一个哲学学者”这个属性。只不过，前者是相对于福尔摩斯存在的可能世界为真，而后者相对于笔者所在的现实世界为真。

虽然可能主义者具有上述显见优势，笔者认为，可能主义仍然不是一种合理的虚构对象理论。下面，笔者将从虚构对象理论的四个评价维度，对可能主义做出批判性评价。

（一）清晰性维度

清晰性标准要求，一个恰当的虚构对象理论能够为虚构对象提供合理的同一化条件。笔者认为，可能主义者在同一化问题上面临极大的麻烦。[①] 根本的原因在于，大部分虚构对象都是不饱和的。比如，福尔摩斯是不饱和的虚构对象。以福尔摩斯的头发数为例，不能说福尔摩斯有奇数根头发，也不能说福尔摩斯不具有奇数根头发。福尔摩斯到底有多少根头发？答案是“不确定”，因为故事并没有交代。下面，以福尔摩斯为例，笔者将论证可能主义者面临同一化难题。

出于方便，我们将有人具有福尔摩斯的所有内部属性的可能世界分为两类：恰恰有一个人具有那些属性的可能世界构成的类记作“A”；多于一个人具有那些属性的可能世界构成的类记作“B”。下面将讨论三种

---

① 基于其可能世界理论，刘易斯或许会认为，他不面临同一化难题。具体而言，他会认为可能对象存在于可能世界上，现实对象存在于现实世界上，但是，他们的同一化条件没什么不同。刘易斯说：“在任何的一个世界上，每个范畴内的事物都与现实世界上的同类事物具有相同的同一化条件。”（D. Lewis，“Counterpart Theory and Quantified Modal Logic”，*The Journal of Philosophy*，Vol. 65，No. 5，1968，p. 114.）一般地，针对纯粹可能的对象，刘易斯的可能世界理论并不面临同一化问题方面的指责。但是，这并不意味着将虚构对象处理为纯粹可能对象不会带来麻烦。

情况。第一种情况能否对所有可能主义者构成实质性威胁，笔者尚不确定。在后两种情况下，可能主义者一定会面临同一化困难。其中前两种情况属于“世界内同一化困难”，第三种情况属于“跨世界同一化困难”。

情况一：假设现实世界恰好是 A 中成员，就是说，在现实世界上恰好有且只有一个人 a 具有福尔摩斯的所有内部属性。

在这种情况下，可能主义者应该会认为，《福尔摩斯探案集》描述的就是 a。福尔摩斯被可能主义者认为是纯粹可能对象的理由，就是现实世界上没有一个人具有福尔摩斯被赋予的那些属性。因此，假若果真有一个人具有那些属性，在他们看来，那个人就应该被看作是福尔摩斯。但是，这并不成立。假设 a 控告柯南·道尔侵犯其隐私。正如克里普克正确地指出，假如柯南·道尔能够证明自己与 a 并无任何联系，因此，不可能处于意向关系中，法官会判柯南·道尔无罪。因为如柯南·道尔开篇所言，“故事中所涉人物及情节纯属虚构，如有雷同，纯属巧合”，柯南·道尔写的根本就不是 a。[①]

普莱斯特认识到这类情况带来的麻烦。普莱斯特写道：“现在假设我写了一个故事。故事关于一个叫拿破仑的人，他做了一系列的事情……再假设巧合的是我讲的故事在现实世界上实现了，一个叫拿破仑的人做了那些事情……那么，我故事中的拿破仑就会是那个人。这或许听起来很奇怪……我的确并没有想写那个人，但是，没有想而实际发生的事情并不罕见。”[②] 遗憾的是，普莱斯特相当于直接承认无法解决这个问题，因为如前所言，那个现实的人不会是他所杜撰的虚构角色拿破仑。

刘易斯的理论兴许能逃过这里的指责。根据刘易斯的理论，福尔摩斯所在的世界，就是《福尔摩斯探案集》成为事实报道而不是虚构故事的世界。“事实报道”实际上是言语行为，以报道事实为目的的言语行为。纵使在现实世界上有一个人与福尔摩斯具有完全相同的属性，也并不意味着，《福尔摩斯探案集》描述的就是他。这是因为在现实世界上，《福尔摩斯探案集》依然是

---

① S. Kripke, *Reference and Existence*, Oxford: Oxford University Press, 2013, p. 27; S. Kripke, *Naming and Necessity*, Cambridge: Harvard University Press, 1980, p. 157.

② G. Priest, *Towards Non-being: The Logic and Metaphysics of Intentionality*, Oxford: Oxford University Press, 2005, p. 124.

故事而不是事实报道。此时，“福尔摩斯”依然是没有指称任何对象的空名。因此，说福尔摩斯就是那个人更是无从谈起，因为在现实世界上福尔摩斯并不存在。那么，难道不能同时设想《福尔摩斯探案集》现实地成为了事实报道？在那样的情况下，“福尔摩斯”就会指称那个人。的确，这种可能性是存在的，但是，刘易斯或许会说，在这样的世界上，的确“福尔摩斯”将指称那个人，然而，既然《福尔摩斯探案集》已经成为了事实报道，也就不存在虚构角色福尔摩斯这回事了。此时，上述指责并不成立。因此，基于特定考虑，即解释一个现象所做的反事实假设不能导致被解释的现象消失，或许刘易斯可以预先规定，福尔摩斯所在的世界不能是现实世界。假若上面思路是可行的，刘易斯或许可避开这里的指责。

简言之，在情况一中，普莱斯特一定会面临同一化难题。但是，或许刘易斯能够逃过指责。因此，笔者尚不确定情况一是否会对所有可能主义者构成威胁。笔者将论证，下面的两种情况一定会为所有可能主义者带来巨大威胁。

情况二：假设 B 中成员 w_1 上存在两个人 d_1 和 d_2，d_1 和 d_2 都具有福尔摩斯的所有内部属性，但是，d_1 和 d_2 还具有不同的属性（因为 d_1 和 d_2 并不同一）。

在情况二下，哪个人才是福尔摩斯呢？哪个人不是福尔摩斯呢？基于小说并未提供更多信息，可能主义者只有两个选择：或者承认存在多个福尔摩斯，或者任意地指定一个是福尔摩斯，另一个不是。前一个选择显然不合理，因为实在论者都认为只有一个福尔摩斯，至少在同一个世界上，只有一个福尔摩斯。[①] 正如帕森斯所言，“我们谈论福尔摩斯时，当然假设了正在讨论唯一的一个角色……如果我问你一个关于福尔摩斯的问题，你的自然的反应一定不会是问‘哪一个’”[②]。后一个选择显然

① 或许有人认为有一千个读者便有一千个福尔摩斯。比如，虽然阅读的文本相同，但是“你的福尔摩斯”促使你更加理性，因为对你而言，福尔摩斯是理性的化身。“我的福尔摩斯”却是个彻彻底底失败的恋人，因为对我而言，福尔摩斯是个根本不会谈恋爱的工作狂。因此，似乎“你的福尔摩斯”和“我的福尔摩斯”不是同一个福尔摩斯。这只是隐喻性的语言，这说的无非是针对同一个虚构对象读者可以具有不同的感受和态度。这不难理解，实际上，现实对象也是如此。有一千个人便有“一千个拿破仑”，这仅仅是说人们对同一个拿破仑拥有不同的感受和态度。

② T. Parsons, “Fictional Characters and Indeterminate Identity”, in F. Lihoreau ed., *Truth in Fiction*, Munich: Ontos Verlag, 2010, p. 34.

牵涉任意性。值得说明的是，无论是刘易斯还是普莱斯特，在情况二下都会面临同一化难题。对刘易斯而言，诸如 w_1 的世界满足他所要求的福尔摩斯所在的条件，即《福尔摩斯探案集》是事实报道而不是虚构。对普莱斯特而言，同样如此，因为《福尔摩斯探案集》在 w_1 上恰好实现了。

情况三：假设 A 中成员 w_2 和 w_3 上分别存在 d_3 和 d_4 两个人，他们都具有福尔摩斯的所有内部属性，且 $d_3 \neq d_4$。

对可能主义者而言，能够用来规定福尔摩斯的同一化条件的只能是福尔摩斯的内部属性。然而，既然 d_3 和 d_4 都具有福尔摩斯的内部属性，可能主义者看起来只能认为 d_3 和 d_4 都是福尔摩斯，即 $d_3 = d_4$。但是，根据假设，$d_3 \neq d_4$。为了避免矛盾，可能主义者的一个可能回应是：或许“福尔摩斯”是一个具有索引特征的名字，具有可能世界相对性，在 w_2 上指称 d_3，而在 w_3 上指称 d_4。笔者认为，这种回应是不合理的，因为这违背了我们关于福尔摩斯的直觉，即只有一个福尔摩斯，唯一的福尔摩斯就是被我们所使用的“福尔摩斯”所指称的角色。纵使我们在考虑福尔摩斯的本质属性时，即考虑福尔摩斯在其他可能世界上会具有怎样的属性时，福尔摩斯依然是唯一的，不会变身为多个。

可能主义者也或许会尝试诉诸刘易斯的仿本（counterpart）理论，认为某种意义上，d_3 就是 d_4，但是，实际上 d_3 和 d_4 并不同一。具体而言，他们或许会认为，d_3（d_4）是福尔摩斯，而 d_4（d_3）是福尔摩斯的仿本。笔者认为，这是不合理的，因为这种回应显然面临任意性指责。首先，d_3 和 d_4 在福尔摩斯的内部属性上是不可区分的，而可能主义者看起来只能通过内部属性确定福尔摩斯的同一性，因此，无论认为 d_3 是福尔摩斯而 d_4 不是，还是认为 d_4 是福尔摩斯而 d_3 不是，选择都将是任意的。其次，既然 d_3 和 d_4 在福尔摩斯的内部属性上完全一样，看起来，d_3 和 d_4 应该互为仿本，因此，纵使引入仿本关系，在确定谁是福尔摩斯的问题上，依然会面临任意性质疑。基于以上论证，情况三将为可能主义者带来同一化难题。

简言之，可能主义者通过内部属性无法为虚构对象提供恰当的同一化条件。但是，对可能主义者而言，在如何识别和区分作为可能对象的虚构对象问题上，内部属性是唯一可利用的资源，因此，可能主义面临虚构对象的同一化困难。实际上，虚构名字的实际用法也说明了这点，即内部属性并不足以为虚构对象提供同一化条件。以福尔摩斯为例，柯南·道尔在写故事时，只是设想有一个人叫作“福尔摩斯”，是一个侦探，办案如神。如克里普克所言，“事实是，通过引入‘福尔摩斯’这个名字，我们是在命名一个（a particular）能够完成某些事的人，而不是‘任何’（any）一个能完成那些事的人”①。通过“福尔摩斯”这个名字，柯南·道尔并没有想通过给出一系列的属性来唯一地识别出某个人，而仅仅是假设指称了一个现实的人具有那些属性而已。然而，根据可能主义，在福尔摩斯存在的世界上，福尔摩斯恰恰是通过作者赋予的那些内部属性进行唯一的识别。如此看来，可能主义一开始便已经走在错误的道路上。遗憾的是，对可能主义者而言，关于如何同一化虚构对象，此路之外，似乎无路可走。

清晰性标准要求一个虚构对象理论能够给出恰当的同一化条件。清晰性标准还要求，一个虚构对象理论能够区分纯粹虚构对象和虚构的虚构对象。下面，笔者将论证，可能主义者难以区分纯粹的虚构对象和虚构的虚构对象。福尔摩斯是一个纯粹的虚构角色，而贡扎戈是一个虚构的虚构角色。在可能主义的视角下，福尔摩斯要被处理为某个可能世界中的具体的人，而贡扎戈要被处理为“某个可能世界中的某个可能世界中的”某个具体的人，即“《哈姆雷特》描写的可能世界中的那个《谋杀贡扎戈》所描写的可能世界中的”某个具体的人。但是，“可能世界中的可能世界”这个表达是没有意义的，因为可能世界之间并不存在部分整体关系。为了避免这样的问题，可能主义者或许会辩解说，《谋杀贡扎戈》是虚构中的虚构，因此，描述的是可能的可能世界。② 贡扎戈是虚构的虚构的人，这仅仅意味着贡扎戈存在于可能的可能世界上。这样，诉诸可能的可能世界，便不必回答世界之间的部分整体关系问题了。这种辩解初听合理，但经不起推敲。

哲学家在规定“必然”和“可能”等模态算子的语义时，世界之间的可达关系通常被规定为具有传递性。就是说，可能的可能世界依然是

---

① S. Kripke, *Reference and Existence*, Oxford: Oxford University Press, 2013, p. 41.

② 从世界 x 的角度看世界 y 是可能的，并且从世界 y 的角度看世界 z 是可能的，可称 z 是 x 的可能的可能世界。

可能世界。形式化表达，即，对任意的可能世界 x，y 和 z，如果 y 是 x 的可能世界，并且 z 是 y 的可能世界，那么，z 也是 x 的可能世界。比如，帕森斯和扎尔塔的虚构对象理论依赖的逻辑系统就是 S5，而 S5 系统的语义模型是等价模型，可能世界之间的可达关系同时满足自反、对称、传递。现在考察可能主义者诉诸可能的可能世界的逃跑路线。不难看出，这将导致嵌套虚构性的坍塌。就是说，虚构的虚构对象将坍塌为虚构对象。具体而言，假如将贡扎戈之"虚构的虚构性"处理为"可能的可能性"，贡扎戈之虚构的虚构性意味着他存在于可能的可能世界上，既然可达关系是传递的，贡扎戈也存在于可能的世界上。既然虚构的虚构性被定义为可能的可能性，那么，虚构性就意味着可能性，因此，这就意味着贡扎戈竟然成为了虚构对象。但是，这显然不成立。正如克里普克所言，当我们谈论贡扎戈，"我们是在谈论现实世界。这里，并没有贡扎戈这样一个虚构角色，虽然戏剧本身假设有这样一个虚构角色。然而，这里，有一个叫作'贡扎戈'的虚构的虚构角色。这个事实被《哈姆雷特》这个剧本的存在所决定"①。可能主义者刘易斯也提醒说，虚构的虚构性不会坍塌为虚构性。② 就是说，贡扎戈这个虚构的虚构角色不是虚构角色。所以，诉诸可能的可能世界，也并不能帮助可能主义者区分纯粹的虚构对象和虚构的虚构对象。

（二）一致性维度

消极意义上的一致性标准要求，一个可信的虚构对象理论要有能力消解看起来的不一致性，特别地，能够消解矛盾的虚构对象带来的不一致性。然而，不难看出，矛盾的虚构对象与可能主义信条是不相容的。可能主义者将可能对象定位在纯粹的可能世界上，而任何可能世界都是不会允许出现矛盾的。可以说，矛盾的虚构对象超出了可能主义能够解释的范围。

如前所述，刘易斯曾考虑将前后矛盾的故事视作多个不矛盾的故事，然后，将原来故事中的真理定义为在相应的所有不矛盾的故事中都为真

① S. Kripke, *Reference and Existence*, Oxford: Oxford University Press, 2013, p. 73.

② D. Lewis, "Postscripts to 'Truth in Fiction'", in his *Philosophical Papers* (Volume I), Oxford: Oxford University Press, 1983, p. 280.

的命题。这就是交集方法。如刘易斯自己指出的，交集方法的弊端是不能尊重故事和原作者，就是说，不能承认故事所言的都是内部真理。因此，刘易斯对这种方法并不满意。另外一种方法是，将矛盾的故事分解为多个不矛盾的故事，然后，将原来故事中的真理定义为在其中某个不矛盾的故事中为真的命题。这就是并集方法。如刘易斯自己指出的，并集方法能够尊重故事和原作者，但是，面临内部真理在逻辑后承关系下不封闭的问题。权衡之后，刘易斯最终选择了并集方法。

笔者认为，并集方法不但有逻辑不封闭的问题，还面临另外一个刘易斯没有意识到的问题。我们都知道，不矛盾的故事中的虚构名字指称了特定的虚构对象。比如，《西游记》中的“孙悟空”指称了虚构对象孙悟空。那么，给定一个矛盾的故事 s，s 包含虚构名字 N，我们知道 s 中的 N 指称了一个特定的矛盾的虚构对象。假如将 s 分解成多个不矛盾的故事，哪个故事中的不矛盾的虚构对象才是原来的 s 中的 N 呢？看起来都不是，因为原来的虚构对象是矛盾的，而分解后的故事中的虚构对象都是不矛盾的。因此，纵使选用并集方法，也会面临一个“虚构对象丢失”的问题。因此，并集方法也并不能合理地处理矛盾的虚构对象。

纵使不考虑这些困难，如刘易斯自己意识到的，并集方法只能够应用于前后矛盾的故事，而对于绝对矛盾的故事（比如圆的方的故事）无能为力。在笔者看来，刘易斯所言的绝对矛盾故事一点都不奇怪。如笔者在第二章提到的，矛盾的故事同样可以是非常有趣的，不会因为其矛盾性而变得不重要，相反，有可能会因为其矛盾性而显得更加有趣。因此，适用范围的有限也导致并集方法的不可接受。

既然交集方法和并集方法都不能令人满意，刘易斯没有可选的策略来处理矛盾的虚构对象。为了容纳矛盾的虚构对象，看起来需要对可能主义信条做出修正。这正是普莱斯特的选择。普莱斯特既承认可能世界又承认不可能世界，然后，通过不可能世界，来消解矛盾的虚构对象带来的不一致性。若求助不可能世界，“可能主义”将必须改名为“非现实主义”。根据非现实主义，虚构对象是非现实对象，即或者是可能对象或者是不可能对象。然而，若从可能主义倒向非现实主义，这将导致直观合理性的丧失。因为与可能世界相比，不可能世界是个更加需要辩护的范畴。针对不可能世界，出现恰当的合理性辩护之前，我们有理由认为可能主义者并不能恰当地处理矛盾的虚构对象。

笔者认为，尚没有合适的理由承认不可能世界。一方面，关于不可能世界，笔者同意刘易斯的说法，不可能世界会最终导致矛盾。这是因为世界内的不可能会导致关于世界的不可能。假设“在世界 w 上 P 且非 P”，由此便可推出来“在 w 上 P”且“在 w 上非 P”，而“在 w 上非 P”等价于“并非在 w 上 P”，这显然与“在 w 上 P”直接矛盾。[①] 而矛盾是无论如何不能承认的。不矛盾律不能放弃，因为任何其他用来质疑矛盾律的前提都不可能比矛盾律更加可信。[②]

另一方面，尚不存在合适的动机引入不可能世界。引入不可能世界的主要动机是处理前件不可能为真的反事实条件句。考虑“假如你给我一块圆的方钻，我就嫁给你”。笔者同意刘易斯，这样的反事实条件句空洞地为真：不存在有圆的方钻的可能世界，这足以保证条件句为真，无须诉诸不可能世界。[③] 类似地，“假如你给我一块圆的方钻，我也不会嫁给你”同样空洞地为真：不存在有圆的方钻的可能世界，这足以保证该条件句为真，无须诉诸不可能世界。在笔者看来，反事实条件句中的所谓“反事实”（counterfactual）指的是可能的反事实（possibly counterfactual），至少是某种意义上的可能的反事实。但是，圆的方带来的是绝对的矛盾，前面提到的两个具有反事实条件句形式的语句，实际上，并不是真正意义上的反事实条件句。它们实际上是强调句，表达的都是“我绝不会嫁给你”。因此，看起来并不存在合适的动机来引入不可能世界。为了处理矛盾的虚构对象，对可能主义者而言，从可能主义倒向非现实主义，并不是一条好的退路。

一致性标准有两方面的要求。积极的要求是能够消解看起来的不一

---

① D. Lewis, *On the Plurality of Worlds*, Oxford: Basil Blackwell, 1986, p. 7.

② 关于不矛盾律的高度确实性，刘易斯曾这样讲：“若要进行辩论，首先要有一个共同的基础。（关于不矛盾律的争论中）被争论的原则本身当然不能被用作共同的基础。在这个辩论中，被争论原则之外不被争论的前提都不如不矛盾律自身更确实，因此，基于这样的基础构造为不矛盾律所做辩护，无论成功与否，都没什么意义。”（D. Lewis, “Letters to Beall and Priest”, in G. Priest et al. eds., *The Law of Non-contradiction: New Philosophical Essays*, Oxford: Clarendon Press, 2004, p. 176.）

③ D. Lewis, “Causation”, in J. Kim etc. eds., *Metaphysics: An Anthology*, Oxford: Blackwell Publishing Ltd., 2012, p. 400.

致性。前面我们已经说明，可能主义者不能消解矛盾的虚构对象带来的不一致性。一致性标准的消极要求是，不能够带来与常识不一致的结论。像帕森斯和扎尔塔一样，普莱斯特还面临因承认 NEC 带来的麻烦。这是因为普莱斯特为其量化模态逻辑提供的是定域的语义学。[①] 在定域语义学下，NEC 是模态有效的。在评价帕森斯和扎尔塔时，笔者已经论证 NEC 与形上学常识不一致。

（三）解释力维度

解释力标准要求，一个虚构对象理论要能够对创造性真理、意向性真理、普通外部真理、本质虚构性真理、内部真理和本质内部性真理进行解释。前面提到，可能主义者能够对内部真理做出解释。比如，“福尔摩斯是一个侦探”是真的，是因为福尔摩斯在他所存在的可能世界上就是一个侦探。从可能主义者的视角看，“福尔摩斯是一个侦探”之真与“特朗普是现任美国总统”之真并无实质差别，唯一差别在于福尔摩斯存在于纯粹可能的世界，而特朗普存在于现实世界。然而，笔者下面将分别论证，可能主义者难以恰当地解释创造性真理、意向性真理、普通外部真理、本质虚构性真理和本质内部性真理。

先来考虑创造性真理。创造性真理是核心的待解释资料。然而，可能主义者难以对创造性真理做出合适的解释。比如，福尔摩斯被柯南·道尔创造。从可能主义的视角看，福尔摩斯仅仅存在于其他可能世界上，不存在于现实世界上。福尔摩斯作为一个具体的人，顶多能够被认为被其父母创造，而不会被柯南·道尔创造。现实存在的柯南·道尔怎么能够创造出存在于其他可能世界上的福尔摩斯呢？难道柯南·道尔的行为竟然能够让现实世界和纯粹可能世界产生因果联系？从刘易斯的角度看，这是不可能的，根据他的可能世界理论，现实世界和其他可能世界之间是因果隔绝的。假如可能主义者坚持的不是刘易斯的可能世界理论，情况或许不会这么糟糕。比如，或许可能主义者会追随克里普克，认为可能世界并不是与现实世界类似却不同的真实世界，“可能世界是（被我

---

① G. Priest, *Towards Non-being: The Logic and Metaphysics of Intentionality*, Oxford: Oxford University Press, 2005, p. 9; G. Priest, “Creating Non-Existents”, in F. Lihoreau ed., *Truth in Fiction*, Munich: Ontos Verlag, 2010, p. 109.

们）规定的（stipulated），而不是通过高倍望远镜发现的”。[1] 所谓可能世界无非是居于现实世界的我们通过给出描述条件而规定出来的。若坚持这种构造主义的可能世界理论，或许可能主义者可以认为，柯南·道尔通过创作故事，完成对相应的可能世界存在条件的规定，在这个意义上，柯南·道尔创造了福尔摩斯所在的可能世界。又因为福尔摩斯存在于这样的可能世界，因此，在派生的意义上，柯南·道尔也创造了福尔摩斯。

然而，这种退路走不通。根据克里普克的可能世界理论，只有现实世界是一个真正的世界，其他的所谓“可能世界”都是现实世界上的人规定出来的，完全可以用“可能情形”来替代。那么，这种规定意义上的可能世界到底是怎样的呢？一个通常的回答是，一个可能世界就是关于现实世界的命题的一个极大一致集。若考虑的现实对象，不会面临什么问题。比如，我们完全可以规定一个尼克松败选的可能世界，即一个包含尼克松败选这个命题的极大一致集。但是，考虑非现实对象，比方说，可能主义者理解的福尔摩斯。我们可以规定出一个包含诸如“福尔摩斯存在”这样的命题的可能世界，即极大一致集，然后说“福尔摩斯存在”这样的命题相对这个世界为真吗？恐怕不能。这也是后期克里普克放弃可能主义的真正原因。克里普克说道，“如果我关于这些所谓的命题的判断是不错的——我认为这些命题并不存在——那么，我可以确定地说，我们不能认为这些命题可以对某个假想的世界为真：这些命题根本就不存在，自然不能对世界为真”[2]。简言之，现实世界上没有福尔摩斯，这导致我们难以规定出包含福尔摩斯的可能世界，然后说“福尔摩斯存在”这样的命题在那样的世界上为真。“福尔摩斯存在”这样的命题不存在，那样的世界也不存在。因此，纵使可能主义者接受克里普克的可能世界理论，也不能认为柯南·道尔可以通过规定相应的可能世界来创造福尔摩斯。

或许是考虑到这些潜在的困难。普莱斯特坦言，他无法承认虚构对象是真正地被创造的。他退而认为，当我们说柯南·道尔创造了福尔摩斯，这并不能按照字面意思理解。从可能主义的视角看，这顶多能够理

---

① S. Kripke, *Naming and Necessity*, Cambridge: Harvard University Press, 1980, p. 44.

② S. Kripke, *Reference and Existence*, Oxford: Oxford University Press, 2013, p. 42.

解为柯南·道尔是想到福尔摩斯的第一个人，但是，福尔摩斯自身的存在与现实的作者柯南·道尔没有关系。普莱斯特写道：“柯南·道尔是第一个想象到福尔摩斯的，也是第一个给了他‘福尔摩斯’这个名字，我们正是用这个名字指称福尔摩斯。就是说，柯南·道尔是第一个与福尔摩斯之间处于特定的意向关系中。”① 这显然不能令人满意，当我们认为柯南·道尔创造了福尔摩斯时，我们的意思不是他第一次想象到福尔摩斯，我们的意思就是，柯南·道尔真正地创造了福尔摩斯，让福尔摩斯从无到有。如此看来，普莱斯特的退路是走不通的。

接下来考虑意向性真理。在笔者看来，可能主义者同样很难给出恰当解释。假设“普莱斯特崇拜福尔摩斯”是一个现实成立的真理。可能主义者会认为，这说的不过是在现实世界上普莱斯特崇拜仅仅存在于其他可能世界上的某个人。假如相对现实世界一个名字只能指称现实的对象，那么，“福尔摩斯”将是没有指称任何对象的空名。若如此，如何理解“普莱斯特崇拜福尔摩斯”为真呢?② 无论是弗雷格－斯特劳森式回答，还是罗素式回答，都不会同意该语句可以为真。前者认为该语句无真假，③ 后者认为该语句为假。④ 传统的语义考量对可能主义者没有帮助。值得指出的是，正基于此，克里普克曾建议将“普莱斯特崇拜福尔摩斯”这类原子语句处理为假。⑤

刘易斯的仿本理论是否能提供帮助呢？刘易斯在其仿本语义学中，并没有明确处理“普莱斯特崇拜福尔摩斯”这类原子语句，他处理的仅仅是不包含专名的经典一阶量化模态语言。⑥ 刘易斯建议，不包含模态词

---

① G. Priest, *Towards Non-being*: *The Logic and Metaphysics of Intentionality*, Oxford: Oxford University Press, 2005, p. 120.

② 若简单地指出，存在一个可能世界 w，普莱斯特和福尔摩斯都存在于 w 上，并且在 w 上普莱斯特崇拜福尔摩斯，这不能说明现实地普莱斯特崇拜福尔摩斯，这顶多能够解释在现实世界上普莱斯特可能崇拜福尔摩斯。

③ G. Frege, "Sense and Reference", *The Philosophical Review*, Vol. 57, No. 3, p. 221; P. Strawson, "On Reference", *Mind*, Vol. 59, No. 235, p. 329.

④ B. Russell, "On Denoting", *Mind*, Vol. 14, No. 56, 1905, p. 491.

⑤ S. Kripke, "Semantic Considerations on Modal Logic", in L. Linsky ed., *Reference and Modality*, London: Oxford University Press, 1971, p. 66, note 11.

⑥ D. Lewis, "Counterpart Theory and Quantified Modal Logic", *Journal of Philosophy*, Vol. 65, No. 5, 1968, p. 113.

的量化语句中的量词约束的范围应该限定在现实世界。[①] 众所周知，量化与指称往往被看作是紧密相连的，这在自然语言中表现为代词与名字的联系，代词本身便是“代名词”的意思。日常语言中的代词对应的就是形式语言中量词随带的变元。因此，可以推论：假若将名字添加到一阶量化模态语言中，名字所指称的对象也应该限制在现实世界上。一旦如此，刘易斯也会像克里普克一样认为，“普莱斯特崇拜福尔摩斯”将是假的，或者像弗雷格和斯特劳森一样认为是没有真假的。这样看来，仿本理论也是没有帮助的。纵使如此，可能主义者或许依然希望能求助于仿本理论的概念资源，比如，他们可能会认为，“普莱斯特崇拜福尔摩斯”应该被解释为普莱斯特崇拜福尔摩斯在现实世界上的仿本。这种建议并不恰当：该意向句表达的是（在现实世界上）普莱斯特和福尔摩斯这个对象处于崇拜关系中，而不是普莱斯特和福尔摩斯的仿本处于崇拜关系中。在笔者看来，这种处理显然是不可能令人满意的。

可能主义者或许会坚持“福尔摩斯”在现实世界上是有指称的，虽然它所指称的对象即福尔摩斯在现实世界上并不存在。普莱斯特选择的便是这条路线。他认为“普莱斯特崇拜福尔摩斯”在现实世界上是真的，“福尔摩斯不存在”在现实世界上也是真的。福尔摩斯并不属于“存在”相对现实世界的外延，却属于现实世界的论域。然而，这条路线同样不能令人满意。如普莱斯特自己意识到的，这会面临选取意向对象问题。[②] 在众多存在于其他不同的可能世界上的可能侦探中，普莱斯特如何能够挑选出他所需要的福尔摩斯作为崇拜的对象呢？特别是在不同的可能世界上，甚至在相同的可能世界上，都可能存在内部属性不可区分的侦探，如何完成挑选呢？普莱斯特已经意识到这个严重的问题。遗憾的是，他并未做出严肃回应，只是表示，对他而言，对一个纯粹的可能对象进行心理意向没有任何问题。无论如何，在普莱斯特看来，“一个纯粹的意向行为能够意向一个对象，纵使同时还存在其他不可区分

---

① D. Lewis, “Counterpart Theory and Quantified Modal Logic”, *Journal of Philosophy*, Vol. 65, No. 5, 1968, pp. 117 – 118.

② G. Priest, “Creating Non-Existents”, in F. Lihoreau ed., *Truth in Fiction*, Munich: Ontos Verlag, 2010, p. 114; G. Priest, “Creating Non-Existents: Some Initial Thoughts”, *Studies in Logic*, Vol. 1, No. 1, 2008, p. 19.

的对象”。[①] 在笔者看来，这是不能令人满意的。意向行为的意向性，与物理行为的对象性一样，需要一个特定的意向对象。如果不能将意向对象挑出来，也便不能完成这样的意向行为。[②] 因此，普莱斯特的建议也行不通。

再来看普通外部真理。刘易斯并没有考虑如何解释外部真理。普莱斯特曾提供一个具体的分析思路。这里笔者对普莱斯特的思路进行评价。在普莱斯特看来，普通外部真理都可以通过改装语句的方式得到恰当的分析。比如“福尔摩斯比 a 更出名”，其中“a”是某个真实侦探的名字。普莱斯特认为，初看起来这个语句会为可能主义带来麻烦。因为“比 a 更出名”看起来具有存在隐含功能，任何具有这个特征的对象都应该是存在的。为此，他尝试通过一个在他看来不具有存在隐含功能的概念对原语句进行分析，使得不必承认福尔摩斯现实存在。具体而言，他通过“听说”概念将原语句重述为“在现实世界上听说过福尔摩斯的人比听说过 a 的人更多”。[③]

笔者认为，普莱斯特的方案并不能令人满意。第一，他仅仅提供了对个别例句的分析，并没有提供一种一般的分析方案。一个合格的虚构对象理论应该能够系统地对普通外部真理进行解释，而不仅仅是针对个别例句提供解释。“福尔摩斯比 a 更出名”是一个关系语句，那么，诸如“福尔摩斯这个角色反映了英国人的求真精神”和“葛

① G. Priest, *Towards Non-being: The Logic and Metaphysics of Intentionality*, Oxford: Oxford University Press, 2005, p. 142.

② 意向行为需要主体能够挑出意向的对象。这是一个非常合理的要求。纵使是与普莱斯特持有类似观点的人都会同意。普莱斯特所谓的“现实非存在但可能存在的”纯粹可能对象，相当于林斯基和扎尔塔的“现实非具体但可能具体的对象”，即实然非具体对象。普莱斯特的“存在”谓词相当于林斯基和扎尔塔的“具体”，都是占有时空的意思。然而，林斯基和扎尔塔明确表示，实然非具体的对象无法在通常的意义上被命名，因为无法被唯一地挑出来（B. Linsky, E. N. Zalta, “In Defense of the Simplest Quantified Modal Logic”, *Philosophical Perspectives*, No. 8, 1994, p. 449）。在与扎尔塔的私下交流中，他也表示，基于类似的理由，这些对象在现实世界上甚至不能具有真正的意向性属性。他类比说，正如（从可能主义的视角说）我们通常并不能与纯粹的可能对象处于意向关系中。比如，一个没有姐姐的人，不能真正想念他可能的姐姐，因为他并不能唯一地挑出一个特定的人是他的可能的姐姐。

③ G. Priest, *Towards Non-being: The Logic and Metaphysics of Intentionality*, Oxford: Oxford University Press, 2005, p. 123.

朗台是一个讽刺型角色”的简单语句呢？存在一个统一的分析策略吗？第二，普莱斯特看起来也无法对有的外部真理提供恰当解释。不妨考察刚刚提到的两个例句。看起来“反映了英国人的求真精神”和“是一个讽刺型角色”都具有存在隐含功能。普莱斯特能够提供怎样的概念对此进行改装呢？在笔者看来，他很难给出合适的重述。普莱斯特或许会从故事内容寻求支持，但是，从故事内来看，不能说葛朗台是个讽刺型角色，也不能说福尔摩斯反映了英国人的求真精神。或许他从故事外寻求支持，但是，这看起来将直接导致承认福尔摩斯和葛朗台是现实存在的。第三，普莱斯特的整体分析思路并不可行。普莱斯特或许会说，纵使他没有提出一个明晰的分析方案，但是，他的思路是明确的，即将具有存在隐含功能谓词通过不具有存在隐含功能的谓词进行替换。然而，这恰恰会为其带来麻烦。在笔者看来，具有存在隐含功能的属性相当于帕森斯的核内属性，而没有存在隐含功能的属性相当于帕森斯的核外属性。比如，帕森斯会将红色看作是核内属性，而普莱斯特称之为具有存在隐含功能的属性。帕森斯会将意向性属性看作是核外属性，而普莱斯特称之为没有存在隐含功能的属性。然而，在评价帕森斯理论时，我们已经论证，并不存在一个标准帮助我们能够区分核内属性与核外属性。因此，笔者认为，也没有一个可信的标准来判断一个谓词是否具有存在隐含功能。普莱斯特的分析思路假设了两种谓词泾渭分明，因此，他的整体分析思路并不可行。基于以上三点，普莱斯特无法为关于虚构对象的普通外部真理提供解释。

再考虑本质虚构性真理。福尔摩斯不但现实地是虚构的，而且福尔摩斯也不可能不是虚构的。虚构性是福尔摩斯的本质属性之一。那么，可能主义者能够对此做出合理解释吗？从可能主义的视角看，一个虚构对象的虚构性意味着对它做出虚构的描写或表征。比如，柯南·道尔创作了《福尔摩斯探案集》，借此完成对已经存在于纯粹可能世界的福尔摩斯的想象和描写。假如柯南·道尔因为医疗实践繁忙，而没有从事文学创作的话，那么，福尔摩斯就不会成为虚构的（但是这并不会影响福尔摩斯的存在）。[①] 因此，可能主义者难以对本质虚构性真理做出合适的解释。在这个方面，可能主义和柏拉图主义的境遇是一样的，他们都必须承认虚构性不是虚构对象的本质属性。这是因为他们都认为在获得虚构性之前，虚构对象实际上便已经存在了，虚构性仅仅是虚构对象的实然属性。

最后考虑本质内部性真理。以福尔摩斯为例，福尔摩斯本质地是一个侦探。可能主义者能对这样的内部性真理进行解释吗？从可能主义的视角看，“福尔摩斯是一个侦探”是真的，并且只在福尔摩斯所存在的世界上是真的，在其他的世界上都是假的。那么，该陈述在福尔摩斯存在的世界上是必然为真的吗？并非如此。在福尔摩斯存在的可能世界上，福尔摩斯仅仅实然地是一个侦探。正如在现实世界上，每个侦探也都实然地是一个侦探一样。福尔摩斯与现实的侦探都是侦探，都仅仅实然地是一个侦探。因此，可能主义者难以解释关于虚构对象的本质内部性真理。

---

① 近年来，普莱斯特尝试对先前的语义学进行修改（G. Priest，“Creating Non-Existents”，in F. Lihoreau ed.，*Truth in Fiction*，Munich：Ontos Verlag，2010，pp. 107 – 118；G. Priest，“Creating Non-Existents：Some Initial Thoughts”，*Studies in Logic*，Vol. 1，No. 1，2008，pp. 18 – 25）。具体而言，普莱斯特对可能世界的论域规定做出了修改。原来的量化模态逻辑语义学是定域的，就是说，现实世界和所有的世界拥有相同的论域，该论域包含所有可能世界上存在的所有对象。修改之后的语义学是变域的，每个可能世界获得一个论域，论域之间可以不同。这样修改的目的，是为了能够解释关于虚构对象的“依存性直觉”，也就是我们这里讨论的本质虚构性直觉。具体而言，以福尔摩斯为例，他规定，对任何世界而言，假若柯南·道尔没有写那些故事的话，福尔摩斯就一定不会“处于该世界的论域中”。他认为，借此便能尊重依存性直觉，能够解释虚构的对象的本质虚构性。然而，实际上，这不会成功。对普莱斯特而言，论域只是谈论的范围，不具有存在隐含性，就是说，一个属于某个世界的论域的对象，在该世界上可能存在也可能不存在。在普莱斯特的理论下，真正的形上学概念是“存在”而不是“属于论域”。因此，通过修改语义学，普莱斯特并没能尊重虚构对象的本质虚构性。他顶多能解释：必然地，如果福尔摩斯能够被谈论，那么，相应的作者创作活动一定会存在。但他并不承认：必然地，如果福尔摩斯存在，那么，相应的创作活动一定会存在。另外，普莱斯特自己承认，修正后的语义学并不能反映其形上学思想，修正的目的仅仅是为了可能的比较提供条件。他认为，原来的语义学才能反映他关于虚构对象的形上学想法（G. Priest，“Creating Non-Existents：Some Initial Thoughts”，*Studies in Logic*，Vol. 1，No. 1，2008，p. 23）。笔者愿意指出，普莱斯特修正后的想法与 C. 克里滕登（C. Crittenden）的想法类似。克里滕登认为，虚构对象是纯粹的指称对象（objects of reference），它们并不存在，“不应该被看作具有任何意义上的实体性”（C. Crittenden，*Unreality：The Metaphysics of Fictional Objects*，New York：Cornell University Press，1991，p. 69）。笔者认为，奎因的本体论承诺标准是可信的，即若一个事物被量化或被指称，那么就要承认它的存在性。既然克里滕登否认虚构对象具有任何形上学意义上的存在性，在这里，笔者不打算对其理论做出评价。

（四）简单性维度

简单性标准要求本体论上的简单性和解释过程的简单性。根据前面的讨论，我们知道，可能主义者并不能对创造性真理、意向性真理、普通外部真理、本质虚构性真理和本质内部性真理做出恰当的解释。因此，更谈不上达到解释过程上的简单性了。另外，可能主义的本体论特色是承认纯粹可能的对象。然而，一个广受欢迎的形上学假设是现实主义，根据现实主义假设，所有存在的对象都是现实的。比如，传统的本体论是现实主义的：心理对象、物理对象和抽象对象都是现实的对象。可能主义与现实主义信条相冲突，也突破了传统本体论结构。因此，可能主义在本体论上并不算简单。

三　评价汇总

可能主义者将虚构对象归入纯粹可能对象范畴。可能主义者的优势是，能够将虚构对象看作类似于现实对象的实体。比如，在可能主义者看来，福尔摩斯是可能的侦探，与现实的侦探一样，都是真正的侦探，都是具体的人，他们之间唯一的差别在于福尔摩斯在可能世界上，而现实的侦探在现实世界上。然而，由于虚构对象的不饱和性，可能主义者面临同一化难题，这削弱了其理论清晰性。可能主义的解释力有限。可能主义者能够解释内部真理，但是，无法解释创造性真理、意向性真理、普通外部真理、本质虚构性真理和本质内部性真理。可能主义者难以消解矛盾的虚构对象带来的不一致性，这削弱了其理论一致性。可能主义者将虚构对象定位到可能世界，由于诉诸纯粹可能对象，可能主义的本体论也算不上简单。下面通过表 4—1 汇总前面所做评价。

表 4—1　　对可能主义的评价

清晰性
开始存在条件：＋ 继续存在条件：＋ 同一化条件：－ 区分虚构对象和现实对象：＋

续表

清晰性
区分纯粹的虚构对象和历史虚构对象：+
区分纯粹虚构对象和虚构的虚构对象：−
不依赖不可信概念资源：+
解释力
创造性真理：−
意向性真理：−
普通外部真理：−
本质虚构性真理：−
内部真理：+
本质内部性真理：−
一致性
积极的一致性：−
消极的一致性：+
简单性
解释过程简单性：−
本体论的简单性：−

第二节　创造主义

一　创造主义及其代表人物

与可能主义者不同，创造主义者认为，虚构对象就是现实存在的对象。但是，与观念主义者和柏拉图主义者不同，创造主义者认为，虚构对象既不是实然的具体对象，也不是必然的抽象对象。创造主义者认为，虚构对象是被创造的抽象对象，因此，是实然存在的抽象对象。显然，创造主义者的本体论超出了传统的本体论结构。创造主义是当今较受欢迎的一种虚构对象理论类型。创造主义阵营成员包括：塞尔（J. Searle）、席菲尔（S. Schiffer）、普瑞德利（S. Predelli）、布朗（D. Braun）、索莫斯（S. Soames）、萨尔蒙、法恩（K. Fine）、古德曼（J. Goodman）、范英瓦根、克里普克、汤姆逊和沃特里尼。

创造主义信条，即虚构对象是被其作者创造的抽象对象，仅仅规定了一种一般策略。为了坚持创造主义，创造主义者需要明确虚构对象是如何被其作者创造的，并回答相关的形上学问题。根据理论内容的精细程度，笔者将创造主义理论分为素朴创造主义和精致创造主义，并分别进行评价。

二　素朴创造主义

有的语言哲学家，在研究关于虚构陈述的语义现象的过程中，认为虚构对象就是被其作者的言语行为创造的虚构对象。下面我们将引用有代表性的几段文字，来说明他们如何将虚构名字的语义学与创造主义想法结合起来。

塞尔是研究言语行为的专家。在他看来，假装指称是一种言语行为。塞尔指出，在写作过程中虚构作品的作者通过虚构名字假装地指称一个现实的对象，借此，虚构对象便被创造出来。具体而言，“通过假装指称，她（作者）假装有一个对象被指称……正是假装式的指称创造了虚构角色……这里所涉的逻辑结构或许是复杂的，含混不清的，但是，通过假装指称一个人，默多克（Murdoch）女士创造了一个虚构角色……一旦一个虚构角色被创造出来，我们站在故事的外面便可以真的指称他”①。

席菲尔在语言哲学中的重要贡献之一就是对依存于语言的实体的研究。他与塞尔持有类似的观点。席菲尔写道：“虚构实体是通过名字的假装用法直接地、毫无问题地被创造出来，J. L. 卡雷（John Le Carré）用‘乔纳森·潘恩’（‘Jonathan Pine’）假装地指称一个真实的人，作为抽象对象的虚构实体乔纳森借此便直接地、毫无问题地被创造出来，这乃是虚构所独有的方式。”②

许多直接指称主义者也将直接指称主义语义学与创造主义观点联系在一起。直接指称主义者认为，一个名字如果有意义就以它所指对象作

---

① J. R. Searle, “The Logical Status of Fictional Discourse”, *New Literary History*, Vol. 6, No. 2, 1975, p. 330.

② S. Schiffer, “Language-Created Language-Independent Entities”, *Philosophical Topics*, Vol. 24, No. 1, 1996, p. 157.

为语义内容，如果一个名字没有指称就没有意义。如果虚构名字是空名，即指称失败的名字，则会为直接指称主义者带来麻烦，因为虚构名字也是有意义的。于是，直接指称主义者宣称，若跟随关于虚构名字的语义直觉，虚构名字根本不应该被看作是空名，它们并非指称失败。比如，普瑞德利认为，虚构名字根本不会给直接指称主义带来什么问题。他指出，直接指称主义者会认为“根据米勒式（Millian）角色指称性信条，‘福尔摩斯’总是有所指称，指称的就是一个被柯南·道尔创造的文学角色。包含‘福尔摩斯’的句子表达的就是关于福尔摩斯的米勒式内容”①。所谓“米勒式”即直接指称主义的，J. S. 米勒（J. S. Mill）被看作最早的直接指称主义者。

类似地，在分析虚构名字的语义功能过程中，萨尔蒙指出，“诸如福尔摩斯的纯粹虚构角色虽然是真实的，却不是真实的人。他们既不是物理对象，也不是心理对象，他们在某种意义上是抽象对象。他们不是像数一样的永存实体。他们是被虚构作者创造的人造物”②。索莫斯同样也认为，虚构名字不会为直接指称主义者带来难题。他指出，“福尔摩斯”指称一个对象作为其语义内容，包含“福尔摩斯”的语句表达的就是关于福尔摩斯的命题。索莫斯说：“虚构角色是一类特殊类型的真实存在的对象，它们也是抽象的对象。然而，典型地，它们是伴随着被描述为或者承担不同的目的而被创造的。比如说，‘福尔摩斯’是一个虚构角色（一个抽象对象）的名字，福尔摩斯在柯南·道尔的故事中被描述为是一个绝顶聪明的侦探。”③ 布朗也是直接指称主义者。类似地，在对虚构陈述进行语义分析后，布朗认为：“通过对虚构作品的创造，作者也便创造了虚构角色。虚构角色之存在依赖于作者和读者活动类型，这同小说的情况类似。”④

---

① S. Predelli, “‘Holmes’ and Holmes-A Millian Analysis of Names from Fiction”, *Dialectica*, Vol. 56, No. 3, 2002, p. 268.

② N. Salmon, “Nonexistence”, *Noûs*, Vol. 32, No. 3, 1998, p. 293.

③ S. Soames, *Beyond Rigidity: The Unfinished Semantic Agenda of Naming and Necessity*, Oxford: Oxford University Press, 2002, p. 93.

④ D. Braun, “Empty Names, Fictional Names, Mythical Names”, *Noûs*, Vol. 39, No. 4, 2005, p. 609.

同以上语言哲学家不同，法恩是在进行纯粹形上学探究的过程中提出创造主义的想法。在他提出他的创造主义想法的论文中，他说："我写这篇论文的目的就是讨论被引入到背景（context）中的对象"，其中，所谓的"背景"并不是语言学概念，而是指的诸如"剧本、故事、电影、信念、想象、希望、梦和幻觉"等与对象的开始存在性相关的背景。[①] 法恩认为，假如关于虚构对象的实在论是合理的，那么，创造主义才是合理的虚构对象理论类型。他说："我自己的观点是这样一个极端经验主义的观点，即故事和它们的对象是被创造的，而不是被发现的（并且这是一个必然属性）。它们并非独立于作者的相应行为而具有独立的存在性（existence）或存有性（being）。相反，它们是因为这样的活动而开始存在。在类似的方式下，一个桌子因为木匠的活动而开始存在。既然'x 是被创造的'被看作是实然真理，因此，故事和它们的对象同样是实然存在物。"[②]

或许出发点有所不同，但是，前述创造主义者都有一个共同点，即，都明确提出创造主义主张，却没有系统地提出一个创造主义虚构对象理论，没有对关于虚构对象的更多形上学问题进行全面回答。出于行文的需要，笔者将他们的看法一并称作"素朴创造主义虚构对象理论"[③]。

素朴创造主义者们都认为，创造主义想法不会招致什么质疑。比如，通过前面引文可知：塞尔认为，或许具体的创造机制是有待进一步探究的，但创造主义信条本身是毫无疑问的；席菲尔同样认为，虚构实体是通过名字的假装用法直接地、毫无问题地被创造出来。笔者承认，创造主义是一种非常有前途的理论类型，这是因为创造性真理乃是最核心的

---

① K. Fine, "The Problem of Non-Existents", *Topoi*, No. 1, 1982, p. 101.

② Ibid., p. 130.

③ 值得指出的是，实际上，法恩是关于虚构对象的反实在论者。但是，他对虚构对象的本性问题进行了严肃的思考。在他看来，关于一类实体的本体论立场问题，与关于该类实体的本性问题，可以分开进行思考。基于特定的本体论偏好，一个人可以关于一类实体持反实在论立场，却同时对该类实体的本性进行严肃思考，正如唯物主义者也会对感觉（sensation）的本性进行思考，关于数学实体的唯名论者也会对数的本性进行思考（K. Fine, "The Problem of Non-Existents", *Topoi*, No. 1, 1982, p. 97）。在笔者的印象中，法恩是唯一一位尝试严肃回答关于虚构对象本性问题的反实在论者。基于法恩的创造主义假设，笔者将法恩也放在素朴创造主义者名单内。巧合的是，法恩也将自己对虚构对象本性的回答称为"素朴理论"（naive theory）。

待解释资料。但是，创造主义信条本身并不足以带来一个可接受的创造主义虚构对象理论。创造主义者需要对其他的相关问题做出回答。

三 精致创造主义

接下来，笔者将对范英瓦根、克里普克和汤姆逊的想法进行详细展示。他们对相关形上学问题做出了更加全面和详细的回答。笔者将他们的理论统称为“精致创造主义”，但是将只对汤姆逊的理论进行评估。一方面，这是因为汤姆逊提出了一个更为完整的虚构对象理论，通常被看作创造主义的典型代表。[①] 相比较，范英瓦根和克里普克只对部分议题进行了讨论。另一方面，汤姆逊是在范英瓦根和克里普克工作的基础上，提出更为系统的虚构对象理论。笔者将先简单介绍范英瓦根和克里普克的想法，之后，详细介绍汤姆逊的理论，并对其理论的优劣进行评估。[②]

（一）范英瓦根

范英瓦根将虚构对象归入“文学评论理论实体”（theoretical entities of literary criticism）。[③] 他认为，虚构对象的上层范畴是文学评论理论实体，而文学评论理论实体的上层范畴是理论实体。举例来说，电子和福尔摩斯都属于理论实体，但是，电子是物理学理论实体，而福尔摩斯是文学评论理论实体。福尔摩斯和《福尔摩斯探案集》都属于文学评论理论实体。福尔摩斯是虚构角色，而《福尔摩斯探案集》是小说，虚构角色和小说都是文学评论理论实体。在范英瓦根看来，存在不同类型的理论学科，比如物理学和文学评论。物理学是科学，而文学评论不是，但是，两个理论学科都以探求真理为目的。与物理学不同，文学评论的目的是探求文学作品的本性、内容和审美价值。

① 在斯坦福哲学百科全书的“虚构”（fiction）词条中的创造主义部分，作者克鲁恩和沃特里尼将汤姆逊作为创造主义的典型代表进行介绍，除此外，只对沃特里尼和扎尔塔的折中主义想法略有提及（F. Kroon，A. Voltolini，Fiction，E. N. Zalta ed.，*The Stanford Encyclopedia of Philosophy*，Winter 2016 Edition，URL = <https://plato.stanford.edu/archives/win2016/entries/fiction/>）。

② 值得注意的是，本章并不对沃特里尼的理论进行考察。沃特里尼尝试将柏拉图主义和创造主义结合在一起，提出一种折中主义虚构对象理论。笔者将在第五章对沃特里尼和扎尔塔的折中主义尝试一起进行述评。

③ P. van Inwagen，“Creatures of Fiction”，*American Philosophical Quarterly*，Vol. 14，No. 4，1977，pp. 302 – 303.

范英瓦根认为，在文学评论语境下，虚构对象直接地被指称和量化，这正如在物理学语境下，物理实体被指称和量化一样。在第一章中，我们曾专门考察对虚构对象进行指称和量化的语句，这里不再列出。看起来，只要承认了这样的指称和量化现象，便需要承认虚构对象，做出相应的范畴归属。[①] 在范英瓦根看来，对虚构陈述进行反实在论等价重述是不会成功的。他为等价重述先设置一个并不算强的标准：一个恰当的重述不能让我们无法解释原语句的逻辑后承，就是说，重述句与原语句应该具有相同的逻辑后承。在此基础上，他认为，对虚构对象进行指称和量化的陈述是不能被消解掉的。这是因为，若要具有相同的后承，重述句的量化结构一定会比原语句要复杂很多，而且更糟糕的是，几乎不太可能找到这样的重述句。[②] 另外，即使能设计出这样的重述句，重述句与原语句也不会具有相同的语义内容。[③] 因此，必须承认作为文学评论理论实体的虚构对象。

那么，作为文学评论理论实体的虚构对象具有什么属性呢？范英瓦根认为，回答这个问题会牵涉模糊性（ambiguity）。在谈论虚构对象是什么时，我们所用的“是”可能是模糊的。[④] “是”有可能指的是通常的“具有”关系。比如，当我们说“福尔摩斯是被柯南·道尔创造的”，意味的是福尔摩斯具有“被柯南·道尔创造”这个属性。该语句是真的，因为福尔摩斯恰恰具有“被柯南·道尔创造”这个属性。相对照，在这

---

① P. van Inwagen, “Creatures of Fiction”, *American Philosophical Quarterly*, Vol. 14, No. 4, 1977, p. 302; P. van Inwagen, “Quantification and Fictional Discourse”, in A. Everett & T. Hofweber eds., *Empty Names, Fictional and The Puzzles of Non-existence*, Stanford: CSLI Publications, 2000, pp. 235 – 247; P. van Inwagen, “Existence, Ontological Commitment, and Fictional Entities”, in M. J. Loux, D. W. Zimmerman eds., *The Oxford Handbook of Metaphysics*, Oxford: Oxford University Press, 2003, pp. 136 – 138.

② P. van Inwagen, “Creatures of Fiction”, *American Philosophical Quarterly*, Vol. 14, No. 4, 1977, p. 304.

③ Ibid., p. 303.

④ P. van Inwagen, “Creatures of Fiction”, *American Philosophical Quarterly*, Vol. 14, No. 4, 1977, p. 305; P. van Inwagen, “Fiction and Metaphysics”, *Philosophy and Literature*, Vol. 7, No. 1, 1983, p. 75; P. van Inwagen, “Existence, Ontological Commitment, and Fictional Entities”, in M. J. Loux, D. W. Zimmerman eds., *The Oxford Handbook of Metaphysics*, Oxford: Oxford University Press, 2003, pp. 148 – 149.

种意义上，“福尔摩斯是一个侦探”是假的，因为福尔摩斯并不具有“是一个侦探”这一属性：任何侦探都会是具体的，即占有特定的时空位置，但福尔摩斯并不在时空中。在“具有”的意义上，福尔摩斯“不是”一个侦探，但是，范英瓦根认为在另外一种意义上福尔摩斯“是”一个侦探，但“不”被柯南·道尔创造。那么，该如何理解这种意义上的“是”呢？

在什么意义上“福尔摩斯是一个侦探”为真呢？范英瓦根认为，实际上，该语句表达的是一个三元关系命题。[①] 具体而言，该语句表达的是：福尔摩斯在《福尔摩斯探案集》中是一个侦探。一般地，范英瓦根认为，当我们做出断言“x 是 F”，我们的意思可能是“x 在 s 中是 F”，其中 x 是一个虚构对象，F 是一个属性，s 是 x 所在的故事。比如，“福尔摩斯是一个侦探”实际上用来表达的是“福尔摩斯在《福尔摩斯探案集》中是一个侦探”。为此，范英瓦根引入一个三元关系谓词“A”，并将之称为“归属”（ascription）。A 指称一个三元关系，即归属关系，关系者项分别是属性、虚构对象和位置（place），其中位置可能是整个故事也可能是故事的部分。范英瓦根认为，我们在谈论虚构对象时，用“是”可能指“具有”关系，也可能指“归属”关系。“福尔摩斯是一个侦探”中的“是”指称的便是归属关系，该陈述要被分析为 A（是一个侦探，福尔摩斯，《福尔摩斯探案集》），表达的就是福尔摩斯在《福尔摩斯探案集》中被归属“是一个侦探”这一属性。

范英瓦根将归属关系看作是初始的不可定义的关系，并认为归属关系在逻辑隐含关系（⊃）下封闭，就是说，$(x)(y)(z)(w)((A(x, y, z) \wedge x \supset w) \rightarrow A(w, y, z))$。[②] 读作：如果一个虚构对象 y 在 z 位置被归属 x 属性，并且属性 x 蕴含 w 属性，那么，y 在 z 位置也被归属 w 属性。范英瓦根认为，通过归属关系可以消解矛盾的虚构对象带来的不一致性，因为一个虚构对象可以在不同的位置被赋予矛盾的属性。比如，华生在故事的不同部分中，枪伤的位置并不一致。范英瓦根的解释将是：华生在

① P. van Inwagen, “Creatures of Fiction”, *American Philosophical Quarterly*, Vol. 14, No. 4, 1977, pp. 305 – 306.

② Ibid., p. 307.

不同的故事部分被归属不同的枪伤位置，这并不矛盾。[①]

概括一下，范英瓦根认为，虚构对象是文学评论理论实体，是被其作者创造的抽象实体；一个虚构对象并不“具有”其内部属性；一个虚构对象仅仅被它所出现的故事或故事部分“归属”相应的内部属性；虚构对象真正具有的属性是诸如“被其作者创造”“是一个虚构角色”“被某个故事或某个故事部分归属特定属性”“以某人为现实原型”这样的文学评论属性，以及“存在”“自我同一”“与物理对象不同”这样的“高阶范畴”属性。[②]

值得指出的是，范英瓦根后来用“持有（hold）”关系来替代“归属”关系。[③] 这并不难理解。范英瓦根的最终目的是解释“是”的模糊性。“是”通常被认为指称“具有”这一二元关系，但是，“归属”却是三元关系，两者看起来并不容易导致模糊性，而“持有”是二元关系。基于“具有”和“持有”的区分，范英瓦根认为，虚构对象持有其内部属性，而具有其外部属性。不难看出，“具有”和“持有”的区分与扎尔塔的“例示”和“编码”的区分类似，都用来解释日常语言中“是”的模糊性。范英瓦根认为，“具有”才真正地用来做出谓述，“持有”乃是为解释虚构话语特别规定的一个二元关系。[④]

（二）克里普克

克里普克关于虚构对象的形上学思想，主要出现在他 1973 年在牛津大学所做的洛克讲座中。[⑤] 该系列讲座的标题是“指称与存在”，克里普

---

① P. van Inwagen, "Creatures of Fiction", *American Philosophical Quarterly*, Vol. 14, No. 4, 1977, p. 305.

② P. van Inwagen, "Creatures of Fiction", *American Philosophical Quarterly*, Vol. 14, No. 4, 1977, p. 307; P. van Inwagen, "Fiction and Metaphysics", *Philosophy and Literature*, Vol. 7, No. 1, 1983, p. 75.

③ P. van Inwagen, "Fiction and Metaphysics", *Philosophy and Literature*, Vol. 7, No. 1, 1983, p. 75; P. van Inwagen, "Existence, Ontological Commitment, and Fictional Entities", in M. J. Loux, D. W. Zimmerman eds., *The Oxford Handbook of Metaphysics*, Oxford: Oxford University Press, 2003, p. 148.

④ P. van Inwagen, "Existence, Ontological Commitment, and Fictional Entities", in M. J. Loux, D. W. Zimmerman eds., *The Oxford Handbook of Metaphysics*, Oxford: Oxford University Press, 2003, p. 150, note 18.

⑤ 克里普克在其洛克讲座中主要处理两个议题。一个是空名难题，即，如何有意义地使用空名的问题。另一个是语义指称和说话者指称的区分问题。两个议题的讨论都以虚构话语为主要素材。

克做适当修改后，2013 年由牛津大学出版社正式出版。[①] 另外，1973 年有一场关于克里普克洛克讲座讲稿早期版本的一次讨论，参加讨论的有克里普克、奎因、M. 达米特（M. Dummett）、刘易斯、G. 哈曼（G. Harman）和 B. H. 帕提（B. H. Partee）。讨论发生于在康乃狄克大学进行的“语言、意向性和翻译理论”（Language, Intentionality, and Translation Theory）学术研讨会上，早期版本论文题目是《空名与虚构实体》（Vacuous Names and Fictional Entities）。这场讨论会的录音经人整理后，于 1974 年在《综合》（*Synthese*）期刊发表，但克里普克的论文本身并没有发表在上面。[②] 2011 年克里普克将《空名与虚构实体》收录于其论文选集《哲学烦恼》（*Philosophical Troubles*）中。[③]

克里普克认为，创造主义想法是较为合理的。克里普克说道：“我的观点是，日常语言对虚构实体……进行量化。可以说，它们并不会自动存在：就是说，它们不是梅农式实体，即，任何思维对象都拥有某种次等意义上的存在性。相反，是否存在如此这般的一个虚构角色，乃是一个经验问题。存在一个娶了他母亲的虚构……角色吗？……如果存在的话，这一定是因为相应的虚构作品……被创作，或者，至少口头上讲出来，或者类似的什么活动。如果有这样的虚构作品，那么，就存在如此这般的虚构角色。”[④] 类似地，克里普克认为，虚构作品也是人类经验活动的结果。在他看来，通过创作活动，作者创作故事的同时，也便创造

① 40 年间，该系列讲座的内容通过影印的方式已经在形上学领域广为传播，还被许多正式发表的论文和著作引用。笔者 2006 年在中山大学读博士研究生时便从周振忠教授那里获得了该讲座的原文影印件。笔者 2007 年 5 月至 2008 年 5 月在加拿大阿尔伯塔（Alberta）大学访问学习，发现林斯基教授那里也有该系列讲座的影印件，并进行比对，才发现笔者的影印件缺失一页。后来，斯坦福大学的扎尔塔教授通过电邮发给我缺失的那一页（他的版本更清晰），这说明扎尔塔教授也早就有了讲座的影印本。除此外，还得知 1973 年前后克里普克曾以类似内容在不同的场所做过讲座，其中有一场是以“空指称”（Empty Reference）为名的希尔曼讲座（Shearman Lectures）。本节将要介绍的汤姆逊，是非常熟悉克里普克洛克讲座并深受讲座内容影响的一位哲学家。

② S. Kripke et al., Second General Discussion Session, *Synthese*, Vol. 27, No. 3/4, Intentionality, Language, and Translation, 1974, pp. 509 – 521.

③ S. Kripke, “Vacuous Names and Fictional Entities”, in his *Philosophical Troubles*: *Collected Papers* (Volume 1), Oxford: Oxford University Press, 2011, pp. 52 – 74.

④ S. Kripke, *Reference and Existence*, Oxford: Oxford University Press, 2013, p. 71.

了相应的虚构角色。虚构作品与虚构对象都是被人类创造的不占时空的抽象对象。但是，他们与传统本体论中的抽象对象不同，传统本体论中的抽象对象必然存在，而虚构作品与虚构对象实然存在。克里普克认为，“它们之存在并不像数之存在，数是被认为必然存在的实体，数之存在独立于任何的经验事实”。①

克里普克还特别对虚构角色与虚构的虚构角色进行了区分。他认为，两类实体有层次上的差别。比如，哈姆雷特是一个虚构角色，但是，贡扎戈不是。然而，的确存在一个虚构的虚构角色叫作“贡扎戈”。哈姆雷特是一个虚构角色，贡扎戈是一个虚构的虚构角色，两者都因为《哈姆雷特》剧本的存在而存在。② 在克里普克看来，虚构的虚构角色不是可能的虚构角色，正如虚构角色不是可能的人一样。虽然克里普克早期曾经认为，诸如哈姆雷特的虚构角色是纯粹可能的人，但是出于同一化条件方面的考虑，他放弃了可能主义。关于虚构的虚构角色的可能主义并不成立。“虽然许多名为‘谋杀贡扎戈’的剧本可以被写出来，但是，我们不能区分出它们中的哪个才会是真正的剧本《谋杀贡扎戈》，或者它们中的哪个剧本才是关于真正的虚构角色贡扎戈的。”③

关于内部真理和外部真理，克里普克做出了清晰的区分。在他看来，在日常语言层面，两种真理是不容易区分的，而这也引发了不必要的麻烦。比如，人们或许会说，“有的现实的人住在贝克大街，有的虚构的人也住在贝克大街”。其实，如果不对两种真理做出区分，那么，这种判断将可能是似是而非的。这是因为，若在“有的现实的人住在贝克大街”的意义上看，虚构的人是不会住在贝克大街的。克里普克区分了谓词的两种用法，一种被称作“在故事中”（in the story）用法，一种称作“直接”（out and out）用法。“有的现实的人住在贝克大街”中的“住在贝克大街”是在直接的用法上使用，而“有的虚构的人住在贝克大街”中的“住在贝克大街”是在“在故事中”用法上使用，相当于“在故事中住在贝克大街”。因此，若取谓词的直接用法，“有的虚构的人住在贝克

① S. Kripke, *Reference and Existence*, Oxford: Oxford University Press, 2013, p. 72.

② Ibid., p. 73.

③ Ibid..

大街”并不成立，没有任何一个虚构的人会住在贝克大街。

在克里普克看来，不但在日常生活中，人们可能会将两种用法混淆，哲学家也常常混淆。[①] 比如，克里普克指出，辛迪卡认为，“哈姆雷特思考，所以，哈姆雷特存在”是个无效论证；类似地，也认为“珀珈索斯能飞，所以，有的东西能飞”是无效论证。理由如下：前一个论证的前提为真，但结论为假；后一个论证的前提和结论似乎都是真的，结论甚至比前提更真，然而，前提并不能保证结论真。但是，根据经典逻辑，两个论证都是有效的。为了能够处理这些“无效”论证，辛迪卡建议诉诸自由逻辑，即，名字的存在性隐含未必成立的逻辑（existential presupposition free logic）。自由逻辑将能够解释为何前面两个论证都是无效的。然而，在克里普克看来，这种处理并不合适。

克里普克认为，这些论证的确都是有效的，只要我们对谓词的用法做出区分，那么，并不难看出其有效性。先考虑前一个论证，有了谓词的两种用法区分后，我们知道，“哈姆雷特思考”只有在“在故事中”的意义上，才是真的，因此，结论“哈姆雷特存在”也应该在同样的意义上进行理解，而结论在这种意义上恰恰也是成立的。再看后一个论证，前提“珀珈索斯能飞”也是在“在故事中”的意义上成立，而在相同的意义上，结论也是成立的，而且前提能够保证结论。假若在直接的意义上理解，则两个论证的前提都是不成立的，因此，辛迪卡用来说明两个论证无效的思路也根本不可行。简言之，在克里普克看来，区分谓词的两种用法能够允许我们，更恰当地对内部真理和外部真理做出区分。内部真理中的谓词是在“在故事中”的意义上使用，而外部真理中的谓词是在真正的意义上使用。

克里普克对虚构对象形上学的另一个贡献是，从创造主义的角度思考了虚构对象的同一化问题。奎因以提出“无同一性便无实体”而闻名。根据该信条，如果不能为一类实体提供同一化条件，便不能有意义地对这类实体进行讨论。奎因曾经明确地问克里普克，虚构角色的同一化条件是什么？[②] 克里普克认为，关于虚构对象的同一性问题是一个真正的形

① S. Kripke, *Reference and Existence*, Oxford: Oxford University Press, 2013, pp. 55 – 60.

② S. Kripke et al., “Second General Discussion Session”, *Synthese*, Vol. 27, No. 3/4, Intentionality, Language, and Translation, 1974, p. 509.

上学问题。“我们相信相同的虚构角色浮士德（Faust）出现在许多的作品中。我们也能够问这样的问题，比如，是否朱庇特（Jupiter）和宙斯（Zeus）是同一个神，只不过希腊人和罗马人用不同的名字来命名罢了，还是说，他们是神谱中具有类似能力的两个不同的神呢?”[①] 克里普克建议，为了回答这样的问题，可尝试从指称理论中获得灵感。

克里普克因提出因果指称理论而闻名于哲学界。简单讲，为了知道当下使用的一个名字的指称，从形上学角度看，我们需要沿着这个名字的使用链条，最终追溯到该名字的最初使用和命名方式。关于虚构名字的情况，克里普克认为，应该按照类似方法分析。特别地，为了知道两个虚构角色是不是同一个，我们需要对两个名字的使用方式进行追溯，看看两个名字是否具有同样的初始命名仪式。[②] 以朱庇特和宙斯为例，克里普克说，如果罗马人曾经去过希腊，并且听说了那些故事，然后决定用新的名字来命名那个神，或许甚至也在内容上做出些许改变，那么，我们依然得说，罗马人和希腊人拥有的是同一个神，他们只不过是用不同的名字命名罢了。假设实际情况是，两个神是分别独立地出现在罗马人和希腊人中间，虽然他们具有类似的能力，我们也应该说，他们是两个不同的虚构实体。简言之，“我们需要追溯一个特定虚构作品的源头。作者在从事写作时是否是想写一个已经存在的角色，还是说，他想自己创造一个新的角色”[③]。在克里普克看来，虚构角色的同一性问题是有意义的，应该做出怎样的回答，是要依赖于具体的历史研究的，是一个经验的问题。不过克里普克认为：以上回答仅仅是个大致的策略，他并不认为能够给出一个充分必要条件用来确定虚构对象的同一性；也不应该奢求存在这样的充分必要条件，或许只有在数学领域中才会有。[④]

（三）*汤姆逊*

范英瓦根对虚构对象本性做了更多的刻画，克里普克则给出了一个

---

① S. Kripke et al., “Second General Discussion Session”, *Synthese*, Vol. 27, No. 3/4, Intentionality, Language, and Translation, 1974, p. 509.

② S. Kripke et al., “Second General Discussion Session”, *Synthese*, Vol. 27, No. 3/4, Intentionality, Language, and Translation, 1974, p. 509, S. Kripke, *Reference and Existence*, Oxford: Oxford University Press, 2013, p. 77.

③ S. Kripke, *Reference and Existence*, Oxford: Oxford University Press, 2013, p. 510.

④ Ibid..

更加清晰的创造主义图景。汤姆逊深受范英瓦根和克里普克的影响，在二人理论的基础上，汤姆逊提出一个相对更加完善的创造主义理论。

关于范英瓦根的思想，汤姆逊说道，“范英瓦根正确地强调要承认虚构角色来解释关于虚构角色的批评话语的重要性”，她的理论和范英瓦根的理论，“在很多方面都是一致的，最重要的是，都承认虚构角色是存在的”。[1] 汤姆逊指出，她的理论和范英瓦根的理论在处理内部真理和外部真理的方式上，也是类似的。[2] 但是，她认为，范英瓦根的理论是不足够的。在汤姆逊看来，针对创造主义者需要回答的一些核心问题，范英瓦根并没有作答。这些问题包括：虚构对象是如何被创造的，虚构对象是否可以出现在不同的故事中，虚构对象与读者之间的关系又如何，虚构对象的同一化条件如何，虚构对象与其他类型范畴实体之间的差别如何。汤姆逊认为，正是因为没有对这些问题进行回答，实际上，范英瓦根并没有为虚构对象找到合适的本体论位置，我们也无法判断范英瓦根的理论是否真正具有本体论上的简单性。汤姆逊分析说，范英瓦根理论的缺陷并不是偶然的，这是因为范英瓦根设置虚构对象的目的，仅仅是为虚构陈述提供合适的语义解释。这导致虽然承认虚构对象，但是，虚构对象的本体论位置实际上依然是模糊不清的。相对照，根据她的理论，虚构实体将与诸如故事、音乐作品、政府等日常对象没有本质差异，设置虚构实体不会带来本体论上的复杂性。

汤姆逊熟知克里普克的洛克讲座内容，并承认，她的理论在许多方面都与克里普克的理论相似。她说：“克里普克论证说，虚构角色应该被理解为实然却‘在某种意义上’存在于现实世界上的抽象实体，并且虚构角色通过讲故事实践而开始存在，并且以讲故事实践的历史源头为基础对虚构对象进行同一化。如果从其讲座的这些简单阐述来看，看起来这种虚构角色理论在许多的方面与我所辩护的理论都是相似的。但是，因为克里普克从来没有将他的建议进行拓展，或者选择出版其讲座，克里普克关于这些议题的真正的观点到底是什么，人们只能去猜测。”[3] 不

---

① A. Thomasson, *Fiction and Metaphysics*, Cambridge: Cambridge University Press, 1999, p. 20.

② Ibid., p. 156, note 32.

③ Ibid., p. 46.

难看出，克里普克的洛克讲座对汤姆逊影响深刻。汤姆逊似乎是要表明，自己的理论在很多核心理念方面都与克里普克的思想极其相似，但是，并不能说明自己的理论缺少独立性。笔者认为，这种想法对克里普克并不公允。如笔者前面已经提到，克里普克的洛克讲座虽然在 2013 年才公开出版，但是 40 年间，其观点已经被许多学者公开引用甚至批评。因此，笔者认为，汤姆逊理论的提出与克里普克的理论之间存在因果关系。若将克里普克关于“虚构作品”同一性的思想拓展应用到“哲学理论”，那么，或许可以说，很大程度上，汤姆逊的理论源头（origin）是克里普克的理论，因此，两个人的理论实际上是同一个理论的不同发展阶段。这样说，或许汤姆逊又会觉得不够公允。这里，笔者的目的并不是论证两个理论的独创性归属问题，而是说明，二者之间有着紧密的联系。笔者认为，汤姆逊是在克里普克思想的基础上进行拓展，最终提出一个相对更加完善的虚构对象理论。或许，这种模糊的表述能够令双方都满意。

实际上，汤姆逊将其理论的思想源头归属于现象学家 R. 英伽登（R. Ingarden）的成名作《艺术的文学作品》（*The Literary Work of Art*）。英伽登是 E. 胡塞尔（E. Husserl）的学生，甚至被认为是最出色的学生之一。[①] 在讨论观念主义时，我们已经知道，观念的私人性和瞬时性使得观念主义无法成为一种合理的虚构对象理论。纵使如此，汤姆逊意识到，观念主义仍然有值得肯定的地方。一方面，观念主义看到了虚构对象之开始存在要依赖于主体的意向行为；另一方面，在某种意义上，虚构对象被创造之后继续存在，依然要依赖于主体的意向行为。[②] 汤姆逊指出，英伽登“最先”开始思考如何能够避免观念主义者面临的问题，却同时能够认为虚构角色在某种意义上依赖于主体的意向行为。英伽登认为，虚构对象是“纯粹的意向对象”，是被意识所创造的对象，“其存在性和本质属性的源头”都是意向性。[③] 那么，如果虚构对象本质上是依赖于主体的意向行为的实体，那么，又怎能具有主体间性和跨时持存性呢？英

---

① Wikipedia，“Roman Ingarden”，URL = https：//en. wikipedia. org/wiki/Roman_Ingarden.

② A. Thomasson，*Fiction and Metaphysics*，Cambridge：Cambridge University Press，1999，p. 22.

③ R. Ingarden，*The Literary Work of Art*：*An Investigation of the Borderlines of Ontology*，*Logic*，*and Theory of Language*，translated by G. G. Grabowicz，Evanston：Northwestern University Press，1979，p. 117.

伽登认为，答案在文学作品的载体，即公共语言中。他指出，“语词和语句本身都具有一种借来的意向性，是意识行为赋予了语言这种意向性。这使得纯粹的意向对象实际上可以不必直接与意识行为绑定在一起，意向对象因此可以相对地独立于意识行为。”[①] 汤姆逊明确指出，她的虚构对象理论的源头是英伽登的上述思想。她说：“因为语言所含成分是公共的，具有持存性，因此，不同的人可以思考同一个虚构角色。虚构角色是可以持存的，纵使没有任何人意向它，只要它在语言中的表征还存在的话。简言之，英伽登展示了一种路径，使得我们能够承认虚构角色的意识依赖性，却同样能够承认其持存性和主体间性。他的作品正是我所辩护的理论的真正的历史先驱。”[②]

笔者认为，范英瓦根理论的不完整性，促使汤姆逊开始思考如何完善创造主义想法；关于如何完善创造主义想法，现象学家英伽登为汤姆逊提供了理论上的最初灵感；克里普克的洛克讲座则让她坚信给出一个更加完善的虚构对象理论是可能的，也是意义重大的。为了有一个更清晰的线索，下面笔者将从“清晰性”“一致性”“解释力”和“简单性”四个维度对汤姆逊的理论进行展示和评价。

1. 清晰性维度

像所有创造主义者一样，汤姆逊认为，故事创作的整个过程创造了虚构对象。这既包括心理活动（如假装指称或意向行为），也包括物理活动（如写作）。汤姆逊写道：“假如我们设置虚构角色，为了满足关于它们的显见的实践，应该把它们看作通过作者的心理和物理行为而开始存在的实体，本质上被创造的实体。”[③] 这样，为了解释一个虚构对象如何被创造，汤姆逊找到了其“经验基础”，即故事作者的创作活动。汤姆逊强调，虚构对象历史地（historically）依赖于其作者及其创造行为。[④] 所谓“历史地依赖”，即一个虚构对象在任何时刻下存在的必要条件是其作

① R. Ingarden, *The Literary Work of Art: An Investigation of the Borderlines of Ontology, Logic, and Theory of Language*, translated by G. G. Grabowicz, Evanston: Northwestern University Press, 1979, pp. 125 – 126.

② A. Thomasson, *Fiction and Metaphysics*, Cambridge: Cambridge University Press, 1999, p. 23.

③ Ibid., p. 6.

④ Ibid., p. 35.

者及其创造行为的在先存在或同时存在。[①] 汤姆逊认为，这种依赖关系成立于任何可能世界和任何时间点："对于任何可能世界和任何的时间点，如果一个虚构角色在该世界的该时间点上存在，那么，该世界一定包含作者的创造行为，创造行为可能发生在该时间点之前也可能同时发生。"[②] 比如福尔摩斯历史地依赖于柯南·道尔和柯南·道尔的创作活动（包括物理和心理活动），并且这种历史依赖性必然成立。

历史依赖关系规定的实际上是虚构对象开始存在的条件，一个虚构对象开始存在的条件是相应作者的创作活动。那么，虚构对象跨时间存在的条件，或者说，被创造后继续存在的条件是什么呢？汤姆逊认为，虚构对象之继续存在依赖于其他的抽象对象。具体而言，虚构对象恒常地（constantly）且一般地（generically）依赖于关于它的虚构作品。[③] 所谓"恒常地依赖"，即任给一个时刻，如果一个虚构对象在该时刻存在，一定会有至少一个关于它的虚构作品在该时刻存在。[④] 一般地，所谓"恒常依赖性"，要求依赖关系成立的时间是所有时刻。所谓"一般地依赖"，是说一个虚构对象的存在只要求"一个"关于它的虚构作品存在即可。一般地，所谓"一般依赖性"仅仅要求某个类型的一个示例即可。

那么，虚构作品开始存在的条件又是什么呢？汤姆逊认为，像虚构对象一样，虚构作品历史地依赖于其作者及其创造行为。被创造后继续存在的条件呢？汤姆逊认为，一个虚构作品之持存要一般地并且恒常地依赖于该故事的文本拷贝（copy）或者对文本的记忆（memory）。就是

---

① 参见 A. Thomasson, *Fiction and Metaphysics*, Cambridge: Cambridge University Press, 1999, p. 31。历史依赖的定义可以以如下形式表述：x 历史地依赖 y，当且仅当，对任意时刻 t，若 x 在 t 存在，则 y 在 t 或在 t 之前存在。比如，每个人都历史地依赖于他/她的父母以及来自父母的那个精卵细胞。

② A. Thomasson, *Fiction and Metaphysics*, Cambridge: Cambridge University Press, 1999, p. 39.

③ 恒常一般依赖可以以如下形式表述：x 恒常一般依赖 Y，当且仅当，对任意时刻 t，若 x 在 t 存在，则至少有 Y 的一个示例 y 在 t 存在。

④ 汤姆逊所言的"虚构对象"，这里指纯粹虚构对象。对于历史虚构对象的依赖关系，汤姆逊并未明确讨论。在笔者看来，历史虚构对象也可以具有类似的依赖性。就是说，一个历史虚构对象同样恒常一般依赖于关于它的虚构作品。可形式化如下表述。对任意的现实对象 x 和时刻 t：作为历史虚构对象的 x 在 t 存在，当且仅当，有至少一个关于 x 的虚构作品在 t 存在。请注意，这里的"作为历史虚构对象的 x"中的"作为历史虚构对象的"不能去掉，若去掉上面定义显然是不成立的。在笔者看来，这个限制的不可或缺恰恰表明了纯粹虚构对象和历史虚构对象的模态差别：纯粹虚构对象本质上是虚构的，而历史虚构对象实然地是虚构的。

说，在任何时刻（这对应恒常依赖性），如果一个故事存在，它的一个文本拷贝或文本记忆一定要存在，但是，这并不特别要求任何特定的文本拷贝或文本记忆一定存在（这对应一般依赖）。[①] 除此外，一个故事还一般性地依赖于合格的读者。[②] 这是因为文本或文本记忆存在还不够，必须有至少一个能够阅读的人。汤姆逊说道：虚构作品不仅仅是符号串的组合，还需要具有特定语言能力和背景假设的人群能够理解该作品。[③]

简言之，虚构对象（历史地）依赖于其作者和创造行为，还（恒常地且一般地）依赖于关于它的虚构作品。除此外，无须依赖其他。虚构作品（历史地）依赖于其作者和创造行为，还（恒常地且一般地）依赖于故事文本或文本记忆，还（恒常地且一般地）依赖于合格的读者。除此外，无须依赖其他。

以上所言都是本体论上的直接依赖关系。基于这些直接依赖关系，也可推出一些间接依赖关系。比如，基于虚构对象对虚构作品的直接依赖关系和虚构作品对文本拷贝或记忆以及合格读者的直接依赖关系，可以推出虚构对象间接地同样（恒常地且一般地）依赖于虚构作品文本拷贝或文本记忆以及合格读者。特别地，假设《福尔摩斯探案集》的文本拷贝都已消失，且没有任何人拥有任何文本记忆，那么，虚构作品《福尔摩斯探案集》便消失了，因此，福尔摩斯便不再存在了。纵使《福尔摩斯探案集》的文本拷贝或文本记忆存在，但是，已经没有任何人能够阅读和理解，《福尔摩斯探案集》依然不再存在，进而，福尔摩斯也将不再存在。基于此，我们知道，在汤姆逊看来，虚构对象纵使是在被创造之后，也可能不会永远存在，更谈不上必然存在：假如持续存在的条件消失，那么，虚构对象就会消失；假若持续存在的条件恢复，那么，虚构对象也会恢复存在。[④] 因此，从历史的角度看，汤姆逊甚至允许虚构对

① A. Thomasson, *Fiction and Metaphysics*, Cambridge: Cambridge University Press, 1999, p. 36.

② Ibid. .

③ Ibid. , p. 65.

④ 据说季羡林是能理解吐火罗文的几个人之一。让我们假设有一个故事 s 是用吐火罗文写的，并且从没有人听过故事 s。再假设包括季羡林在内的几个人已经都过世且没有其他人学习吐火罗文。在这样的情况下，根据汤姆逊的理论，故事 s 中的虚构角色便已经“死了”。或许将来某一天会再有人能够理解吐火罗文，那时故事 s 中的角色将“复活”。

象能够“跳跃式存在”，比如说，存在一段时间后，消失一段，再存在一段。

以上我们从虚构对象“如何被创造（即开始存在条件问题）”“继续存在需要怎样的条件（即继续存在问题）”两个方面简要描述了汤姆逊的虚构对象理论。在虚构对象形上学领域，汤姆逊最为系统地阐述了虚构对象所涉的形上学依赖关系。在存在条件方面，不难看出汤姆逊创造主义理论的优势。根据该理论，虚构对象是被创造的抽象对象，[①] 虚构对象不但拥有开始存在的条件，还拥有精确的继续存在的条件。在这方面，无论与可能主义、观念主义还是柏拉图主义相比，汤姆逊的理论显然都更具优势，因为这些规定似乎与文学实践过程中的信念是相当一致的。比如，在柏拉图主义者看来，虚构对象拥有空洞的存在条件。相比较，汤姆逊提供的实质存在条件看起来更有吸引力。特别值得指出的是，根据精致创造主义，虽然虚构对象之开始存在依赖于作者的心理行为，但是，其继续存在却不依赖于作者及其心理行为。汤姆逊把英伽登通过语言避免直接依赖意向行为却仍然允许虚构对象具有持存性和主体间性的策略变得更加清晰了。这使得汤姆逊能够更好地回答虚构对象的“开始存在条件问题”和“继续存在条件问题”。

那么，汤姆逊能否合理回答虚构对象的“同一化条件问题”呢？像克里普克一样，她承认，不能为虚构对象提供通常形上学家所期待的理想同一化条件。汤姆逊承认，她无法一般地为虚构对象提供充分必要的同一化条件。然而，她认为，这并不是什么严重的问题，理由是哲学家也同样不能为人类自身提供合适的同一性条件。[②] 但是，笔者认为，这种辩解的理由

---

① 汤姆逊曾为虚构对象的抽象性进行正面论证（A. Thomasson, *Fiction and Metaphysics*, Cambridge: Cambridge University Press, 1999, pp. 36－37）。看起来，若虚构对象占有时空的话，关于如何确定其时空位置，有两种选择。选择一：虚构对象的位置就是故事赋予它的位置。选择二：虚构对象的位置就是其文本所在的位置。但是，这两种选择都不可取。首先，故事分配位置与虚构对象具有位置根本就是两回事。比如，如果一个人去伦敦的贝克大街寻找福尔摩斯，他不但找不到，而且犯的是一个范畴错误。其次，虚构对象并非恒常地依赖于任何一个故事文本，因此，把虚构对象所在位置看作任何故事文本的位置都是不当的。正如不能因为伦敦“出现”在故事中，就认为伦敦的位置就是故事文本的位置一样，也不能据此认为福尔摩斯的位置就是故事文本的位置。基于两个选项都不可取，那么结论是显然的，即虚构对象并非占有时空，虚构对象是抽象实体。

② A. Thomasson, *Fiction and Metaphysics*, Cambridge: Cambridge University Press, 1999, p. 67.

并不合理，因为人类是现实的实体，而虚构对象是抽象的实体。抽象实体通常被认为具有更清晰的同一性条件，最典型的莫过于集合：两个集合同一，当且仅当，它们具有完全相同的成员。因此，我们有合适的理由期望作为抽象实体的虚构对象也应该具有清晰的同一性条件。

汤姆逊为虚构对象的同一性判定提供了一些有用的线索，但在笔者看来，尚缺乏足够合理性。具体而言，汤姆逊认为，虚构对象的同一化条件要分两种情况。第一种情况是故事内部的同一性。她给出的同一化条件（identity conditions within a literary work）是：任给虚构对象 x 和 y，若 x 和 y 出现在相同的虚构作品 z，那么，x 和 y 同一的条件是 z 赋予 x 和 y 相同的属性。[①] 笔者认为，这并不合理。汤姆逊允许同一个虚构对象可以出现在多个不同的虚构作品中。假设 x 出现在虚构作品 z 之前，还曾出现在虚构作品 t 中，即 z 是 t 的续集，但是，y 仅仅出现在 z 中。纵使 x 和 y 被 z 赋予相同的属性，我们也会认为 x 和 y 是不同的虚构对象，因为 x 比 y 具有更多的内部属性。

第二种情况是故事间的虚构对象同一性。汤姆逊给出的同一化条件（identity conditions across different literary works）是：任给虚构对象 x 和 y，不同的虚构作品 z 和 u，若 x 出现在 z 中，y 出现在 u 中，则 x 和 y 同一的条件是 u 的作者具有将 z 中的 x 作为 y 引入到 u 中来的意图（intention）。[②] 这种意图再进一步理解为以相同的方式使用名字的意图。汤姆逊的同一

---

① 参见 A. Thomasson, *Fiction and Metaphysics*, Cambridge: Cambridge University Press, 1999, p. 63。汤姆逊强调，她规定的条件应该被理解为内部同一的充分条件，而不是必要条件。这里，构造的反例是针对该充分条件。就是说，两个虚构对象被赋予相同的内部属性。

② 参见 A. Thomasson, *Fiction and Metaphysics*, Cambridge: Cambridge University Press, 1999, p. 67。汤姆逊还考虑了一些特殊情况，比如：第二个作者想用“福尔摩斯”指称柯南·道尔故事中的福尔摩斯，但实际上，指称的是一块虚构的岩石，或者一只虚构的狗（A. Thomasson, *Fiction and Metaphysics*, Cambridge: Cambridge University Press, 1999, p. 68）。理论上，这种可能性的确存在，但在笔者看来，可能性微乎其微。这与克里普克提出所谓指称转移现象并不相似。著名的例子是“马达加斯加”。一开始说话者用它来指称非洲的某块陆地，但马可波罗认为说话者用它来命名今天被称为“马达加斯加”的地方。于是，说话者的特定指称意向通过马可波罗以及后来跟随马可波罗的人转变为一般的指称意向，指称转移便发生了（S. Kripke, *Reference and Existence*, Oxford: Oxford University Press, 2013, p. 137）。但是，牵涉虚构对象的情况不太可能出现类似情况：前面的故事文本会规定一个虚构名字的指称是什么，比如，指称一个虚构的人，阅读过先前文本的人再使用这个名字则不太可能发生用它实际上指称了一块虚构的岩石的情况。因此，我们的讨论忽略了汤姆逊对这种特殊情况的考虑。

化条件规定与克里普克的想法是类似的，即用名字使用者的意向性来解释虚构对象同一性。

不过，笔者认为，这种想法太过粗糙。首先，汤姆逊没有区分前后作品作者相同和不同的情况。在笔者看来，若前后作者相同，并且作者拥有续写前面故事的意图，则所写虚构对象同一，这是合理的。比如，柯南·道尔关于福尔摩斯的系列故事创作。若前后作者不同，虽然后面作者有续写前面故事的意图，但是所写虚构对象与前面虚构对象的同一性认定远非确实。比如，根据某些文学评论家的观点，虽然现实情况可能是有人（无名氏）续写了曹雪芹的章回体小说《红楼梦》，并且由程伟元和高鹗整理，但是，续写后的《红楼梦》还是否是原来的《红楼梦》，续写后的贾宝玉还是否就是之前的贾宝玉？这存在很大争议。对目前的讨论而言，这表明的是，若续写的作者不是本人，前后所写虚构对象至少存在差异，不对差异进行解释而粗糙地认定同一是不合理的。

其次，汤姆逊为虚构对象提供的故事间同一性条件，并没有启发一个虚构对象拥有怎样的“本质属性”。[①] 如果将故事类比为世界，那么，一个对象的故事间同一性问题就类似于跨世界的同一性问题。跨世界同一性问题反映的是该对象具有怎样的本质属性，即跨世界都会具有的属性。因此，关于虚构对象的故事间同一性问题，我们希望一个恰当的回答能够提供类似的本质属性，即虚构对象跨故事都会具有的属性。然而，汤姆逊提供的故事间同一性条件，仅仅提供了虚构对象具有某个特定的意向性特征，或者仅仅提供了虚构名字用法上的相似性，却没有直接回答虚构对象本身的属性是怎样的。因此，这样的故事间同一性条件规定显然是不能令人满意的。虚构对象的故事间同一性条件与一般对象的世界间同一性条件，需要提供的内容是类似的，本质上是属性相似性问题。但是，汤姆逊的回答未能满足这样的期待。

最后，汤姆逊为虚构对象规定的故事间同一性条件，依赖于故事作

① 比如，集合的同一化条件规定是：集合 x 和 y 同一，当且仅当，x 和 y 具有相同的成员。这说明：一个集合是什么是被其包含哪些成员决定的。再比如，方向的同一化条件的通常规定是：x 的方向和 y 的方向同一，当且仅当，x 和 y 是平行的。这说明一条直线的方向是被其平行线所决定的。对一个集合而言，包含怎样的成员构成其本质属性。类似地，对一条直线而言，具有怎样的平行线也是其本质属性。

者能够毫无疑问地开始指称一个虚构对象，但看起来这并不总会成功。比如，柯南·道尔写了关于福尔摩斯的系列故事。那么，柯南·道尔从何时开始便成功地指称了福尔摩斯而之后出现的“福尔摩斯”都借用了该指称呢？第一个故事中“福尔摩斯”第一次出现时？第一个故事完成时？中间某个故事完成时？整个故事系列完成时？在笔者看来，汤姆逊没法给出一个非任意性的回答。[①] 这是因为汤姆逊没有规定也没办法规定，福尔摩斯的同一性确定时对应的文本界限在哪里。她希望每次出现的“福尔摩斯”都指称福尔摩斯，但是，却不想规定福尔摩斯的什么特征决定了其怎样的同一性。汤姆逊试图通过“虚构名字指称相同”来回答“虚构对象之跨故事同一”是行不通的。后者是前者的基础，而非前者是后者的基础。真正的同一性规定要求直接考察所考虑对象的形上学特征，相关的语义考量有帮助，但是，并不足以回答同一性的本性。这正是汤姆逊应该做却没有做的。

清晰性标准还要求一个合格的虚构对象理论能够区分虚构对象和现实对象、区分纯粹虚构对象和历史虚构对象、区分纯粹虚构对象和虚构的虚构对象。前两对区分，汤姆逊应不难做出。先看第一对区分。虚构对象可被界定为故事对之有所描写的对象，现实对象则是未被任何故事描写的对象。用汤姆逊的话讲，虚构对象是曾出现在“虚构语境”（fictional discourse）中的实体。相对照，（纯粹）现实对象不是。汤姆逊所谓的“虚构语境”即内部陈述语境。[②] 因此，若 x 是虚构对象，则存在诸如“根据 s，x 是 F”这样的语句为真。若 x 是（纯粹）现实对象，不存在这样的真语句。再看第二对区分。纯粹虚构对象和历史虚构对象都是被故事虚构地描述的，但是，纯粹虚构对象是被故事作者创造的抽象物，历史虚构对象却不是。比如，福尔摩斯和伦敦都被虚构地描述，但福尔摩斯是被柯南·道尔创造的、是抽象的，而伦敦不是被柯南·道尔创造的，也不是抽象的。然而，笔者认为，汤姆逊难以做出第三对区分。比如，

---

① 汤姆逊曾经认为虚构名字的第一次出现便成功指称了相应的虚构对象，也曾经认为故事完成时命名仪式才完成。看起来，她在两种看法之间摇摆不定。关于汤姆逊的虚构名字指称理论，请参见第八章详细讨论，笔者将对其观点做出批判性评价。

② A. Thomasson, *Fiction and Metaphysics*, Cambridge: Cambridge University Press, 1999, p. 107.

怎么解释贡扎戈是个虚构的虚构的人物呢？从汤姆逊的角度看，哈姆雷特是抽象的，贡扎戈看来也是抽象的，在四维时空中找不到哈姆雷特也找不到贡扎戈。哈姆雷特被虚构地描写，贡扎戈似乎也被虚构地描写，表现为“根据《哈姆雷特》，哈姆雷特是一个人”“根据《谋杀贡扎戈》，贡扎戈是一个人”看起来都是真的。那么，怎样的差别让贡扎戈成为虚构的虚构侦探呢？看起来，汤姆逊只能诉诸嵌套故事。具体而言，刚刚提到的“根据《谋杀贡扎戈》，贡扎戈是一个人”严格来说，并不成立。严格地讲，“根据《哈姆雷特》，根据《谋杀贡扎戈》贡扎戈是一个人”才是成立的。这个包含嵌套故事算子的陈述将用来解释为何贡扎戈是一个虚构的虚构的人。

但是，如何理解这个复杂的陈述呢？若按照汤姆逊（以及范英瓦根）的建议，该陈述应该被分析为：《哈姆雷特》归属给贡扎戈“根据《谋杀贡扎戈》……是一个人”这个属性。那么，又如何理解“根据《谋杀贡扎戈》……是一个人”这个属性呢？看起来，这个属性与“根据《哈姆雷特》……是一个人”没有差别，就是说，意味的都是故事归属属性。但是，这并不合理。因为这种处理方法将导致虚构的虚构性坍塌为虚构性。按照刘易斯的说法，从言语行为的角度说，虚构性牵涉的是假装行为，而虚构的虚构性牵涉的是假装的假装行为，假装的假装行为不意味着假装行为。虚构的虚构性不应坍塌为虚构性。《哈姆雷特》是虚构故事，而《谋杀贡扎戈》是虚构的虚构故事，“根据《谋杀贡扎戈》……是一个人”与“根据《哈姆雷特》……是一个人”不能按照相同的方式进行理解。更具体讲，在现实世界上“《谋杀贡扎戈》”实际上是一个空名，而一个包含空名的谓词看起来并不能指称任何属性。基于此，笔者认为，上述诉诸嵌套故事算子的方式对贡扎戈的分析并不恰当。因此，看起来汤姆逊难以对虚构的虚构对象做出恰当分析，难以对纯粹虚构对象和虚构的虚构对象做出恰当区分。

2. 一致性维度

一致性标准要求能够对看起来的矛盾进行消解，特别地，能够对矛盾的虚构对象带来的不一致性进行消解。笔者认为，汤姆逊难以完成这样的消解工作。

考虑虚构的圆的方。该虚构对象似乎既是方的，又不是方的。若如此，这是一个真正的矛盾。汤姆逊的处理方式依赖于她对内部真理的解释。汤姆逊认为，说该虚构对象是方的又不是方的，乃是内虚构语境下的断言。根据内虚构陈述的处理方式，该陈述要被理解为“根据故事，该虚构对象是方的又不是方的”。这看起来的确能够帮助汤姆逊消解这个矛盾。像范英瓦根和克里普克一样，汤姆逊启用了一个“根据故事”算子。[①] 如果“根据故事”算子像“在山上”一样的普通限制词，那么，还是要面临矛盾。因为“在山上有 a 是白的又不是白的”可以推出“在山上 a 是白的，并且在山上 a 不是白的”，而“在山上 a 不是白的”可推出“并非在山上 a 是白的”。因此，最终能够推出“在山上 a 是白的，且并非在山上 a 是白的”，而这是真正的一个逻辑矛盾。然而，“根据故事”更像“在书中”或者“张三说了”这样的限制词。我们从“在书中 a 是白的且不是白的”，并不能推出“在书中 a 是白的，并且并非在书中 a 是白的”。类似地，从“张三说了 a 是白的且不是白的”，并不能推出“张三说了 a 是白的，并且并非张三说了 a 是白的”。因此，通过诉诸“根据故事”，汤姆逊看起来可以消解掉矛盾的虚构对象带来的矛盾性。[②] 考虑到汤姆逊承认故事实体，她用“根据故事”算子来消解不一致性便显得更加自然了。

笔者有两点质疑。质疑一，汤姆逊对内部真理的解释本身尚不明晰。汤姆逊诉诸“根据故事”算子，那么，“根据故事”算子又如何解释呢？在笔者看来，汤姆逊很可能会考虑下面两种方法。第一种方法是像范英瓦根一样通过三元归属关系解释“根据故事”前缀。这种方法的一个弊端是忽视了内部陈述中的“是”的谓述功能。显然，三元归属关系不是任何意义上的谓述。值得提及的是，范英瓦根后来也选择放弃三元归属关系，而启用二元“持有”关系，并承认日常语言中的“是”是模糊的，可能指称“例示”，也可能指称“持有”。持有大体相当于扎尔塔的编码。

---

① A. Thomasson, *Fiction and Metaphysics*, Cambridge: Cambridge University Press, 1999, pp. 105 – 106.

② 早期范英瓦根并没有明确考虑用“归属”（或者“持有”）来解释矛盾的虚构对象，但是，后期的确进行了这样的尝试。请参见 P. van Inwagen, “Existence, Ontological Commitment, and Fictional Entities”, in M. J. Loux, D. W. Zimmerman eds., *The Oxford Handbook of Metaphysics*, Oxford: Oxford University Press, 2003, pp. 148 – 149。

这样看起来第一种方法并不可取。第二种方法是认为“根据故事”是作用于命题的形容词，是对命题的限制。特别地，“根据故事”作用于命题“福尔摩斯是一个侦探”。这种方法的难题在于，看起来这里的“是”仍然要理解为“例示”，若如此，“根据故事”福尔摩斯也难以被看成是一个侦探。因为，在汤姆逊看来，福尔摩斯是一个抽象对象，而抽象对象不是侦探，并且即使根据故事也不是一个侦探。① 因此，以上两种方法都行不通。若如此，汤姆逊对内部真理的解释本身尚不清晰。因此，在此基础上对矛盾的虚构对象的消解也不会成功。

质疑二，消解矛盾的方法导致膨胀的虚构对象。汤姆逊承认，她通过故事前缀处理内部陈述的方式与范英瓦根是类似的。② 汤姆逊并没有在范英瓦根的方法之外做更多的说明。③ 根据范英瓦根的处理方式，“根据故事 s，x 是 F”要被分析为“s 归属 F 给 x”。其中，归属关系在经典逻辑隐含关系下封闭。考虑虚构的圆的方，不妨记作“o”。假设它出现的故事为 S。可知，“根据故事 S，o 是方的”成立，并且“根据故事 S，o 不是方的”成立。再根据封闭原则，“根据故事 S，o 是方的且 o 不是方的”成立。再根据封闭原则，可知对任意属性 G，“根据 S，o 是 G”成立。这是因为在经典逻辑下，矛盾蕴含一切。因此，范英瓦根的处理方法会导致承认膨胀的虚构对象。④ 这显然是不可接受的。⑤

3. 解释力维度

解释力标准要求能够对创造性真理、意向性真理、普通外部真理、本质虚构性真理、内部真理和本质内部性真理做出恰当解释。通过前面

---

① 根据故事有一个具体的人是一个侦探。但是，这与“根据故事福尔摩斯是一个侦探”不是一回事。前者成立，但后者不成立。在汤姆逊看来，这里“福尔摩斯”指称的是一个抽象的人造物。但是，根据故事没有一个抽象物是侦探。

② A. Thomasson, *Fiction and Metaphysics*, Cambridge: Cambridge University Press, 1999, p. 156, note 32.

③ Ibid., p. 107.

④ 后期范英瓦根意识到封闭原则会导致膨胀的虚构对象（P. van Inwagen, “Existence, Ontological Commitment, and Fictional Entities”, in M. J. Loux, D. W. Zimmerman eds., *The Oxford Handbook of Metaphysics*, Oxford: Oxford University Press, 2003, p. 153, note 23）。

⑤ 后期范英瓦根启用的“持有”关系。类似地，若不对“持有”进行合理限定，同样会导致膨胀的虚构对象问题。

的介绍，我们知道，汤姆逊对创造性真理提供了解释。她认为虚构对象是被其作者的创作活动创造的，并且虚构对象历史性地依赖于作者及其创作活动。这与我们关于虚构对象的创造性直觉是完全吻合的。实际上，汤姆逊正是在尊重这种直觉的基础上建构的创造主义虚构对象理论。如她所言，如果我们承认虚构对象，尊重关于虚构创作的文学实践活动，就应该将虚构对象看作是被其作者的创作活动创造的。那么，她对创造性真理的解释是可信的吗？

汤姆逊理论的主要特点是真正将创造性真理放在首位，具体讨论了虚构对象的创造机制。与其他理论相比，这显然是值得肯定的。但是，笔者认为，汤姆逊关于虚构对象所涉创造性的认识不能令人满意。这将导致她对创造性真理的解释不能令人满意，因为只有对创造性的认识是恰当的，对创造性真理的解释才会是可接受的。

在笔者看来，汤姆逊的创造性概念不可接受，因为她对创造性与作者的关系的认识并不恰当。具体有两个表现。

其一，现实维度上，汤姆逊认为，假若两个作者互不相识，却写出了相同或极其相似的故事，那么，两个作者一定是创造了两个虚构对象。汤姆逊说道，如果能够证明两个作者之间没有任何联系，甚至来自不同的文化传统，那么，即使写了相同的文本内容，也要认为他们创造了两个虚构对象，而不是一个。[①] 笔者认为，这种认识并不合理。实际上，出现这种认识的主要原因是，人们往往会认为“两个”虚构对象在不同的文化背景下会有不同的美学价值。以福尔摩斯为例，假设一个作者的文化背景是理性主义，另一个作者的文化背景是浪漫主义，人们或许会认为前一个作者创造的是一个英雄型人物，而后一个作者创造的是一个讽刺型人物。然而，这并不是唯一的选项，我们完全可以选择认为，实际上被创造的是同一个虚构角色，只不过同一个虚构角色在不同的文化背景下被认为具有不同的审美价值。[②] 显然，这个选项比前一个在本体论上更加简单，因此更加可取。

另外，汤姆逊认为，虚构角色本质地被其现实的作者创造，就是说，

---

① A. Thomasson, *Fiction and Metaphysics*, Cambridge: Cambridge University Press, 1999, p. 7.

② 关于如何判断被创造虚构角色个数以及创造者是谁，笔者的观点，请参见第六章。

如果一个虚构角色在一个可能世界存在的话，它一定被其现实作者的现实创作活动所创造。[①] 笔者认为，这种认识也并不合理。设想一个可能世界，假如一个人写了《福尔摩斯探案集》，但他不是柯南·道尔。试问，福尔摩斯是否被创造了？如果福尔摩斯被创造了，谁又是他的创造者？答案是显然的，福尔摩斯被创造了，创造者就是这个作者。或许，汤姆逊或支持汤姆逊的人会反驳说，的确有虚构对象被创造，但被创造的不是福尔摩斯。然而，如刚刚分析显示，一个虚构作品的文本内容足以决定一个虚构作品和相应虚构对象，到底是一个作者还是两个作者，到底是这个作者还是那个作者，都不会有实质影响。[②] 一旦确定了福尔摩斯被创造，该作者当然便是福尔摩斯的创造者。

基于以上两点理由，汤姆逊的创造性概念并不合理。若如此，汤姆逊对创造性真理的解释也并非令人满意，至少需要完善。

接下来考虑意向性真理。汤姆逊将她所主张的意向性理论称为“意向对象意向性理论”。实际上，就是第一章中提到的 ACO 理论。根据这种理论，每个意向状态除了包含意向主体和意向动作之外，都有一个意向内容和意向对象。其中，意向对象是不必独立于意向行为的，就是说，意向对象可以独立于意向行为，也可以依赖于意向行为甚至被意向行为所创造。[③] 汤姆逊认为，该理论的优势在于可以为几乎所有的意向状态提供统一解释，比如，相同意向内容不同意向对象现象、相同意向对象不同意向内容现象，都能得到合理解释。回到关于虚构对象的意向性真理上。比如，当我崇拜福尔摩斯。我是意向主体，意向动作是崇拜，意向对象是福尔摩斯，除此外，还有一个当我的崇拜状态发生时，我拥有的一个意向内容，比如“那个出现在《福尔摩斯探案集》中的大侦探”。可以说，ACO 理论对创造主义者而言是非常有吸引力的，一旦坚持虚构对象实在论，坚持 ACO 理论似乎是一个非常自然的选择。笔者认为，汤姆逊对意向虚构对象现象的解释是合理的，也与其理论是一致的。在这点

---

① A. Thomasson, *Fiction and Metaphysics*, Cambridge: Cambridge University Press, 1999, p. 39.

② 在第六章，我们会提出合取创造主义理念，在那里会做更多的相关分析。

③ A. Thomasson, *Fiction and Metaphysics*, Cambridge: Cambridge University Press, 1999, pp. 88 - 92.

上，汤姆逊的理论要比可能主义和观念主义更站得住脚。可能主义者面临跨世界的意向性问题，而观念主义面临与意向对象的主体间性不一致的问题。

再考虑普通外部真理和内部真理。汤姆逊认为，牵涉虚构对象的语境包含内虚构语境和外虚构语境。她认为，内虚构语境下的虚构陈述不能直接进行理解，而是要通过“根据故事”算子进行理解，相对照，外虚构语境下的陈述要直接进行理解。[①] 这里，汤姆逊基本上继承了范英瓦根的思想。范英瓦根认为，诸如“柯南·道尔创造了福尔摩斯”“福尔摩斯是一个正派角色”的外部陈述要直接进行解释。[②] 这两个陈述断言的就是两个关于福尔摩斯的真正真理。第一个断言的是柯南·道尔创造了福尔摩斯，第二个断言的是福尔摩斯是一个正派角色。但范英瓦根认为，内虚构语境下的陈述必须进行适当的重述。[③] 比如，“福尔摩斯是一个侦探”要被理解为“根据故事福尔摩斯是一个侦探”。在一致性维度的讨论部分，笔者已经论证汤姆逊对内部真理的这种解释方法面临严重问题。其一，解释方法本身并不清晰。或者忽视了内部陈述中“是”的谓述功能，或者会导致对内部陈述真值的错误分析。其二，会导致膨胀的虚构对象。因此，汤姆逊对内部真理的分析远非令人满意。

再来看本质虚构性真理。以福尔摩斯为例，福尔摩斯不但是一个虚构对象，并且本质地是一个虚构对象。从创造主义的框架下，汤姆逊能否对此做出合理解释呢？对此，汤姆逊并没有明确讨论。然而，笔者认为，可以推论汤姆逊有能力解释本质虚构性真理。首先，需要对虚构性本身进行界定。大体上讲，虚构性意味的应是被虚构地描述。比如，福尔摩斯是虚构的，因为他被柯南·道尔虚构地描述。故事中的伦敦也是虚构的，因为伦敦也被虚构地描写。福尔摩斯与伦敦在虚构性上没有差别，差别在是否占有时空。那么，福尔摩斯本质地被虚构地描述吗？二者之间具有本体论上的依赖关系吗？虚构描述活动就是写故事或讲故事

---

① A. Thomasson, *Fiction and Metaphysics*, Cambridge: Cambridge University Press, 1999, pp. 105 – 108.

② P. van Inwagen, “Creatures of Fiction”, *American Philosophical Quarterly*, Vol. 14, No. 4, 1977, p. 305.

③ Ibid., pp. 305 – 306.

的过程，通常被称作文学创作活动。那么，福尔摩斯是否本质地依赖于柯南·道尔的文学创作活动呢？

汤姆逊认为，二者之间的确具有本体论上的依赖关系。汤姆逊说："通过检验牵涉的特定依赖关系，对于一个虚构角色存在于哪些世界中，我们可以做出严格的条件规定。因为一个虚构角色严格地依赖于其作者开始存在，任何包含一个虚构对象的可能世界一定是一个包含相同（the very）的作者以及他/她的创造行为的世界。"① 若考虑时间指标，则"对任意的时间点和包含一个角色的世界，该世界必须包含其作者的创作活动，活动发生在该时间点或者在此之前"。② 用汤姆逊的术语讲，虚构对象严格地历史地依赖于其作者的创作活动。③ 比如，福尔摩斯严格地历史地依赖于柯南·道尔的创作活动。所谓严格性，即依赖的是某个特定的对象或事件，而不是一个类型。这里指的是，福尔摩斯之存在必然依赖于柯南·道尔的创作活动（而不是活动类型）。所谓历史性，即要求被依赖的对象要存在于所考虑时间点之前或同时。这里指的是，考虑任何一个时间点，若福尔摩斯在此刻存在，在此之前或同时柯南·道尔的创作活动一定发生了。笔者认为，上述思考让汤姆逊有能力对本质虚构性进行解释。既然在现实世界上，福尔摩斯出现，柯南·道尔的创作活动发生，我们会认为柯南·道尔借此虚构地描述了福尔摩斯。类似地，在任何世界上，若福尔摩斯出现，柯南·道尔的创作活动都会发生，我们也应当认为，柯南·道尔借此虚构地描写了福尔摩斯。假若如此，汤姆逊有能力解释虚构对象具有本质虚构性。

最后考虑本质内部性真理。福尔摩斯不但是一个侦探，还本质地是一个侦探。汤姆逊能否合理地进行解释呢？如前所言，汤姆逊借助"根据故事"算子来理解内部陈述。因此，实际上，在她看来，没有绝对的内部真理，只有相对的内部真理。汤姆逊并不承认虚构对象本质地具有

---

① A. Thomasson, *Fiction and Metaphysics*, Cambridge: Cambridge University Press, 1999, p. 39.

② Ibid..

③ 若将关注点放在作者上，而不是放在作者的创作活动上，便得到了"作者—本质主义"。所谓"作者—本质主义"即"让一个虚构个体在某个时刻开始存在的作者对该虚构个体之存在而言是本质的"（J. Goodman, "Defending Author-Essentialism", *Philosophy and Literature*, No. 29, 2005, p. 200）。

内部属性。在她看来，福尔摩斯并非本质地是一个侦探，因为“可能地，存在一个故事，根据这个故事，福尔摩斯不是一个侦探”。比如，在柯南·道尔创造福尔摩斯之后，假若有人再续写一个故事，在其中福尔摩斯不再是一个侦探。汤姆逊认为，这个故事将依然是关于福尔摩斯的，但是，根据那个故事，福尔摩斯并不是一个侦探。[①] 根据这种分析思路，一般地，一个虚构对象 o 具有本质属性 F，指的是，o 在关于 o 的所有（现实或可能的）故事中都具有 F 属性；o 具有偶然属性 F，指的是，o 在有的（可能或现实的）故事中具有 F，但在有的（可能或现实的）故事中不具有 F。[②] 所谓关于 o 的可能故事，指的是关于 o 的可能的续集或修正版，它们只需满足汤姆逊规定的虚构对象跨故事同一条件即可。新故事的作者熟知现实故事中的 o，并意图将 o 这个虚构角色带入到新故事中来。简言之，在其理论背景下，汤姆逊通过给出虚构对象的本质内部属性进行定义，直接否认了本质内部性真理。

笔者认为，汤姆逊的主张并不合理，因为她给出的本质内部属性定义是不可接受的。一个虚构角色的本质内部属性并不是它在所有（可能或现实的）关于它的故事中都具有的内部属性。不难构造反例。考虑福尔摩斯，我们知道福尔摩斯本质地是一个人。如果一个虚构角色不具有“是一个人”这个内部属性，他一定不会是福尔摩斯。这是我们对福尔摩斯的基本认识，无论读者或作者或评论者，都会承认。然而，我们依然可以设想某个人（非柯南·道尔）构想了一个故事，在其中“福尔摩斯”被作者引入，根据故事，福尔摩斯最终被发现是一个机器人，甚至是一块石头（请类比孙悟空）。难道说，仅仅因此，我们便会认为福尔摩斯可能不是一个人？这样的故事显然是可能的——如果描述石猴的《西游记》

---

① 参见 A. Thomasson, *Fiction and Metaphysics*, Cambridge: Cambridge University Press, 1999, pp. 109 – 111。汤姆逊还考虑了其他的可能策略。针对“福尔摩斯本质地是一个侦探吗”这个问题，或许有人建议说，这问的是：根据特定故事福尔摩斯是否本质地是一个侦探。若如此，答案或许应当是肯定的。但是，这并不是原问题的意思，因为在上述意义上获得肯定答复后，我们依然会有原来的困惑（A. Thomasson, *Fiction and Metaphysics*, Cambridge: Cambridge University Press, 1999, p. 110）。

② 不难理解汤姆逊为何这样规定。这与刘易斯对必然和可能的规定类似：必然真理在“所有”世界上为真，可能真理在“有的”世界上为真。汤姆逊这里的策略是：“本质”内部真理在“所有”故事中为真，“实然”内部真理在“有的”故事中为真。

是可能的，很难理解为何这样的故事是不可能的。或许汤姆逊会辩解说，该故事是可能的，但不是关于福尔摩斯的。对她而言，这很难成功。因为按照汤姆逊的标准，只要故事作者足够熟悉“福尔摩斯”的用法并愿意保持该用法即可。显然，这里的名字“福尔摩斯”是满足的。作者只是接着“福尔摩斯”的故事讲，但是，谁能禁止作者将“福尔摩斯”写成一个机器或者石头呢?① 因此，结论只能是，基于汤姆逊对跨故事虚构角色的理解，她对虚构角色本质内部属性的定义是不当的。

4. 简单性

简单性标准要求本体论上的简单性和解释过程的简单性。汤姆逊将虚构对象看作是被创造的抽象对象。这在本体论上看起来并不简单。根据传统的本体论，一个对象或者是具体对象，或者是抽象对象。所有具体的对象都占有时空，是实然存在的对象，比如物理实体。所有抽象对象都不占有时空，是必然存在的对象，比如数学实体。但是，假如汤姆逊的理论是合理的，一般地，假如创造主义是合理的，那么，在传统的二分本体论之外，还要承认一种实然存在却不占时空的实体。这样的实体常被称作“实然抽象对象”。在汤姆逊看来，虚构对象便是这样的实体。因此，汤姆逊的理论在本体论上看起来并不简单。

当然，通过前面解释力维度的展示，我们知道，除了创造性真理、内部真理、本质内部性真理之外，汤姆逊能够对其他的虚构真理做出解释。这决定了她的理论并不具有解释力上的简单性，但是，假若能够辩护本体论上的简单性，精致创造主义的可接受度便会得到极大提高。那么，创造主义本体论上是不是简单呢？汤姆逊又是如何为其进行辩护的呢？本体论上的简单性原则，说的是如无需要勿增实体。在汤姆逊看来，从传统本体论扩展为创造主义本体论是必要的，解释资料要求做出这样

① 对于这类案例。在第七章，笔者将给出自己的观点。简单讲，在笔者看来，一般情况下，他人改写或续写的故事，与原故事并不具有“继续”关系，就是说，所描写的虚构角色并不相同。比如，这里的福尔摩斯变石头的故事，并不是关于福尔摩斯的。柯南·道尔所写的《福尔摩斯探案集》规定了福尔摩斯是什么角色。这里构造的新故事规定的是另外一个不同的角色。根本的原因在于：两个故事文本被创作有时间先后，且不是同一个作者，故事内容也不同。这决定了被创造的是两个故事，相应地，被创造的是两个虚构角色。然而，汤姆逊并不能持有这样的观点，因为她认为，只要新故事作者意图将“福尔摩斯”引进来就可以保持福尔摩斯这一虚构角色同一。笔者并不同意这种看法。

的本体论扩张；而且，作为一种典型的依赖型抽象人造物，同样有助于理解同类实体，比如，亚里士多德主义意义上的共相、虚构作品、音乐作品、建构主义的数学实体、地区性的文化观念、国家法律等。[①] 另外，汤姆逊认为，本体论上的简单性标准不能机械地进行理解。她提醒说，本体论上的简单性标准用来比较的不是承认对象的个数，而是承认对象的类数，特别是，承认的基本实体的类数。[②]

汤姆逊认为，一个本体论由两部分构成，一部分是基本实体，另一部分是通过基本实体构造而成的，或者说依赖于基本实体的派生实体。本体论经济原则的真实意思应该是，在理论解释力均等的情况下，承认越少类型基本实体的本体论越可信。进而，汤姆逊认为，她的创造主义虚构对象理论并不会增加本体论上的复杂性，因为，她的本体论结构中的基本实体仅仅包括占有时空的物理实体和心理实体，而这并没有超出传统的本体论范围。虚构实体仅仅是依赖于物理实体和心理实体的派生实体，承认虚构实体并不会增加本体论上的复杂性。一般地，汤姆逊并不认为在传统本体论框架下承认抽象人造物会提高复杂性，相反她认为这会提高传统本体论框架的解释能力。

四　对精致创造主义的评价

"精致创造主义"与"素朴创造主义"相对。素朴创造主义者只是明确主张创造主义理念，但并未提出完整的虚构对象理论。在范英瓦根和克里普克理论的基础上，汤姆逊提出了更加完善的虚构对象理论。汤姆逊是精致创造主义的典型代表。这里所言对精致创造主义的评价专指对汤姆逊理论的评价。

在前文介绍汤姆逊理论的过程中，我们已经大体完成对该理论的评价，看到了该理论的优势和不足。首先，在清晰性维度，汤姆逊严格规定了虚构对象开始存在条件和继续存在条件，还能够区分纯粹虚构对象和现实对象、纯粹虚构对象和历史虚构对象。但是，未能给出恰当的虚

---

① A. Thomasson, *Fiction and Metaphysics*, Cambridge: Cambridge University Press, 1999, pp. 41, 151.

② Ibid., p. 151.

构对象同一化条件，也难以区分纯粹虚构对象和虚构的虚构对象。其次，在解释力维度，能够解释意向性真理、普通外部真理、本质虚构性真理，但未能恰当解释内部真理和本质内部性真理，对创造性真理的解释也不令人满意。再次，在一致性维度，汤姆逊难以消解矛盾的虚构对象带来的不一致性，还面临承认膨胀的虚构对象这样的不利结果。最后，在简单性维度，根据汤姆逊的辩护，虽然她的理论比传统的本体论承认更多的实体范畴，但是，在基本实体意义上，本体论依然是简单的。

最后，补充一点说明。在当下虚构对象形上学领域，创造主义正受到越来越多的关注，主要原因是其理论目标正得到更多的认可。如汤姆逊所言，创造主义理念的目标是，既承认虚构对象之被创造依赖于作者的意向行为，同时承认其他人即读者也能把握虚构对象，就是说，虚构对象对作者意向行为的本体论依赖性不影响虚构对象的主体间性。汤姆逊理论的整体图景都在完成这个目标。笔者对汤姆逊理论整个图景有所担忧。

关于读者如何把握一个虚构对象，汤姆逊写道："……通过阅读同一部作品，众多不同的读者可以通达同一个虚构对象。"① "……当阅读柯南·道尔的《福尔摩斯探案集》，我的行为的对象是柯南·道尔的福尔摩斯，与我的行为因果关联的文本拷贝要以适当的方式因果地追溯到出版，进而追溯到柯南·道尔的原始文本。"② 汤姆逊的思路是：因为柯南·道尔能够通过写作原始文本完成对福尔摩斯的命名指称，继而出版印刷，读者通过阅读印刷复制的文本便能够达到对福尔摩斯的把握。然而，这似乎并不能令人信服。一个对象被某个名字指称继而该名字被语言共同体其他成员恰当使用，这也并不能保证其他成员能够把握被指称的对象。私人实体（如观念）同样可以被命名，继而该名字被语言共同体其他成员使用，但是，其他成员不能借此达到对私人实体的把握。实际上，一个对象能否被多主体把握，要依赖于该对象的形上学特征（如是否占有时空以及相应感官特征），共同使用一个名字本身不足以保证。汤姆逊在主体间性问题上，可能同在同一性问题上犯了一样的错误，即过度依赖

---

① A. Thomasson, *Fiction and Metaphysics*, Cambridge: Cambridge University Press, 1999, p. 23.

② Ibid., p. 91.

于指称行为的意向功能，而忽略了对虚构对象形上学特征的讨论。假如虚构对象主体间性问题无法得到合理的解释，汤姆逊对所有虚构真理的解释的可接受性可能都要受到削弱，因为无论是内部真理还是外部真理，都被看作是具有主体间性。这是笔者对汤姆逊理论做的最后一个有所保留的说明。至此，完成对汤姆逊理论的批判性评价。

五　评价汇总

为了更清晰地理解前面所做评价，下面用表 4—2 进行汇总。

表 4—2　　对精致创造主义的评价

清晰性
开始存在条件：+
继续存在条件：+
同一化条件：-
区分虚构对象和现实对象：+
区分纯粹的虚构对象和历史虚构对象：+
区分纯粹虚构对象和虚构的虚构对象：-
不依赖不可信概念资源：+
解释力
创造性真理：-
意向性真理：+
普通外部真理：+
本质虚构性真理：+
内部真理：-
本质内部性真理：-
一致性
积极的一致性：-
消极的一致性：-
简单性
解释过程简单性：-
本体论的简单性：+

第五章

柏拉图主义的创造主义转向

在虚构对象形上学研究中，创造性真理被看作是核心解释资料，可被称作“第一真理”。创造主义者的最显著优势就是承认虚构对象是被其作者创造的（虽然纵使精致主义尚不能完全令人满意）。柏拉图主义者的最显著不足便是不能解释创造性真理，因为必然存在的柏拉图主义实体是不可能被创造的。因此，有的柏拉图主义者试图弱化自己的柏拉图主义立场，使得能够对创造性真理做出解释。本章将展示并评价两个重要尝试：扎尔塔尝试对其抽象对象理论做出新的解释使之能够与创造性真理相一致；沃特里尼则尝试将柏拉图主义和创造主义进行融合，提出一个综合型的虚构对象理论，该理论部分地具有柏拉图主义特征，部分地具有创造主义特征。

第一节　扎尔塔：抽象对象理论的创造主义解释

实际上，扎尔塔起初想要弥合的是实在论与反实在论的争论。实在论者承认虚构对象，反实在论者拒绝承认虚构对象。扎尔塔认为，在众多实在论理论中，他基于抽象对象理论而构造的柏拉图主义虚构对象理论是相对更有吸引力的，而在反实在论理论中，假装理论（比如前文展示过的埃弗雷特式反实在论）影响更大。扎尔塔设想，假若他的柏拉图主义理论能够被假装论者也接受，二者之间的对立将得以化解。当然，为此，他的柏拉图主义立场需要进行一定的改造。扎尔塔认为，其柏拉图主义理论形式本身无须做任何改变，只需对语义学中的论域做适当扩展即可。扎尔塔相信，这样的一小步修改，就能使其理论被假装论者接受。扎尔塔的另一个预期是，经改造后的柏拉图主义理论与创造主义也将是一致的。因此，在扎尔塔看来，柏拉图主义与创造主义的对立某种程度上也将被消解。扎尔塔的理论改造工作主要反映于其近作《在假装理论和抽象对象理论之间》。① 我们将分两部分介绍扎尔塔的改造工作。第一部分展示扎尔塔对论域的拓展，并解释在何意义上改造后的理论与假装论者是相容的。第二部分展示改造后的理论如何与创造主义也是相容的。第三部分进行理论评价。

一 作为属性模式的虚构对象

首先，让我们先回顾一下，扎尔塔对虚构对象的定义和识别。扎尔塔对虚构对象的定义如下：x 是一个虚构对象，当且仅当，x 是抽象的，并且 x 原出于某个故事。扎尔塔对虚构对象的识别方式规定如下：若 x 原出于故事 s，则 x 就是编码且仅仅编码故事 s 赋予 x 的那些属性的抽象对象。具体看一个例子。福尔摩斯是一个虚构对象，因为福尔摩斯原出于《福尔摩斯探案集》。那么，福尔摩斯到底是“哪个”虚构对象呢？福尔摩斯是编码且仅仅编码《福尔摩斯探案集》赋予“福尔摩斯”的那些属性的抽象对象。若用符号来表示，下面断言成立：$\exists x(A!x \wedge (F)(xF \leftrightarrow \Sigma_{CD}Fh))$，其中 A! 代表的是抽象性，xF 读作：x 编码 F，$\Sigma_{CD}Fh$ 读作：在《福尔摩斯探案集》中福尔摩斯具有 F 属性（更精确的说法是，《福尔摩斯探案集》编码“福尔摩斯是 F”这一命题），h 代表的是福尔摩斯。

相对照，假装论者根本不会承认有福尔摩斯这样的虚构对象，也不会承认有关于虚构对象的那些故事。在假装论者看来，当我们说某位作者写了一个故事，意思无非是说他写了特定的文本，并且该文本会用来引发读者的假装或想象游戏。而诸如“福尔摩斯”这样的虚构名字也仅仅是被假装或想象获得了指称，实际上只是空名而已。简言之，假装论者既不会承认有抽象的故事实体，也不承认有所谓虚构对象。

---

① E. N. Zalta, “The Road Between Pretense Theory and Abstract Object Theory”, in A. Everett & T. Hofweber eds., *Empty Names, Fiction and The Puzzles of Non-existence*, Stanford: CSLI Publications, 2000, pp. 117–147.

扎尔塔的理论改造工作如何进行呢？扎尔塔没有改变对虚构对象的形式化刻画，但是，改变了其语义解释。① 以前文所列用来识别福尔摩斯的公式为例。扎尔塔将其中的“A！x”读作：x 是一个属性模式（a pattern of properties）。什么是“属性模式”？扎尔塔并没有做详细解释。但确定的是，扎尔塔认为：属性模式是不占时空的，属性模式与日常的具体对象之间依然具有范畴性差异；单个属性可以作为要素构成属性模式。② 相应地，前面公式中的 xF 读作：属性 F 是属性模式 x 的构成要素。综合起来，前面提到的公式说的是：存在一个属性模式（即福尔摩斯），它的构成要素包括且仅仅包括《福尔摩斯探案集》赋予“福尔摩斯”的那些属性。③ 这些属性包括：是一个侦探、住在伦敦、非常聪明、探案如神等。扎尔塔认为，属性模式的存在需要经验的基础。具体而言，虚构名字对应的属性模式的经验基础就是作者的创作活动。比如，“福尔摩斯”对应的属性模式依存于柯南·道尔写作虚构文本的过程。④ 另外，我们知道，扎尔塔也将故事看作是抽象对象，因此，在其新解释下，故事同样是属性模式，只不过其构成要素是 0 - 元属性（或命题）而已。⑤

这里，对讨论而言，至关重要的是，扎尔塔认为，假装论者同样承认有属性模式，承认作者写作故事文本的过程。故事文本创作的过程就是属性模式诞生的过程。因此，扎尔塔认为，其虚构对象理论与假装论

---

① E. N. Zalta, “The Road Between Pretense Theory and Abstract Object Theory”, in A. Everett & T. Hofweber eds., *Empty Names, Fiction and The Puzzles of Non-existence*, Stanford: CSLI Publications, 2000, p. 139.

② Ibid., p. 143.

③ 参见 E. N. Zalta, “The Road Between Pretense Theory and Abstract Object Theory”, in A. Everett & T. Hofweber eds., *Empty Names, Fiction and The Puzzles of Non-existence*, Stanford: CSLI Publications, 2000, p. 141。扎尔塔的概括原则的解释也将发生相应变化。根据原来的解释，概括原则说的是：任给一个属性集合 A，都存在一个抽象对象 o，o 编码且仅仅编码 A 中的属性。在新解释下，概括原则说的是：任给一个属性集合 A，都存在一个属性模式 o，o 的构成要素包括且仅仅包括 A 中的属性。

④ E. N. Zalta, “The Road Between Pretense Theory and Abstract Object Theory”, in A. Everett & T. Hofweber eds., *Empty Names, Fiction and The Puzzles of Non-existence*, Stanford: CSLI Publications, 2000, p. 140.

⑤ Ibid., p. 139.

是一致的。[①] 既然已经承认属性模式，假装论者便不必拒绝承认“福尔摩斯”有所指称。“福尔摩斯”指称的就是如此那般的一个属性模式，该属性模式包含且仅仅包含“福尔摩斯”在故事中被分配的属性。因此，为了能够对关于虚构对象的日常陈述给出系统的语义解释，假装论者完全可以像扎尔塔一样承认虚构名字有所指称。若如此，以假装论为代表的反实在论与以扎尔塔的理论为代表的实在论，实际上并无真正对立。本体论上的争论将获消解。在扎尔塔看来，这是一个皆大欢喜的结果：假装论者将能够系统地对虚构陈述给出系统的语义解释，他自己也可依然坚持其虚构对象理论。扎尔塔相信，这构成其系统化虚构对象理论的一个重要优势。

二 虚构对象之实然存在性

根据扎尔塔对其虚构对象理论的重新解释，虚构对象乃是属性模式，并且作为属性模式的虚构对象依赖于作者的创作文本过程。类似地，故事也是属性模式，并且同样依赖于作者创作文本的过程。如此看来，故事和虚构角色乃是实然存在之物，它们在本体论上依赖于作者的行为。这显然是扎尔塔希望看到的结果。以福尔摩斯这个虚构角色为例，扎尔塔说道，“根据对形式化理论的新解释，概括原则会对实然存在的模式进行量化，因此，我们可以真正地说，在柯南·道尔从事特定的行为之前，福尔摩斯这个角色并不存在。这样的话，把虚构之物处理为抽象对象这一选项将能避免一个传统的指责。这个指责说我们不能解释虚构之物是‘实然被创造的’”。[②]

简言之，扎尔塔认为，若对其虚构对象理论进行重新解释，创造性真理也将能够得到恰当的解释。以福尔摩斯为例，让我们考察“柯南·道尔创造了福尔摩斯”这一创造性真理。这个语句表达的是，柯南·道尔通过特定的经验活动让福尔摩斯从无到有。基于对抽象对象理论的重

① E. N. Zalta, “The Road Between Pretense Theory and Abstract Object Theory”, in A. Everett & T. Hofweber eds., *Empty Names, Fiction and The Puzzles of Non-existence*, Stanford: CSLI Publications, 2000, p. 142.

② Ibid..

新解释，扎尔塔可以认为，虽然福尔摩斯是抽象的，福尔摩斯依然是被柯南·道尔创造的。具体而言，“福尔摩斯”指称的是一个属性模式，该属性模式之存在在本体论上要依赖于柯南·道尔从事的特定的文本创作活动。因此，福尔摩斯的确是实然存在的，柯南·道尔的确创造了福尔摩斯。

三　理论评价

扎尔塔意识到，作为一个实在论者，他不得不对创造性真理进行解释，而不仅仅是生硬地宣称我们的创造性直觉是错误的。这是因为任何虚构对象理论的构造，都是为了帮助我们更好地理解虚构对象，因此，最好不要与基本的直觉相冲突。创造性真理反映的就是这样的核心直觉。扎尔塔的理论改造工作的目的，就是为了能够对创造性真理做出解释。那么，他的努力是否成功呢？笔者认为，扎尔塔的改造工作并不成功。下面做四点评论。

第一，属性模式范畴并不清晰。扎尔塔将虚构角色以及虚构故事都处理为属性模式。但是，属性模式并不清晰。他只是说属性可以作为要素构成属性模式。但是，属性能够构成的东西有许多。比如，属性可以构成属性集合，属性可以构成事实，属性可以构成个体。至少在不同的形上学理论构架下，这些都是可以成立的。那么，属性模式与何者更相似呢？扎尔塔没有明确，我们也无从知晓。或许扎尔塔会认为，属性模式不在时空内，因此，不能是事实①，也不能是个体。假若如此，看起来，属性模式或许应看作是属性集合。然而，这也并不合理。假若如此，当我崇拜福尔摩斯，难道我崇拜的是一个属性集合？当我们说福尔摩斯比现实侦探都出名，我们的意思是一个集合比现实侦探都出名？如此看来，属性模式并不是一个内涵清晰的范畴。

---

① 笔者认为，事实显然是占有时空的，是具体的实体。比如，我现在在敲击键盘是一个事实，这个事实并不是什么抽象的实体，而是占有时空的。比如，这个事实发生在我的办公室里，或许还可以更加精确些，发生在我的办公桌附近，再更具体些，它的位置应该就是“我敲击键盘”这个动作所发生的位置。当然，有的哲学家认为事实是抽象的。比如，在弗雷格看来，事实就是真的思想，而所有思想都是抽象的。在笔者看来，这种看法或许会具有某种纯粹理论上的优越性，但是，遗憾的是，这种看法与人们对事实的基本认识并不一致。

第二，新解释将导致原有理论框架的坍塌。扎尔塔的虚构对象理论的基础是其抽象对象理论。抽象对象理论的核心假设是例示关系与编码关系的区分。比如，按照其抽象对象理论，“福尔摩斯是一个侦探”表达的是福尔摩斯编码“是一个侦探”这一属性，相对照，“笔者是一个哲学家”表达的是笔者例示“是一个哲学家”这一属性。然而，按照扎尔塔的新理解，日常语言中的“是”看起来将不再是模糊的，只需要例示关系就足够了。具体而言，“福尔摩斯是一个侦探”要被解释为福尔摩斯包含“是一个侦探”这一属性。显然，这里只需要个体与属性之间的例示关系就可以了，“包含”并不是一个与“例示”并列的形上学关系。在类似的意义上，集合论需要包含关系，但并不需要特别引入一种不同的“例示”关系，或似“例示”关系。换句话说，根据扎尔塔的分析思路，福尔摩斯例示了“包含‘是一个侦探’这一属性”这一复杂属性。虽然复杂，但是，新解释仅仅需要例示关系即可，不再需要编码。与此不同，在原理论中，编码与例示之区分是根本的、初始的。它们是两种平行的形上学关系，编码不能被例示定义，例示也不能被编码定义。因此，新解释的改造带来的是“灾难性”结果，即原理论基础的根本坍塌。

第三，新解释将导致扎尔塔的抽象对象理论的不完整性。扎尔塔尝试对抽象理论进行新的解释，并进一步论证新的解释将使得其虚构对象理论与创造性真理相一致。然而，假若这是可行的，这意味着根本不存在唯一的扎尔塔的抽象对象理论：扎尔塔所谓的抽象对象理论将仅仅是一个纯粹的语言形式系统，没有固定的语义，采取什么样的语义将依赖于应用到什么领域，解释什么样的资料，特别地，论域将根据需要而发生变化。无论是一个科学理论，还是哲学理论，都包含语形和语义两个部分。一个理论要求有特定的语义。若语义缺失，则根本不能算作是一个理论。扎尔塔抽象对象理论的语义不确定性将导致该理论的不完整性，这恐怕是一个难以接受的结果。

第四，新解释将导致原理论的本体论优势消失。扎尔塔的虚构对象理论的本体论优势是，在传统的本体论框架内定位虚构对象。然而，在新解释下，福尔摩斯将成为实然存在的抽象实体，这已经拓展了传统本体论范围。传统本体论中的实体，或者是实然具体的，或者是必然抽象的。显然，假如拓展了传统本体论，则原来的保守主义本体论带来的优势便不存在了。

第二节　沃特里尼：柏拉图主义与创造主义的综合

据第一节讨论，为了能够为创造性真理给出恰当解释，扎尔塔尝试对其虚构对象理论进行重新解释。然而，据笔者论证，扎尔塔的努力并不成功。不过，扎尔塔的努力反映出一种研究的趋势，即柏拉图主义和创造主义相融合的趋势。沃特里尼便是沿着这个趋势走得更远的一位代表。本节将对沃特里尼的理论进行述评。具体而言，第一部分展示沃特里尼设计的“相同文本不同角色”思想实验。第二部分展示沃特里尼的综合型虚构对象理论。第三部分进行理论评价。

一　相同文本不同角色思想实验

在第一章，我们曾提到沃特里尼试图为实在论提供所谓“真正的”本体论论证。具体而言，沃特里尼设想，两个互不相识的人写出具有相同语言结构（即包含相同虚构名字、相同谓词、相同修饰语且语词的组合结构也完全一样）的虚构文本。他认为，两个虚构文本对应两个不同的虚构作品。既然两个虚构文本的语言结构完全一样，决定所涉虚构作品差别的只能在其语义，而谓词的语义以及量词等修饰语的语义与通常语义并无不同，没有差别。因此，差别一定发生在诸如虚构名字的单称词项的语义上，就是说，同一个虚构名字指称两个不同的虚构对象。简言之，为了解释虚构作品之不同，必须要承认虚构对象之不同，因此，必须持有包含虚构对象的本体论。关于沃特里尼的本体论论证，笔者在第一章已经明确持保留态度。这里需要指出的是，沃特里尼这里所依赖的思想实验对他的综合型虚构对象理论而言至关重要。这里进行简要展示。

该思想实验如下。① 沃特里尼设想，一个诗人想象一个人，并写下这样的诗句“你让自己沉浸于无限之光明”②。此时，这个诗人完成了一个

---

① A. Voltolini, “Précis of How Ficta Follow Fiction”, *Dialectica*, Vol. 63, No. 1, 2009, pp. 54 – 55.

② 这里，沃特里尼用的是人称代词“你”。按照他的思路，换作专名效果会是一样的。笔者认为，若换作专名，论证效力会更加明显。但是，为了尊重作者的原始表述，这里用的是沃特里尼自己的例子。

只包含一句话的故事，完成了一部简单的虚构作品。巧合的是，与之毫无联系的另外一个诗人，同时写下了同样的句子。沃特里尼认为，第二个诗人完成的是另一部虚构作品。如何能解释两部虚构作品的不同呢？他认为，这是因为相同文本中两次出现的“你”指称了两个不同的虚构角色。就是说，两个诗人创造了两个虚构角色。

二 综合型虚构对象理论

上述思想实验中，两个诗人所写文本完全一样，因此，两个虚构角色被分配的属性是一样的。假如柏拉图主义是合理的——无论是扎尔塔的抽象对象理论，还是帕森斯的梅农主义理论，或者是沃尔特斯多夫的类型论——两个诗人所写一定是同一个虚构角色。但是，沃特里尼认为，此时有两个虚构角色被创造。因此，柏拉图主义一定是错误的。那么，难道说属性或属性组合对创造虚构对象而言完全没用吗？沃特里尼认为，属性组合部分地决定了虚构对象的同一性。就是说，如果属性组合不同，那么，所涉虚构对象一定不同。但是，若属性组合相同，所涉虚构对象却未必相同。

那么，其他的决定成分是什么呢？沃特里尼认为，是心理活动类型，即假装活动类型。沃特里尼认为，假装活动类型部分地构成虚构对象的同一性条件，也与虚构对象之被创造密切相关。“更具体地讲，一个虚构对象（部分地）通过一个假装活动类型被例示而被创造。这使得综合型理论只是折中的创造主义。因为一个假装活动不足以产生一个虚构实体，但创造主义者却宣称如此。在综合型理论看来，创造需要一个反身性（reflexive）的步骤：假装活动本身不会导致虚构对象被创造，直到它被看作激活了一组特定的属性，大致上说，就是相应的文本所分配的属性。这个‘看作’操作，即将相应的属性集合假装地看作被一个个体例示，通常情况下，是被某个具体的个体例示。对属性集合这样的心理操作便产生了一个虚构对象。”① 简言之，一个虚构对象被创造，需要三个条件，一个是属性集合，一个是假装活动类型，一个是反身性的心理操作。属性集合和假装活动类型则构成虚构对象的同一化条件。在沃特里尼看来，

---

① A. Voltolini, “Précis of How Ficta Follow Fiction”, *Dialectica*, Vol. 63, No. 1, 2009, p. 52.

他的综合型理论，可以像创造主义一样认为虚构对象是真正被创造的，也可以像柏拉图主义一样认为虚构对象的同一性（部分地）被相应属性组合确定。因此，他认为综合型理论比这两种理论都更具优势。

三　理论评价

沃特里尼的综合型虚构对象理论是否合理呢？在虚构对象形上学中又该占有怎样的位置呢？笔者认为，沃特里尼的综合型理论的确会占据特定位置，这主要是因为，他比汤姆逊更加细致地思考了虚构对象的被创造过程。虽然，汤姆逊也曾思考过沃特里尼所设计的思想实验对应的假想情况，但是，只是仓促地做出了差异性断言。就是说，汤姆逊也会认为，在上述思想实验中，两个诗人创造了两个不同的虚构角色。但她给出的理由仅仅是两个角色的创造性来源（origin）不同，至于来源到底指什么，却未细化。[①] 沃特里尼的理论则明确将假装活动类型和反身性心理操作引入进来解释这种差异。然而，笔者认为，沃特里尼的综合性尝试并不成功。

第一，“相同文本不同角色”思想实验设计不合理。沃特里尼认为，两个诗人用相同的文本写出来的是两个不同的虚构角色。沃特里尼在谈到第二个诗人时，说“我们一定会（be ready to）说，第二个诗人写了另外一首诗”。[②] 并进而认为，第二个诗人创造了另外一个虚构角色。但是，这显然是缺少辩护的。在第六章，笔者将引入合取创造主义理念，在那里将系统地分析比较针对该思想实验的可能的不同观点，包括沃特里尼的观点。这里，只是简要说明沃特里尼的差异性前提是不可靠的。

认为两个虚构角色被创造，其主要的理由是，我们可能会倾向于赋予“两个”虚构角色不同的审美属性。比如，一个角色被看作是浪漫主义的，另一个是理性主义的。再根据莱布尼茨律，得出有两个虚构角色的结论。但是，这并不具说服力。因为只承认一个虚构角色同样能够解释审美价值差异直觉。比如说，可以认为，同一个虚构角色在不同的文

---

① A. Thomasson, *Fiction and Metaphysics*, Cambridge: Cambridge University Press, 1999, pp. 6 – 7.

② A. Voltolini, “Précis of How Ficta Follow Fiction”, *Dialectica*, Vol. 63, No. 1, 2009, p. 54.

化背景下，拥有了不同的审美价值。这听起来完全讲得通，而且更加简单。另外，在审美领域，形式主义是值得首先被尊重的要求，就是说，一个作品本身的内在特征决定了其审美属性。在该思想实验中，虚构文本的内在特征完全一样，因此，有理由认为审美属性应该相同。因此，纵使沃特里尼所需要的审美价值差异性直觉也是可疑的。简言之，或者审美价值差异性直觉根本不成立，或者审美价值差异性直觉成立，但依然构不成支持虚构作品或虚构角色差异性结论。沃特里尼的思想设计实验难以达到预期目标。

第二，综合型创造机制不合理。沃特里尼认为创造一个虚构对象，关键在于一个反身性的心理操作，该操作将假装活动类型投射到相应的属性集合上。沃特里尼将该操作称为“看作”（see as）。为方便，我们简单地将之称作“投射”。对此，笔者有两点质疑。首先，被操作项心理活动类型这一范畴有问题。考虑沃特里尼设计的思想实验。两个诗人写了相同的文本，也完成了相同类型的假装活动，即都假设“你”沉浸在无限之光明中。然而，为了解释“虚构角色差异性”，沃特里尼竟然认为，两个假装活动类型并不相同。“虽然这个属性，进而相关的属性组，是完全相同的，但是这种情况下的假装活动类型是不同的。”[①] 前面笔者已经论证过，虚构角色差异性认定是没有根据的。这里的假装活动类型差异性判断更是为了解释这个无根据的认定，而任意地设置的，没有一个普通人会否认这里的心理活动类型是相同的。因此，沃特里尼对心理活动类型的认识看起来是不恰当的。[②]

另外，沃特里尼所谓的反身性心理投射也是可疑的。沃特里尼似乎认为，假装活动可分为两类。一类是主体假装有某个对象具有某些属性，但是，自己并没有意识到所从事的假装活动牵涉到这些属性，就是说，

---

① A. Voltolini, “Précis of How Ficta Follow Fiction”, *Dialectica*, Vol. 63, No. 1, 2009, p. 55.

② 这种认识导致的结果是，两个不同的主体不可能做出相同类型的心理活动。就是说，只有同一个主体才可能做出相同类型的心理活动。这显然是非常可疑的，这相当于将心理活动完全主观化。特别地，“你的假装”与“我的假装”必然是不同的，理由仅仅是“你”和“我”是不同的。在笔者看来，这种看法并不合理。相比较而言，更合理的说法是，“你的假装”和“我的假装”各自有主观的方面，但是，二者依然可以属于相同的假装类型。沃特里尼所考虑的“相同文本不同角色”思想实验中，两个诗人的假装活动恰恰属于这种情况。

缺少心理投射活动。第二类是主体如此假装，并且意识到所从事假装活动牵涉相应的属性。沃特里尼认为，后面一种类型假装活动才能具有创造虚构角色的功能。但是，这并不合理。

其一，一般来说，假装活动隐含自我意识性。比如，当我假装我前面有一个红衣女侠，我能够意识到我如此假装，也因此，能够意识到我的假装活动牵涉的那些属性。正所谓，你叫不醒一个装睡的人，假装者都知道自己在假装。假若如此，那么，任何类型假装活动总是伴随相应的“心理投射”，因此，根据沃特里尼的定义，一个人只要从事某种类型的假装活动，就足以创造出相应虚构对象。假若如此，沃特里尼的观点将归约为一般的创造主义观点。这是沃特里尼不愿接受的。其二，退一步讲，纵使承认假装活动不隐含自我意识性，即并非所有假装活动类型都会自动地完成心理投射，沃特里尼依然面临问题。假设我假装我前面有一个红衣女侠，但我没有意识到我的假装活动牵涉到这些属性。按照沃特里尼的观点，此时，我没有创造一个红衣女侠虚构角色。相对照，假设我不但假装前面有一个红衣女侠，还意识到我的假装活动牵涉这些属性，那么，我将创造出一个红衣女侠虚构角色。但是，为何这样的反身性意识会带来这样的创造性差异呢？实际上，通常我们认为，纵使柯南·道尔对他的假装活动没有反身性意识，也不会影响他成为福尔摩斯的创造者。沃特里尼很难解释为何反身性投射竟然会带来如此大的本体论差异。

简言之，为了解释“相同文本不同角色”思想实验，沃特里尼提出综合型虚构对象理论。但是，遗憾的是该思想实验设计并不成功，特别地，其中的“不同角色”判断是缺乏辩护的。另外，以该思想实验设计为基础，沃特里尼提出来的综合型虚构对象理论也并不合理。根据前文论证，或者综合型虚构对象理论将归约为一般的创造主义，或者，很难解释因何反身性心理投射会带来创造性差异。

第三节　结语

柏拉图主义者试图进行创造主义转向，主要有两个尝试。扎尔塔尝试为其柏拉图主义理论提供新的语义解释，使得能够与创造主义直觉相一致。然而，遗憾的是扎尔塔的创造主义转向并不成功：（1）修正工作所依赖的属性模式范畴并不清晰；（2）将导致原有理论框架坍塌；（3）将导致其抽象对象理论不完整；（4）将导致原理论的本体论优势消失。沃特里尼则尝试对柏拉图主义和创造主义进行融合，然而，结果同样不能令人满意：（1）所依赖的“相同文本不同角色”思想实验设计并不合理；（2）综合型的创造机制也不可接受。扎尔塔和沃特里尼都正确地看到，创造主义理念本身是合理的。遗憾的是，两人的创造主义转向都算不上成功。那么，什么形态的创造主义才更加合理呢？笔者将更加细致地考察虚构对象所涉创造性，提出并辩护一种新的创造主义，即合取创造主义。这将是下一章的任务。

第六章

合取创造主义理念

据第五章讨论，柏拉图主义者扎尔塔意识到，柏拉图主义的显著不足是难以解释创造性真理，并尝试对其柏拉图主义理论进行创造主义改造。沃特里尼则尝试将柏拉图主义元素与创造主义元素相结合，主张综合型的虚构对象理论。遗憾的是，根据笔者所做论证，扎尔塔的改造工作并不成功，沃特里尼的综合型理论看起来也希望渺茫。然而，扎尔塔和沃特里尼的工作带来重要的启示。启示一，纵使柏拉图主义者也在尝试创造主义转向。启示二，对传统的创造主义观念需要进行更精细的思考。本章将提出一种新的创造主义理念，即合取创造主义。下一章将提出一个完整的合取创造主义理论。本章的目标是提出并辩护合取创造主义理念。具体将按如下线索展开：第一节对经典创造主义进行定义；第二节论证经典创造主义面临创造者判定难题；第三节提出合取创造主义，并展示合取创造主义者不面临创造者判定难题，之后对可能的质疑进行回应；第四节总结。

第一节　经典创造主义

本章的目标是提出一个非经典的创造主义形式。我们将先介绍什么是经典的创造主义。无论是经典创造主义，还是非经典创造主义，都需要依赖“作者”这一概念。就让我们从“作者”概念开始思考。

一　何谓“作者”

通过前几章的讨论，对于什么是“作者”，读者应该已经有了一定的把握。这里，笔者假设读者能够在直觉上理解什么是“作者”，而不对“作者”进行严格定义。通常情况下，“作者”一词的应用也并不会引发争议。比如，柯南·道尔是《福尔摩斯探案集》的作者，莎士比亚是《哈姆雷特》的作者。对许多相关的说法，我们也并不陌生。比如，作者都是写手，但是，并非所有写手都是作者。通过撰写相应的小说，柯南·道尔成为了《福尔摩斯探案集》的作者。但是，通过复制或抄写相同的文字，我不会因此成为作者。再比如，大多数作者都通过出版相应的作品，并将名字印在作品封面上，而被大众知晓。然而，并不是所有出版物上的作者名字都指称真正的作者。我们都知道，存在着代笔现象。

特别值得提及的是，一部作品可能是单个作者独立创作，也可能是多个作者合作创作。合作作者需要满足一些条件。比如，（1）在创作之前以及创作的过程中，合作作者都必须具有合作的意愿；（2）合作作者必须作为一个整体完成相应的作品，他们一起决定写作的内容；（3）无论得到赞誉和利益，还是指责和损失，每个合作作者都要一起承担。

二　何谓“经典创造主义”

根据创造主义信条，虚构角色是被其作者创造的，作者通过完成相应虚构作品完成创造。那么，创造主义可以有哪些不同的形式呢？基于第一部分的介绍，对一个创造主义者而言，很自然地，他会认为：如果一个虚构角色的作者是单个作者，那么，该虚构角色被该作者独立创造；如果它的作者是合作的作者，那么，该虚构角色被合作作者合作创造。另外，有的创造主义者甚至还允许，同一个虚构角色可以被不同的作者分别独立创造。① 为了论证的方便，笔者如下定义“经典创造主义”：

每个虚构角色，或者被单个作者独立创造，或者被合作作者合作创造，或者被多个独立作者独立创造。

① 比如 H. 多伊奇（H. Deutsch）认为，一个虚构角色可以被不同的作者分别独立创造，因为：（1）不同作者可以分别独立创造出几乎完全一样的故事，认为如此相似的故事是不同的是没有意义的；（2）作者通过创作故事完成对虚构角色的创造（H. Deutsch，“The Creation Problem”，*Topoi*，Vol. 10，No. 2，1991）。

第二节 创造者判定难题

本节将论证经典创造主义者会面临一个严重的难题，即创造者判定难题，并展示创造主义者会面临怎样的选择。为了展示创造者判定难题，请先考虑一个可能情形。

一 不可区分情形设计

考虑下面一个关于福尔摩斯的情形，该情形满足下面四个条件：

（a）令 D 是创造主义者共同认定的柯南·道尔创造福尔摩斯所进行的活动，D 发生于封闭时间段［t_0，t_n］，t_0和 t_n是两个时刻。为了方便，不妨说，D 仅仅包括写作《福尔摩斯探案集》这一故事文本。

（b）巧合的是，另一个人，柯南·道尔*同样在［t_0，t_n］完成了相同类型的写作活动 D*。不妨说，D* 仅仅包括写作《福尔摩斯探案集》这一故事文本。就是说，柯南·道尔和柯南·道尔*同时写出了完全相同的内容。D 和 D* 在发生时间和内容上都不可区分。[①]

（c）在 t_n之前，没有人曾经写过《福尔摩斯探案集》文本。就是说，柯南·道尔和柯南·道尔*最早完成《福尔摩斯探案集》的写作。

（d）柯南·道尔和柯南·道尔*彼此互不相识。比方说，一个在英国，一个在加拿大。D 和 D* 分别独立被创作。

为了方便，我们称此情形为“情形@”。类似情形也曾被其他形上学家考察，比如汤姆逊和沃特里尼。[②] 但是，他们都没有对各种可能回答进行系统分析和对比，只是表达了各自的立场。本节将集中讨论情形@，考察情形@会给创造主义者带来怎样的难题。

任何创造主义者都有义务回答：在情形@下有几个虚构角色被创造

---

① 有的创造主义者或许会认为，创造一个虚构对象的活动不但具有写作内容，还具有假装内容（比如假装用“福尔摩斯”指称一个真实的人）。对于这些创造主义者，这里的“内容”可以理解为写作内容和假装内容，就是说，D 和 D* 不但在写作内容上不可区分，在假装内容上也不可区分。

② A. Thomasson, *Fiction and Metaphysics*, Cambridge: Cambridge University Press, 1999, pp. 6 – 7; A. Voltolini, “Précis of How Ficta Follow Fiction”, *Dialectica*, Vol. 63, No. 1, 2009, pp. 54 – 55.

了？如果真有虚构角色被创造的话，谁又是谁的创造者？因此，特别地，经典创造主义者需要回答下列问题：在情形@下，几个虚构角色被创造了？如果是一个的话，谁是他的作者，如果是多个的话，谁创造了谁？为了方便，我们将前一个问题称作“数量问题”，将后一个问题称作“创造者问题”。

根据对情形@的描述，D包含被创造主义者共同认定的创造福尔摩斯的充分条件。当然，没有理由认为D*的发生会削弱D提供创造福尔摩斯的充分条件的能力。因此，经典创造主义者会认为，在情形@下，并非没有虚构角色被创造，因为至少福尔摩斯会被创造。因此，对经典创造主义者而言，有两种选择来回答数量问题：或者认为只有一个虚构角色被创造了，或者认为多于一个虚构角色被创造了。下面，笔者将论证，无论经典创造主义者做何选择都会难以回答创造者问题。

二 单角色创造假说

经典创造主义者最可能做出的回答是，在情形@下，只有一个虚构角色被创造了，这个角色就是福尔摩斯。假设他们做此选择，那么，谁会是福尔摩斯的创造者呢？[①] 针对创造者问题，他们可以有下面四种回答：[②]

（1）柯南·道尔是福尔摩斯的创造者；

（2）柯南·道尔*是福尔摩斯的创造者；

（3）作为合作作者，柯南·道尔和柯南·道尔*合作创造了福尔摩斯；

（4）作为独立的作者，柯南·道尔和柯南·道尔*分别独立地创造了福尔摩斯。

---

① 如果承认柯南·道尔和柯南·道尔*写的是福尔摩斯，那么，“谁是福尔摩斯”将是另外一个相关却不同的问题。帕森斯曾对此进行深入讨论，可参见 T. Parsons, “Fictional Characters and Indeterminate Identity”, in F. Lihoreau ed., *Truth in Fiction*, Munich: Ontos Verlag, 2010, pp. 27-42。

② 其他的可能回答显然不合理，便直接忽略掉了。比如，柯南·道尔或柯南·道尔*或者他们一起，与其他的人一起合作创造了福尔摩斯。没有合适的理由支持应该严肃对待这样的回答。

假如经典创造主义者选择（1），就是说，认为柯南·道尔是福尔摩斯的创造者。针对这个选择，我们有理由问为什么是柯南·道尔而不是柯南·道尔*创造了福尔摩斯？因为柯南·道尔和柯南·道尔*同时写了相同的内容，而福尔摩斯又是抽象的，因此，认为创造福尔摩斯的过程是从柯南·道尔到福尔摩斯而不是从柯南·道尔*，将是完全任意的。因此，选择（1）是任意的。类似地，选择（2）也是任意的。

假如经典创造主义者选择（3），就是说，认为柯南·道尔和柯南·道尔*合作创造了福尔摩斯。笔者有两点反驳。第一，在情形@中，柯南·道尔和柯南·道尔*互不知晓，并且创作过程又是彼此独立的，因此，他们根本没有合作的意愿。第二，假若他们果真完成某种合作的话，那么，原则上我们总是可以区分出各自的不同贡献是什么。正如通常合作创作情况，比如史密斯和琼斯合作写作一部小说，原则上我们总是能够区分出各自不同的贡献。但是，在情形@下，假若柯南·道尔和柯南·道尔*合作的话，他们各自的不同贡献是什么呢？基于D和D*的不可区分，很难做出合理的回答。

如此看来，经典创造主义者必须选择（4），就是说，认为柯南·道尔和柯南·道尔*，作为独立的作者，分别独立地创造了福尔摩斯。然而，遗憾的是，（4）直接与一个直觉上成立的原则矛盾，而该原则曾被大多数创造主义者直接或间接辩护。[①] 根据该原则，一个虚构角色至多能够被一个人（或者作为整体的一组合作作者）独立创造。若形式化地表达，即，对任意的虚构角色z，如果一个人x独立地创造了z，并且y也独立地创造了z，那么，x = y。实际上，该原则规定的仅仅是“创造”一词的部分意义而已。就是说，一个事物不可能被多次独立创造，虚构角色也不例外。该原则是合理的，正如法恩所言，一个人的独立创造活动创造了什么虚构对象，不会依赖于其他人干了什么，纵使是在他们同时写了相同的内容的情况下也不行。[②] 实际上，该原则对日常物理对象也适

① K. Fine, “The Problem of Non-Existents”, *Topoi*, No. 1, 1982; A. Thomasson, *Fiction and Metaphysics*, Cambridge: Cambridge University Press, 1999; J. Goodman, “Defending Author-Essentialism”, *Philosophy and Literature*, No. 29, 2005.

② K. Fine, “The Problem of Non-Existents”, *Topoi*, No. 1, 1982, p. 107.

用。一个木匠独立创造了哪个桌子不依赖于其他的木匠的所作所为。回到选择（4），该选择显然矛盾于该普适的形上学原则。因此，（4）还远远不能算是可接受的选项。

简言之，如果经典创造主义者认为，在情形@下只有一个虚构角色被创造了，即福尔摩斯，那么，看起来他们不能选择（1）—（4）来回答创造者问题。（1）—（4）似乎穷竭了所有可能的回答，因此，经典创造主义者难以回答谁创造了福尔摩斯。

三 双角色创造假说

经典创造主义者可能转而认为，在情形@下，并非只有一个虚构角色，而是两个虚构角色被创造了。① 比方说，一个是福尔摩斯，一个是福尔摩斯*。然而，这依然不能挽救经典创造主义者，因为他们依然不能回答创造者问题。

纵使假设有两个虚构角色被创造了，经典创造主义者依然难以回答哪个作者创造了哪个虚构角色。他们或许会建议说，柯南·道尔创造了福尔摩斯，而柯南·道尔*创造了福尔摩斯*。但是，为什么是柯南·道尔而不是柯南·道尔*创造了福尔摩斯？为什么是柯南·道尔*而不是柯南·道尔创造了福尔摩斯*呢？鉴于D和D*不可区分，并且福尔摩斯是抽象的，认为柯南·道尔而不是柯南·道尔*创造了福尔摩斯，将显然是任意的。实际上，前面反对选择（1）的论证同样适用于这里，并且具有相同效力。福尔摩斯*的情况类似。因此，引入一个新的虚构角色并没有消除任意性，相反却让任意性翻倍。②

---

① A. Thomasson, "The Reference of Fictional Names", *Kriterion: Journal of Philosophy*, No. 6, 1993, p. 8; A. Thomasson, *Fiction and Metaphysics*, Cambridge: Cambridge University Press, 1999, pp. 6-7; A. Voltolini, "Précis of How Ficta Follow Fiction", *Dialectica*, Vol. 63, No. 1, 2009, pp. 54-55.

② 任意性指责并不意味着说"双角色假设"是不一致的。两个不可区分（极其相似）的虚构角色能够被两个作者分别独立创造，这显然是一致的。物理对象同样如此：两个不可区分的桌子可以被两个木匠分别独立创造，这是可能的。然而，"双桌子假设"却不会招致任意性指责。这是因为存在两个不同的因果链条，使得我们可以确定到底是哪个木匠创造了哪个桌子，根本不会牵涉任意性。然而，虚构角色情况就不同了。虚构角色是抽象的，并没有一个从创造者到虚构角色的因果链条，看起来也没有其他的资源，使得经典创造主义者可以逃避任意性指责。

至此，或许经典创造主义者会选择“饮弹”，就是说，承认他们难以回答创造者难题，但是否认该难题的严重性。他们或许会说，事实可能是福尔摩斯被柯南·道尔创造而福尔摩斯*被柯南·道尔*创造，事实也可能是福尔摩斯被柯南·道尔*创造而福尔摩斯*被柯南·道尔创造。他们承认，的确没有足够的证据知道哪种可能性才是事实，但是他们也确信，两个可能性中一定有一个是事实。进而，经典创造主义者宣称，摆在面前的是一个认识论问题，而不是一个形上学问题。笔者的反驳是，如果一个形上学立场会引发一个看起来难以解答的认识论困难，这便构成很强的理由拒绝它，或者至少悬置其合理性。针对情形@的双角色假设就是这样的形上学立场，它导致不能回答哪个作者创造了哪个虚构角色。

四　创造者判定难题

概括一下，无论经典创造主义者认为在情形@下只有福尔摩斯被创造了，还是认为多于一个虚构角色被创造了，他们看起来都难以回答创造者问题。我们将把这个难题称作“创造者判定难题”。

情形@是一类情形的代表。在这类情形下，两个或更多的人同时独立地写了完全相同的虚构内容，并且这些内容之前从没有被写过。在这样的情形下，经典创造主义者将面临创造者判定难题。

创造者判定难题迫使创造主义者在下面两个选项之间做选择：

1. 一般地，这构成对创造主义的决定性反驳。既然经典创造主义者面临创造者判定难题，而经典创造主义是创造主义典型形式，因此，一般地，应该放弃创造主义。

2. 虽然经典创造主义面临创造者判定难题，但是，这并不意味着所有形式的创造主义都是错误的。我们需要的将是一种非经典的创造主义，它与经典创造主义足够不同，使得能够避免创造者判定难题。

在下一节，笔者将提出一种非经典的创造主义，即合取创造主义，并论证合取创造主义不会面临创造者判定难题。

第三节　合取创造主义

基于第二节所做论证，对一个创造主义者而言，关于情形@，下面认识将是合理的：（a）在情形@下，福尔摩斯被创造了；（b）并没有诸如福尔摩斯*的不可区分的虚构角色被创造；（c）福尔摩斯并非被柯南·道尔创造而不被柯南·道尔*创造，或者被柯南·道尔*创造而不被柯南·道尔创造；（d）福尔摩斯不是被柯南·道尔和柯南·道尔*合作创造；（e）福尔摩斯不是被柯南·道尔和柯南·道尔*分别独立创造。简言之，一个创造主义者有足够理由认为，在情形@下只有一个虚构角色，即福尔摩斯，被创造了。他们需要进一步完成的工作是回答创造者问题。在这部分，笔者将提出一个非经典形式的创造主义，即合取创造主义，并展示创造主义者不会面临创造者判定难题。

一　合取创造主义信条

合取创造主义依赖于一个假设和一个定义。所依赖的假设是：

（1）任给虚构角色 x，都存在唯一的故事 y，使得 y 是 x 的原出故事。

这个假设无论对创造主义者还是反创造主义者，都是可接受的。[①] 正如柏拉图主义者扎尔塔所言，“……福尔摩斯原出于柯南·道尔所写的故事（因为他是……那些故事中的角色，并且不是任何之前故事中的角色）……类似地，格里高尔·萨姆沙原出于卡夫卡的《变形记》”[②]。当然，对于柏拉图主义者而言，说一个虚构角色原出于某个故事，并不意味着该虚构角色一定是被创造的。这里，笔者要强调的是，一个虚构角色原出于某个故事，这样的直觉是被所有实在论者都接受的。另外需要

---

① 比如，创造主义者汤姆逊和柏拉图主义者扎尔塔。请参见 A. Thomasson, *Fiction and Metaphysics*, Cambridge: Cambridge University Press, 1999; E. N. Zalta, *Abstract Objects: An Introduction to Axiomatic Metaphysics*, Dordrecht: D. Reidel Publishing Company, 1983; E. N. Zalta, "The Road Between Pretense Theory and Abstract Object Theory", in A. Everett & T. Hofweber eds., *Empty Names, Fiction and The Puzzles of Non-existence*, Stanford: CSLI Publications, 2000, pp. 117 - 147。

② E. N. Zalta, "The Road Between Pretense Theory and Abstract Object Theory", in A. Everett & T. Hofweber eds., *Empty Names, Fiction and The Puzzles of Non-existence*, Stanford: CSLI Publications, 2000, p. 128.

强调一点，如果一个实在论者认为，一个虚构角色只出现在唯一的一个故事中，那么，它所原出的故事，空洞地，就是它唯一出现的那个故事。在下一章，读者会发现，笔者认为虚构角色仅仅出现在唯一的一个故事中。通过这里的说明，笔者要强调的是，合取创造主义乃是一种非常一般的"创造主义"模型。无论一个实在论者是否同意虚构角色能够出现在多个故事中（前者如汤姆逊，后者如笔者），甚至无论一个实在论者是否同意虚构角色是真正地从无到有被创造的（前者如笔者，后者如扎尔塔），都可以坚持合取创造主义理念。[①]

合取创造主义依赖的定义如下：

（2）对任意的主体 S_1，S_2，……，S_n 和虚构角色 x，S_1，S_2，……，S_n 合取创造 x，当且仅当，存在一个时间 t，使得对任意的 S_i（$1 \leqslant i \leqslant n$），$S_i$ 在 t 独立地写出 x 的原出故事的一个文本，并且在 t 之前 x 的原出故事的文本从未被任何人写出过。

换句话说，"一个虚构角色被合取创造"意味的是，它的原出故事的文本最早地被写出。更粗略讲，"创造意味着原出"。为了方便，对一个虚构角色 x，x 的原出故事的文本最早出现的时间将被称作"x 被合取创造的时间"；x 的原出故事的最早文本的作者将被称作"x 的合取创造者"；x 的合取创造者的写作活动被称作"x 的合取创造活动"。

有了上面的假设（1）和定义（2），合取创造主义便可如下定义，它是一个关于虚构角色的全称判断：

（3）每个虚构角色都是被合取创造的。

二　合取创造主义动机

为了使得合取创造主义图景更加完整，还需要补充合取创造主义的提出动机，就是说，解释为何要引入合取创造概念来解释虚构角色所牵涉的创造性。这是源于一个非常简单的创造主义想法，即一个虚构角色是通过其原出的故事被创造而被创造（下文将称之为 S1）。正如克里普克所言，虚构角色的本体论"依赖于"那些原出的虚构作品是否存在。[②] 那

---

① 对扎尔塔而言，如此定义的"合取创造"大致意味着"合取发现"。

② S. Kripke, *Reference and Existence*, Oxford: Oxford University Press, 2013, pp. x, 73.

么，什么又决定了一个故事或虚构作品被创造呢？一个非常自然的回答是，一个虚构作品的最早的文本的完成决定了该虚构作品被创造（下文将称之为 S2）。比如，根据日常的文学实践，通过《福尔摩斯探案集》的最早文本的存在，《福尔摩斯探案集》被创造出来。那么，是什么决定了一个故事的最早文本的存在呢？在回答这个问题之前，有必要注意，问题中的“决定”关系是形上学意义上的决定关系，而不是逻辑意义上的决定关系。让我们通过考察一个类似的日常例子来认识这对区分。

假如世界上只有一只老虎，比如说 A，那么，什么决定了老虎存在呢？答案是没有争议的：A 之存在决定了老虎存在。假如世界上只有两只老虎，比如说 A 和 B，那么，什么决定了老虎存在呢？答案是 A 之存在和 B 之存在构成的合取性事实。当我们问，在形上学意义上什么决定了一个事实，我们已经预设了它的形上学决定者是一个具体的整体性事项，而不是多个独立的事项。老虎存在这一存在性事实所需要依赖的具体的整体性事项，即 A 之存在和 B 之存在构成的合取性事实，即 A 和 B 之存在。有的人或许会反对说，既然 A 之存在，以及 B 之存在，在逻辑上都足以决定老虎存在，因此，它们分别都在形上学意义上决定了老虎存在，形上学决定关系就是逻辑决定关系。对此，笔者有两个反驳：[①]

（1）逻辑决定关系并不等同于形上学决定关系。不难构造反例。反例 1：在逻辑意义上，事实 P1 和事实 P2 的合取性事实决定了 P1 之存在。如果逻辑决定关系等同于形上学决定关系，那么，它们的合取性事实将在形上学意义上决定 P1 之存在。但这并不成立（在形上学意义上，事实 P1 部分地决定了 P1 和 P2 的合取事实，但是，反过来该合取事实并没有决定 P1 事实）。反例 2：一个事物 a 之存在在形上学意义上决定了单元集 {a} 之存在，但是，逻辑上的决定关系却并不成立。这个反例最早由法恩提出，已经成为形上学圈内的著名案例。[②]

（2）反对者的直觉，即 A（B）之存在形上学意义上决定老虎存在，

---

① 笔者更早区分逻辑决定和形上决定（M. Xu，“The Creator-Determining Problem and Conjunctive Creationism about Fictional Characters”，*Dialogue*：*Canadian Philosophical Review*，Vol. 54，No. 3，2015，p. 463）。

② K. Fine，“Ontological Dependence”，*Proceedings of the Aristotelian Society*，No. 95，New Series，1995，p. 271.

可以通过下面的反事实条件句进行解释：假若世界上只存在一只老虎，即 A(B)，那么，A(B) 之存在将在形上学意义上决定老虎存在。

现在，让我们回到需要回答的问题，即什么决定了一部虚构作品的最早文本存在？类似地，在笔者看来，正确的答案如下：一般地，一部虚构作品的最早文本之存在的形上学决定者，是一个合取性事实，合取枝是 T_1之存在，T_2之存在，……，T_n之存在，其中 T_1 至 T_n是该虚构作品的最早文本（下文将称之为 S3）。

基于 S1，S2 和 S3，不难得出：一个虚构角色 x 之被创造，在形上学意义上，被一个合取性事实决定，其中每个合取枝是 T_1之存在，T_2之存在，……，T_n之存在，其中 T_1 至 T_n是 x 的原出作品的最早文本。进而，如果 S_1，S_2，……S_n分别是 T_1，T_2，……，T_n的作者，那么，他们一起为 x 之存在负责。他们对 x 之被创造的贡献，正如合取枝对合取命题的贡献。S_1，S_2，……，S_n的贡献在于完成了 x 的原出故事的最早文本，这些文本对应的存在性事实之合取，在形上学意义上决定了 x 之存在。以上便是合取创造主义的提出动机。

三　无创造者判定难题

前文提到，对一个创造主义者而言，有足够证据认为，在情形@下，只有一个虚构角色，即福尔摩斯，被创造了。合取创造主义者进一步需要做的是，回答创造者问题。回顾一下情形@：柯南·道尔和柯南·道尔*，并且只有柯南·道尔和柯南·道尔*写出了福尔摩斯的原出虚构作品的最早文本，《福尔摩斯探案集》被假设为是福尔摩斯的原出作品。根据合取创造主义，福尔摩斯是被合取创造的，其创造者就是福尔摩斯的原出故事即《福尔摩斯探案集》的最早文本的作者。在情形@下，不难判断，柯南·道尔和柯南·道尔*就是福尔摩斯的合取创造者。他们的贡献在于完成了《福尔摩斯探案集》的最早文本，两个最早文本对应的存在性事实之合取决定了福尔摩斯之被创造。因此，合取创造主义者并不面临创造者判定难题。

四　质疑与回应

合取创造主义的最显著优势就是，它并不会面对创造者判定难题。

在这部分，我们将对可能的质疑和担心进行回应，完成对合取创造主义理念的辩护。

（1）合取创造主义的提出是为了避免创造者判定难题，而创造者判定难题只出现在形如@的情形中，然而，与日常情形比较，@看起来是非常奇怪的。因此，合取创造主义缺少合适的引入动机。

回应：情形@看起来的确奇怪，但是，正如在上文所言，@是一类情形的代表。在文献中，这类情形已经被许多形上学家直接或间接地讨论。[①] 因此，一个合格的虚构对象理论需要有能力处理这类情形。科学哲学中的一个类似案例是绿蓝悖论（the grue paradox）。N. 古德曼（N. Goodman）的情形设定是非常不寻常的。[②] 但是，任何合格的确证理论都需要对此给出合适的解释。因此，情形@看起来的确奇怪，但这构不成认为合取创造主义缺少合适引入动机的根据。如上文所展示的，合取创造主义拥有恰当的引入动机。

（2）合取创造主义者能够解释虚构角色之被创造的通常情形吗？

回应：在通常的情形下，只有单个作者或者作为整体的一组合作作者完成了某个虚构角色的原出故事的最早文本。对于通常情形，合取创造主义与经典创造主义一样成功，因为在这些情形下，合取创造主义将归约为经典创造主义。具体而言，在通常情况下，合取创造主义者会认为，每个虚构角色将只有一个合取创造者，那可能是一个单个的作者，也可能是作为整体的合作作者。

（3）多作者合取创造的情形与多作者合作创造的情形看起来非常类似，二者之间有实质差别吗？

回应：看起来的确相似，因为两种情形都牵涉多个作者，并且每个作者对相应虚构角色之被创造都做出了自己的贡献。但是，两种情形至少拥有三个方面的重要差别。第一，合取创造情形牵涉一部虚构作品的

---

① 比如法恩、汤姆逊和克里普克。请参见 K. Fine，“The Problem of Non-Existents”，*Topoi*，No. 1，1982，p. 107；A. Thomasson，“Fictional Characters and Literary Practices”，*British Journal of Aesthetics*，Vol. 43，No. 2，2003，p. 138；S. Kripke，*Reference and Existence*，Oxford：Oxford University Press，2013，p. 77。

② N. Goodman，*Fact*，*Fiction*，*and Forecast*，Cambridge：Harvard University Press，1983，pp. 73 – 75.

多个文本，而合作创造情形只牵涉一部虚构作品的单个文本。第二，合取创造者的贡献在于各自独立完成了同一部虚构作品的最早文本，这些文本对应的存在性事实之合取决定了相应虚构角色被创造，不同的是，合作创造者的贡献在于合作完成同一个文本，该文本之存在决定了相应虚构角色被创造。第三，在合取创造的情形下，不同作者之间的合作意愿已经被排除，但是，在合作创造的情形下，合作意愿却是必需的。考虑到情形@的特点以及以上的差异，合取创造概念而不是合作创造概念，能够被用来避免创造者判定难题。

（4）能否解释为何合取创造主义不是任意性的设置（ad hoc）？

回应：合取创造主义的确不是任意的。笔者将为此做两个论证。第一个论证是归纳的，第二个论证是解释性的。归纳论证在于所有日常的虚构角色被创造的情形都可以被解释为合取创造。比如，柯南·道尔被看作是福尔摩斯的创造者，这是因为柯南·道尔被看作最早完成了福尔摩斯的原出故事的最早文本。解释性论证在于将虚构角色看作是合取创造的，能够帮助我们解释在获知谁才是相应的虚构作品的最早文本的作者时，我们关于创造者的判定事实的变化。比如，假如我们被告知并非柯南·道尔最早写了《福尔摩斯探案集》，而是柯南·道尔和柯南·道尔*同时分别独立地完成了《福尔摩斯探案集》，那么，我们倾向于放弃原来的判断，即不再认为是（只有）柯南·道尔创造了福尔摩斯。合取创造主义者会说，在那种情况下，柯南·道尔将不再是福尔摩斯的（唯一的）创造者，而是柯南·道尔与柯南·道尔*一起是福尔摩斯的合取创造者。

第四节　总结

在众多的虚构对象理论类型中，相比较而言，创造主义正受到越来越多的关注。纵使柏拉图主义者也正在经历创造主义转向。那么，创造主义是否是一种可信的理论类型呢？什么形式的创造主义才更加合理呢？经典创造主义者认为，虚构对象或者被单个作者独立创造，或者被合作作者合作创造，或者被多个作者分别独立创造。根据本章的论证，经典创造主义者面临创造者判定难题，即在诸如@的情形下，针对被创造的虚构角色，难以回答创造者问题。笔者提出合取创造主义。根据合取创造主义，虚构角色是被合取创造的，一个虚构角色的创造者就是最早完成相应的原出虚构作品的最早文本的作者，合取创造者可能是多个作者，也可能是单个作者。合取创造主义者不会面临创造者判定难题。另外，笔者还通过回应四个可能的质疑和忧虑，完成对合取创造主义的辩护。具体而言，合取创造主义拥有恰当的引入动机，能够解释日常的普通情形，与合作创造具有实质的差别，能够避免任意性指责。基于本章讨论，笔者认为，合取创造主义是更有前途的创造主义形式。

第七章

基于虚构属性的合取创造主义虚构对象理论

创造主义是一种重要的虚构对象理论类型。与其他理论相比，创造主义的显著优势是能够直接对创造性真理进行解释。诸如扎尔塔的非创造主义者也尝试创造主义转向，沃特里尼则尝试运用柏拉图主义资源对创造机制做更精细分析。然而，根据第五章论证，扎尔塔和沃特里尼的创造主义转向并不成功。那么，什么形式的创造主义才更可信呢？在第六章，笔者论证，只要坚持经典创造主义，就一定会遭受创造者判定难题。在那里，笔者提出一种非经典的创造主义，即合取创造主义，并论证合取创造主义者不会面临创造者判定难题。在笔者看来，合取创造主义将是更有前途的一种创造主义形式。然而，在第六章，笔者仅仅提出并辩护合取创造主义理念，却并未提出一个完整的合取创造主义虚构对象理论。

本章将基于“虚构属性”构建一个完整的合取创造主义虚构对象理论。为方便，笔者将该理论简称为“合取创造主义理论”，将认同该理论的人称为“合取创造主义者”。具体而言，第一节规定虚构对象开始存在的条件、继续存在的条件和可能存在的条件。第二节引入虚构属性作为合取创造主义理论的概念基础。第三节通过虚构属性规定虚构对象的同一化条件，并提供虚构对象的识别方法。第四节讨论故事的形上学特征。第五节进行相应的范畴区分。第六节说明理论的解释能力。第七节探讨理论的一致性和简单性。第八节进行理论评价。

第一节 存在的一般性依赖条件

一个合格的虚构对象理论必须是清晰的。理论清晰性的部分要求是能够清晰地规定虚构对象的存在条件。本节将在合取创造主义的框架下，规定虚构对象的存在条件。具体分为三部分：第一部分规定开始存在的条件；第二部分规定继续存在的条件；第三部分规定可能存在的条件。笔者认为，虚构对象的存在条件仅仅涉及一般性依赖，而不涉及严格性依赖。

一 开始存在

如第六章论证，笔者认为，虚构对象是被合取创造的，合取创造主义是一种更加可信的创造主义形式。一个虚构对象开始存在的条件，就是被合取创造的条件。具体而言，一个虚构对象开始存在的条件，就是它对应的原出故事的最早文本开始存在，就是说，至少有一个最早文本被创作出来。合取创造所涉创作活动可能有三种情况，即单个作者独立创作、多作者合作创作和多作者分别独立创作。无论是哪种情况，最早文本被完成的时间，就是相应虚构对象开始存在的时间。根据合取创造主义，一个虚构对象之被创造，或开始存在，一般地依赖于其原出故事的最早文本之存在。一般性依赖意味的是，一个虚构对象之开始存在，仅仅需要它所对应的原出故事的最早文本之存在，就是说，至少有一个最早故事文本即可。特别地，并不依赖于任何特定的故事文本的存在，并不牵涉任何的严格性依赖。

那么，什么是原出故事呢？一般的看法是，一个虚构对象被创造所借助的那个故事就是其原出故事。有的学者认为，一个虚构对象一旦被创造，就还可以被引进到其他的故事中，此时该虚构对象便成了被引进的对象。[①] 这正如在《福尔摩斯探案集》中，作为真实的对象，伦敦是被引进的一样。类似地，在《西游记后传》中的孙悟空是被引进的虚构对

① T. Parsons, *Nonexistent Objects*, New Haven: Yale University Press, 1980, p. 51; A. Thomasson, *Fiction and Metaphysics*, Cambridge: Cambridge University Press, 1999, p. 67.

象，在被引进之前孙悟空便已经存在。伦敦和孙悟空都是被引进的，只不过，一个是真实对象，一个是虚构对象。

然而，笔者认为，一个虚构对象只会出现于一个故事中，所涉故事可能是单个故事，也可能是故事系列。一个故事系列构成一个整体性的故事。一个虚构对象的同一性被出现其中的故事的内容决定。因此，在笔者看来，所谓“原出故事”空洞地指虚构对象所出现的那个故事。在第六章，定义合取创造概念时，之所以笔者选用“原出故事”概念，是为了保持合取创造主义的包容性。就是说，允许不同的合取创造主义者对“原出故事”外延的认定不同。比如，或许两个创造主义者对“福尔摩斯的原出故事”的认定是不同的，一个认为是单个故事 a，另一个认为是故事 a 和故事 b 构成的故事系列 a + b。但是，他们可以同时都是合取创造主义者，都认为福尔摩斯是被合取创造的。

至于一个虚构对象出现其中的“那个”故事应是怎样的，本小节不做规定。在本章第三节，讨论识别虚构对象的方法时，笔者将会进行讨论。这里，读者只需知道，在笔者看来，严格来说，虚构对象只会出现在一个故事中，因此，所谓“原出故事”就是它所出现的那个故事。至于“可以被引进到其他故事中”，则不会成立。比如，笔者认为，孙悟空只出现在一个故事中，即吴承恩所写《西游记》，因此，孙悟空不会被引入到任何其他故事中。为了方便，在出现“原出故事”的地方，笔者会缩写为“故事”，有了这里的说明应不致引起混淆。同样在第三节，笔者将尝试解释为何人们会（错误地）认为虚构对象可以被引进到其他故事中。

另外，关于文本概念，这里做个说明。文本是一个语义概念，不仅是纯粹符号组合，文本需要创作者或阅读者的理解。假若人类丧失了假装的能力，那么，很可能会将所有文字当作事实报道阅读，那么，纵使世界上还有关于福尔摩斯的文本，也没有人再能理解它了。在那种情况下，福尔摩斯与关于它的故事都将不再存在。再设想，一个机器人拥有敲打键盘的能力，有时会偶然地敲出看似故事的文本。此时，能够认为机器人具有创造能力吗？答案是否定的。机器人不具有创造故事和角色的能力，因为它并没有理解文本的能力，机器人敲出来的文本仅仅是纯粹的符号组合而已。不过，假设机器人的主人看到文本之后，觉得“故事”很有趣，并打算把“故事”讲给别人听或者出版，此时，故事和角色便被创造了出来。可以说，机器人和它的主人共同创造了相应的故事和角色：他们一起让“故事文本”开始存在。机器人创造了文本符号，主人通过阅读和理解故事让文本成为了“故事文本”，通过这样的方式故事和角色被创造出来。

二 继续存在

一个虚构对象被创造之后，其继续存在的条件是什么呢？我们知道，创造主义者都认为虚构对象是抽象的对象。在传统本体论下，抽象对象被看作是必然存在的，不需要任何条件而存在。创造主义者则打破了“抽象对象必然存在”的法则，认为有必然存在的抽象对象，也有实然存在的抽象对象。特别地，虚构对象就被看作是实然存在的抽象对象。具体而言，虚构对象是被其作者创造的抽象对象，相应的经验条件被满足之后才会被创造。故事的最早文本开始存在，就是相应虚构对象被创造的条件。

那么，一个虚构对象被创造之后，继续存在的条件是什么呢？在传统本体论下，抽象对象的开始存在条件和继续存在条件都是一样的，即无须任何经验条件。对创造主义者而言，既然虚构对象之开始存在依赖于一定的经验条件，那么，虚构对象之继续存在，也应该依赖于一定的经验条件。不只如此，作为抽象对象的虚构对象的开始存在条件和继续存在条件或许也应该是一样的。在笔者看来，这是一个自然的期望，因为“抽象对象”之“抽象”本来是一种抽象化操作，即抽取（abstraction）。只有被抽象的条件存在，抽象的结果才会存在，无论是开始存在还是继续存在，都是如此。以集合为例，集合可以看作是对其成员进行抽象的结果，抽象的动作通过花括号｛｝来表示。我们都知道，集合拥有相同的开始存在和继续存在条件。[①] 比如，｛a｝开始存在的条件就是 a 存在，而且只要 a 存在，｛a｝这个集合就会继续存在。a 之存在既是｛a｝

---

① 比如，沃尔特斯多夫曾以三个事物构成的集合为例说明：存在一个包含（且仅仅包含）这三个事物的集合，当且仅当，这三个事物存在（N. Wolterstorff，“Characters and Their Names”，*Poetics*，Vol. 8，No. 1 –2，1979，p. 111）。

开始存在的条件，也是该集合继续存在的条件。因此，我们有理由期望，作为抽象对象的虚构对象的继续存在的条件和开始存在的条件也会是一样的。

根据合取创造主义，一个虚构对象之被创造，即开始存在，依赖于故事的最早文本开始存在，就是说，依赖于“故事文本”这个类最早地拥有示例。因此，我们也期望虚构对象继续存在的条件，同样是“故事文本”这个类（继续）被例示。幸运的是，这种规定不但符合我们的期望，也恰恰符合关于虚构对象的现实情况。正如汤姆逊论证，为了使得一个虚构对象继续存在，我们只需相应虚构作品继续存在即可，而虚构作品之继续存在只需要相应的故事文本存在即可，即只需要至少存在一个故事文本即可。[①] 这与我们的日常认识也是一致的：只要图书馆中还存在着一本《西游记》，那么，孙悟空就依然存在着；相反，如果《西游记》文本在世界上完全消失了，那么，孙悟空便也消失了。如前文指出，这里的“文本”是一个语义概念，不但要求作为纯粹符号组合的文本存在，还要求有能够理解其意义的读者。

简言之，笔者认为，一个虚构对象继续存在的条件与开始存在的条件一样，都是一般地依赖于相应故事的文本。开始存在依赖的是故事文本这个类最早地被例示。继续存在依赖的是这个类继续被例示。就是说，一个虚构对象被创造之后，只要还有一份相应故事的文本存在，那么，该虚构对象就会继续存在。[②]

有必要指出，笔者对虚构对象之开始存在条件的规定与汤姆逊是不同的。汤姆逊认为，一个虚构对象之开始存在依赖于其现实作者创作特定文本的过程，从结果上看，也可以说，依赖于偶然出现的“那个”被现实作者创作的具体故事文本。相对照，笔者认为，虚构对象之开始存在对故事文本是一般性依赖。不过，汤姆逊与笔者对虚构对象继续存在条件的认识是一致的，都认为牵涉的是对故事文本的一般依赖。不难看出，笔者为虚构对象提供的存在条件规定更加统一，也更符合人们关于虚构对象存在条件的自然期待。

---

① A. Thomasson, *Fiction and Metaphysics*, Cambridge: Cambridge University Press, 1999, p. 36.

② 如汤姆逊一样，我们也可以将文本记忆看作是宽泛意义上的文本。

三 可能存在

第一部分和第二部分规定了虚构对象之开始存在的条件和继续存在的条件。一个虚构对象之开始存在和继续存在，都一般地依赖于相应的故事文本。这构成虚构对象现实存在的条件规定。现在让我们考虑模态。以孙悟空为例，对一个纯粹可能的世界，孙悟空在其上开始存在的条件是什么呢？他继续存在的条件又是什么？笔者认为，对现实世界的规定对其他可能世界同样成立。

任给一个可能世界 w，假如在 w 上有人写了《西游记》故事文本，那么，最早写出故事文本的人就是孙悟空的创造者。在 w 上，孙悟空被创造的条件，依然是《西游记》故事文本这个类被最早例示。在 w 上，孙悟空继续存在的条件，也同样是故事文本继续存在，即至少有一份《西游记》故事文本存在。

值得注意的是，汤姆逊通过现实作者的创作活动和故事文本，规定虚构对象在其他可能世界上的存在条件。① 在这点上，笔者不同意汤姆逊。在笔者看来，一个虚构对象被谁创造，是完全偶然的事情。这正如一个数学证明到底被谁构造出来一样，是完全偶然的，可能是这个数学家也可能是另一个数学家。但是，汤姆逊认为，在任何可能世界上福尔摩斯被创造的条件，都是柯南·道尔做了相应的创作活动，创作了相应的故事文本。汤姆逊为其观点提供的证据是，能够解释日常的模态陈述，比如“假若柯南·道尔的医学实践太繁忙的话，福尔摩斯可能永远不会被创造出来”。② 汤姆逊的解释是，在那种情况下，柯南·道尔将不会写出福尔摩斯故事文本，因此，福尔摩斯不会被创造出来。然而，这并不能构成有力支持。对这样的模态陈述，笔者同样可以做出解释。假如现实世界没有发生其他变化，只是柯南·道尔的医学实践太过繁忙的话，这将会导致福尔摩斯故事文本根本不会出现，就是说，“关于福尔摩斯的故事文本”这个类不会被例示，因此，福尔摩斯不会被创造出来。汤姆

---

① A. Thomasson, *Fiction and Metaphysics*, Cambridge: Cambridge University Press, 1999, pp. 38 - 39.

② Ibid., p. 39.

逊认为，福尔摩斯之可能存在依赖于柯南·道尔及其创作活动之可能存在。笔者认为，福尔摩斯之可能存在不依赖于任何个别人的活动，而是仅仅依赖于某类活动，或者从结果说，仅仅依赖于一个故事文本类。

简言之，从合取创造主义理论的角度看，虚构对象的现实的开始存在和继续存在条件，对其他可能世界同样适用。就是说，一般地，对于任何虚构对象，其开始存在和继续存在条件都是一样的，而且对任何可能世界而言，也都是一样的。用逻辑符号表达的话，这种依赖关系可表示为：

$$(\forall x)(PFic(x)\rightarrow(\forall t))\Box(E(xt)\rightarrow(\exists y)T(yxt))$$

其中“PFic(x)”代表“x 是纯粹虚构对象”，“E(xt)”表示“x 存在于 t”，“T(yxt)”表示“在时刻 t，y 是关于 x 的故事文本”。[①]

读作：如果 x 是纯粹虚构对象，那么，必然地：对任何时刻 t，若 x 存在于 t，则在 t 存在一个 x 的故事文本 y。

笔者认为这样的依赖关系是穷竭性的，就是说，虚构对象之存在仅仅依赖故事文本，再无其他依赖条件，虚构对象和故事文本之间的关系将会强化为必然双向蕴含：

纯粹虚构对象的本体论依赖原则：$(\forall x)(PFic(x)\rightarrow(\forall t))\Box(E(xt)\leftrightarrow(\exists y)(Tyxt))$

读作：如果 x 是纯粹虚构对象，那么，必然地：对任何时刻 t，x 存在于时刻 t，当且仅当，在时刻 t 存在一个 x 的故事文本。

在笔者看来，这样的存在条件规定是系统的，也是简单的，这构成合取创造主义理论的一个理论优势。

第二节　虚构属性

第一节展示的是虚构对象之存在条件。下面，笔者将从不同的维度

---

① 这里只是简单地将形上学的依赖关系表达为必然蕴含。实际上，笔者更愿意用近十年来英美哲学界正热议的 grounding 关系，说“故事文本之存在为虚构对象之存在提供 grounding”。grounding 大体相当于笔者这里所言的形上学依赖关系。A is grounded on B 可以推出：必然地，如果 A 则 B。但是，反过来并不能保证推出。类似地，A 形上学依赖 B 可以推出：必然地，如果 A 则 B。但是，反过来并不能保证推出。本书并不专门研究形上学依赖关系，因此，也不对形上学依赖关系与 grounding 的异同进行研究。关于形上学决定关系的逻辑，将留作将来研究之素材。

逐步展示一个完整的合取创造主义虚构对象理论。显而易见，“合取创造”概念主要与开始存在条件有关。笔者所主张理论的其他部分会依赖一个核心的概念，即“虚构属性”。可以说，虚构属性是合取创造主义理论的概念基础。本节主要说明虚构属性的引入动机、同一化条件和区分标准。具体而言，第一部分介绍引入动机，第二部分介绍同一化条件，第三部分介绍区分标准。

一　内部真理与虚构属性

考察内部真理“福尔摩斯是一个侦探”。对于实在论者而言，“福尔摩斯”指称的是虚构角色福尔摩斯。那么，该陈述表达的是怎样的真理呢？在笔者看来，福尔摩斯是殊相，而不是共相，就是说，是可以分享属性而不是被其他对象分享的实体；福尔摩斯是现实存在的，而不是纯粹可能存在的。将虚构对象看作现实存在的殊相的学者，对内部陈述的分析方式，大致有以下三种。第一种，按照表面语法结构直接分析内部真理。“福尔摩斯是一个侦探”直接被分析为福尔摩斯具有“是一个侦探”这一属性。帕森斯是典型代表。第二种，认为“是”是模糊词汇，内部真理实际上表达的是一种与例示性真理相似却不同的真理。“福尔摩斯是一个侦探”被分析为福尔摩斯在某种意义上具有“是一个侦探”这一属性。扎尔塔是典型代表。他认为，该内部真理应该被分析为福尔摩斯编码了“是一个侦探”这一属性。第三种，认为内部真理表达的都是三元关系真理。范英瓦根是主要代表，汤姆逊是跟随者。根据这种分析，“福尔摩斯是一个侦探”表达的是故事归属“是一个侦探”这个属性给福尔摩斯，这是一个三元关系真理。然而，范英瓦根后来倒向扎尔塔的观点。[①] 就是说，范英瓦根认为，在说话者都熟知语境的情况下，归属性真理可被看作表达的就是编码性真理，或者似编码性真理。不过，范英瓦根建议用“持有”（hold）概念，而不是直接接受扎尔塔的编码概念。这样看来，我们只需审查前两种分析方法。那么，这两种分析方法是否赢得了认同呢？

---

① P. van Inwagen, “Existence, Ontological Commitment, and Fictional Entities”, in M. J. Loux, D. W. Zimmerman eds., *The Oxford Handbook of Metaphysics*, Oxford: Oxford University Press, 2003, pp. 149 –150.

先看第一种。福尔摩斯真的具有“是一个侦探”这一属性吗？在帕森斯看来，福尔摩斯像真实的侦探一样，都例示了“是一个侦探”这一属性。然而，这并不能令大多数学者满意，因为“是一个侦探”这样的属性通常被认为只有具体的对象才会具有，抽象对象不会具有。正如范英瓦根所言，如果一个事物例示了“是一个侦探”这一属性，那么，它一定会占据特定的时空，你和我（如果处于恰当的时空的话）能够触碰它，但是，我们是触碰不到福尔摩斯的，福尔摩斯是抽象的。[①] 因此，第一种分析并不满足大多数学者的期待。

第二种呢？福尔摩斯编码“是一个侦探”这一属性？这种分析的合理性依赖于一个假设：除了例示关系之外，还有编码关系，即属性可以在两种意义上对个体进行谓述。在第三章，笔者已经论证，编码并不是一种可信的形上学资源。另外，更重要的是，大多数哲学家并不同意有编码这样的谓述模式。比如，对编码概念持同情态度的范英瓦根，对编码概念也并不满意。他认为“福尔摩斯是一个侦探”要被分析为福尔摩斯持有“是一个侦探”这一属性，或者干脆用编码概念，认为福尔摩斯编码“是一个侦探”这一属性。但是，在他看来，“持有”或者“编码”并不是一种谓述模式。范英瓦根说道，“在扎尔塔看来，存在两种不同的谓述，即‘例示’和‘编码’。例示大概相当于我所谓的‘具有’，编码相当于我所谓的‘持有’。但是，我并不认为‘具有’和‘持有’是两种谓述。在我看来，‘具有’就是谓述——谓述就是谓述，完了。在我看来，‘持有’是在文学语境下具有特殊用途的一种关系。在日常语言中，用来表达这种关系的词儿恰好在其主要的意义上用来表达逻辑上的谓述关系”[②]。因此，将内部真理看作编码性真理也不能令人满意。

让我们顺着范英瓦根的意见继续分析。“福尔摩斯是一个侦探”看起来完成了一种谓述，但又不是通常意义上的谓述。那么，为什么非要承

---

① 参见 P. van Inwagen, “Creatures of Fiction”, *American Philosophical Quarterly*, Vol. 14, No. 4, 1977, p. 306。范英瓦根用的是类似的例子“甘普夫人是个胖子”。

② P. van Inwagen, “Existence, Ontological Commitment, and Fictional Entities”, in M. J. Loux, D. W. Zimmerman eds., *The Oxford Handbook of Metaphysics*, Oxford: Oxford University Press, 2003, p. 150.

认这种似谓述关系呢？因为若不承认这种特殊的关系，只承认谓述关系，就会导致承认矛盾。比如，作者可能会有意或无意赋予一个虚构角色相互矛盾的两个属性。如果只承认一种谓述，即例示，应用到这里的结果是导致矛盾。因此，在范英瓦根看来，必须要承认这种似谓述关系。[①] 一个对象可以“持有”相互矛盾的属性。

简言之，范英瓦根用“持有”来分析内部真理。他认为，（1）内部真理用来进行一种似谓述性表达，牵涉的是持有关系；（2）矛盾的内部真理不会真正导致矛盾，因为持有矛盾的属性并不会导致矛盾；（3）“持有”仅仅对虚构陈述语境才会适用。然而，范英瓦根对“持有”关系也并不满意。他说道，“我甚至不能定义‘持有’，甚至不能给它找一个好名字。但是，（确定的是）如果虚构话语有意义的话，‘持有’便有意义。当然，大部分虚构话语都是有意义的”[②]。

接下来，笔者将对内部真理给出一种新的解释方式。这种解释方式，满足以上三个要求：（1）内部真理用来进行似谓述性表达；（2）矛盾的内部真理不会导致矛盾；（3）这种分析方式只对虚构语境才适用。在笔者看来，这种方式显然要比范英瓦根诉诸“持有”关系更理想。

笔者认为，“福尔摩斯是一个侦探”不能按照字面意思解读为例示性真理，也不能理解为编码性真理。至于范英瓦根建议的“持有”关系，如他自己所言，是模糊不清的，因此，也并不可信。那么，该陈述到底表达的是什么呢？笔者认为，表达的是虚构真理。何谓虚构真理？虚构真理与非虚构真理的区分，表现在逻辑结构中的谓词上。比如，“柯南·道尔是一个作者”表达的是非虚构真理，该语句的逻辑结构与其表面语法结构一致，谓词是非虚构性谓词。相对照，“福尔摩斯是一个侦探”表达的是虚构真理，该语句的逻辑结构与其表面语法结构并不一致。其逻辑结构是“福尔摩斯虚构地是一个侦探”，其中的“虚构地是一个侦探”

---

① P. van Inwagen, “Existence, Ontological Commitment, and Fictional Entities”, in M. J. Loux, D. W. Zimmerman eds., *The Oxford Handbook of Metaphysics*, Oxford: Oxford University Press, 2003, p. 149.

② Ibid..

是虚构性谓词。①

这种分析方式满足范英瓦根的三个期待。首先，针对内部真理，这种分析方式提供了一种似谓述性解读。实际上，根据这种建议，通过内部真理进行的不只是似谓述性表达，实际上，进行的就是谓述，只不过谓词不完全等同于语法结构中的谓词。其次，矛盾的内部真理不会导致矛盾。因为一个对象可以“虚构地是 F”并且同时“虚构地不是 F”，比如虚构的“圆的方块”。最后，的确，这种分析只对虚构语境才会适用，诸如“虚构地是一个侦探”的虚构性谓词只对虚构对象适用。

二　虚构属性的同一化条件

引入新的一类实体或范畴，需要提供合适的同一化条件，这是奎因的本体论承认标准的要求。那么，虚构属性具有合适的同一化条件吗？答案是肯定的。虚构属性的同一化条件可以通过非虚构属性的同一性完成。以“虚构地是一个侦探”这个虚构属性为例，它是通过“虚构地”这一属性生成算子作用于非虚构属性“是一个侦探”而形成。“是一个侦探”这一非虚构属性决定了该虚构属性的同一化条件。

我们将用 Fly 来代表“虚构地”这一虚构属性生成算子。针对诸如“虚构地是一个侦探”这样的虚构属性而言，它们的同一化条件如下：

任给非虚构属性 F 和 G，Fly(F) = Fly(G)，当且仅当，F = G。其中，F 和 G 是非虚构属性

读作：F 和 G 对应的虚构属性同一，当且仅当，F 和 G 同一。

针对一类实体，这也是规定同一化条件的标准方式，即通过一类相关项、一个函数以及相关项之间的一种等价关系来规定同一化条件。② 这里，牵涉的相关项是非虚构属性，即不带 Fly 算子的属性，函数是 Fly，

---

① 在哲学领域，对表面语法结构和深层逻辑结构的区分并不罕见。以确定描述语境为例，按照表面语法来看，“查理二世的父亲被执行死刑”是一个单称断言，其主语指称了一个个体的人，该个体被断言被执行死刑。但是，如果罗素的确定描述语理论是正确的，该断言并不是单称断言，而是存在性的量化断言。具体而言，该断言的逻辑结构是：存在一个人，他是查理二世的父亲，并且至多有一个人是查理二世的父亲，并且这个人被执行死刑（B. Russell, “On Denoting”, *Mind*, Vol. 14, No. 56, 1905, p. 482）。

② E. J. Lowe, “Objects and Criteria of Identity”, in B. Hale, C. Wright eds., *A Companion to the Philosophy of Language*, Malden: Blackwell Publishers Inc., 1999, pp. 623 – 624.

等价关系是同一关系。类似地，弗雷格为方向提供的同一化条件是：Dir(x)=Dir(y)，当且仅当，x//y。读作：x的方向与y的方向同一，当且仅当，x平行于y。这个定义中牵涉的相关项是直线，函数是Dir，等价关系是平行关系。

以上同一化条件规定仅仅诉诸了非虚构属性，而非虚构属性是被几乎所有虚构对象实在论者承认的。因此，针对虚构属性，奎因的本体论承诺标准要求的是：在承认非虚构属性的基础上，如何为虚构属性提供可信的同一化条件。在笔者看来，前面所给同一化条件无疑是一个可信的候选。对同一化条件规定的批评通常有两条：（a）牵涉循环；（b）平凡化（triviality）。首先，双等式右面不牵涉虚构属性，因此，不会遭受循环性批评。另外，我们也没有诉诸虚构属性所具有的所有属性来规定同一化条件，而仅仅通过相应的非虚构属性来规定，因此，不会遭受平凡化批评。

上述同一化条件规定，适用于一部分虚构属性，即对非虚构属性操作一次Fly算子而形成的虚构属性。实际上，该规定可一般地适用于所有的虚构属性。一般规定如下：

虚构属性同一化原则：任给虚构属性Fly(F)和Fly(G)，Fly(F)=Fly(G)，当且仅当，F=G。

上述规定中的F和G可以是非虚构属性，也可以是虚构属性。有了我们之前所做的同一化条件规定，我们知道这个一般的同一化条件规定不会导致无穷倒退。比如，Fly(Fly(H))的同一化要诉诸Fly(H)的同一，而Fly(H)的同一要诉诸H的同一。[①] 就是说，任何虚构属性的同一都最终能够通过非虚构属性的同一进行规定。这样，我们为所有虚构属性提供了恰当的同一化条件。

三 虚构属性的区分标准

虚构属性是笔者构建虚构对象理论的概念基础。据第二部分论证，虚构属性拥有清晰的同一化条件。因此，虚构属性是可资利用的形上学

---

① 在第五节，读者将会看到，形如Fly(Fly(H))的虚构属性将被用来刻画虚构的虚构对象。

资源。这意味着我们将属性区分为虚构属性与非虚构属性。那么，我们能否对两类属性进行严格的区分呢？

在评价帕森斯的虚构对象理论时，针对帕森斯所依赖的核内—核外属性区分，我们要求能够给出严格的区分标准。遗憾的是，根据第三章论证，帕森斯和支持帕森斯理论的学者恐怕都难以给出严格的区分标准。那么，针对我们所依赖的虚构属性与非虚构属性区分，存在这样的区分标准码？

实际上，虚构属性与非虚构属性的区分非常简单，也几乎是透明的。简单讲：

有 Fly 约束的属性就是虚构属性，否则就是非虚构属性。

比如，“虚构地是一个侦探”是虚构属性，“是一个侦探”是非虚构属性。当然，通过 Fly 可以递归生成无数的虚构属性，比如“虚构地虚构地是一个侦探”同样是一个虚构属性，它是将“虚构地”作用于“虚构地是一个侦探”所获得的虚构属性。

不但虚构属性与非虚构属性的区分是透明的，虚构属性内部的层级区分也是清楚的。若将包含 Fly 的次数称为虚构属性的复杂度，则很容易区分不同复杂度的虚构属性。比如，“虚构地是一个侦探”是 1 度虚构属性，而“虚构地虚构地是一个侦探”则是 2 度虚构属性。

因此，无论是针对虚构属性和非虚构属性，还是针对不同复杂度的虚构属性，我们都可以很容易进行区分。虚构属性是可信的形上学概念资源。

第三节　同一化条件与识别方法

据第二节讨论，为了更合理地解释内部真理，笔者引入虚构属性，内部真理被解释为虚构对象具有相应的虚构属性。比如，根据这种分析，“福尔摩斯是一个侦探”表达的是，福尔摩斯这个虚构角色具有“虚构地是一个侦探”这一虚构属性。如前文所言，该分析方式满足范英瓦根提出的三个期待。前面也已经论证，虚构属性是可信的形上学资源，不但具有清晰的同一化条件，也可以很容易同非虚构属性区别开来。在笔者看来，我们甚至没有合适的理由否认虚构属性。考察“柯南·道尔努力地写小说”。其中涉及一个副词化的属性，即“努力地写小说”。该属性是在“写小说”属性的基础上限制“努力地”得到的副词化属性。如果“努力地写小说”是可以接受的属性，那么，“虚构地是一个侦探”也是可以接受的，因为“是一个侦探”是可以接受的属性。“努力地写小说”与“虚构地是一个侦探”都是副词化属性。所以，无论如何，虚构属性都是可靠的形上学资源。本节将通过虚构属性规定虚构对象的同一化条件，并讨论虚构对象的识别方法。

一 同一化条件

像帕森斯和扎尔塔一样，笔者认为，纯粹虚构对象的内部属性决定了其同一化条件。[①] 具体而言，纯粹虚构对象的同一化条件规定如下：

纯粹虚构对象的同一化原则：任给两个纯粹虚构对象 x 和 y，x 和 y 同一，当且仅当，x 和 y 具有完全相同的虚构属性。

这并不难理解，一个虚构对象是被它所具有的虚构属性决定的。比如，当柯南·道尔写完关于福尔摩斯的故事，福尔摩斯便被完全决定了。因为故事写完时，福尔摩斯具有的所有虚构属性都已明确，福尔摩斯到底是“哪个”虚构对象便也已确定。孙悟空与福尔摩斯是两个不同的虚构对象，也仅仅是因为它们具有不同的虚构属性。比如，福尔摩斯具有“虚构地是一个侦探”这一属性，但孙悟空不具有。孙悟空具有“虚构地长着火眼金睛”这一属性，福尔摩斯却不具有。这与我们的通常理解是完全一致的。

显然，一个虚构对象具有的虚构属性是被其内部属性决定的。虚构属性集是对内部属性集应用 Fly 算子生成的结果。因此，一个虚构对象的内部属性集决定了其同一性。内部主义的同一化标准曾被指责面临“不确定的同一性”难题。这个难题最早被埃弗雷特指出。[②] 幸运的是，通过做出适当的区分，该难题是可以避免的。

所谓的“不确定的同一性”难题，即故事内部的不确定同一性会带

---

① 能否为虚构对象提供严格的同一化条件，是虚构对象理论评价需要考虑的重要指标。在这个意义上，帕森斯和扎尔塔的理论是占据优势的。相比较，汤姆逊的理论则处于劣势，因为她并未提供严格的同一化条件。

② A. Everett, “Against Fictional Realism”, *Journal of Philosophy*, Vol. 102, No. 12, 2005, pp. 628 - 633.

来故事外部的不确定同一性。考虑这样一个简单的故事，“从前有一个人甲某，一个人乙某，但是没人知道甲某和乙某是不是同一个人”。从故事内部看，甲某是否与乙某同一并不确定，根据内部主义的同一化标准，看起来甲某和乙某这两个虚构角色是否同一也是不确定的。但是，根据伊万斯（G. Evans）的著名论证，在这个世界上并不存在任何的不确定同一性。[①] 若如此，内部主义的同一化标准似乎都是不可信的。我们将这个故事称作“埃弗雷特式反例”。埃弗雷特式反例依赖于这样的一个原则（下面将称为“不确定同一性等价原则”）：如果故事涉及甲某和乙某，并且他们都不是真实的，那么，虚构角色甲某和乙某是否同一不确定，当且仅当，在故事中甲某和乙某是否同一不确定。

请注意，不确定同一性等价原则中的“在故事中甲某和乙某是否同一不确定”包含两个作用于同一性的限定词，一个是“在故事中”，一个是“不确定”。因此，根据辖域范围大小，这个子句可以有两种不同理解。[②] 第一种理解是“在故事中：甲某和乙某是否同一不确定”。第二种理解是“并不确定：在故事中甲某和乙某是否同一”。看起来，内部主义的同一化标准要求的应该是第一种理解。但是，假如选择第一种理解，就是说前提“在故事中甲某和乙某是否同一不确定”要被理解为“在故事中：甲某和乙某是否同一不确定”，遗憾的是，这个前提将会不成立。故事仅仅是没有明确规定甲某和乙某是否同一。但是，我们知道，在故事中，他们或者确定地同一，或者确定地不同一。因此，若坚持第一种理解，埃弗雷特式反例并不奏效。

假若选择第二种理解，就是说前提“在故事中甲某和乙是否同一不确定”要被理解为“并不确定：在故事中甲某和乙某是否同一”。这里的“不确定”又有两种可能理解：或者意味“不确定真也不确定假”，或者意味“没有明确规定”。假如选择前者，那么，“并不确定：在故事中甲某和乙某是否同一”相当于说，“在故事中甲某和乙某同一”不确定真也不确定假。然而，前面已经说明这并不成立，进而前提“在故事中甲某和乙某是否同一不确定”也将不成立。埃弗雷特式反例将仍然不奏效。

---

① G. Evans, “Can There Be Vague Objects”, *Analysis*, Vol. 38, No. 4, 1978, p. 208.

② B. Schnieder, T. V. Solodkoff, “In Defence of Fictional Realism”, *The Philosophical Quarterly*, Vol. 59, No. 234, 2009, p. 140.

假如选择后者，就是说，“不确定”意味着“没有明确规定”，那么，不确定同一性等价原则中两次出现的“不确定”的意义将是不同的。“当且仅当”左边的“不确定”意味“没有明确规定”，右边的“不确定”却意味“不确定真也不确定假”。这导致该原则直观合理性的丧失。① 不确定性的传递要求所涉不确定性的意义前后统一。另外，若取这种理解，不确定同一性等价原则还将与虚构角色同一性的默认确定原则不一致。毕竟，故事极少直接规定两个对象不同一，一个默认原则是，只要故事没有直接规定同一，就假设两个虚构对象不同一。特别是，如果出现两个名字，默认的做法是假设两个名字命名不同的对象。简言之，无论“不确定：在故事中甲某和乙某是否同一”中的“不确定”意味“不确定真也不确定假”，还是“没有明确规定”，埃弗雷特式反例似乎都不能奏效。

简言之，埃弗雷特式反例依赖前提“在故事中甲某和乙某是否同一不确定”，和不确定同一性等价原则。区分“在故事中”和“不确定”的辖域后，或者反例所依赖的前提不成立，或者等价原则不合理。无论如何，在笔者看来，埃弗雷特式反例对内部主义虚构对象同一化标准构不成真正威胁。

另外，通过内部属性为虚构对象提供同一化条件的努力，通常还会面对一个质疑。具体而言，针对上述同一化条件，质疑如下。该同一化条件要求，一个虚构对象具有哪些虚构属性应该是清楚的，然而，这似乎并不清楚。因为针对一个虚构对象，我们似乎不能确定到底哪个故事规定其虚构属性。因此，为了使得上述同一化条件是可信的，我们还需要提供虚构对象的识别方法。没有一个明晰的识别方法，上述同一化条件就算是严格的，也是无法操作的。

二 识别方法

一般地，故事所规定的虚构属性决定了相应的虚构对象。虚构对象的识别方法，可参照如下规定：

故事 s 中的虚构对象 o，就是那个具有且仅仅具有 s 赋予 o 的那些属性所对应的虚构属性的虚构对象。

---

① B. Schnieder, T. V. Solodkoff, “In Defence of Fictional Realism”, *The Philosophical Quarterly*, Vol. 59, No. 234, 2009, p. 142.

更清晰些表达，即，

虚构对象的识别原则：故事 s 中的 o，就是那个具有且仅仅具有 {Fly (F)：在 s 中 o 具有 F} 中的虚构属性的虚构对象。其中“o”可能是专名（比如“福尔摩斯”），也可能是确定描述语（比如“那个大侦探”）。[①]

这里，我们预设“在 s 中 o 具有 F”不但是可以理解的，也是可以判断真假的。笔者假设创作和阅读小说的人都具有这样一种理解和判断的能力。比如，我们都能够判断“在福尔摩斯故事中，福尔摩斯是一个侦探”是真的，而“在福尔摩斯故事中，福尔摩斯住在中国”是假的。关于虚构对象具有怎样的内部属性，文学评论家内部可能存有争议。这里，我们假设，给定一个故事和故事中的虚构对象，该虚构对象在故事中具有怎样的属性是可以被计算出来的。[②] 我们假设文学评论家可以为我们提

---

① 关于确定描述语，这里做两点说明。第一，这里所谓确定描述语并不意味着故事的作者假设有且只有一个事物满足确定该描述语。比如，“故事中的那个大侦探”可以用来指称福尔摩斯，但这并不意味着柯南·道尔假设在故事中“那个大侦探”唯一的指称一个人。他没有必要做这样的假设。他只是假设有一个如此那般的大侦探。第二，确定描述语所指虚构对象不必在故事中拥有名字。有的虚构角色在故事中并没有名字。考虑一个简单故事 S。S 只包含一句话：从前有一个人，他是一个大侦探。“S 中的大侦探”仍然指称了一个虚构角色，即使该角色在故事中没有名字。

② 作为读者，我们似乎都知道在故事中什么是真的，但是，若被要求给出一个计算内部真理的机制，就会不知所措了。帕森斯曾对此现象进行分析。在计算内部真理的过程中，我们似乎会做三件事。第一，读到一个新句子便将它算作内部真理。第二，同时许多的其他的句子也要被加进来。第三，随着阅读的进行，有些句子要被删除掉。带来麻烦的主要是第二条。我们在阅读故事时，到底应该加入哪些信息作为阅读背景呢？有人或许会建议：加入那些被文本内容逻辑隐含的信息。这合理吗？若如此，所有的逻辑真理和数学真理都应该被加入其中？但是，理解故事并没有这样强的逻辑要求。有些逻辑后承可能是作者和读者都不会注意到的。假设经过一个非常严谨的复杂的逻辑推理，某位数学家推出一个大家都注意不到的“遥远的”逻辑后承。这难道真的应该加入内部真理中吗？有人或许建议：要把相关的经验信息加入内部真理。这似乎是有道理的，毕竟我们把关于这个世界的许多知识带入到文本理解中来，并借此来扩展内部真理。但是，哪些经验信息应该加入，哪些又不应该加入呢？首先，并不是所有的经验信息都应该加入。否则，当你读到“一万四千只独角兽占领了城市”，你就会获得一个矛盾，因为根据经验，独角兽并不存在。那么，加入与文本信息一致的经验信息？这似乎也不合理。否则，当你读到“阿加莎买了一匹带有翅膀的马”，你可能会得出结论说“阿加莎的马不会飞”，因为根据经验知识，所有的马都不会飞。这样的内部真理计算显然是错误的。于是，帕森斯得出结论，我们似乎真的不知道到底用什么一般的原则去计算内部真理，但是，这竟然不影响我们对故事的理解。关于内部真理计算方式的讨论，可参见 T. Parsons, *Nonexistent Objects*, New Haven: Yale University Press, 1980, pp. 175 – 182。

供这样的真理，而不是去卷入文学评论界的争论。类似地，关于自然类，虽然科学家内部关于其本质结构是什么可能存有争议，但是，哲学家常常会假设某个假说是正确的，而不会卷入科学家的内部争论。[①]

上述虚构对象识别方法是否令人满意呢？不难看出，该识别方式是带有限制的识别，就是说，用来识别的是“s 中的 o”，而不是没有限制的“o”。比如，该识别方式可用来识别“《福尔摩斯探案集》中的福尔摩斯”，“《西游记》中的孙悟空”，却不能用来识别没有限制的“福尔摩斯”和“孙悟空”。因此，假若福尔摩斯和孙悟空可以出现在多个故事中，那么，似乎会有多个福尔摩斯或孙悟空。那么，哪个才会是真正的福尔摩斯，哪个才会是真正的孙悟空呢？

以福尔摩斯为例，问题可以表述为：福尔摩斯只出现在唯一的一个故事中吗？如果不是的话，我们应该诉诸哪个故事呢？福尔摩斯似乎既出现在柯南·道尔所写的故事系列中，也出现在其他虚构作品中，比如，出现在电影中。帕森斯也曾思考过这个问题，他说道，“为什么不是将（计算福尔摩斯具有什么属性的）故事源头算的大一些呢？由贝塞尔·拉思伯恩和尼格尔·布鲁斯主演的系列电影也加入进来？在这些电影中，福尔摩斯是主角。为什么不能用这些电影来确定福尔摩斯的属性呢？这的确会带来问题，因为电影中的有些情节在很多方面都矛盾于故事中的福尔摩斯，比如说，在电影中福尔摩斯是秃顶，但是，在故事中福尔摩斯不是”[②]。

假如福尔摩斯可以出现在柯南·道尔的小说中，也可以出现在后来其他人在原作基础上续写的小说中，也可以出现在电影和电视剧中，那么，“福尔摩斯”到底指的是“哪个”虚构角色呢？如何寻找福尔摩斯对应的“那个”唯一的虚构属性集呢？简单讲，有两种方法，一种是合取方法，一种是析取方法。

所谓“合取方法”，即对所有候选故事做“合取”操作，福尔摩斯具

① 在此意义上虚构对象的形上学依赖于文学评论学科。类似地，自然类本性的形上学依赖于自然科学。

② T. Parsons, “Fictional Characters and Indeterminate Identity”, in F. Lihoreau ed., *Truth in Fiction*, Munich: Ontos Verlag, 2010, p. 31.

有的虚构属性就是在所有候选故事中具有的属性。比如，按照这种方法，“虚构地是一个秃顶”与“虚构地不是一个秃顶”都不会是福尔摩斯的虚构属性。因为福尔摩斯并非在所有故事中都“是一个秃顶”，也并非在所有故事中都“不是一个秃顶”。这种方法的好处显而易见，即不会将矛盾的属性分配给福尔摩斯。毕竟任何一个作者都没想把福尔摩斯刻画为矛盾的对象。但是，这种方法的代价是，故事所说不全是内部真理。比如说，“是一个秃顶”与“不是一个秃顶”都被排除在外。虽然忌惮矛盾，但是，将两个属性都排除掉也不是一个明智的做法。另外合取方法有可能会让虚构对象变得“越来越小”，这看起来不可接受。汤姆逊曾质疑说，当然可以写一个故事，福尔摩斯在其中甚至不是一个侦探，甚至不叫作福尔摩斯。那么，这样下去，“福尔摩斯”对应的属性到底会有多少呢？仅仅包含“是一个人”？如果这样的话，所有虚构的人都将是福尔摩斯？这显然不合理。[①] 由此看来，合取方法并不合理。

所谓“析取方法”，即对所有候选故事做“析取”操作，福尔摩斯在任何候选故事中具有的属性，都将看作是其内部属性。比如，按照这种方法，“虚构地是一个秃顶”与“虚构地不是一个秃顶”都将是福尔摩斯的虚构属性，因为福尔摩斯在有的故事中是一个秃顶，在有的故事中不是一个秃顶。这种方法的好处是，关于福尔摩斯，作者说福尔摩斯是怎样的，福尔摩斯就是怎样的。作者的创作得到最大程度的尊重。但这种方法的代价也是显然的，即福尔摩斯会被看作具有矛盾的虚构属性。然而，显然，无论是小说作者还是电影作者都没有意愿将福尔摩斯刻画为矛盾的虚构人物，因此，福尔摩斯似乎也不应该被认为最终会被分配给矛盾的内部属性。

为了避免将本不矛盾的虚构对象处理为矛盾的，帕森斯曾经提出一个修正的析取方法。该分析方法要求首先将牵涉的属性分为两类，即故事之间相互冲突的属性，和故事之间不冲突的属性。故事之间不冲突的属性，都被看作是确定的属性。故事之间冲突的属性，都被看作是不确定的属性。进而，确定属性集和不确定属性集共同规定虚构对象的同一

---

① A. Thomasson, *Fiction and Metaphysics*, Cambridge: Cambridge University Press, 1999, p. 60.

化条件。① 还是以福尔摩斯为例，“是一个侦探”将属于“确定属性集”，因为故事在该属性上并不冲突。“是一个秃顶”则属于“不确定属性集”，因为在福尔摩斯是否具有该属性问题上，故事之间是冲突的。类似地，“不是一个秃顶”也属于“不确定属性集”。

若落实到笔者所构造的虚构对象理论。确定属性集和不确定属性集将产生两个集合，即确定的虚构属性集，和不确定的虚构属性集。福尔摩斯对应的确定的虚构属性集是｛Fly（F）：在某个候选故事中福尔摩斯具有F，并且不存在一个候选故事在其中福尔摩斯不具有F｝。福尔摩斯对应的不确定虚构属性集｛Fly（F）：在某个候选故事中福尔摩斯具有F，并且在某个候选故事中福尔摩斯不具有F｝。表现在语义层面上，“福尔摩斯虚构地是一个侦探”是确定为真的，而“福尔摩斯虚构地是一个秃顶”则真值不确定。

那么，到底应该选择合取方法，还是析取方法，或者修正版的析取方法呢？笔者认为，这些方法都不合理。这些方法都假设小说和电影中的“福尔摩斯”指称同一个虚构角色。但是，电影中的“福尔摩斯”与柯南·道尔小说中的“福尔摩斯”所指真的同一吗？普通人通常会做出肯定的回答。但是，在笔者看来，这经不起推敲。

让我们假设柯南·道尔还在世，他看到了2015年上映的电影《福尔摩斯先生》。电影讲述了93岁的福尔摩斯在没有华生的帮助下单独破获最后一宗奇案的故事。当柯南·道尔看到电影时，他会认为电影中的福尔摩斯就是他的故事中的福尔摩斯吗？他或许会说：电影的确很有意思，我从未想过福尔摩斯93岁会怎样，我若续写的话，可能会有不同，估计华生还会出现，毕竟是一对老伙计。问题是柯南·道尔会承认电影中的福尔摩斯就是他写的福尔摩斯吗？是他的福尔摩斯变老了吗？笔者认为，柯南·道尔不会承认。当然，他的确会承认，编剧是在熟悉他的系列小说的基础上续写的，但严格来讲那并不是原来的福尔摩斯。就是说，《福尔摩斯先生》中的福尔摩斯不是柯南·道尔的福尔摩斯。《福尔摩斯先生》中的福尔摩斯是编剧和导演创造的福尔摩斯。当然，假若编剧是柯

---

① T. Parsons, “Fictional Characters and Indeterminate Identity”, in F. Lihoreau ed., *Truth in Fiction*, Munich: Ontos Verlag, 2010, pp. 37－40.

南·道尔本人的话，判断就大为不同了。在那种情况下，若柯南·道尔有续写的意图，那么，电影将会成为《福尔摩斯探案集》的续集，它们将一起构成一个完整的故事，小说中的福尔摩斯就是电影中的福尔摩斯。

对中国读者而言，《红楼梦》案例或许会更有亲和力。假若曹雪芹在世，当他看到程伟元和高鹗整理或续写的《红楼梦》，他很可能不满地说：他们的《红楼梦》不是我的红楼梦，他们的贾宝玉也不是我的贾宝玉。很多时候，当我们说不同的虚构作品关于"同一个虚构角色"时，实际上，很可能它们并非真正关于同一个虚构角色。关于"同一个虚构角色"的日常判断，很可能只是一种思维上"懒惰"或"经济"的做法。

笔者认为，一般地，一个虚构角色只会出现在同一个故事或故事系列中。比如，"电影中的福尔摩斯"出现在电影中，"柯南·道尔故事中的福尔摩斯"出现在故事中，它们指称的是两个虚构角色。没有任何故事限制的"福尔摩斯"则可能是模糊词汇，指称并不确定。比如，假设一个人看过柯南·道尔写的系列小说《福尔摩斯探案集》，也看过电影《福尔摩斯先生》，若他被人问起是不是喜欢福尔摩斯。他最自然的回应可能是：哪个？柯南·道尔小说中的福尔摩斯，还是电影中的福尔摩斯？

这里做一点说明：虚构角色同一性判断与所谓侵权认定大体一致，但并不完全一致。考虑情形1：甲某未经作者乙某许可便通过拷贝出版原作者的小说并获利；情形2：丙某在熟知乙某小说的基础上，构造新的故事并出版且获利。那么，根据著作权法，情形1下的甲某侵害了乙某的著作权，情形2下的丙某并未侵害乙某的著作权（至少可宣称自己的部分著作权）。相应地，我们倾向于认为，情形1下甲某和乙某的文本涉及相同作品、相同角色，情形2下丙某和乙某的文本涉及不同作品、不同角色。当然，笔者并没有断言著作权侵害成立与否与作品和角色是否同一的判断总是一致的。法院有可能基于两个故事以及角色的相似性较高而认定侵权，但是，实际上牵涉的仍然是两个虚构角色。著作权法的目的是为了推动创新，保护著作权只是手段。比如，根据社会标准一个作品对另一个作品并不构成"创新"，因此被认定为侵权，但是，这并不意味着两个作品与角色便是相同的。侵权认定的最终目的是社会性的，是鼓励创新。关于虚构作品与角色的同一性理论不必与此绝对一致。因为前者诉诸的是形上学标准，后者还要考虑到社会目的，有时还要考虑社会价值观和舆论导向。

回到虚构对象的识别问题。既然一个虚构对象只能出现在一个故事中，那么，我们如何确定故事的界限在哪里呢？就是说，面对数个文本，如何确定这些文本到底对应多少个故事。笔者建议采取如下两个步骤。第一步，确定哪些文本之间处于续写关系，基于续写关系，找出对应的文本系列，每个文本系列构成一个更大的整体性的文本；第二步，比较故事文本，若两个文本的内容相同，则决定同一个故事，若文本内容不同，则是两个故事。

那么，如何确定两个文本之间是否具有续写关系呢？这里所谓续写是严格意义上的续写，作者意图的延伸将起关键作用。任给两个故事文本 a 和 b，如果文本 a 的作者的写作意图“延伸”到文本 b 的写作中，那么，a 和 b 将处于续写关系中。这里的“延伸”是真正的延伸，是严格意义上的延伸。具体分两种情况：a 和 b 的作者是同一个人，在写完 a 后，作者决定继续写 b，并意图将 a 和 b 作为部分共同构成一个更大的故事文本；a 和 b 的作者合作创作，根据二者的共同写作意图，完成 a 后再续写 b，a 和 b 将作为部分共同构成一个更大的故事文本。①

---

① 授权的情况可看作是特殊形式的合作。一个人写完一部分之后，授权另一个人续写剩余部分。在这种情况下，最终完成的整体性作品将被看作是同一个作品。所谓授权是许可他人续写的权利，具体也可分为一般许可和独占许可。一般许可即享有续写权利，但不独占排他。独占许可即享有续写权利，且独占排他。无论一般许可还是独占许可都可以通过缔结合同的形式来规定。从形上学的角度看，将授权看作合作，显然只是简化处理。实际情况可能要复杂得多。简化处理方法依赖于两个假设，但是，这两个假设并非总是成立。假设一，原作者总是会在心理上接受被授权人的续写行为真正完成了对自己作品的续写，就是说，自己的写作意图真正得以延伸。一般情况下的确会如此，但是，并非没有例外。比如，一个人可能因为经济利益的考虑，在法律上授权他人，但心理上并不接受他人的续写（类似地，也可能一个人口头承诺或默许了他人的续写资格，但是，并未在法律上进行授权）。假设二，续写最终完成的整体性作品是唯一的。一般情况如此，但并非没有例外。比如，在一般许可的情况下，针对原作品 a，两个人都获得了一般授权许可，并分别续写出内容极其不同的作品 b 和 c。在这种情况下，将有两个整体性作品，即 a+b 和 a+c。哪个才是角色判定所需要的唯一的故事呢？笔者认为，在这种特殊的情况下，实际上通过一般许可，最终创作完成了两个故事，相应地，虚构角色也会是不同的。a+b 和 a+c 都以 a 为构成部分。实际上，这类似于特修斯船悖论。从接续主义的角度看，某种意义上，特修斯船既是新木板构成的全新的船，又是旧木板重新组装成的旧船，这是因为两条船共同拥有同一个时间部分。这里类似地，故事 a+b 和 a+c 共同地拥有同一个构成部分，即 a。与特修斯船案例不同的是，所涉部分与整体都是抽象的故事。

下面通过考察几个一般情形，具体说明如何识别故事。情形 1：设想总共有 3 个文本，即 T1、T2 和 T3，其中 T2 是对 T1 的续写，T3 独立。那么，总共存在两个故事文本，即 T1 + T2 和 T3。再比较故事文本内容，假如 T1 + T2 和 T3 的内容不同，则总共存在两个故事。情形 2：设想总共有 3 个文本，即 T1、T2 和 T3，其中 T2 是对 T1 的续写，T3 也是对 T1 的续写，但 T3 不是对 T2 的续写，T2 也不是对 T3 的续写。就是说，作者从 T1 分别续写了两个不同文本 T2 和 T3，但 T2 和 T3 之间并不存在续写关系。此时，总共有两个故事文本，即 T1 + T2 和 T1 + T3。相应地，有两个故事。情形 3：T1 写完后，作者续写了 T2，再之后，某个合作作者在 T2 基础上续写了 T3。此时，总共只有一个故事文本，即 T1 + T2 + T3。相应地，只有一个故事。情况 1 是普通的续写情况。情况 2 是分叉续写情况。情况 3 是合作续写情况。

基于上述识别故事的方法，再结合前面给出的识别虚构对象的方法，则可完成虚构对象识别工作。

考察几个现实案例。比如，曹雪芹写的贾宝玉和程伟元、高鹗写的贾宝玉不是同一个虚构角色。曹雪芹的贾宝玉出现且仅仅出现在他所写的《红楼梦》（即前八十回）中，程伟元和高鹗的贾宝玉出现且仅仅出现在他们“续写”版《红楼梦》（即后四十回）中，但两个《红楼梦》是两个故事，故事文本之间不存在真正的续写关系。不过，曹雪芹的《红楼梦》各章故事中的“贾宝玉”指称相同的角色，因为各章小故事之间曹雪芹的写作意图是连续的。程伟元和高鹗版本《红楼梦》中的“贾宝玉”指的不是曹雪芹的贾宝玉，因为曹雪芹的写作意图并没有延伸到程伟元和高鹗版的《红楼梦》中。类似地，《西游记后传》中的孙悟空不是《西游记》中的孙悟空，因为吴承恩写《西游记》的写作意图并没有延伸到《西游记后传》中。再比如，《哈利·波特与魔法石》常被称作《哈利·波特 1》，而《哈利·波特与死亡圣器》常被称作《哈利·波特 7》，这并不意味着出现了七个哈利·波特。《哈利·波特 1》与《哈利·波特 7》之间的七个故事文本共同构成一个故事文本系列，相应地，决定了一个故事系列。该故事系列可整体上看作《哈利·波特》。这是因为 J. K. 罗琳（J. K. Rowling）在写这七部小说时，拥有续写的意图，其续写意图贯穿整个写作过程。《哈利·波特》系列故事共同决定了哈利·波特是

“哪个”虚构角色，共同决定了其同一化条件。

因此，只有通过考察作者的写作意图，才能判断故事文本之间的续写关系，进而确定故事的界限，完成故事识别工作，进而完成对虚构对象的识别。不难看出，这里对“意图延伸”的规定要比汤姆逊等学者的要求更强。他们要求，只要一个作者熟悉之前的某个故事，并且愿意以相同方式使用相应的虚构名字，并继续写作，那么，原作者的写作意图就可以被“延伸”到新故事中。笔者所做规定要强得多，具体而言，延伸的意图必须是同一个作者或合作作者的意图。在笔者看来，基于现实案例分析，从形上学的角度看，这样的强化是必需的。

可以预期，以上虚构对象识别方法会遭受质疑。下面对两个可能的质疑进行回应。

质疑一：这里，笔者是通过作者的意图来判定故事界限并在此基础上识别虚构角色，那么，为何不像汤姆逊一样，考虑放弃诉诸内部属性来定义虚构对象的同一化条件，仅仅通过意图识别来定义虚构对象的同一化条件呢？难道这样做不是更简单吗？

笔者有两点回应。其一，笔者已经论证，汤姆逊仅仅诉诸意图识别来确定虚构对象同一性的努力是失败的。比如，曹雪芹版《红楼梦》和程伟元、高鹗版《红楼梦》便是反例。其二，笔者仅仅是通过作者意图来帮助判定文本之间的续写关系、判定系列故事。至于故事之间的同一，虚构对象的识别，则是另外的不同议题。比如，考虑前一章中讨论的情形@，不难判断柯南·道尔所写文本与柯南·道尔*所写文本之间，并不具有续写关系。理由一：文本内容相同。理由二：柯南·道尔的写作意图没有延伸到柯南·道尔*的写作过程中去，双方也没有合作关系。然而，它们之间不存在续写关系，却不意味着它们不是同一个故事，不是关于同一个虚构角色。对此，笔者已经给出详细论证。这里笔者主张的判定方法与此一致。既然两个文本的内容相同，决定的便是相同的故事。再根据虚构对象识别标准，两个文本关于的当然就是同一个虚构对象。简言之，文本之间的续写关系识别以及相应的故事系列识别，与故事同一性判定和虚构对象识别，是不同的判定问题。没有合适的理由规定所涉识别标准必须同一或一致。

质疑二：如果笔者前面提供的判定系列故事的方法是对的，为何人们会（错误地）认为，同一个虚构角色会出现在未处于同一个故事系列中的故事中呢？比如，人们为什么会认为，福尔摩斯可以出现在柯南·道尔故事中，也可以出现在电影剧本中呢？

回应：这是因为人们不当地扩大了“意图延伸”的外延。比如，人们认为，电影剧本作者意图用“福尔摩斯”指称柯南·道尔故事中的福尔摩斯，借此，电影剧本便是对柯南·道尔所写故事的续写，进而小说文本和电影剧本便构成同一个系列故事，电影中的“福尔摩斯”便会指称故事中的福尔摩斯。但是，我们知道，这并不成立。严格上讲，这里写作意图延伸是失败的，两个故事文本之间并没有续写关系。在此情形下，存在不同的故事，进而存在不同的角色，虽然作者用的是相同的名字。

第四节　故事

前面提到，一个虚构对象只能出现在一个故事中。那么，什么是故事呢？故事的同一化条件又是什么？故事的存在条件是什么？故事与虚构对象之间具有怎样的形上学关系？基于故事与虚构对象的紧密联系，本节将简单讨论故事的形上学特征。

一　故事及其同一化条件

笔者认为，一个故事就是它所包含的内部虚构真理构成的命题集合。比如，《福尔摩斯探案集》包括“福尔摩斯是一个侦探”“福尔摩斯曾破获许多案子”“福尔摩斯是华生的好朋友”等语句所表达命题。当然，这些命题还需要按照其逻辑结构进行翻译，翻译的结果是：《福尔摩斯探案集》 = {福尔摩斯虚构地是一个侦探，福尔摩斯虚构地曾破获许多案子，福尔摩斯虚构地是华生的好朋友，……}。类似地，《西游记》 = {孙悟空虚构地由石头演化而来，孙悟空虚构地曾大闹天宫，唐僧虚构地是孙悟空的师父，……}。故事包含的命题或者是关于纯粹虚构角色的虚构真理（比如，福尔摩斯虚构地是一个侦探），或者是关于历史事物的虚构真理（比如，唐僧虚构地是孙悟空的师父）。

值得说明的是，故事中的“经验事实”也将被处理为虚构真理。比如，在福尔摩斯故事中伦敦依然是一座城市。“伦敦是一座城市”将被翻译为“伦敦虚构地是一座城市”，而不是按照表面语法结构进行分析。这是因为故事并不是传递真正真理的载体，我们并没有一个可信的方法准确无误地区分出哪些是真正真理，哪些仅仅是虚构真理。这样处理并不会影响人们对故事的理解。比如，人们可能会这样描述小说中的伦敦：伦敦依然是座城市，但是，它还被虚构地描写为拥有贝克大街221B号。在笔者看来，这样的描述可以解释为：伦敦虚构地是座城市，虚构地拥有贝克大街221B号，并且伦敦现实地也是一座城市，在“是一座城市”这方面，虚构与现实并不冲突。

既然故事被看作是集合，便满足集合的同一化标准的约束。两个集合同一，当且仅当，它们具有完全相同的成员。特别地，两个故事同一，当且仅当，它们包括完全相同的内部虚构真理。比如，《福尔摩斯探案集》的同一性由“福尔摩斯虚构地是一个侦探”“福尔摩斯虚构地破获许多案子”“福尔摩斯虚构地是华生的好朋友”等内部真理决定。如果一个故事与它拥有完全相同的内部虚构真理，那么，它就是《福尔摩斯探案集》。

有人可能会对这种刻画故事的方法提出质疑：故事内容通常都是非常生动的，但这种刻画方法似乎让故事丧失了生动性。笔者的回应是：故事的生动性体现在非虚构属性组合上，笔者所提供的故事刻画方式并没有影响故事的生动性。更重要的是，任何刻画故事的方法都必须将故事的虚构性刻画出来。这里，故事的虚构性体现在作用在内部属性的虚构算子上。比如，“福尔摩斯虚构地是一个侦探”中的“是一个侦探”能够体现故事的生动性，而“虚构地”体现的是故事的虚构性。因此，笔者认为，这种质疑并没有威胁力。

二 故事的存在条件

一个故事是其内部真理构成的命题集合。一个集合存在的条件，就是其成员存在的条件。因此，一个故事的存在条件，就是它所包含的内部真理的存在条件。那么，内部真理存在的条件又是什么呢？

在回答该问题之前，关于“内部真理的存在条件”中的“存在”的用法，做一个简单的说明。根据笔者的用法，这里，“存在”与“成立”

以特定方式可进行互换。具体讲，所谓一个内部真理存在，意味的就是该真理对应的命题成立，或者说为真。比如，说“福尔摩斯虚构地是一个侦探”这一内部真理存在，意味的就是“福尔摩斯虚构地是一个侦探”这一命题成立。这种用法将使得能够统一地对历史虚构故事进行处理。假设不然，就是说，故事仅仅是相应的命题的集合，与命题的成立与否无关。考虑一个反例。设想笔者当下创作了一个简单的历史故事，该故事仅仅包含一句话，即“康德来华中科技大学调研康德研究”。我们知道，在故事被创作之前，康德便是存在的，“来华中科技大学调研康德研究”这一属性也是存在的，因此，该语句所表达命题也是已经存在的。相应地，“康德虚构地来华中科技大学调研康德研究”这一命题也是早已存在的。我们当然知道，创作之前该命题是假的，因为之前关于康德的这个故事文本还没有被创作出来，因此，康德并不具有所涉虚构属性。假若故事与命题成立与否无关，那么，我们便应该认为这个短故事在故事文本创作之前便已经存在了，但这显然是不成立的。只有该故事文本被创造出来之后，“康德虚构地来华中科技大学调研康德研究”这一命题才成为真的，故事才会包含这样的命题作为其构成成分。因此，故事所包含的内部真理必须真正地具有真值隐含，就是说，作为故事构成成分的虚构命题一定是真的。

下面来考察内部真理存在的条件是什么？先看开始存在条件。我们知道，内部真理的载体是故事文本。故事文本不但产生了虚构对象，也同时产生了关于虚构对象的内部真理。因此，当第一个故事文本开始出现，相应的内部真理便开始出现。无论一个内部真理涉及的是纯粹虚构对象，还是历史虚构对象，其开始存在条件都是相应故事文本开始出现。《福尔摩斯探案集》故事文本开始出现之后，它所包含的内部虚构真理才开始存在，进而这些命题构成的故事，即《福尔摩斯探案集》也开始存在。历史虚构故事情况类似。仍然考虑前面的短故事。在笔者创作故事文本之后，“康德虚构地来华中科技大学调研康德研究”这一命题作为内部真理才开始存在，进而包含该命题的短故事才开始存在。简言之，笔者认为，一个故事开始存在的条件就是其故事文本最早地开始存在。类似地，继续存在的条件就是故事文本继续存在，可能存在的条件是故事文本可能存在。无论是开始存在条件，还是继续存在条件，还是可能存在条件，所涉依赖性都是一般的依赖性，即只要一个故事文本存在即可，不特别地依赖于任何特定的故事文本。特别地，假若《福尔摩斯探案集》的所有文本都已经消失，关于福尔摩斯的内部真理便消失了，相应地，《福尔摩斯探案集》便已经消失了。这里的文本是语义概念，要求能够理解文本的读者群。文本消失意味着，或者所有故事文本拷贝已经消失，或者文本拷贝还在，但已经没有任何人能够理解。回应本小节议题，故事存在的条件是什么？故事开始存在的条件，就是最早故事文本开始存在；故事继续存在的条件，就是故事文本继续存在；故事可能存在的条件，就是故事文本可能存在。

三 故事与纯粹虚构对象

前文曾提到，一个纯粹虚构对象仅仅存在于唯一的一个故事中。假若纯粹虚构对象 o 出现于故事 s 中，N 是 o 的名字（或确定描述语），那么，“N”的指称，即 o，将通过“s 中的 N”进行识别。但是，在那里，关于故事与虚构对象的关系并未做更多讨论。

这里，笔者将说明，一个虚构对象与它出现其中的故事有着极为紧密的联系：一个虚构对象本质地“出现”在它的故事中。就是说，任给一个虚构对象 o，假如它“出现”于故事 s 中，那么，o 本质地“出现”于故事 s 中。就是说，必然地，如果 o 存在，那么，o 一定会“出现”于 s 中。不妨以福尔摩斯为例进行说明。在任何一个可能世界上，假若福尔摩斯存在，则它所依赖的存在条件已经满足，即故事文本存在，进而，这决定了《福尔摩斯探案集》一定存在。这使得《福尔摩斯探案集》依然是关于福尔摩斯的故事，福尔摩斯依然出现于《福尔摩斯探案集》中。就是说，福尔摩斯本质地“出现”于《福尔摩斯探案集》中。

反过来讲，必然地，假如一个故事不存在，它所描述的纯粹虚构角色也不会存在。以福尔摩斯为例，假如《福尔摩斯探案集》不存在，那么，该故事所依赖的存在条件一定没有出现。就是说，《福尔摩斯探案集》故事文本没有出现，而这同样是福尔摩斯存在的条件，进而，福尔摩斯也不会存在。

虚构对象与它出现其中的故事之间的紧密联系使得，“s 中的 N”不只用来挑出一个虚构对象 o，实际上，s 也为所挑出的虚构对象 o 提供了同一化条件。“s 中的 N”中的限定词“s 中”是对 o 的本质限定。比如，福尔摩斯本质地是《福尔摩斯探案集》中的福尔摩斯。类似地，华生本质地是《福尔摩斯探案集》中的华生。

在这里，笔者愿意指出，像帕森斯和扎尔塔的虚构对象理论一样，笔者在第三节给出的虚构对象同一化条件同样涉嫌循环。比如，福尔摩斯的同一性条件需要诉诸“虚构地是华生的朋友”这一属性，而华生的同一性条件又要诉诸“虚构地是福尔摩斯的朋友”。因此，福尔摩斯和华生的同一化条件都是循环的。但是，有了前面的说明，笔者认为，这里面临的循环是可以接受的。

在合取创造主义理论背景下，“福尔摩斯”实际上应该严格地表述为“《福尔摩斯探案集》中的福尔摩斯”，而“华生”要严格地表述为“《福尔摩斯探案集》中的华生”。这里的故事限定是本质性的限定，不是仅仅用来挑出福尔摩斯和华生，还为它们提供了同一化条件。《福尔摩斯探案集》中关于福尔摩斯的所有虚构真理构成福尔摩斯的同一化条件。《福尔摩斯探案集》中关于华生的所有虚构真理构成华生的同一化条件。因为《福尔摩斯探案集》本质地包含诸如“福尔摩斯虚构地是华生的朋友”和“华生虚构地是福尔摩斯的朋友”这样的命题，[①] 这导致福尔摩斯和华生的同一化条件一定是循环的。

然而，这种循环是可以接受的。以福尔摩斯为例，福尔摩斯的同一化条件，通过它作为构成成分的故事《福尔摩斯探案集》给出。作为整体的故事规定了，福尔摩斯虚构地是华生的朋友，这构成福尔摩斯同一性要求的一部分。类似地，作为整体的故事规定了，华生虚构地是福尔摩斯的朋友，这构成华生同一性要求的一部分。简言之，整体为构成成分提供同一化条件，这使得构成成分之间的关系也是同一化条件的一部分，因此，这的确会导致循环的同一化条件。但是，这是普遍现象，不管所涉对象是不是虚构的。

考虑一个现实的例子。一个导弹营是一个整体，作为其构成成分的

① 一般地，一个集合本质地包含它的所有成员。故事是包含相应内部真理的集合，因此，一个故事本质地包含相应的内部真理。特别地，《福尔摩斯探案集》本质地包含诸如“福尔摩斯虚构地是华生的朋友”和“华生虚构地是福尔摩斯的朋友”这样的命题。

有“营长”“政委”“参谋长”“导弹技师”“警卫连长”“装弹手”“通讯员”“司务长”等。不妨说这个导弹营是“二营”。二营是一个整体，相应地，“二营营长”“二营政委”“二营参谋长”等则是其构成成分。现在仅考虑二营营长和二营政委，不妨说，两个人分为是 a 和 b。作为二营营长的 a 的同一性中便包含了“重大决策需要与作为二营政委的 b 商量”这一属性。这是由“二营”这个整体的组织构架决定的。类似地，作为二营政委的 b 的同一性中包含了“重大决策需要与作为二营营长的 a 商量”这一属性。这也是由“二营”这个整体构架决定的。假如像法恩一样，我们承认诸如“作为 F 的 x”这样的对象。[①] 那么，我们不得不说，作为二营营长的 a 与作为二营政委的 b 的同一化条件是循环的。但是，这并不会带来什么难题。一个对象，作为整体的部分，其同一性必须在整体的限制之下。[②] 这自然导致不同的部分之间的同一性会相互需要。因此，循环便在所难免。但是，这并不是什么需要避免的难题。

值得指出的是，相比较而言，帕森斯和扎尔塔不能诉诸类似策略来应对循环性指责。因为在他们看来，虚构对象的同一性与故事本身没有任何本质联系。故事仅仅使得虚构对象获得了虚构性。但是，虚构对象的同一化条件与其虚构性无关。在获得虚构性之前，对象的同一性早已确立。因此，合取创造主义者能够为虚构对象提供更加合理的同一化条件。

第五节 范畴区分

这样，我们不但一般地规定了虚构对象的同一化条件，还提供了对

---

① K. Fine, “The Problem of Non-Existents”, *Topoi*, No. 1, 1982, p. 131.

② 类似地，假设 a 是父亲，b 是母亲，c 是未成年孩子，他们共同构成一个家庭。作为家庭的部分，a、b、c 的同一性，都必须在整体的限制之下。比如，作为父亲的 a 的同一性中包含“监护作为未成年孩子的 c”，而作为未成年孩子的 c 的同一性中包含“被作为父亲的 a 监护”。母亲的情况类似。显然，这里的同一性条件是循环的，但是，并不会带来任何麻烦。这个例子牵涉的是社会功能实体。再看一个自然实体例子。考虑一双手 a + b，其中 a 是左手，b 是右手。a 和 b 的同一性，都必须在整体的限制之下。作为左手的 a，其同一性条件中包含“（以主体视线方向为前）在作为右手的 b 的左方”，类似地，作为右手的 b，其同一性条件中包含“（以主体视线方向为前）在作为左手的 a 的右方”。显然，两个同一性条件是循环的，但是，并不会带来任何麻烦。感谢我的同事陈刚和汤志恒建议我考虑这两方面的例子，与他们的讨论让我坚定了通过部分整体关系来应对循环的同一化条件问题。

虚构名字或单称词项所指称虚构对象的识别机制（第三节），另外，我们还一般地规定了虚构对象的存在性依赖条件（第一节）。这是清晰性维度的三方面工作。虚构对象理论的清晰性还要求完成相应的范畴性区分，即区分虚构对象与现实对象、纯粹虚构对象与历史虚构对象、纯粹虚构对象与虚构的虚构对象。下面，笔者将通过虚构属性分别完成这三对范畴区分。虚构属性的强大解释力将得到进一步展示。

一　虚构对象与真实对象

简单讲，虚构对象就是被虚构描述的对象，而真实对象就是未被虚构描述的对象。[①] 通过虚构属性，我们可以给出严格的定义性区分。具体而言，具有虚构属性的对象就是虚构对象，不具有任何虚构属性的对象就是真实对象。更严格些，可表述如下。

定义 1：

对一个对象而言，若它具有至少一个虚构属性，它就是虚构对象，否则，就是（纯粹）真实对象。

也可用逻辑符号如下表述：

Fic(x)，当且仅当，(∃F)Fly(F)(x)；

R(x)，当且仅当，¬ Fic(x)，即，(∀F)¬ Fly(F)(x)。

其中，量词是约束属性的二阶量词；Fly 是虚构属性生成算子，对应的是“虚构地”；“Fic(x)”代表的是“x 是虚构对象”；“R(x)”代表的是“x 是真实对象”。

比如，根据以上定义，福尔摩斯是一个虚构对象，而笔者是一个真实对象。这是因为福尔摩斯具有“虚构地是一个侦探”这一虚构属性。据笔者所知，没有任何人曾对笔者进行虚构描述。笔者不具任何虚构性，笔者是一个（纯粹）真实的人。

二　纯粹虚构对象与历史虚构对象

简单讲，纯粹虚构对象就是抽象的虚构对象，而历史虚构对象就是

---

① 请注意，虚构性仅仅意味着被虚构描述，并不隐含非存在性。援引克里普克的类比，“虚构的侦探”恰如“假的鸭子”，虚构的侦探不是侦探却显然是存在的，正如假的鸭子不是鸭子却显然是存在的一样（S. Kripke, *Reference and Existence*, Oxford: Oxford University Press, 2013, pp. 80 – 81）。

具体的虚构对象。根据上文的定义，虚构对象就是具有虚构属性的对象。因此，纯粹虚构对象就是具有虚构属性的抽象对象，而历史虚构对象就是具有虚构属性的具体对象。这里的抽象性指的是“不在时空中”，具体性指的是“在时空中”。因此，只需再借助“在时空中”谓词，即可完成对纯粹虚构对象与历史虚构对象的区分。具体而言，

定义 2：

纯粹虚构对象就是不在时空中的虚构对象；历史虚构对象就是在时空中的虚构对象。①

为了方便，我们引进谓词“C”。“C(x)”表示的是“x 在时空中”。这样，以上定义可用逻辑符号如下表述：

Pfic(x)，当且仅当，¬ C(x) ∧ Fic(x)；Hfic(x)，当且仅当，C(x) ∧ Fic(x)。

其中“Pfic(x)”指的是“x 是纯粹虚构对象”，“Hfic(x)”指的是“x 是历史虚构对象”，“C(x)”指的是“x 在时空中”。

比如，根据以上定义，福尔摩斯是一个纯粹虚构对象，而乾隆是一个历史虚构对象。这是因为虽然福尔摩斯和乾隆都是虚构对象，即都被虚构地描述。但是，福尔摩斯是抽象的，不在时空中。而乾隆是一个历

---

① 这里，笔者假设，在通常的故事中，诸如属性和自然数这样的抽象实体并没有被虚构地描写。否则，便会产生反例。比如，当吴承恩写“孙悟空是一只石猴”，“石”和“猴”这两个属性以及“一”这个自然数都没有被虚构地描写，被虚构描写的是孙悟空。否则，“石”“猴”和“一”，作为抽象实体，都是被虚构描写，却不是纯粹虚构对象，便会产生反例。在笔者看来，这种假设是合理的。正如在日常的单称谓述中，属性并没有被描述一样，类似的用法延伸到故事中。考虑“是”的日常用法。假设伊娃是一只母猴。当我断言“伊娃是母猴”时，通过“是”我描述了伊娃，但是，并没有对“母猴”这一属性进行描述。假若“是”表达的是一种关系，那么，通过该陈述，“母猴”这一属性被赋予“被伊娃是”这一关系属性。但是，“是”表达的并不是关系。按照刘易斯的说法，“是”就是“是”，不是关系。另外，至于是否一个人可以专门写小说，对自然数或属性进行虚构的描写，本书不会特别涉及。比如，是否可以写一部小说，其中虚构内容包括“2 不是 1 的后承”，其中“2”和“1”仍然指称 2 和 1？是否可以写一部小说，其中虚构内容包括“人的耳朵数不是 2”，用来对 2 进行虚构描写，其中“2”依然指称 2？是否可以写一部小说，其中虚构内容包括“红色不是一种颜色”，其中“红色”依然指称红色？这里，笔者并不打算对这些问题进行回答。笔者认为，对这些问题的回答，至少是有争议的。能否一致地进行这样的虚构，笔者将另外撰文处理。本书所考虑的虚构对象都是“虚构的具体对象”，即在相应的故事中都是具体的对象，而不是抽象的对象。诸如虚构的自然数或虚构的颜色这样的情况将不予考虑。

史人物，是具体的，在时空中。

三　纯粹虚构对象与虚构的虚构对象

简单讲，纯粹虚构对象就是现实的故事所创造出来的虚构对象，而虚构的虚构对象就是虚构的故事所创造的虚构对象。比如，哈姆雷特是纯粹虚构对象，而贡扎戈是虚构的虚构对象。通过虚构属性，我们可以对虚构的虚构对象进行严格定义。具体而言，

定义3：

虚构的虚构对象就是具有虚构的虚构属性的对象。

用逻辑符号进行表述，即，

Ficfic(x)，当且仅当，(∃F)Fly(Fly(F))(x)。

其中，“Ficfic(x)”指“x是虚构的虚构的对象”，“Fly(Fly(F))”指的是“虚构地虚构地F”，是对F两次应用Fly操作后得到的虚构属性。

根据该定义，贡扎戈是虚构的虚构对象，因为它具有“虚构地虚构地被人们谋杀”这一嵌套虚构属性。但是，“哈姆雷特”不是虚构的虚构对象，因为它并不具有任何的虚构的虚构属性。另外，该定义允许历史的虚构的虚构对象的可能性。假若有一位作者写了一个故事s，根据故事s，有人写了一个故事s′，根据故事s′北京和武汉之间的高铁时速高达4000公里。那么，根据该定义，北京具有虚构的虚构属性“虚构地虚构地与武汉之间的高铁时速高达4000公里”，武汉具有虚构的虚构属性“虚构地虚构地与北京之间的高铁时速高达4000公里”，北京和武汉都将是历史的虚构的虚构对象。

第六节　资料解释

通过第一节到第五节，完成了清晰性维度的理论内容展示。下面，笔者将说明合取创造主义者如何解释待解释资料，借此完成对合取创造主义理论内容的基本展示。具体而言，本节将分别对创造性真理、意向性真理、普通外部真理、本质虚构性真理、内部真理、本质内部性真理进行考察。

一 创造性真理

笔者认为，虚构对象是被合取创造的抽象对象。简言之，故事文本最早地被创作出来，在形上学意义上决定了相应的故事和虚构对象被创造出来。最早完成故事文本的作者合取创造了相应的虚构对象。根据第六章论证，合取创造概念最适合用来解释虚构对象所涉的创造性。以福尔摩斯为例，如果只有柯南·道尔最早完成了福尔摩斯故事文本，那么，福尔摩斯的创造者便是柯南·道尔。合取创造者的个数是1。假如柯南·道尔和柯南·道尔*通过合作最早完成了福尔摩斯故事文本，那么，福尔摩斯的创造者是作为整体的柯南·道尔和柯南·道尔*。合取创造者的个数依然是1。假如柯南·道尔和柯南·道尔*分别独立最早完成了福尔摩斯故事文本，那么，福尔摩斯的创造者是柯南·道尔和柯南·道尔*。合取创造者的个数是2。

简言之，一个虚构对象之被创造一般地依赖于相应的故事文本之最早开始存在。也就是说，在这个世界上到底存在多少虚构对象，要依赖于在这个世界上到底有怎样的故事文本被创造出来。在这个方面，合取创造主义者与诸如帕森斯和扎尔塔的柏拉图主义者有显著不同。帕森斯和扎尔塔都承认一个类似的概括原则，即，任给一个属性集合，都存在一个对象具有且仅仅具有该集合中的属性。他们的差别仅仅在于，帕森斯将“具有”理解为“例示”，而扎尔塔理解为“编码”。这样的对象一旦被故事文本描述，就会成为“虚构的”。但是，这些对象都是必然存在的，其存在性根本不依赖于任何故事文本。在他们看来，所谓虚构性实际上是一种关系属性，即与故事文本之间处于某种关系中。

合取创造主义者认为，作者通过创作故事文本真正创造了虚构对象。那么，在这个世界上到底有多少虚构对象呢？在合取创造主义者看来，并非每个属性组合都对应一个虚构对象，只有那些在故事文本中用来进行虚构描述的属性组合才会对应虚构对象。具体而言，大致满足下面这样的原则：

任给一个属性组合，如果存在一个故事，在该故事中该属性组合被归属给一个对象，并且再无其他属性被归属给该对象，并且该对象并非真实存在，那么，存在一个虚构对象，该虚构对象具有且仅仅具有这些属性对应的虚构属性。①

该概括原则可更严格地如下表述：

合取创造主义概括原则：任给属性组合 $\{F_1, \cdots, F_n\}$，如果存在一个故事 s，在 s 中 $\{F_1, \cdots, F_n\}$ 被分配给一个对象，并且在 s 中该对象不再具有其他任何属性，并且该对象并非真实存在，那么，存在一个虚构对象 o，o 具有且仅仅具有虚构属性 $\{Fly(F_1), \cdots, Fly(F_n)\}$。

比如，我们若将“福尔摩斯”在《福尔摩斯探案集》中具有的属性都列出来，不妨说，$\{Q_1, \cdots, Q_n\}$，那么，根据上述概括原则，可知有一个虚构对象恰恰具有虚构属性 $\{Fly(Q_1), \cdots, Fly(Q_n)\}$。再根据虚构对象的同一化条件规定，这样的虚构对象一定是唯一的。再根据虚构对象的识别标准，可知该虚构对象就是福尔摩斯。

该概括原则使得合取创造主义者的本体论，与柏拉图主义者是不一样的。柏拉图主义者认为，每一组属性都对应一个对象，并且这样的对象都是必然存在的。虚构对象只是实然地与故事文本处于描述关系的柏

① 埃弗雷特曾经考虑过一个关于虚构对象存在性的原则。这个原则说的是：如果在故事中 x 存在，并且 x 并非真实，那么，存在 x 这样一个虚构角色（A. Everett，“Against Fictional Realism”，*Journal of Philosophy*，Vol. 102，No. 12，2005，p. 627）。比如，在故事中福尔摩斯存在，并且福尔摩斯不是一个真实的历史人物，因此，存在福尔摩斯这个虚构角色。显然，该原则的刻画能力比合取创造主义概括原则更弱。它至多能够用来回答特定虚构角色是否存在，不能用来回答虚构角色具有什么属性。合取创造主义概括原则能够推出该原则。值得注意的是，埃弗雷特认为该原则隐含着下面原则：如果在故事中 x 存在与否是不确定的，并且 x 并非真实，那么，x 这样一个虚构角色存在与否也是不确定的。他认为实在论者都会承认该原则，但是，该原则的应用却会导致不可接受的结论。在他看来，这构成反对虚构对象实在论的证据。在俄国作家塔季亚娜·托尔斯塔娅小说《野猫精》中，有一个关于一只野猫精的故事，说它生活在森林中，它哀嚎的声音总在林中飘荡，但是没有人曾经看到过它。埃弗雷特认为，在《野猫精》中这只野猫精是否存在是不确定的，因此，根据上述原则，是否存在这只野猫精这个虚构角色也是不确定的。然而，从形上学角度讲，没有什么不确定的存在性，一个事物或者确定存在或者确定不存在。笔者并不同意埃弗雷特对该案例的分析。这是因为在故事中那只野猫精或者存在，或者仅仅是故事虚构的，其存在性并非不确定。假若是前者，那只野猫精便是虚构对象，若是后者，那么，那只野猫精将是虚构的虚构对象。无论如何，这只野猫精都确定存在。因此，埃弗雷特基于该案例对实在论的反驳意见并不奏效。B. 施尼德（B. Schnieder）和 T. 范索伦德考夫（T. V. Solodkoff）曾将关于虚构对象的“不确定存在性”和“不确定同一性”进行综合考察，一并对埃弗雷特的反实在论证据进行反驳（B. Schnieder，T. V. Solodkoff，“In Defence of Fictional Realism”，*The Philosophical Quarterly*，Vol. 59，No. 234，2009，pp. 138 – 145）。

拉图主义实体。故事文本不会影响虚构对象之存在性，作为柏拉图主义实体的虚构对象是必然存在的。相对照，合取创造主义者认为，并非任意属性组合都对应一个虚构对象，并且虚构对象也并非必然存在。合取创造主义者认为，任给一个属性组合，只有与该属性组合对应的故事文本出现了，相应虚构对象才会存在。合取创造主义的概括原则，彰显了创造主义的本体论特征。

另外，值得提及的是，合取创造主义概括原则为合取创造主义信条提供了本体论基础。概括原则告诉我们在这个世界上到底存在多少虚构对象。合取创造主义信条回答的则是，虚构对象的创造者是谁，创造机制又是什么。

简言之，创造性真理将得到合理解释——虚构对象不但是被创造的，而且是被合取创造的。

二　意向性真理

意向性真理将被直接进行解释。比如，“彼得崇拜福尔摩斯”为真，当且仅当，彼得崇拜福尔摩斯。该语句所表达命题就是彼得崇拜福尔摩斯。意向性真理不会为合取创造主义者带来难题。

在讨论观念主义时，我们提到，观念主义者无法解释虚构对象的主体间性，这会影响他们对意向性真理的解释。“彼得崇拜福尔摩斯”与“笔者崇拜福尔摩斯”中的“福尔摩斯”，指称同一个虚构对象，即福尔摩斯。一般地，虚构对象具有主体间性，即不同的主体可以把握同一个虚构对象。那么，合取创造主义者能够承认和解释虚构对象具有主体间性吗?

笔者认为，合取创造主义者不难解释虚构对象的主体间性。(在合取创造主义者看来）虚构对象的同一化标准和合取创造主义概括原则都是先验的形上学准则，不同主体都可以理解和把握。读者通过阅读同一部小说，并诉诸概括原则，可以知道存在具有特定虚构属性的虚构对象的存在。再根据虚构对象同一化标准，可知这样的虚构对象会是唯一的。最终，读者可以通过把握相同的虚构属性组，达到对同一个虚构对象的把握，虚构对象的主体间性获得解释。比如，通过亲知圆形的东西，不同主体可以把握“圆”这一属性，进一步，可以把握“虚构地是圆的”

这一虚构属性。类似地，可把握“虚构地是方的”这一虚构属性。通过把握这两个虚构属性以及概括原则和同一化标准，不同主体可以把握“虚构的圆的方形”这一虚构对象。再以福尔摩斯为例，首先，读者都能把握福尔摩斯故事中所涉的那些日常属性，进而能够把握相应的虚构属性，即｛Fly(F)：根据故事福尔摩斯具有F属性｝。根据概括原则和同一化标准，该虚构属性组决定了福尔摩斯的同一性。进而，不同主体都可以把握福尔摩斯这一虚构对象。

合取创造主义者能够解释虚构对象的主体间性。因此，虚构对象的主体间性不会影响合取创造主义者对意向性真理的解释。合取创造主义者可以恰当地对意向性真理进行解释。

三　普通外部真理

类似地，普通外部真理也将直接进行解释。比如，“福尔摩斯反映了人们的求真精神”“福尔摩斯是一个虚构角色”这两个普通外部真理，将按照字面意思进行解释。它们是真的，因为福尔摩斯恰恰反映了人们的求真精神，福尔摩斯的确是一个虚构角色。

实际上，如果一个实在论者承认虚构对象现实存在，那么，普通外部真理通常不会带来什么麻烦。比如，柏拉图主义者和创造主义者，都能对普通外部真理进行直接解释。当然，观念论者和可能主义者除外，观念的私人性极大影响了观念主义的解释力，可能对象的非现实性也大大限制了可能主义的解释力。

四　本质虚构性真理

合取创造主义者也能解释本质虚构性真理。本质虚构性真理表达的是，纯粹虚构对象本质地具有虚构性。比如，“福尔摩斯本质地是虚构的”是真的。就是说，福尔摩斯不但现实地是一个虚构对象，还本质地是一个虚构对象。合取创造主义者如何解释呢?

在合取创造主义者看来，“福尔摩斯本质地是虚构的”可以具有两种可能的解释。在第一种意义上，该陈述的意思是，福尔摩斯本质地具有虚构属性。在第二种意义上，福尔摩斯本质地是纯粹的虚构对象。在任何一种意义上，合取创造主义者都可以一致地做出解释。

先看第一种意义。福尔摩斯是否本质地具有虚构属性？我们尚未规定虚构属性的一般特征。笔者认为，像扎尔塔的编码概念一样，虚构属性具有模态隐含功能。请回顾一下扎尔塔的编码逻辑：如果一个对象编码 F，那么，它必然地编码 F；特别地，福尔摩斯编码“是一个侦探”这一属性，也本质地编码这一属性。类似地，笔者认为，虚构属性具有这样的模态隐含功能。就是说，一般地，如果一个对象具有虚构属性 Fly(F)，那么，它本质地具有 Fly(F)。当然，这里的对象必须限制为纯粹虚构对象，历史虚构对象并不本质地具有虚构属性。虚构属性的这个一般的逻辑特征可如下表述：

本质虚构属性原则：一个纯粹虚构对象具有的虚构属性是它的本质属性。

用逻辑符号形式化表述，即：

$Pfic(x) \rightarrow [Fly(F)(x) \rightarrow \Box(E(x) \rightarrow Fly(F)(x))]$

其中“Pfic(x)”表示“x 是纯粹虚构对象”，“Fly(F)”表示“虚构地 F”这一虚构属性，“□”是必然性算子，“E(x)”表示的是“x 存在”。整个公式的读法是：若 x 是纯粹虚构对象，并且 x 具有虚构属性 Fly(F)，那么，它本质地具有 Fly(F)。就是说，必然地：如果 x 存在，那么，x 具有 Fly(F)。

考虑福尔摩斯这个虚构对象。福尔摩斯是纯粹虚构对象，并且具有“虚构地是一个侦探”这一虚构属性，因此，他本质地具有该虚构属性。类似地，福尔摩斯也本质地具有他现实地具有的其他虚构属性。一般地，纯粹虚构对象都本质地具有相应的虚构属性。因此，第一种意义上的本质虚构性真理获得解释。

有人或许会说，既然虚构属性的特征与编码关系类似，扎尔塔为何不能用编码关系来解释纯粹虚构对象的本质虚构性呢？福尔摩斯本质地编码“是一个侦探”这个属性，与福尔摩斯本质地具有“虚构地是一个侦探”不是很相似吗？扎尔塔不能，因为“编码”与虚构性没有概念上的联系。从扎尔塔的角度看，编码属性的能力为所有抽象对象具有，而不只是虚构对象独有。不同的是，合取创造主义者认为，虚构属性为虚构对象所独有，虚构属性和虚构对象具有概念上的联系。这种差别决定了合取创造主义者能够通过虚构属性解释本质虚构性真理，但扎尔塔通过编码关系却不能。

再看第二种意义。福尔摩斯是否本质地是纯粹虚构对象呢？就是说，“如果福尔摩斯存在，那么，福尔摩斯是一个纯粹虚构对象”必然成立吗？根据纯粹虚构对象的定义，这问的是“如果福尔摩斯存在，他是抽象的且具有虚构属性”必然成立吗？从合取创造主义者的角度看，这的确是成立的。前面刚刚说明，虚构属性具有模态隐含特征，一个纯粹虚构对象本质地具有它现实地具有的虚构属性，就是说，必然地，只要存在，就会具有相应的虚构属性。另外，纯粹虚构对象是抽象的，而抽象性往往被看作是范畴区分属性，具有模态隐含特征。就是说，

本质抽象性原则：任给一个对象，如果它是抽象的，那么，它本质地是抽象的。

既然纯粹虚构对象是抽象的，也将本质地是抽象的。[①] 因此，从合取创造主义的角度看，纯粹虚构对象不但本质地具有虚构属性，也本质地具有抽象性，因此，本质地具有纯粹虚构性。这样，在第二种意义上，本质虚构性真理也获得解释。

简言之，无论是哪种意义上的本质虚构性真理，合取创造主义者都将能够做出恰当的解释。

五　内部真理

我们知道，引入虚构属性的主要动机便是解释内部真理。前文已经论证，用虚构属性将能够更好地对内部真理进行解释。比如，“福尔摩斯是一个侦探”的逻辑结构是“福尔摩斯虚构地是一个侦探”，进而表达的是，福尔摩斯具有“虚构地是一个侦探”这一虚构属性。福尔摩斯故事分配给“福尔摩斯”的那些内部属性，对应着一个虚构属性集合，福尔摩斯具有且仅仅具有这样的一组虚构属性。该虚构属性集决定了福尔摩斯的同一化条件。

到目前为止，我们考察的仅仅是涉及非关系属性的内部真理。比如，

① 请注意，虽然汤姆逊不同意“所有抽象对象都必然存在”，但是，她并没有否认虚构对象的模态隐含性。在她看来，虚构对象是实然存在的抽象对象，但是，虚构对象仍然本质地是抽象的，就是说，在任何可能世界上，如果存在，就一定是抽象的。

“福尔摩斯是一个侦探”，涉及非关系属性“是一个侦探”。但是，显然，存在大量的关系型内部真理。有必要进行特别考察。笔者认为，类似分析模式同样能够适用。为了更好地理解该分析模式的普适性，笔者仍然将分情况进行说明。具体将以二元关系为例。多元关系可做类似处理。①

第一类关系型内部真理涉及的关系者项分别为虚构对象和真实对象。就是说，“aRb”，其中“a”指称一个虚构对象，而“b”指称一个真实对象。以“福尔摩斯住在伦敦”为例。该语句中，“福尔摩斯”指称虚构角色福尔摩斯，“伦敦”指称英国首都伦敦。该语句的表面语法结构与日常关系语句“笔者住在武汉”并无不同，表面上断言的是福尔摩斯住在伦敦。然而，我们知道，该内部陈述的逻辑结构与此不同。福尔摩斯这个虚构对象并不具有住在伦敦这一属性。住在伦敦的人都是真实的。实际上，该语句真正断言的是福尔摩斯虚构地住在伦敦。就是说，“福尔摩斯住在伦敦”的逻辑结构是“福尔摩斯虚构地住在伦敦”，其为真条件是福尔摩斯具有“虚构地住在伦敦”这一虚构属性。

一般地，内部真理“aRb”将被分析为“Fly(Rb)(a)”，其中“a”指称一个虚构对象，“b”指称一个真实对象，“Rb”表示的是“与b具有R关系”这一关系属性。

第二类关系型内部真理涉及的关系者项分别是真实对象和虚构对象。就是说，“aRb”，其中“a”指称真实对象，而“b”指称虚构对象。以“伦敦住着福尔摩斯”为例。我们知道，伦敦并没有住着福尔摩斯，福尔摩斯是抽象的。因此，该语句的逻辑结构与其表面语法结构一定不同。实际上该语句表达的是，伦敦虚构地住着福尔摩斯。就是说，“伦敦住着福尔摩斯”的逻辑结构是“伦敦虚构地住着福尔摩斯”，其为真条件是伦敦具有“虚构地住着福尔摩斯”这一虚构属性。

一般地，内部真理“aRb”将被分析为“Fly(Rb)(a)”，其中，“a”指称一个真实对象，“b”指称一个虚构对象。

① 下文将仅仅以二元关系为例进行说明。该分析模式可一般地拓展到任意元数关系。这里，考虑一个三元关系陈述。比如，“福尔摩斯和华生一起住在伦敦”。这个内部真理将被分析为福尔摩斯具有“虚构地和华生一起住在伦敦”这一虚构属性，其中“()和()一起住在()”是一个三元关系。

前面两个一般的分析原则合起来可通过一个更一般原则表达：

一般地，内部真理“aRb”将被分析为“Fly(Rb)(a)”，其中“a”和“b”中一个指称虚构对象，一个指称真实对象。

特别值得说明的是，以上分析方式不会像帕森斯的分析一样导致关系属性等价原则失效。根据关系属性等价原则，一般地，“a［Rb］”与“［aR］b”等价。以“福尔摩斯住在伦敦”为例，根据等价原则，该语句应可推出“伦敦住着福尔摩斯”成立。笔者对帕森斯的一个指责就是，为了维护其对象的同一化准则，他认为前者成立，但后者不成立。这构成关系属性等价原则的一个反例。不同的是，我们前面对关系语句的分析，并不会给等价原则带来反例。“福尔摩斯住在伦敦”将被分析为“福尔摩斯虚构地住在伦敦”。“伦敦住着福尔摩斯”将被分析为“伦敦虚构地住着福尔摩斯”。两者都是成立的：福尔摩斯具有虚构地住在伦敦这一虚构属性，伦敦也具有虚构地住着福尔摩斯这样的虚构属性。福尔摩斯是纯粹的虚构对象，而伦敦是历史虚构对象，二者都具有虚构属性。[①] 在笔者看来，在内部真理层面上，关系属性等价原则的确是成立的。语义学上对应的是，一般地，若a具有“虚构地Rb”属性，则b具有“虚构地aR”属性。“福尔摩斯住在伦敦”与“伦敦住着福尔摩斯”便是一个典型的例子。

第三类关系型内部真理涉及的关系者项都是虚构对象。就是说，“aRb”，其中“a”和“b”指称的都是虚构对象。以“福尔摩斯是华生的朋友”为例。我们知道，朋友的外延中不可能包括序对<福尔摩斯，华生>，因为朋友关系只存在于真实对象之间。实际上，该语句表达的是福尔摩斯虚构地是华生的朋友。就是说，其逻辑结构是“福尔摩斯虚构地是华生的朋友”，其为真条件是福尔摩斯具有“虚构地是华生的朋友”这一虚构属性。

一般地，内部真理“aRb”将被分析为“Fly(Rb)(a)”，其中“a”

---

① 伦敦除了具有“虚构地住着福尔摩斯”这样的虚构属性之外，还具有“虚构地拥有贝克大街221B号”等虚构属性。柯南·道尔写福尔摩斯故事时，当然知道伦敦根本没有221B号，“贝克大街221B号”是虚构的。有意思的是，后来为了纪念这位虚构的侦探，1930年时使其成为真实可用地址，后来该地址被分配给福尔摩斯博物馆使用。

和“b”指称的都是虚构对象。

该分析方法同样不会导致关系属性等价原则失效。“福尔摩斯是华生的朋友”是真的，“华生是福尔摩斯的朋友”也是真的。语义层面上，后者断言的是华生具有“虚构地是福尔摩斯的朋友”这个虚构属性。显然，两者都是成立的。

通过对以上三种情况的考察，针对关系型内部真理，我们可以得出一个一般的分析方法：

一般地，内部真理“aRb”将被分析为“Fly(Rb)(a)”，其中“a”和“b”中至少有一个指称虚构对象。

这样，我们为内部真理提供了系统的分析方法：

一般地，所有形如“F(a)”的内部真理都要被分析为“Fly(F)(a)”，其中，“a”指称一个虚构对象，“F”所指属性可以是非关系属性，也可以是关系属性。

六 本质内部性真理

关于纯粹虚构对象的内部真理，不但现实为真，还是必然为真的。就是说，纯粹虚构对象的内部属性应当看作是其本质属性。在合取创造主义理论背景下，这说的是，虚构对象具有的虚构属性应当看作是其本质属性。这是成立的吗？实际上，前文已经展示了虚构属性的模态隐含功能。就是说，如果一个纯粹的虚构对象具有一个虚构属性，那么，它本质地具有该虚构属性。这解释的正是本质内部性真理。比如，福尔摩斯不但虚构地是一个侦探，还本质地虚构地是一个侦探。就是说，不但具有“虚构地是一个侦探”这一虚构属性，还本质地具有该虚构属性。因此，合取创造主义者能够解释本质内部性真理。

有人可能会说，难道福尔摩斯不可能不住在贝克大街吗？我们在阅读福尔摩斯故事的过程中，显然会觉得“福尔摩斯可能不住在贝克大街”。合取创造主义者能对这样的模态直觉进行解释吗？基于合取创造主义理论，我们至少能提供两种解释。根据第一种解释，该语句断言的是从故事的内部看，福尔摩斯可能不住在贝克大街。从合取创造主义理论的角度看，这说的是 Fly（$\Diamond\neg$B)(SH)，其中“SH”代表的是福尔摩斯，

"$\Diamond\neg B$"代表的是"可能不住在贝克大街"这一属性。[①] 根据第二种解释，"福尔摩斯可能不住在贝克大街"意味的是"可能有一个虚构对象，他与福尔摩斯的唯一差别在于不住在贝克大街"。从合取创造主义理论的角度看，这说的是：$\Diamond(\exists x)[Fic(x)\wedge Fly(\neg B)(x)\wedge\forall F((F\neq B)\rightarrow(Fly(F)(SH)\leftrightarrow Fly(F)(x)))]$。[②] 这也是可以成立的，因为有可能存在这样的故事文本，根据合取创造主义概括原则，可能存在这样的虚构对象。基于前面两种可能的解释，合取创造主义者能够回应对本质内部真理的可能质疑。

第七节　一致性与简单性

通过第一节到第六节，笔者从清晰性维度和解释力维度展示了合取创造主义虚构对象理论。本节将从一致性和简单性角度进行展示。在一致性维度，一个合格的虚构对象理论应该能够消解矛盾的虚构对象带来的表面不一致性，又不能与常识或深度信念相冲突。在简单性维度，一个合格的虚构对象理论，不论在解释力上还是在本体论上，都应该尽量简单。

一　一致性

积极意义上的一致性要求能够消解表面矛盾，特别是能够避免矛盾的虚构对象带来的麻烦。所谓矛盾的虚构对象，即具有矛盾的内部属性的虚构对象。所涉矛盾或者作者有意构造，或者无意构造。无论是有意或无意，一个合格的虚构对象理论都不应该允许导致真正的矛盾。笔者将分两种情况对矛盾的虚构对象进行处理。

第一种情况：作者有意创作一个故事，在故事中一个对象具有某个属性又不具有该属性。比如说，虚构的圆的方，既然是圆的，则可推出

① 更准确地说，应该是 $Fly([\lambda x\Diamond\neg B(x)])(SH)$。合取创造主义虚构对象理论依赖的形式语言和语义，请参见附录 III。

② 更准确地说，应该是 $\Diamond(\exists x)[Fic(x)\wedge Fly(\lambda y\,\neg B(y))(x)\wedge\forall F((F\neq B)\rightarrow(Fly(F)(SH)\leftrightarrow Fly(F)(x)))]$。

非方。因此，在故事中该对象既是方的又不是方的。这种矛盾性是作者有意构造。合取创造主义理论能够对此做出解释吗？“圆的方”这样的虚构对象会给合取创造主义者带来麻烦吗？答案是否定的。为了方便，将该虚构对象称为“o”。“o 是方的”和“o 不是方的”是两个内部真理。合取创造主义者通过虚构属性解释内部真理。这两个内部真理的逻辑结构分别是 Fly(F)(o) 和 Fly(¬F)(o)，其中“F”代表的是“是方的”，“¬F”代表的是“不是方的”。Fly(F)(o) 和 Fly(¬F)(o) 同时成立，但是，并不矛盾。因为 Fly(¬F)(o) 推不出¬Fly(F)(o)。一个对象具有一个虚构的否定属性，并不能推出它不具有虚构的原属性。o 虚构地不是方的，不能推出，并非 o 虚构地是方的。[①] 另外，不难看出，这也并不影响内部属性在合取操作下封闭。根据封闭规则，可得出“o 是方的且不是方的”。逻辑结构上，这对应的是 Fly(F∧¬F)(o)，这无任何不一致，也的确是成立的。简言之，矛盾的虚构对象并不会为合取创造主义者带来真正的矛盾。

第二种情况：由于作者疏忽，在故事的不同位置赋予某个虚构对象相互矛盾的属性。此时，前面的处理方法并不适用，因为作者并没想创造一个矛盾的虚构对象，也不会承认实际上真的创造了一个矛盾的虚构对象。笔者建议通过“不确定值”来解决。[②]

假设由于作者疏忽，根据故事，虚构角色 o 去过上海，又没去过上海。根据这里的建议，在 o 是否去过上海这个问题上，答案是不确定。相应地，“o 虚构地去过上海”和“o 虚构地没去过上海”取值都为“不确定”。因此，不会导致矛盾。

当然，“不确定内部属性”也会影响虚构对象的同一化条件。一个虚构对象的同一化条件，将由两个集合决定，而不是一个集合。第一个集

---

① 实际上，一般地，反过来也推不出，即，¬Fly(F)(x) 推不出 Fly(¬F)(x)。比如，这里考虑的“圆的方”并不具有“是红色的”这一属性，因为故事并没有说它是红色的。但这并不能推出该对象具有“不是红色”这一属性，这是因为故事也没有说该对象“不是红色的”。

② 通过不确定值，帕森斯是为了解决不同故事中的冲突情节为虚构对象同一化标准带来的难题（T. Parsons，“Fictional Characters and Indeterminate Identity”, in F. Lihoreau ed. , *Truth in Fiction*, Munich: Ontos Verlag, 2010, pp. 27 –42）。这里，笔者使用这种方法来处理因作者疏忽导致的“矛盾的虚构对象”。

合是该虚构对象确定地具有的虚构属性。第二个集合是该虚构对象不确定地具有的虚构属性。就是说，虚构对象的同一化条件需要做如下修正。

修正版纯粹虚构对象同一化原则：一般地，任给纯粹虚构对象 x 和 y，x 和 y 同一，当且仅当，x 和 y 确定地具有完全相同的虚构属性，并且不确定地具有完全相同的虚构属性。

我们举一个简单的例子。有一个虚构对象 x，x 确定地具有的虚构属性构成集合 {Fly(F_1)，…，Fly(F_n)}，x 并没有不确定地具有任何虚构属性，就是说，故事作者并没有因为疏忽而赋予 x 矛盾的属性。另一个虚构对象 y，y 确定地具有的虚构属性构成集合 {Fly(F_1)，…，Fly(F_n)}，x 不确定地具有的虚构属性包括 {虚构地去过上海，虚构地没去过上海}。根据上述同一化条件，x 和 y 并不同一。因为虽然 x 和 y 确定地具有的虚构属性完全相同，但是，不确定地具有的虚构属性并不相同。它们之间的相似性在于确定地具有相同的虚构属性，差异性在于不确定地具有不同的虚构属性。虽然这样的对照例子并不常见，但足以说明修正版的同一化原则到底在何处做了修正。

因此，通过虚构属性，合取创造主义者能够消解矛盾的虚构对象带来的表面不一致性。合取创造主义理论满足积极的一致性要求。那么，能够满足消极的一致性要求吗？消极的一致性要求不能与常识以及深度信念不一致。下面笔者将分别说明合取创造主义者不面临"关系属性等价原则失效难题""膨胀的虚构对象难题""NEC 难题"和"拉珀波特－克拉克悖论"（Rapaport-Clarke Paradox），合取创造主义理论能够满足消极的一致性要求。

第一，前面已经论证，在合取创造主义理论框架下，关系型内部真理不会为关系属性等价原则带来反例。比如，"福尔摩斯住在伦敦"，将被分析为"福尔摩斯虚构地住在伦敦"。根据等价原则，能够推出"伦敦住着福尔摩斯"。这的确是成立的，因为"伦敦虚构地住着福尔摩斯"的确成立。相比较，无论是帕森斯还是扎尔塔，都面临等价原则失效难题。

第二，合取创造主义理论不面临膨胀的虚构对象难题。评价柏拉图主义理论时，我们指出：沃尔特斯多夫由于通过事物类型刻画虚构对象，面临膨胀的虚构对象难题；扎尔塔由于通过相干逻辑计算内部真理，也面临膨胀的虚构对象难题。笔者同意帕森斯，认为（到目前为止）并不存在完全可信的内部真理计算方法。[①] 比如，我们都知道，福尔摩斯是一个侦探，探案如神，住在贝克大街221B号，和华生是好朋友，对人并不总是很友好。但是，若被要求给出一个明晰的内部真理计算机制，我们就不知所措了。计算过程中，至少有两个方面的不确定性。其一，到底需要哪些经验真理来辅助计算是不确定的。其二，到底用什么样的逻辑方法来计算也是不确定的。然而，令人惊讶的是，这一切似乎并不影响我们可以“理解”故事，我们似乎天生拥有理解故事的能力。因此，这里，笔者并不打算提供具体的计算内部真理的方法。实际上，关于内部真理的计算，有时也是存有争议的，这在文学评论领域也不罕见。笔者将“发现”内部真理的任务交给文学评论家。出于形上学考虑的需要，笔者这里只是假定，任给一个虚构对象，存在一个唯一的内部属性集与之对应。然而，关于这个属性集，要有一个基本限制，即不允许“矛盾蕴含膨胀”。这个限制也并不是特设的，而是作者与读者的一个基本的共识而已。有了这样的限制，合取创造主义者将不会受膨胀虚构对象问题困扰。[②]

第三，并非所有对象都必然存在。为何有的哲学家竟然会承认NEC——“所有对象都必然存在”？克里普克曾对背后的原因进行分析。[③] 在他看来，最先错误地坚持这个观点的是罗素。罗素在其逻辑原子主义讲座中认为“说存在的事物不存在是废话（nonsense）”。[④] 根据克里普克的分析，罗素心里想的是“必然地所有事物存在”。这的确是成立的，但是，罗素错误地把它混同为“所有事物必然地存在”。后者显然是不成立的，前者也推不出后者。比如，纵使罗素意义上的感觉材料也可能不存在。“并非所有事物都必然存在”是一个显然的形上学真理。这要求一个

① T. Parsons, *Nonexistent Objects*, New Haven: Yale University Press, 1980, p. 179.

② 沃尔特斯多夫并不能通过这样的限制来避免膨胀的虚构对象，因为矛盾的事物类型分析地包含所有属性。扎尔塔诉诸的相干逻辑与经典逻辑相比已经提高了计算能力，但是，仍然不能避免膨胀的虚构对象。

③ S. Kripke, *Reference and Existence*, Oxford: Oxford University Press, 2013, pp. 36–38.

④ B. Russell, “Existence and Description”, in J. Kim et al. eds., *Metaphysics: An Anthology*, Oxford: Blackwell Publishing Ltd., 1999, p. 25.

形上学理论，如果牵涉到实然存在的对象，那么，在处理模态时，应该采用变域语义学，就是说，不同的可能世界的论域是可以不同的。这是因为哲学家所采用的语义学，不是纯粹的语义学而是应用语义学，论域具有本体论隐含功能。然而，或许由于对罗素的存在观的默许，帕森斯和扎尔塔使用的都是定域语义学。这导致他们面临 NEC 难题。实际上，最早给出一阶量化模态语义学的克里普克提出的就是变域语义学。[①] 合取创造主义虚构对象理论涉及对对象的量化，也涉及对属性的量化，因此，需要的是二阶量化模态逻辑。合取创造主义理论将通过使用变域语义学避免 NEC 难题。特别地，变域语义学允许我们认为，虚构对象虽然现实存在，但是，并非必然存在。笔者将尝试给出理论所需的形式化语言、变域语义、逻辑公理、形上学定义和形上学公理，请参考附录 III 和附录 IV。然而，对形式化工作不感兴趣的读者可以略过，并不影响对合取创造主义的非形式化理解。

第四，拉珀波特 - 克拉克悖论对合取创造主义理论不构成真正威胁。合取创造主义概括原则是一条关于虚构对象存在性的概括原则。根据该原则，如果有故事文本描述了一个如此那般的对象的存在，那么，便有一个如此那般的虚构对象。某种程度上，该原则将虚构对象存在性与属性组合密切联系了起来。逻辑悖论研究者担心，属性组合与对象存在性联系过于紧密可能会导致逻辑悖论，具体而言，就是著名的拉珀波特 - 克拉克悖论。[②] 笔者将展示合取创造主义理论似乎也面临该逻辑悖论。但是，笔者将论证这并不会带来真正的威胁。下面具体说明。

考虑这样一个属性 Q：Q(x)，当且仅当，$(\forall F)(Fly(F)(x) \leftrightarrow \neg F(x))$。

看起来，可能存在这样一个故事，在该故事中，一个对象具有且仅仅具有 Q 属性。根据合取创造主义概括原则，存在一个虚构对象 o 具有且仅仅具有虚构属性 Fly(Q)。下面说明这将会带来一个悖论性的结果。

---

① S. Kripke, "Semantic Considerations on Modal Logic", in L. Linsky ed., *Reference and Modality*, London: Oxford University Press, 1971, pp. 63 - 72.

② 感谢林斯基和扎尔塔指出，合取创造主义概括原则也可能会导致拉珀波特 - 克拉克悖论。

试问，o 是否具有 Q 呢？即 Q(o) 是否成立？

假设 Q(o)。根据 Q 的定义，$(\forall F)(Fly(F)(o) \leftrightarrow \neg F(o))$。因为 Fly(Q)(o)，所以，¬Q(o)，与假设矛盾。

假设¬Q(o)。因为 Fly(Q)(o) 并且 Fly(Q) 是 o 具有的所有的虚构性质，根据 Q 定义，Q(o)，与假设矛盾。

然而，在笔者看来，以上的逻辑构造对合取创造主义者没有真正的威胁。首先，以上悖论的演绎依赖于相应故事构造的可能性，但是，这样的故事看起来并不可能。能否存在这样一个故事，根据故事一个对象仅仅具有 Q 属性？难道根据故事，o 不是“自我同一”的吗？如果不是自我同一的，在故事中怎能说“它”具有 Q 属性呢？难道在 o 中，o 不是“存在”的吗？如果不存在，那么，在故事中怎能说“它”具有 Q 属性呢？因此，在笔者看来，这样的故事构造根本是不可能的。其次，退一步讲，纵使承认这样的故事构造是可能的，也不会给合取创造主义理论带来真正的威胁，因为我们也可以对合取创造主义概括原则进行限制。就是说，概括原则所涉故事中的对象不能具有属性 Q，或者做更宽泛的限制，但无论如何不能允许涉及 Q 属性。在笔者看来，这样的限制是合理的，因为根据我们对日常的故事的理解，在故事中，一个角色通常只具有日常属性，比如，（福尔摩斯）“是一个侦探”，“住在贝克大街”，顶多还可以具有虚构属性，比如（贡扎戈）“虚构地被人谋杀了”。但是，在日常故事中，任何角色都不会具有 Q 属性，更不会仅仅具有 Q 属性。我们的目标是为了刻画日常的虚构对象。为了避免逻辑悖论，只要不影响我们的刻画目标，对合取创造主义概括原则做这样的限制，是完全可以接受的。总而言之，拉珀波特 - 克拉克悖论不会对合取创造主义者构成真正的威胁。

基于以上考虑，笔者认为，合取创造主义者既能满足积极的一致性要求，又能满足消极的一致性要求。合取创造主义理论是一个一致的理论。

二　简单性

所谓“简单性”可分为解释过程的简单性和本体论的简单性。在笔者看来，合取创造主义理论同时具有两方面的简单性。下面做简单说明。

合取创造主义理论在解释过程上是简单的。根据第六节展示，通过虚构属性，所有内部真理和外部真理都获得直接解释，而且已经论证虚构属性是可信的形上学资源。因此，合取创造主义理论具有解释过程意义上的简单性。①

关于本体论的简单性，笔者同意汤姆逊为创造主义所做的一般辩护。她的辩护同样适用于合取创造主义理论。其一，承认作为人造抽象实体的虚构对象提升了理论的解释力。根据本体论上的经济原则，“如无需要勿增实体”。这说的是，在解释力相同的前提下，本体论规模越小越好。但是，承认作为人造抽象物的虚构对象之后，理论解释力将大大提高，特别是创造性真理将得到恰当解释。如果不承认这样的实体，理论解释能力则显著降低。因此，本体论经济原则的“如无需要”或者“解释力相同”之条件约束并不成立。所以，运用本体论经济原则，并不能得出不应该坚持合取创造主义本体论的结论。其二，在某种重要的意义上，合取创造主义理论的本体论规模并不大于传统本体论。本体论规模大小的比较，并不是简单地比较承认实体的个数，而是比较承认基本实体的类数。与传统本体论相比，合取创造主义理论承认的基本实体类数是一样的。根据合取创造主义，虚构对象在本体论上一般地依赖于诸如故事文本的物理实体，虚构对象只是派生性实体。合取创造主义本体论和传统本体论所承认的基本实体类数并无不同。基于以上两方面的考虑，有理由认为合取创造主义本体论并不复杂，具有本体论的简单性。

第八节 理论评价

在前面七节，我们从清晰性（第一至五节）、解释力（第六节）、一致性（第七节）和简单性（第七节）展示了合取创造主义虚构对象理论。笔者认为，与已有的虚构对象理论相比，合取创造主义虚构对象理论是

① 当然，仅仅从内部真理的解释上看，帕森斯的解释更加直接、简单。但是，我们已经论证过帕森斯的分析方式并不令人信服。比如，“福尔摩斯是一个侦探”要被分析为福尔摩斯具有“是一个侦探”这一属性。然而，我们通常会认为所有的侦探都在时空中，但是，福尔摩斯却不在时空中。因此，这种分析方式并不合理。所以，在笔者看来，在解释内部真理问题上，合取创造主义理论也并不复杂。

相对更加可信的理论。该理论是清晰的：既具有清晰的存在性条件，也不依赖有待辩护的形上学概念，还能提供严格的同一化条件，又能够恰当地做出范畴区分。该理论具有极强的解释力：六种真理都能获得合适的解释。该理论是一致的：既满足积极的一致性标准，也满足消极的一致性标准。该理论是简单的：解释过程和本体论两种意义上都是简单的。以上理论评价通过下面表 7—1 的最后一列展示。基于对各类虚构对象理论的综合评估，笔者认为，合取创造主义理论是更有前途的虚构对象理论。理论评估对比情况，通过整个表 7—1 展示。

表 7—1　　　　虚构对象理论评价汇总

理论流派 / 评价指标 / 满足情况		观念主义	柏拉图主义			可能主义	精致创造主义	合取创造主义
			沃尔特斯多夫	帕森斯	扎尔塔			
清晰性	开始存在条件	−	+	+	+	+	+	+
	持续存在条件	−	+	+	+	+	+	+
	同一化条件	−	+	−	−	−	−	+
	现实/虚构对象	+	−	−	+	+	+	+
	纯粹虚构/历史虚构对象	−	−	−	+	+	+	+
	纯粹虚构/虚构的虚构对象	−	−	−	+	−	−	+
	可信的形上学概念	+	−	−	−	+	+	+
解释力	创造性真理	−	−	−	−	−	−	+
	本质虚构性真理	−	−	−	−	−	+	+
	意向性真理	−	+	+	+	−	+	+
	普通外部真理	−	+	+	+	−	+	+
	内部真理	−	+	+	+	+	−	+
	本质内部性真理	−	+	−	+	−	−	+
一致性	积极的一致性	−	+	+	+	−	−	+
	消极的一致性	+	−	−	−	+	−	+
简单性	本体论简单性	+	−	−	+	−	−	+
	解释过程简单性	−	+	+	−	−	+	+

第八章

接续主义虚构名字指称理论

在第七章，笔者从清晰性、解释力、一致性和简单性四个维度，展示了合取创造主义虚构对象理论。笔者认为，与其他虚构对象理论相比，合取创造主义理论是更加可信的虚构对象理论。本章将探讨一个语言哲学议题，即，创作故事文本过程中虚构名字的指称性问题。根据合取创造主义，作者创作故事文本的过程就是创造虚构对象的过程。故事文本创作不仅仅是产出特定的文字符号或声音符号，而是有意义的言语行为，承载特定的语义信息。特别是，虚构名字看起来承担着指称虚构对象的功能。然而，合取创造主义者似乎难以解释在这种语境下虚构名字如何能够指称虚构对象。笔者将提供一个具体的虚构名字指称理论。① 本章工作将是对合取创造主义虚构对象理论的必要补充：如果被创作故事文本的基本语义功能含混不清，则很难理解故事文本创作如何能够具有创造虚构对象的功能。值得提及的是，在辩护接续主义指称理论的过程中，笔者将对关于虚构对象的否定存在难题进行解答。

第一节　指称难题和主要解决方案

故事文本创作是一种言语行为。这种言语行为决定了故事的内部真理。比如，柯南·道尔对《福尔摩斯探案集》故事文本的创作乃是一种

---

① 创造主义者的共识是，一个虚构对象被创造之后，人们便可用虚构名字对其进行指称。我们这里讨论的并不是虚构对象被创造之后的指称问题，而是创造虚构对象的过程中的指称问题。

言语行为，这种言语行为让福尔摩斯被创造出来，也决定了关于福尔摩斯的内部真理。看起来，在创作语境下，“福尔摩斯”被用来指称一个虚构角色，并且这种指称行为会贯穿整个的创作过程。在创作的过程中，若问柯南·道尔用“福尔摩斯”指称的是谁，他一定会回答说，他指称的是虚构角色福尔摩斯。这也被一般的读者所认同，并且这种指称功能会被延伸到读者的阅读行为中。在阅读《福尔摩斯探案集》的过程中，读者同样会认为“福尔摩斯”指称了虚构角色福尔摩斯。

一　指称难题

那么，在创作语境下，作者能够顺利指称虚构角色吗？答案似乎是否定的。根据 D. 亨特（D. Hunter）的论证，指称性假说会面临两方面困难。其一，虚构对象是抽象的。虚构对象之抽象性会导致因果命名仪式根本无法完成。以“福尔摩斯”为例，对该名字因果追溯的最终指向仅仅是作者对“福尔摩斯”的使用，但是，不会有任何对象与作者处于因果联系中。亨特问道，“若如此，因果链条最初的出发点在哪里呢?”①。其二，退一步讲，纵使不考虑指称行为的因果约束，在创作语境下，虚构名字的指称行为恐怕也难以发生。亨特指出，“如果 x 通过名字 N 指称 y，那么，x 心中一定有 y，并且意图用 N 来指称 y”。在创作语境下，因为故事尚未完成，虚构角色的同一性尚未确立，因此，作者心中并没有任何确定的虚构角色。比如，柯南·道尔在写《福尔摩斯探案集》中的故事时，他并未最终确定福尔摩斯具有哪些属性，随着写作的进行，内部属性将不断得以丰富。因此，柯南·道尔在使用“福尔摩斯”的过程中，并没有任何确定的虚构角色与之对应。这样看来，柯南·道尔不能用“福尔摩斯”进行指称。如果以上论证合理，那么，在创作语境下，故事作者将难以用虚构名字指称虚构对象。

值得指出的是，创造主义者的共识是，一个虚构对象被创造之后，人们便可用虚构名字对其进行指称。不过，虚构对象的抽象性使得命名仪式要在更广义上进行理解：被命名对象不必与命名者处于因果联系中。

---

① D. Hunter, “Reference and Meinongian Objects”, *Grazer Philosophische Studien*, No. 14, 1981, p. 28.

一旦对命名仪式概念进行广义理解，虚构名字完全可以像日常名字一样承担指称功能。正如塞尔所言，“一旦一个虚构角色被创造出来，我们站在故事的外面便可以真正地指称他”[①]。因此，创造主义者并不认为，虚构对象的抽象性会一般地带来指称难题。因此，亨特的第一个质疑构不成真正的威胁。

我们这里讨论的并不是虚构对象被创造之后的指称问题，而是创造虚构对象的过程中的指称问题。在这个问题上，的确会面临亨特的第二个质疑。在创作语境下，虚构名字到底有没有指称呢？如果承认虚构名字有所指称，却似乎难以满足指称所需的必要条件。如果承认虚构名字没有指称，又与作者与读者的基本判断不一致。这个难题将被称作“创作过程中虚构名字指称难题”，简称为“指称难题”。下面将介绍两种主要的解决方法。

二　无指称理论

有的实在论者认为，亨特的质疑带来的威胁是巨大的。因此，他们认为，在创作过程中，虚构名字并没有指称任何虚构角色，应当被看作空名。这种观点将被称作“无指称理论”。无指称理论的主要代表包括克里普克和扎尔塔。[②] 克里普克是创造主义者，而扎尔塔是柏拉图主义者。二人的形上学图景并不一致，但是，他们关于指称难题的处理意见却是一致的。值得说明的是，虽然扎尔塔是柏拉图主义者，但是，关于虚构对象的形上学特征，他与合取创造主义者有一个重要的相似点：都认为虚构对象的内部属性规定了其同一化条件。根据上文所展示的，指称难题的出现恰恰是因为虚构对象的内部主义同一性特征：在创作语境下，

---

① J. R. Searle, “The Logical Status of Fictional Discourse”, *New Literary History*, Vol. 6, No. 2, 1975, p. 330.

② 范英瓦根似乎也持有无指称论。以“甘普夫人（Mrs. Gamp）”为例，他认为，为了恰当地解释该名字如何能够获得指称，必须认为“《马丁·翟述伟》（*Martin Chuzzlewit*）中那个讽刺的坏女人”先指称了甘普夫人，而“甘普夫人”在派生的意义上才获得了指称（P. van Inwagen, “Creatures of Fiction”, *American Philosophical Quarterly*, Vol. 14, No. 4, 1977, p. 307）。为了使得该确定描述语获得指称，显然，需要《马丁·翟述伟》要先获得指称。若如此，看起来，狄更斯的创作过程必须已经完成。因此，范英瓦根或许也应被归为无指称论者。但是，范英瓦根并没有明确就创作过程中的指称问题进行探讨。

一个虚构名字对应的内部属性组合尚未确定，这看起来会导致作者不能用该名字进行指称。因此，扎尔塔与创造主义者都会面临指称难题。

（一）扎尔塔

扎尔塔认为，指称一个虚构对象一定是指称某个故事中的对象，不存在脱离故事的虚构对象。作者能够指称一个虚构对象的必要条件是能够指称相应的故事。在创作语境下，这意味着作者只有完成对故事的创作才能完成对虚构对象的指称。扎尔塔认为，指称难题的出现，在于人们错误地认为，可以没有指称相应的故事而指称虚构对象，甚至认为可以脱离任何故事而指称虚构对象。实际上，对故事和虚构对象的指称都要追溯至作者的创作行为。针对指称难题，扎尔塔认为，“这样的态度看起来是合理的：直到讲故事的过程结束，柯南·道尔才能真正地指称福尔摩斯”。[①] 一般地，虚构名字的指称链条不会追溯至虚构对象，而是会追溯至作者的创作行为，即讲故事的整个过程。讲故事的过程结束之时，命名活动才结束。自此之后，虚构名字真正获得指称，特别是，外部陈述中的虚构名字都将直接指称相应的虚构对象。在扎尔塔看来，为了容纳虚构名字，必须对命名理论进行拓展，承认对虚构对象的命名过程与通常的物理对象并不完全相同。[②]

为何人们会认为创作语境下的虚构名字有指称呢？因为包含虚构名字的内部陈述是有意义的。扎尔塔认为，包含虚构名字的内部陈述的确是有意义的，但是这不意味着虚构名字要有所指称。扎尔塔认为，故事文本中的虚构名字表达的是弗雷格式含义，包含虚构名字的语句表达的是弗雷格式思想。以柯南·道尔所写“福尔摩斯是住在伦敦贝克大街221B号的一个侦探”为例，扎尔塔认为，“‘福尔摩斯’并没有指称，该语句表达的应该是一个从言（de dicto）的思想。它所表达的思想涉及的是一个弗雷格式含义，而不是‘福尔摩斯’的指称。当柯南·道尔开始写出那个句子时，他心里有的是该名字和整体语句的含义。此时，这些含义就是名字和语句所表达的内容”。[③] 具体而言，扎尔塔建议，该语句

① E. Zalta, “Referring to Fictional Characters”, *Dialectica*, Vol. 57, No. 2, 2003, p. 250.

② Ibid., pp. 248 – 249.

③ Ibid., p. 252.

中的“福尔摩斯”表达的含义可能是“是一个侦探并且具有极强的观察力和逻辑能力”，并且随着创作过程的发展，“福尔摩斯”的含义会随之变化，变得更加丰富。[①] 当然，这并不意味着，“福尔摩斯”的指称在发生变化，因为创作语境是从言语境，被谈论的不是指称而是含义。另外，此时尚处于对福尔摩斯的命名仪式过程中，指称尚未确立。

总之，扎尔塔认为，在柯南·道尔的创作过程中，“福尔摩斯”没有指称任何对象，但是，并非没有意义，它表达了弗雷格式含义。柯南·道尔创作过程结束时，便是“福尔摩斯”命名仪式结束时，那时该名字将获得指称。一般地，在创作语境下，虚构名字的确没有指称，但是，并非没有意义。

（二）克里普克

克里普克同样认为，在创作语境下，故事作者使用虚构名字没有指称虚构对象，在创作完成后，虚构名字才获得指称。他认为，无论一个人接受的专名语义学是描述主义的，还是直接指称主义的，创作语境下的虚构名字都不会带来特别的语义难题。他认为，作者通过虚构名字完成的是假装指称行为。克里普克说道，“当一个人写一部虚构作品，无论一个正确的命名标准是什么，此时，命名标准都被假装满足了，这乃是故事所要求假装的一部分”[②]。虚构名字用来假装指称相应的人或物，相应地，包含虚构名字的语句也仅仅是用来假装表达命题。

克里普克将创作语境称作虚构语言的第一阶段。在第一阶段，虚构名字仅仅被假装用来指称对象，而实际上并没有指称任何对象。就是说，在第一阶段，虚构名字都是空名。但是，第一阶段结束后，人们便将虚构对象引入到本体论中，在语言层面上对虚构对象进行指称和量化。克里普克将这个阶段称为虚构语言的第二阶段。克里普克提醒说，不能认为虚构名字用来假装指称并且实际有所指称，正确的说法是，通过虚构语言的第一阶段用法，虚构对象被创造了出来。[③] 人们通过拓展语言实现对虚构对象的创造。

---

① E. Zalta, “Referring to Fictional Characters”, *Dialectica*, Vol. 57, No. 2, 2003, p. 253.

② S. Kripke, *Reference and Existence*, Oxford: Oxford University, 2013, p. 23.

③ Ibid., p. 148.

简言之，在扎尔塔和克里普克看来，在创作语境下，虚构名字实际上没有指称任何对象，创作结束后，虚构名字才获得了指称。为何人们会认为虚构名字有所指称呢？从扎尔塔和克里普克的视角看，是因为人们错误地认为只有虚构名字有所指称才会有意义，而实际上，虚构名字可以有意义却没有指称。扎尔塔诉诸的是弗雷格式含义，而克里普克诉诸的是名字的假装指称原则。

三 全指称理论

有的实在论者认为，在创作语境下，虚构名字指称了虚构对象，正如在外部语境中一样。这种观点可称为“全指称理论”。“全”与“部分”相对。在本章第二节，笔者将提出接续主义虚构名字指称理论。根据接续主义指称理论，虚构名字直接指称的将是虚构对象的“（时间）部分”。根据全指称理论，创作语境下的虚构名字指称的就是完整的虚构对象。全指称理论的主要代表包括汤姆逊和萨尔蒙。

（一）萨尔蒙

萨尔蒙对无指称理论颇为不满。他认为，根本没有必要设置虚构名字的两种用法：在一种用法下有指称，在另一种用法下没有指称。萨尔蒙认为，既然实在论者已经承认虚构对象，就应该统一地承认虚构名字指称相应虚构对象。这显然具有方法论上的优势。他说道，“既然虚构角色被当作是实在的实体，为什么还要承认它们的名字还会指称失败呢？这就像买了一部豪华的意大利跑车却置于车库中不用。我并不是要你不爱惜跑车，我的建议是，既然为跑车支付了那么多钱就该去开一开，至少在一些特殊的场合要开一开”①。

萨尔蒙认为，若虚构名字被当作名字，就只有一种用法，即用来指称相应的虚构角色。创作语境下的虚构名字也不例外。萨尔蒙认为，虚构名字的指称虚构角色的用法在故事文本中也是一样的。比如，在福尔摩斯被完全确定出来之前，柯南·道尔便开始使用“福尔摩斯”这个名字。萨尔蒙认为，如果“福尔摩斯”被看作一个名字，就不应该被看作是空名，而应该是有所指称。虽然当时福尔摩斯还不存在，但是，他认

---

① N. Salmon, “Nonexistence”, *Noûs*, Vol. 32, No. 3, 1998, pp. 298 – 299.

为“将要存在一个虚构角色使得这个名字的当下用法有所指称”。[①] 正如父母会给未出生的孩子起名字一样，孩子出生之后，父母对孩子名字的用法与出生之前的用法是一样的，都是指称那个孩子。类似地，当虚构角色被创造之后，“福尔摩斯”的用法与之前的用法是一样的，即都是指称相应的虚构角色。[②]

那么，创作语境下包含虚构名字的语句完成的又是怎样的言语行为呢？萨尔蒙认为，故事作者并不是在真正地断言语句所表达命题，而是在假装断言该语句所表达命题为真。就是说，故事作者在从事从物假装（de re pretense）。比如，通过“福尔摩斯是住在伦敦贝克大街221B号的一个侦探”，柯南·道尔是假装该语句所表达的命题为真。就是说，假装福尔摩斯这个虚构角色是住在伦敦贝克大街221B号的一个侦探。当然，被假装的这个命题本身是假的，因为该命题“隐含着福尔摩斯不是一个抽象实体而是一个有血有肉的侦探”，而这并不成立。[③] 在萨尔蒙看来，他的观点是合理的，因为断言意味着承诺被断言的命题为真，而假装断言则意味着假装被断言的命题为真，而虚构创作语境下牵涉的恰恰就是假装。

这样，萨尔蒙为虚构名字提供了一个统一的指称理论。一个虚构名字唯一的用法就是指称相应的虚构对象，无论是在创作语境中，还是在非创作语境中。当然，像扎尔塔、克里普克一样，他也必须承认，传统的因果命名理论需要进行一定的拓展才能将虚构名字容纳进来。无论是柏拉图主义者还是创造主义者，都必须接受这样的结果。

简言之，针对指称难题，萨尔蒙的解答可如下概括。其一，创作语境下虚构名字指称相应虚构角色。其二，虽然故事作者在使用虚构名字时，虚构对象尚未被创造，但这并不影响用虚构名字进行指称。在萨尔蒙看来，将这两点结合起来，指称难题得解。

（二）*汤姆逊*

汤姆逊同样认为，创作语境下的虚构名字指称了虚构角色。汤姆逊

---

① N. Salmon, “Nonexistence”, *Noûs*, Vol. 32, No. 3, 1998, p. 301.

② N. Salmon, “Fiction, Myth, and Reality”, in Alan Berger ed., *Saul Kripke*, Cambridge: Cambridge University Press, 2011, p. 69.

③ N. Salmon, “Nonexistence”, *Noûs*, Vol. 32, No. 3, 1998, p. 301.

认为，“虽然虚构角色并不是存在于我们的隔壁房间，使得我们可以直接地指向它们，但是，通过虚构角色的文本基础，我们可以对虚构角色进行索引性指称。通过这样的指称行为，虚构角色可以被作者或读者命名。虽然如克里滕登所言，当所指称对象为虚构角色，名字并不能与所指对象有因果联系。但是，虚构名字可以与所指角色的文本基础产生因果联系，并根据相应的本体论依赖关系完成对虚构角色的指称”[①]。就是说，通过创作故事文本，或者讲故事，作者可以完成对虚构角色的指称。

但是，汤姆逊并不认为，只有文本完成时，虚构名字才获得指称。她认为，作者第一次使用虚构名字时，虚构名字便已经获得了指称，后面使用同一名字指称保持不变。汤姆逊指出，通常而言，虚构对象的命名仪式通过一个虚构名字和一些描述性文字完成。她以虚构角色西拉斯·马男（Silas Marner）为例。作者乔治·艾略特（George Eliot）在《西拉斯·马男》的开头是这样写的：“在这个世纪初，有一个叫‘西拉斯·马男’的织工，他住在靠近瑞芙罗村的一间小屋里，每天在小屋里的织布机上干活。”汤姆逊认为，当乔治·艾略特第一次使用“西拉斯·马男”这个名字，便完成了对虚构角色西拉斯·马男的命名仪式。通过这个名字，作者好像在说“奠基于这些文字的虚构角色将被称作‘西拉斯·马男’”。[②] 命名仪式完成后，通过追溯到该命名仪式，后来出现的“西拉斯·马男”都可保持相同指称。

在汤姆逊看来，故事作者在进行故事文本创作时，使用虚构名字就是在真正地指称相应的虚构对象，并且通过相应的语句规定内部真理。针对指称难题，汤姆逊的思路与萨尔蒙是类似的：在虚构语境下，文本中的所有虚构名字都有所指称，指称的便是相应的虚构角色；即使虚构对象尚未被创造，也并不影响命名仪式的完成。[③]

---

① A. Thomasson, “The Reference of Fictional Names”, *Kriterion*: *Journal of Philosophy*, No. 6, 1993, p. 7; A. Thomasson, *Fiction and Metaphysics*, Cambridge: Cambridge University Press, 1999, p. 47.

② A. Thomasson, *Fiction and Metaphysics*, Cambridge: Cambridge University Press, 1999, p. 48.

③ 汤姆逊后来似乎对无指称论也持同情态度。她说道，“假若这些回应都是可辩护的，那么，我们应该认为在虚构化语境（即前文所言创作语境）下虚构名字并没有指称虚构角色，虽然这些名字在故事中的用法会使得它们在外部语境下指称了相应的虚构角色”。（A. Thomasson, “Speaking of Fictional Characters”, *Dialectica*, Vol. 57, No. 2, 2003, p. 214.）不难看出，汤姆逊对无指称论者的态度是条件性的。因此，笔者依然将她看作是全指称理论的代表。

四　评价

笔者认为，无指称论者正确地看到，在创作语境下，故事作者在使用虚构名字时相应虚构对象尚未被创造出来。但是，他们基于此便认为创作故事过程中的虚构名字没有指称，却是不合理的。故事作者通过文本创作规定了相应的内部真理，而内部真理是关于虚构对象的真理，其中的虚构名字的确是有所指称的。因此，作为承载内部真理的故事文本，其中的虚构名字也应该指称相应的虚构对象。另外，无指称论者对虚构名字的意义分析也远非令人满意。扎尔塔诉诸弗雷格式含义，但是，弗雷格式含义本身便是有争议的语义实体。克里普克通过假装，并认为故事文本中包含虚构名字的陈述被用来假装地表达一个真命题。但是，若相应的命题并不存在，那么，假装能够实现吗？比如，在克里普克看来，“福尔摩斯是一个侦探”没有表达任何命题，其中“福尔摩斯”没有指称任何对象。若如此，又该如何理解通过这个语句假装表达一个真命题呢？正如萨尔蒙所言，断言便是承诺被断言命题为真，假装断言便是假装被断言命题为真。比如，若假装“李白不喜欢喝酒”，假装者是在假装李白不喜欢喝酒这个命题为真，但是，若假装“福尔摩斯是一个侦探”，假装者在假装福尔摩斯是一个侦探这个命题为真吗？但是，这个命题并不存在。如此看来，克里普克对包含虚构名字的语句的意义分析也是不合理的。

相比较，全指称论者则正确地看到了创作语境下的虚构名字承载着规定内部真理的功能，因此，虚构名字应该被看作指称了相应的虚构对象。但是，他们基于此便认为，像通常指称行为一样，虚构名字“直接”指称了相应的虚构对象，这看起来是不合理的。的确，一个虚构名字刚刚被使用时，相应的虚构对象尚未被创造，因此，通过该名字的一次使用难以完成对虚构对象的命名仪式。这也是亨特提出指称难题的主要原因。因此，汤姆逊提供的虚构对象的命名仪式以及萨尔蒙提出的统一的虚构名字指称理论都是不恰当的。

简言之，无指称理论部分正确、部分错误。正确之处在于认为创作语境下的虚构名字不能直接指称到虚构对象，尊重了“无指称”直觉。错误之处在于认为虚构名字完全没有指称，没能尊重“有所指称”直觉。

全指称理论同样部分正确、部分错误。正确之处在于认识到虚构名字指称了虚构角色，尊重了“有所指称”直觉。错误之处在于认为虚构名字直接指称了虚构角色，没能尊重“无指称”直觉。笔者认为，真理应该是介于二者之间。下面笔者将提出一个接续主义虚构名字指称理论。这种观点将既能尊重“无指称”直觉，也能尊重“有所指称”直觉。

第二节　接续主义指称理论

笔者将基于合取创造主义虚构对象理论，提出一个接续主义虚构名字指称理论。根据该理论，在创作语境下，虚构名字既“无指称”又“有所指称”。具体而言，第一部分介绍什么是接续主义，第二部分介绍日常名字接续主义指称观，第三部分提出一个接续主义虚构名字指称理论，第四部分对可能质疑进行回应。

一　接续主义

接续主义（Perdurantism）与持续主义（Endurantism）相对，是用来解释日常对象的跨时间同一现象的一种形上学理论。先不考虑日常的对象，而是考察事件或过程。我们知道，事件或过程在时间中延展。比如，一场足球比赛可分为前半场和后半场。前半场和后半场是比赛的两个部分。两个半场合起来构成整场比赛。当然，如果需要的话，还可以把一场足球比赛分成 90 个片段，每个片段都只发生于 1 分钟。90 个片段比赛合起来构成整场比赛。球赛的每个片段可称作其“时间部分”。足球比赛的一个典型特征是拥有时间部分，每个时间部分仅仅存在于特定的时刻，所有时间部分合起来共同构成整场球赛。

诸如球赛的事件或过程拥有时间部分，那么，日常对象呢？所谓的“持续主义”，就是认为与事件或过程不同，日常对象没有时间部分，在存在的不同时刻，存在的都是整个的对象。比如，我面前的这张桌子虽然会发生变化，但是，在每个时刻桌子都是整体性的存在。在日常语言上，这表现为“这张桌子现在是光滑的”“这张桌子刚刚还是粗糙的”，其中“这张桌子”无论相对“现在”还是“刚刚”都指称相同的对象。桌子与球赛不同，球赛的不同时间部分构成其同一性，而桌子整体性地存在于不同时刻。在汉语哲学界，持续主义也常被称作“整存论”，所谓“整存”就是整个地存在于不同的时刻。

所谓“接续主义”就是认为日常对象与事件或过程并无不同，同样拥有时间部分，不同的时间部分一起共同构成其同一性。根据接续主义，这张桌子像足球赛一样，拥有不同的时间部分。在接续主义者看来，日常语言中的“这张桌子现在是光滑的”和“这张桌子刚刚还是粗糙的”，应该被更严格地表述为“现在的这张桌子是光滑的”和“刚刚的这张桌子是粗糙的”。其中“现在的这张桌子”和“刚刚的这张桌子”分别指称这张桌子的两个时间部分。这样看来，桌子与球赛并无不同，都是通过时间部分构成其同一性。在汉语哲学界，接续主义也常被称作“分存论”，所谓“分存”，就是在不同时刻拥有不同的时间部分，所有时间部分构成对象的同一性。①

二　接续主义指称观

如果接续主义是合理的，就是说，日常对象像过程一样由时间部分构成，那么，我们如何对日常对象进行指称呢？奎因较早对这个语言哲学问题做出回答。② 在他看来，指称问题就是形上学问题在语言上的表现。奎因从赫拉克利特的经典问题开始思考：人能够两次踏入同一条河流吗？从接续主义的视角，奎因明确作答：人能够两次踏入同一条河流，每次踏入的是同一条河流的两个不同阶段，即时间部分。但是，人不能两次踏入同一个河流阶段。表现在语言上，就是指称问题：人能够两次指称同一条河流吗？答案是类似的：人能够两次指称同一条河流，每次指称的是同一条河流的不同阶段，即时间部分。但是，人不能两次指称同一个河流阶段。

---

① 刘易斯是接续主义的最著名代表。他对持续主义的不同版本进行反驳，并为接续主义进行辩护，认为接续主义能够最好地解释日常对象的跨时间同一现象（D. Lewis, *On the Plurality of Worlds*, Oxford: Basil Blackwell Ltd., 1986, pp. 202 - 204; D. Lewis, “Tensing the Copula”, *Mind*, Vol. 111, No. 441, 2002, pp. 1 - 14）。国内学者徐明明对刘易斯的论证进行了梳理（徐明明：《什么是临时内在性问题》，《逻辑学研究》2013 年第 4 期，第 30—37 页）。

② W. V. Quine, “Identity, Ostension, and Hypostasis”, *The Journal of Philosophy*, Vol. 47, No. 22, 1950, pp. 621 - 633.

当一个人手指着一条河流同时说“这”，不久之后，指着同一条河流说“这”，那么，两次“这”指什么并不确定。比方说，第一次“这”指的可能是当时的河流阶段，第二次“这”指的是之后的河流阶段，若如此，两次所指并不同一。当然，也可能指这两个河流阶段共同构成的某条河流。因此，“这”是指称模糊的。但是，若指着河流时说出的是“这条河流”，那么，这种模糊性便消失了。类似地，若说出的是“黄河”，那么，模糊性也便消失了。在这种情况下，两次出现的名字指称的将是同一条河流。具体而言，两次通过指称河流的时间部分完成对整个河流的指称。

在接续主义者看来，日常对象都可以看作是像河流一样的实体，拥有不同的时间部分。说话者通过指称其时间部分，完成对时间整体的指称。比如，从接续主义的视角看，当我指向一个人，并说“这是姚明”，我直接指称的是姚明的当下时间部分，即“此刻的姚明”。通过指称这个时间部分，我完成了对姚明时间整体的指称。这正如我用手指着姚明的胳膊说“这是姚明”，我是通过指称姚明的空间部分，即胳膊，完成对姚明空间整体的指称一样。接续主义者认为，我同样可以通过指称姚明的时间部分完成对时间整体的指称。我们将这种观点称为关于日常对象的“接续主义指称观”。

三 虚构名字与接续主义指称

回到本节正讨论的议题，即创作语境下虚构名字的指称问题。一方面，故事创作过程中的虚构名字既然承载内部真理信息，看起来它们应该指称虚构角色。另一方面，虚构对象尚未被创造，看起来虚构名字又不能完成指称。那么，在创作语境下，虚构名字到底有没有指称呢？无指称论者无法尊重虚构名字“有所指称”直觉，全指称论者无法尊重虚构名字“无指称”直觉。笔者认为，接续主义指称观有助于解答指称难题。笔者将提出虚构名字的接续主义指称理论。根据接续主义指称理论，在创作语境下，故事作者通过指称虚构对象的时间部分完成对时间整体的指称。笔者将论证，该理论既能尊重“有所指称”直觉，也能尊重“无指称”直觉。

下面将分两步展示虚构名字的接续主义指称观。第一步：规定什么是虚构对象的时间部分。第二步：解释故事作者如何通过指称时间部分指称虚构对象整体。

在具体展示虚构名字的接续主义指称观之前，先做一点说明。这里所谓虚构名字的接续主义指称观是针对创作语境，或者说针对故事文本创作过程。就是说，特别用来处理创作语境中的指称难题。虚构对象被创造之后，虚构名字便直接指称整体性的虚构对象。对此，笔者不予特别讨论。[①]

创造主义者都认为，虚构对象是抽象的。而抽象的对象不在时空中，因此，虚构对象并不会像日常对象一样通过时空的连续性而具有时间部分。另外，创造主义者也会同意，一个虚构对象被创造之后，并不会在不同时刻具有不同的时间部分。比如，昨天的福尔摩斯与今天的福尔摩斯没有不同，都是具有如此那般的虚构属性的虚构侦探。如此看来，虚构对象被创造之后，不会具有不同的时间部分，显然，这与日常对象并不相似。[②] 因此，有必要说明，本章讨论主要牵涉创作故事或者创造虚构对象的过程，不会牵涉创造之后的情况。

笔者将仅仅考虑创造虚构对象的典型情况，其中，虚构名字的每次出现都伴随着特定的属性描述。假设作者 S 通过创作故事 T 创造虚构对象 O，在 T 中前后共出现 n 次 O 的名字 N。第 1 次出现 N 时，S 赋予 O 的属性集是 G_1。第 2 次出现 N 时，S 赋予 O 的属性集是 G_2。以此类推，第 n 次出现 N 时，S 赋予 O 的属性集是 G_n。我们要回答的问题是：T 中出现

---

① 关于虚构对象被创造之后的指称问题，合取创造主义者可以有两个选项。选项一：虚构对象被创造之后，不再受接续主义指称观的约束。比如，福尔摩斯被创造之后，不会再经历任何变化，因此，没有所谓时间部分，继而，“福尔摩斯”都将直接指称福尔摩斯。选项二：虚构对象被创造之后，仍然受接续主义指称观的约束。福尔摩斯存在的时间将分为两个时期，即变化时期和不变时期。所谓变化时期即创造时期，所谓不变时期即创造之后的存在期。在变化时期，“福尔摩斯”通过指称福尔摩斯的不同时间部分完成对福尔摩斯整体的指称。在不变时期，“福尔摩斯”通过指称福尔摩斯的不变的时间部分完成对福尔摩斯整体的指称。后一个选项保持了指称观的统一性，相对更有优势。无论是创造主义者，还是非创造主义者，大都假设对被创造之后的虚构对象的指称不会带来难题，因此，笔者不特别考虑这类指称问题。

② 日常对象在其存在的不同时刻总是会具有不同的时间部分。与此对照，虚构对象在创造过程中具有不同的时间部分，创造之后的时间部分则都是相同的。因此，用来约束日常对象时间部分的形上学并不能毫无差别地应用到虚构对象。但是，这并不意味着不能将接续主义理念移植到虚构对象领域。

的 N 是否有所指称？若有所指称，指称什么？所涉指称机制是什么？

无指称论者的回答是：T 中出现的 N 是空名，没有指称任何对象。全指称论者的回答是：T 中出现的 N 有指称，指称的就是虚构对象 O，属性集 G_n 规定了 O 的同一化条件。笔者的回答是：对任意的 i，$1 \leqslant i \leqslant n$，T 中第 i 次出现的 N 指称的是虚构对象 O_i，属性集 G_i 规定了 O_i 的同一化条件，并且 S 通过指称 O_i 指称了整体性的虚构对象 O。我们称 O_1，O_2，……，O_n 是 O 的时间部分，而 O 是它们的时间整体。这种观点将被称作"虚构名字的接续主义指称观"。

这种观点依赖于合取创造主义理论中的两个原则。第一个原则是概括原则，第二个原则是虚构对象的同一化条件规定。根据概括原则，T 完成时，即 S 第 n 次使用 N 之后，将有一个虚构对象 O，O 具有的内部属性集是 G_n，或者说具有的虚构属性集是 $Fly(G_n)$。其中 $Fly(G_n)$ 是对 G_n 中所有属性分别进行 Fly 操作所得的虚构属性构成的集合，即 $Fly(Gn) = \{Fly(F): F$ 是 O 的内部属性$\}$。再根据虚构对象的同一化条件规定，可知 $Fly(G_n)$ 规定了 O 的同一化条件。

另外，接续主义虚构名字指称理论依赖于这样一个辅助性的心理操作，即虚构名字 N 的 n 次出现，对应着 n 个小的故事文本。第 1 次 N 的出现对应的故事文本 T_1，是伴随 N 的第 1 次出现的那些属性描述；第 2 次 N 的出现对应的故事文本 T_2，是 T_1 加上伴随 N 的第 2 次出现对应的属性描述。以此类推，第 n 次 N 的出现对应的故事文本 T_n，是 T_{n-1} 加上伴随 N 的第 n 次出现的那些属性描述，实际上，T_n 就是整个故事文本 T。我们知道，根据概括原则和虚构对象的同一化条件规定，每个 $T_i(1 \leqslant i \leqslant n)$ 对应着唯一的一个虚构对象 O_i，$Fly(G_i)$ 规定了 O_i 的同一化条件。其中，T 被看作是通过一系列的 T_i 续写而成的完整的故事文本。

根据接续主义虚构名字指称理论，在创作语境下，S 通过虚构名字 N 的 n 次出现，分别直接指称了虚构对象 O 的 n 个时间部分 O_1，O_2，……，O_n，并借此间接完成对 O 的指称。在笔者看来，这将既能尊重"有所指称"直觉，又能尊重"无指称"直觉。两种直觉都是关于直接指称的直觉。其一，任意的第 i 次出现的 N 都直接指称了一个虚构角色 O_i，而非无所指称。其二，直到 N 的 n 次使用都结束时，虚构对象 O 才真正被指称，因此，每次出现的 N 都没有直接指称 O。前者尊重"有所指称直觉”，后者尊重“无所指称直觉”。重要的是，接续主义指称理论还要补加一点。其三，任意的第 i 次出现的 N 都通过指称 O_i，间接指称了 O。第三点说明的是，归根结底，在虚构语境下虚构名字指称了相应的虚构角色。

四 可能的质疑及回应

虚构名字的接续主义指称观，既不同于无指称理论，又不同于全指称理论，有可能会遭受质疑。下面笔者对可能的五个质疑进行回应，完成对接续主义指称观的辩护。

质疑一：将接续主义应用到虚构对象似乎是不恰当的。日常对象拥有时间部分，抽象对象能够具有时间部分吗？如果关于虚构对象的接续主义这一观念就是不可信的，那么，虚构名字的接续主义指称观似乎无从谈起。

回应：关于虚构对象的接续主义并不比关于日常对象的接续主义更难理解。从接续主义的角度看，一个日常对象的时间部分都是具体的，即在时空中，而且和其时间整体之间的关系是部分—整体关系（part-whole relation）。对于虚构对象而言，从接续主义的角度看，不同的是其时间部分都是虚构的，是抽象的，不在时空中，相同的是其时间部分和时间整体之间的关系同样是部分—整体关系。

一个日常对象 o 在时刻 i 的时间部分 o_i，就是“i 时刻的 o”或者“o 在 i 时刻的样子”，比如黄河在此时此刻的时间部分，就是“此时此刻的黄河”或者“黄河在此时此刻的样子”。与此对应，一个虚构对象 O 在时刻 i 的时间部分 O_i，就是“i 时刻的 O”或者“O 在 i 时刻的样子”（时刻 i 即第 i 次使用 O 的名字 N 时）。通过不同的时间部分，黄河在变化中保持同一，变化表现在每个时间片段都不同，同一则表现在每个黄河片段都是黄河的一个构成部分。为了理解黄河的时间部分和整体，我们需要预先了解“河流”这个范畴。类似地，在笔者看来，通过不同的时间部分，在柯南·道尔创造福尔摩斯的过程中，变化表现在每个福尔摩斯片段都不同，同一则表现在每个福尔摩斯片段都是福尔摩斯的构成部分。为了理解福尔摩斯的时间部分和整体，我们需要预先了解“虚构角色”这个范畴。

质疑二：纵使关于虚构对象的接续主义观念是可以理解的，到底如何确定哪些东西构成了哪些虚构对象的时间部分呢？若不能回答该问题，移植接续主义理念到虚构对象领域将依然是不合理的，因此，接续主义虚构名字指称理论将仍然是不可信的。

回应：在这个问题上，虚构对象接续主义比日常对象接续主义要更有优势。对日常对象而言，接续主义者要通过一个初始的关系来确定哪些东西构成了哪些对象的时间部分。奎因称这种关系为同族关系（kinship），只要彼此之间具有同族关系即是时间部分。[1] 在笔者看来，关于虚构对象的接续主义更有优势，因为关于如何确定虚构对象部分整体关系的外延，接续主义者可以有更多线索。

具体而言，在创作语境下，一个虚构对象 O 牵涉的时间部分整体关系具有文本基础。虚构对象整体 O 对应的是整个文本 T。时间部分 O_i 对应的是文本 T_i，而 T_i 是 T 的构成部分。另外，T_i 与 T_{i-1} 之间具有“继续”关系。根据定义，T_i 是 T_{i-1} 加上伴随第 i 次出现的 O 的名字 N 的属性描述。相应地，O_i 比 O_{i-1} 更“丰富”，因为 G_i 比 G_{i-1} 包含的属性更多。简言之，虚构对象的故事文本基础使得虚构对象的时间部分整体关系外延相对更加清晰。

质疑三：根据接续主义指称观，在创作语境下，对虚构对象的指称通过对其时间部分的指称完成，但是，既然虚构对象的时间部分依然是抽象对象，那么，如何完成对时间部分的指称呢？

回应：为了承认虚构名字是真正的名字，我们必须像前面提到的学者一样，承认抽象对象也可以被指称。假如接受流行的因果指称理论，则必须对命名条件进行拓展使得虚构名字对应的命名仪式也可以完成。特别是，被命名的对象不必与命名者处于因果关系中。在笔者看来，只要承认抽象对象，这样的限制就必须消除。比如，若承认自然数，那么，为了完成对自然数的指称，我们不必与自然数处于因果关系中。自然数是抽象的，不在时空中。对虚构对象而言，情况类似。

那么，到底如何完成对虚构对象部分的指称呢？按照克里普克的因

---

① W. V. Quine, “Identity, Ostension, and Hypostasis”, *The Journal of Philosophy*, Vol. 47, No. 22, 1950, p. 622.

果指称理论，命名仪式可以通过实指也可以通过描述完成。[①] 笔者认为，对虚构对象的时间部分的指称可以通过描述的方式完成。先考虑日常对象情况。比如，我可以通过说出“让我们把第一个到达教室的人称作‘秃鹫’”完成对某个人的命名仪式。那个将要第一个到达教室的人将会是“秃鹫”所命名的人。再考虑抽象对象情况。比如，我可以通过说出“让我们把 0 的后继称作‘1’”完成对 1 的命名仪式。作为 0 的后继的那个唯一的自然数将会是“1”所命名的对象。类似地，我们可以通过描述的方式完成对虚构对象的命名仪式。特别地，可以通过描述的方式完成对虚构对象的时间部分的命名和指称。比如，在柯南·道尔创作福尔摩斯的过程中，当“福尔摩斯”第 i 次出现时，它相当于说“让我们将如此这般的侦探称作‘福尔摩斯’”。此处的“如此这般”对应的是 T_i 给出的属性描述。第 i 次出现的“福尔摩斯”命名的就是时间部分福尔摩斯$_i$。这样的命名仪式有概括原则和虚构对象的同一化条件规定保障。一般地，对虚构对象时间部分的指称都可以顺利地完成。

质疑四：正如萨尔蒙指出，创作过程中通过虚构名字完成的指称行为，恰如通过日常名字对未来实体进行指称。接续主义指称观似乎同样认为虚构名字指称的是未来的实体。那么，从接续主义指称观的视角看，创作过程中虚构名字指称现象与日常的指称未来实体现象有没有重要的差别呢?

回应：卡普兰曾以“纽曼 1”（Newman 1）为例说明指称未来实体现象。[②]“纽曼 1”被用来指称 22 世纪出生的第一个男孩。我们完全可以通过“让我们将 22 世纪出生的第一个男孩称为‘纽曼 1’”完成对纽曼 1 的命名。就是说，虽然孩子尚未出世，也尚未被任何妈妈怀孕，我们依然可以完成对纽曼 1 的命名。与此类似，虚构名字接续主义指称观认为，虽然福尔摩斯尚未被创造，柯南·道尔依然可以完成对福尔摩斯的指称，福尔摩斯也是一个未来实体。在指称未来实体的意义上，两类现象是相

① S. Kripke, *Reference and Existence*, Oxford: Oxford University Press, 2013, p. 13.

② D. Kaplan, “Bob and Carol and Ted and Alice”, in K. J. J. Hintikka et al. eds., *Approaches to Natural Langauge: Proceedings of the 1970 Stanford Workshop on Grammar and Semantics*, 1973, pp. 508, 516.

似的。

但是，两类现象之间存在重要差异。首先，指称未来的日常实体是可能失败的，但是，指称未来的虚构对象却不会失败。比如，假设 22 世纪最早出生的男孩是多个而不是一个，或者更极端一些，22 世纪出生的都是女孩，或者 22 世纪人类已经由于核弹灭亡了，那么，“纽曼 1”都会指称失败。然而，无论柯南·道尔所写的故事按照什么方向发展，“福尔摩斯”最终都会指称一个特定的虚构对象，绝不会指称失败。这是由合取创造主义概括原则和虚构对象的同一化原则保障的。另外，纵使未来日常实体真的会存在，对其指称也不是通过指称其时间部分来完成。比如，在进入 22 世纪之前，纽曼 1 根本没有时间部分，不可能通过对时间部分的指称完成对纽曼 1 整体的指称。这两方面的差异，使得接续主义指称观适用于创作过程中的虚构名字，却不适用于一般的未来实体名字。

质疑五：针对创作语境，全指称论者认为虚构名字直接指称整个虚构对象，接续主义指称论者认为虚构名字间接指称虚构对象。无论是直接指称，还是间接指称，都隐含着虚构名字不是空名：创作语境被看作是典型的内虚构语境，在创作语境下虚构名字不是空名；在外虚构语境下虚构名字同样不是空名。然而，假若虚构名字不是空名，包含虚构名字的否定存在陈述又如何能够为真呢？比如，“福尔摩斯不存在”看起来不但是有意义的，还是真的。但是，若“福尔摩斯”不是空名，该陈述怎么可能为真呢？

回应：考虑到“否定存在难题”在哲学史上的重要地位，并且哲学家往往通过包含虚构名字的否定存在陈述例示否定存在难题，笔者将做出一个稍长的回应。在第一章，笔者曾提到只有奎因式的存在观才是合理的。根据奎因式存在观，所有对象都是存在的。因此，若按照字面意思进行理解，任何形如“N 不存在”的句子都不能为真，其中 N 是一个名字。假若“N 不存在”为真，N 一定是一个有意义的名字，进而，这要求 N 要指称一个对象。一旦如此，它所指称的对象一定是存在的，即有一个对象与之同一。进而，“N 不存在”一定是假的，与前提假设矛盾。笔者同意名字的直接指称主义信条，即一个名字的意义就是它所指称的对象。笔者也同意，“福尔摩斯不存在”这样的否定存在句，至少在有些语境下可以为真。基于这两点，笔者认为，否定存在句绝不能按照字面意思进行直接理解。就是说，否定存在句的日常语法结构并不直接具有本体论隐含。

那么，“福尔摩斯不存在”到底表达什么命题呢？具体有两种分析方案。根据第一种方案，正如在其他语境下一样，“福尔摩斯不存在”中的“福尔摩斯”依然指称福尔摩斯这个虚构角色，不过该语句的结构并不完整，需要进行补充。具体而言，需要明确论域范围。“福尔摩斯不存在”要被分析为“相对物理对象范围，福尔摩斯并不存在”，或者说“并不存在一个物理对象是福尔摩斯”。人们平时断言“福尔摩斯不存在”时，似乎并不是在绝对的意义上断言福尔摩斯不存在，而是说在特定的对象范围内并没有福尔摩斯。按照这种分析，“福尔摩斯不存在”的逻辑结构不是“$\neg(\exists x)(x = SH)$”，而是“$\neg(\exists x)((x = SH) \wedge Px)$”，其中“P”代表的是物理性，“SH”代表的是福尔摩斯。坚持这种观点的有前期汤姆逊和斯巴瓦克（D. C. Spewak Jr.）。①

笔者并不认同这种方案。根据这种方案，断言“福尔摩斯不存在”的人，是在谈论虚构对象福尔摩斯，断言的内容是福尔摩斯不具有物理性。这至少要面临三方面指责。其一，假若如此，当听话者不知道福尔摩斯是一个虚构对象，交流将无法完成。然而，这似乎并不成立。当我们告诉孩子“福尔摩斯不会来帮助警察，福尔摩斯并不存在”，孩子当时并不知道福尔摩斯是一个虚构对象，但是，此时的交流依然可以完成。其二，假设这种分析思路合理，“福尔摩斯不存在”将表达一个分析命题，因为根据定义（纯粹）虚构性隐含着抽象性，而抽象性隐含着非物理性。但是，即使对于创造主义者而言，当孩子得知“福尔摩斯不存在”时，孩子关于这个世界依然获得了有用的经验信息。其三，这种分析思路并不具有普适性。比如，在有的哲学家看来，在很多情况下，“福尔摩斯不存在”表达的是关于“福尔摩斯”这个名字的指称性用法的元语言

---

① 请参见 A. Thomasson, “Speaking of Fictional Characters”, *Dialectica*, Vol. 57, No. 2, 2003, p. 214, note 19；D. C. Spewak Jr., “A Modulation Account of Negative Existentials”, *Philosophia*, Vol. 44, No. 1, 2016, pp. 233 - 234。汤姆逊的论域范围限制是“真实对象”，斯巴瓦克的限制是“物理对象”。在笔者看来，二者并无实质差别。为方便，笔者选取了斯巴瓦克的“物理对象”范畴。

命题。[①] 汤姆逊在反思限制论域方法时指出，当我们做出否定存在陈述，往往是在纠正之前说话者对名字的错误用法。当孩子说，“福尔摩斯会来帮警察”时，我们说“福尔摩斯不存在”，我们的意思是孩子错误地认为“福尔摩斯”指称具体的人，我们不是关于福尔摩斯做断言，我们真正关心的是“福尔摩斯”的用法。[②]

对“福尔摩斯不存在”的第二种分析方案是：没有统一的语义分析！范英瓦根明确主张这种分析策略。笔者赞同该主张。在笔者看来，长期以来否定存在难题没有获得解决，并不是因为哲学家不够努力，而是问题根本就不存在。哲学家将不同语境下的否定存在陈述归为一种单一类型，然后再努力提供一种统一的分析，哲学家之间再彼此指责对方不能对某类语境给出恰当的分析。然而，实际上，否定存在陈述并没有为我们提供什么统一的解释资料。正如范英瓦根说，“福尔摩斯之非存在，并不是什么本体论资料；若非说构成解释资料的话，就是我们总能够用‘福尔摩斯不存在’说些真内容”[③]。

那么，“福尔摩斯不存在”在不同语境下都表达什么命题呢？范英瓦根提供了两种语境。[④] 在第一种语境下，说话者和听话者都知道福尔摩斯是虚构的。在第二种语境下，说话者知道而听话者不知道福尔摩斯是虚构的。

先看第一种语境。比如，侦探甲某和乙某都知道福尔摩斯是虚构的。甲某对乙某说：“这么棘手的案子应该叫福尔摩斯来搞定，可惜，福尔摩斯不存在。”在该语境下，“福尔摩斯不存在”表达的是：没有一个人具有福尔摩斯在故事中被赋予的所有那些属性。

再看第二种语境。比如，一个游客问伦敦警察：“请问，您知道福尔

---

① A. Thomasson, “Speaking of Fictional Characters”, *Dialectica*, Vol. 57, No. 2, 2003, p. 217.

② 范英瓦根曾做出类似的案例分析（P. van Inwagen, “Quantification and Fictional Discourse”, in A. Everett & T. Hofweber eds. , *Empty Names*, *Fictional and The Puzzles of Non-existence*, Stanford: CSLI Publications, 2000, pp. 246 – 247; P. van Inwagen, “McGinn On Existence”, *The Philosophical Quarterly*, Vol. 58, No. 58, No. 230, p. 56）。

③ P. van Inwagen, “Quantification and Fictional Discourse”, in A. Everett & T. Hofweber eds. , *Empty Names*, *Fictional and The Puzzles of Non-existence*, Stanford: CSLI Publications, 2000, p. 247.

④ Ibid. , pp. 246 – 247; P. van Inwagen, “McGinn On Existence”, *The Philosophical Quarterly*, Vol. 58, No. 58, No. 230, pp. 56 – 57.

摩斯住在哪里吗?”警察回答:“福尔摩斯不存在，而且从来就没存在过，他是柯南·道尔虚构的一个人物而已。”在该语境下，“福尔摩斯不存在”表达的是:你的“福尔摩斯”的用法是错误的，你以为“福尔摩斯”会像日常名字一样可以追溯到一个合格的命名仪式，但是，“福尔摩斯”最终追溯到一个故事，你混淆了虚构名字的用法和现实名字的用法。

在范英瓦根看来，应当对两个例子给出不同的分析。对第一个例子的分析可称作“描述主义分析”，对第二个例子的分析可称作“元语言主义分析”。两个例子代表的语境可分别称作“描述主义语境”和“元语言主义语境”。笔者认为，范英瓦根的分析思路是正确的，虽然他的分类也并不是穷竭性的。比如，或许有时说出“福尔摩斯不存在”，我们既非断定现实世界中没有具有相应内部属性的人，也不是在谈论“福尔摩斯”的用法，而是关于福尔摩斯的真正形上学断定。比方说，如前面指出，我们可能在断言“福尔摩斯不是物理的”。简言之，笔者认为，否定存在陈述具有语境敏感性。针对包含虚构名字的否定存在陈述，并不存在统一的语义分析，它们被用来表达什么真理，要视具体语境而定。

现在回到关于对接续主义指称观的质疑五。笔者的回应如下。无论是在创作语境下，还是一般的内部虚构语境下，还是在外部虚构语境下，虚构名字都指称相应的虚构对象。但是，这并不会为接续指称论者带来所谓否定存在难题。这是因为否定存在陈述具有语境敏感性。在不同的语境下，它们可能获得描述主义分析，可能获得元语言主义分析，也可能获得论域限制性分析，或者其他种类的分析。[①] 各种不同的分析方式与接续主义指称观都并不冲突。包含虚构名字的否定存在陈述不会为创作语境下的接续指称论者带来麻烦，也不会为合取创造主义者带来麻烦。

---

① 在有的哲学家看来，或许在某些语境下包含虚构名字的否定存在陈述会表达某种元命题，即关于命题的命题。克里普克就曾主张元命题主义分析方案。根据这种分析方案，“福尔摩斯不存在”表达的是“不存在福尔摩斯存在这样一个真命题”(S. Kripke, *Reference and Existence*, Oxford: Oxford University Press, 2013, pp. 158 – 160)。笔者对元命题主义方案的批评意见，参见M. Xu, “Reference and Existence”, *Dialogue: Canadian Philosophical Review*, Vol. 55, No. 2, 2016, pp. 393 – 395。

第三节　总结

针对创作语境下的虚构名字用法，我们拥有两个方面的直觉，即“无指称”直觉和“有所指称”直觉，这导致指称难题。针对指称难题，无指称论者认为，创作语境下的虚构名字没有指称。全指称论者则认为，创作语境下的虚构名字同外部语境下的虚构名字一样，直接指称虚构对象。无指称论者尊重了“无指称”直觉，但未尊重“有所指称”直觉。全指称论者尊重了“有所指称”直觉，未能尊重“无指称”直觉。基于合取创造主义虚构对象理论，笔者提出接续主义虚构名字指称理论。根据接续主义指称理论，创作语境下的虚构名字通过指称虚构对象的时间部分完成对虚构对象整体的指称。“无指称”直觉和“有所指称”直觉同时得到尊重。笔者通过回应可能的质疑，完成对虚构名字接续主义指称理论的辩护，特别是包含虚构名字的否定存在陈述并不会为接续主义指称理论带来真正的困难。

结　语

从事严肃的形上学探究就像进行有计划的旅行。探究者需要详细考虑各种可能的行进路线，不停地权衡，最终选择最合理的路线，为这条路线可能出现的各种困难和问题做最充足的准备，一个一个地克服，最终到达目的地。当然，同样重要的是，用眼和心去欣赏一路的风光，如果需要的话，还要不断盘点心得，写出一个真正走心的游记，方才安心。

于笔者而言，前八章所做工作便是一场真正严肃的形上学探究，这里所做的结语相当于一个最后的游记和盘点。真实情况是，这个结语悬置了很久，笔者迟迟未能下笔。一个合格的游记绝非流水账一般的所看所思，背后一定有对旅游本身的深刻认知。同样，对一场形上学探究进行最后的盘点，同样需要关于形上学本身的元认知的支撑。于笔者而言，这并不是一件容易的事。

形上学到底是一项怎样的事业？形上学的工作又该如何评价？一个形上学家对所做工作可以有怎样的期待？一般地，哲学事业同样会面临类似的追问。时下，科学精神深入人心，从自然科学到社会科学，甚至到科学技术和工程（今天的技术和工程与科学紧密相连、不可分割），更甚，连人文学科有时也被称作“人文科学”。在这样的背景下，哲学家在干什么，又应该干什么？这或许正是当年的逻辑实证主义者面临的境地，今天是昨日再现，不会更好，当然也不会更糟。

笔者认为，科学追求的是科学真理，科学真理是更“硬”的东西。在科学家的眼中，科学真理当然是合理的，但是，反过来未必成立，就是说，合理的未必都是科学真理。相对照，哲学追求的不是真理，至少不是科学意义上的真理，哲学追求的是合理性。哲学中是否有真正的哲学真理或哲学知识，或许本身就值得进行哲学上的辩论。但是，没有一个哲学家会否认自己追求的是合理性。一个哲学家不会，至少不应该断言自己的理论是唯一“正确的”。

合理性直接带来的是包容性。合理性只有程度上的差异，不存在绝对的质上的差异。正是基于此，奎因才提出包容论，认为现象主义有现象主义的好，而物理主义有物理主义的好。当然，这也绝不意味着就不能判断哲学理论的优劣，但是，需要注意的是哲学理论的优劣评估不表示是非认定。哲学理论带给世人的是对哲学现象和哲学问题的多重理解和回答，哲学能够带给世人的是理解力的拓展。这也是本书希望能够达成的目标。

回到对虚构对象的形上学探究上来。笔者提供了一个“更有前途”或者“更合理”的合取创造主义虚构对象理论。笔者并没有断言该理论是正确的或者唯一正确的理论，在笔者看来根本就不存在这样的理论。当然，“更有前途”或“更合理”的判断是有根据的，这表现在下面四个方面。

第一，合取创造主义理论依赖的本体论立场即虚构对象实在论，是经过严格论证和辩护的（第一章）。具体而言，指称虚构对象现象、量化虚构对象现象和意向虚构对象现象，为实在论提供了语义和意向性两方面的重要证据。这两方面的证据与文学评论这个领域或学科的实践假设是完全一致的，当然，也与普通人关于虚构对象的日常话语是完全一致的。

第二，合取创造主义理论的建构拥有可信的形上学基础。一方面，合取创造主义理念是经过严格辩护的，特别地，不会像经典创造主义一样面临创造者判定难题（第六章）。另一方面，该理论所依赖的核心概念“虚构属性”拥有合适的引入动机和恰当的同一化条件，是可信的形上学概念资源（第七章）。

第三，合取创造主义的合理性基于严格的理论评估。理论评估涉及“清晰性”“一致性”“解释力”和“简单性”四个方面（第二章）。笔者从四个方面分别对该理论进行展示，并与其他理论进行优劣比较，最终得出“更有前途”的判断（第七章）。为了进行恰当的比较和对照，观念主义、柏拉图主义、可能主义和经典的创造主义也都得以全面优劣评估（第三至五章和第七章）。

第四，对合取创造主义理论面临的语言哲学难题明确作答（第八章）。针对创作过程中的虚构名字指称难题，笔者提出接续主义指称理论。笔者论证，“无指称理论”和“全指称理论”难以同时满足“无所指称”和“有所指称”两方面的直觉。相对照，接续主义指称理论能够做得更好。在回应可能质疑的过程中，笔者对著名的否定存在难题给出了自己的回答。

于笔者而言，这里所言“更有前途”或者“更合理”判断本身也不是一个真理性判断，就是说，很可能不会为所有哲学家甚至大部分哲学家认同。在类似的意义上，纵使是支持刘易斯的可能世界理论的哲学家，也不会认为该理论是一个完全真理性的理论，因为对其他可能同样多的哲学家而言该理论并不合理。然而，正是通过不同阵营的竞争和辩论，哲学问题被“看”得越来越明白，哲学问题的意义也更加得以彰显。本书同样寄望于此，希望更多人能对虚构对象的形上学感兴趣，并做出更有价值的勇敢探究。

附录Ⅰ

附录Ⅰ是帕森斯的对象理论所依赖的形式语言和语义。① 除了包含下线变形算子 w 和区分核内谓词与核外谓词，帕森斯的形式语言与通常的二阶量化模态语言并无不同。

先介绍作为初始符号的项。作为初始符号的项可分为对象项和谓词项。

对象项：

（1）对象项分为对象常项和对象变元。对象常项：a，b，c，……；对象变元：x，y，z，x_1，x_2，x_3，……

谓词项：

（2）谓词项分为核内谓词项和核外谓词项。

（2.1）n 元核内谓词项。n 元核内谓词项又分为 n 元核内谓词常项和 n 元核内谓词变元。n 元核内谓词常项：p_1^n，p_2^n，p_3^n，……；n 元核内谓词变元：q_1^n，q_2^n，q_3^n，……

（2.2）n 元核外谓词项。n 元核外谓词项分为 n 元核外谓词常项和 n 元核外谓词变元。n 元核外谓词常项：P_1^n，P_2^n，P_3^n，……；n 元核外谓词变元：Q_1^n，Q_2^n，Q_3^n，……

谓词项形成规则：

（3）如果 X 是 n+1 元核内/核外谓词项（$n \geqslant 1$），并且如果 t 是一个对象项，并且 $n+1 \geqslant k \geqslant 1$，那么，$Xt^k$ 是一个 n 元核内/核外谓词项，其中 Xt^k 是用 t 对 X 中的第 k 个空位进行填充的结果；

---

① 请参见 T. Parsons, *Nonexistent Objects*, New Haven: Yale University Press, 1980, pp. 63－70, 78－81, 98－100。

（4）如果 α 是 n 元核外谓词项，那么 $w(\alpha)$ 是 n 元核内谓词项。

下面介绍帕森斯构造的语义。帕森斯最终需要给出公式相对模态结构上的可能世界为真的定义以及模态有效性定义。帕森斯把可能世界理解为语义解释（interpretation），把模态结构看作是满足一定限制的可能世界构成的集合。下面，依次介绍帕森斯对解释、模态结构、公式相对解释为真以及模态有效性的定义。

解释：

一个解释 $I = <OB, EX, S_n, S_e, ext, f, PLUG, W, A>$ 是满足如下条件的九元组：

（1）OB 是一个非空集，被称作“对象集”；

（2）EX 是 OB 的一个子集，被称作“存在对象集”或“现实对象集”；

（3）S_n是非空集合 N_1，N_2，……构成的序列，每个 N_n被称作“n 元核内关系集”；

（4）S_e是非空集合 E_1，E_2，……构成的序列，每个 E_n被称作“n 元核外关系集”；

（5）ext 是一个满足如下条件的函数：

（5.1）ext 映射每一个 $r \in N_n$到 $P(EX)^n$的一个成员，其中 $P(EX)^n$是 $(EX)^n$幂集；

（5.2）ext 映射每一个 $r \in E_n$到 $P(OB)^n$的一个成员，其中 $P(OB)^n$是 $(OB)^n$的幂集；

并称 ext(r) 为 r 的“基本外延”（primary extension of r）。一个核内属性可以被现实对象具有，也可以被非现实对象具有，相对现实对象的外延即基本外延，加上相对非现实对象的外延则得到“全外延”。

（6）f 是一个 1－1 对应函数，f 映射 OB 的每个成员到 N_1的一个子集。f 函数被称为“对应函数”（the correlation function）。并且要求，对于每一个 EX 的成员 x，$f(x) = \{r \in N_1 : x \in ext(r)\}$。函数 f 规定了哪些对象具有哪些核内性质。

（7）PLUG 是一个满足如下条件的三元函数：对任意的 $r \in N_{n+1}$，$x \in OB$，以及 $n+1 \geqslant k \geqslant 1$，$PLUG(r, x, k) \in N_n$，并且 $ext(PLUG(r, x, k)) =$

$\{<x_1,\cdots,x_n>:<x_1,\cdots,x_{k-1},x,x_k,\cdots,x_n>\in ext(r)\}$；对任意的 $r\in E_{n+1}$，$x\in OB$，以及 $n+1\geqslant k\geqslant 1$，$PLUG(r,x,k)\in E_n$，并且 $ext(PLUG(r,x,k))=\{<x_1,\cdots,x_n>:<x_1,\cdots,x_{k-1},x,x_k,\cdots,x_n>\in ext(r)\}$。

（8）W 是一个定义在 E_n上的一元函数，W 满足如下条件：对任意的 $R\in E_n$，$W(R)\in N_n$且 $ext(W(R))=ext(R)\cap EX^n$。

（9）A 是一个满足如下条件的函数：

（9.1）如果 τ 是对象常项，那么，$A(\tau)\in OB$；

（9.2）如果 α 是 n 元核内谓词常项，那么，$A(\alpha)\in N_n$；

（9.3）如果 α 是 n 元核外谓词常项，那么，$A(\alpha)\in E_n$。

（10）形而上学公理原则一*：$(\exists x)(q)(qx\leftrightarrow\varphi))$，

性质抽象公理：$(\exists X^n)(\forall x_1)\cdots(\forall x_n)(X^n(x_1\cdots x_n)\leftrightarrow\varphi(x_1\cdots x_n))$，

相对 I 为真。其中，（10）预设了“相对解释为真”概念。

模态结构：

一个模态结构 M 是满足如下限制的任意一组解释，除了下面的元素可能有差异外，这组解释完全相同：

（i）第二个元素 EX（就是说，它们对什么对象存在的规定可以不同）；

（ii）第五个元素 ext 和第六个元素 f（就是说，它们对哪些对象具有哪些性质的规定可以不同）。

接下来，介绍帕森斯对公式相对模态结构中的解释为真的定义。为此，先定义赋值函数。

赋值函数：

一个赋值函数 g 是满足下面条件的函数：

（i）如果 α 是初始的常项，那么，$g(\alpha)=A(\alpha)$；

（ii）如果 τ 是一个对象变元，那么，$g(\tau)\in OB$；

（ii）如果 α 是一个 n 元核内谓词变元，那么，$g(\alpha)\in N_n$；

（iv）如果 α 是一个 n 元核外谓词变元，那么，$g(\alpha)\in En$；

（v）如果 α 形如 $\beta\tau^k$，那么，$g(\alpha)=PLUG(g(\beta),g(\tau),k)$；

（vi）如果 α 形如 $w(\beta)$，那么，$g(\alpha)=W(g(\beta))$。

再定义公式相对模态结构中的解释和赋值函数为真。

相对解释和赋值函数为真：

令 M 是一个模态结构，I 是 M 中的一个解释，g 是一个赋值函数，一个公式相对 M 中的 I 以及 g 为真（简记为“相对 MIg 真”）如下定义：

（i）如果 α 是 1 元核内谓词项，τ 是对象项，那么，$\alpha\tau$ 相对 MIg 真，当且仅当，$g(\alpha)\in f(g(\tau))$；

（ii）如果 α 是 1 元核外谓词项，τ 是对象项，那么，$\alpha\tau$ 相对 MIg 真，当且仅当，$g(\tau)\in ext(g(\alpha))$；

（iii）$\alpha=\beta$ 相对 MIg 真，当且仅当，$g(\alpha)=g(\beta)$；

（iv）$\neg\varphi$ 相对 MIg 真，当且仅当，并非 φ 相对 MIg 真；

（v）$\varphi\wedge\psi$ 相对 MIg 真，当且仅当，φ 相对 MIg 真，并且 ψ 相对 MIg 真；

（vi）$(\alpha)\varphi$ 相对 MIg 真，当且仅当，对任意的赋值函数 g'，g' 除了可能赋给 α 不同的值之外和 g 完全相同，φ 相对 MIg′为真。

（vii）$\Box\varphi$ 相对 MIg 真，当且仅当，对 M 中的任意解释 ρ，φ 相对 Mρg 为真。

最后定义公式相对模态结构中的解释为真。

相对解释为真：

φ 相对模态结构 M 中的解释 I 为真（记作“φ 相对 MI 为真”），当且仅当，对任意的赋值函数 g，φ 相对 MIg 为真。

模态有效：

φ 是模态有效的，当且仅当，对任意的模态结构 M，M 中的任意解释 I，φ 相对 MI 为真。

附录 II

附录 II 是扎尔塔的抽象对象理论所依赖的形式语言和语义。① 先看形式语言。扎尔塔按照通常步骤递归定义形式语言，即先引入初始符号，再定义项和公式。

初始符号包括下面八类：②

1. 初始对象项：

（1）对象名字：a_1，a_2，a_3，…（非正规地：a，b，c，…）；

（2）对象变元：x_1，x_2，x_3，…（非正规地：x，y，z，…）。

2. 初始 n 元关系项：

（3）关系名字：P_1^n，P_2^n，P_3^n，…（非正规地：P^n，Q^n，…），其中 $n \geqslant 0$；

（4）关系变元：F_1^n，F_2^n，F_3^n，…（非正规地：F^n，G^n，…），其中 $n \geqslant 0$。

---

① 请参见 E. N. Zalta, *Abstract Objects*: *An Introduction to Axiomatic Metaphysics*, Dordrecht: D. Reidel Publishing Company, 1983, pp. 15 – 28, 59 – 68。

② 略掉了确定描述语生成符号“*ι*”。对一般的谓词语言而言，确定描述语并不是必需的。略掉确定描述语不会影响对扎尔塔的形式语言和语义的整体理解。另外，值得提及的是：关于如何处理确定描述语，有两种不同的进路。第一种可称作是“日常语法进路”，第二种可称作“逻辑语法进路”。按照日常语法进路，像名字一样，确定描述语承担指称个体对象的语义功能。按照逻辑语法进路，确定描述语并不具有指称功能；确定描述语要被分析为某种不同的逻辑结构，承担不同的语义功能。扎尔塔坚持日常语言进路（E. N. Zalta, *Abstract Objects*: *An Introduction to Axiomatic Metaphysics*, Dordrecht: D. Reidel Publishing Company, 1983, p. 66）。这使得他能够尊重确定描述语的日常语法，但是，在指称定义上却会面临麻烦。比如，在没有对象满足确定描述语的情况下，确定描述语在语义上将是未定义的。这也会导致包含确定描述语的开公式对应的 λ 关系项的指称相应都是未定义的，特别地，包含确定描述语的闭语句被看作是 0 – 元关系项，指称也将是未定义的。

3. 指定关系名字：

（5）存在谓词：E！；

（6）具体对象等词：$=_E$。

4. 连接词：（7）¬，→；

5. 量词：（8）∀；

6. 兰贝塔：（9）λ；

7. 必然算子：（10）□；

8. 圆括号和方括号：（11）（，），［，］。

项和公式的形成规则：

（1）所有初始对象项都是对象项，所有初始n元关系项都是n元关系项；

（2）如果ρ^0是0元关系项，那么，ρ^0是公式；

（3）原子例示：如果ρ^n是n元关系项，o_1，o_2，…，o_n是对象项，那么，$\rho^n o_1 \cdots o_n$是公式；

（4）原子编码：如果ρ^1是1元关系项，o是对象项，那么，$o\rho^1$是公式；

（5）分子公式，量化公式，模态公式：如果φ和ψ是公式，x是对象变元，那么，¬φ，φ→ψ，（∀x）φ，□φ是公式；

（6）复合n元关系项：如果φ是一个公式，并且x_1，x_2，…，x_n是对象变元，那么，$[\lambda x_1 \cdots x_n \varphi]$是一个n元关系项（n≥1）；

（7）一个表达式是项，当且仅当，它是对象项，或者是关系项。

重要定义：

A！x＝df［λy□¬E！y］x

接下来介绍扎尔塔构造的语义。扎尔塔最终需要给出公式相对解释为真定义以及模态有效性定义。下面，依次介绍扎尔塔对解释、赋值、指称、满足、公式相对解释为真以及模态有效性的定义。

解释：

一个解释I是满足下列条件的八元组＜W，$I_@$，D，Ⓡ，ext，L，ext_A，F＞：

（1）W是一个非空集，被称作“可能世界集”，W中的成员被称作

“可能世界”；

（2）$I_@$是 W 的一个成员，被称作“现实世界”；

（3）D 是一个非空集，被称作“对象域”；

（4）Ⓡ是一个非空集，被称作“关系域”，Ⓡ = $\cup_{n\geqslant 0}R_n$，其中，R_n被称作“n 元关系集”，特别地，R_0被称作命题集，Ⓡ必须在 L 所确定的逻辑函数运算下封闭；

（5）ext 是一个函数，映射 $R_n \times W$ 到 P（D^n），其中 P（D^n）是 D^n的幂集，n≥1；ext 映射 $R_0 \times W$ 到 {T，F}；ext（R^n，w）被称作 R^n在 w 上的例示外延（exemplification extension），其中 R^n是 R_n的一个成员；

（6）L 是一组关系生成函数，包括 i 填塞、i－j 调换、i－自返、i－概括、条件化、i－空洞扩展和必然化等操作，细节省略；①

（7）ext_A是一个函数：对任意的 R_1成员 R^1，ext_A映射 R^1到 P（D），其中 P（D）是对象域 D 的幂集。ext_A（R^1）被称作 R^1的“编码外延”（encoding extension）；

（8）Ғ 是一个函数：对任意的对象名字 n，Ғ（n）∈D；对任意的 n 元关系名字 N^n，Ғ（N^n）∈R_n。特别地，ext（Ғ（E!），w）被称作“在 w 上存在的对象集”；ext（Ғ（E!），$I_@$）被称作“存在的对象集”；{o：（∃w）（o ∈ext（Ғ（E!），w））}被称作“可能存在的对象集”，该集合的补集被称作“抽象对象集”。②

赋值：

一个赋值函数 f 是满足下列条件的任意函数：

（1）如果 v 是对象变元，那么，f(v) ∈D；

（2）如果 V^n是 n 元关系变元，那么，f(V^n) ∈R_n。

指称：

对于任意的解释 I，赋值函数 f，一个项 t 相对 I 和 f 的指称（记作“d_{If}（t）”）如下定义：

---

① 请参见 E. N. Zalta, *Abstract Objects: An Introduction to Axiomatic Metaphysics*, Dordrecht: D. Reidel Publishing Company, 1983, pp. 61－63。

② 虽然扎尔塔将“E!”称作“存在”，但是，如笔者前文已经提到，扎尔塔为其规定的内涵是“占有时空”或者“是具体的”。

（1）如果 t 是一个初始名字，那么，$d_{If}(t) = F(t)$；

（2）如果 t 是变元，$d_{If}(t) = f(t)$；

（3）如果 $[\lambda x_1 \cdots x_n \rho^n]$ 是基本的 λ 表达式，那么，$d_{If}([\lambda x_1 \cdots x_n \rho^n x_1 \cdots x_n]) = d_{If}(\rho^n)$。

如果 μ 是通过相应的 i 填塞、i－j 调换、i－自返、i－概括、条件化、i－空洞扩展和必然化等操作而得到，$d_{If}(\mu)$ 指称的便是执行相应逻辑操作所生成的关系，细节省略。

满足：

对任意的解释 I，赋值函数 f，f 相对 I 中的可能世界 w 满足 φ 如下定义：

（1）如果 φ 是初始的 0 元关系项，那么，f 相对 w 满足 φ，当且仅当，$ext(d_{If}(\varphi), w) = T$；

（2）如果 $\varphi = \rho^n o_1 \cdots o_n$，那么，f 相对 w 满足 φ，当且仅当，

$(\exists o_1)\cdots(\exists o_n)(\exists \rho^n)(o_1 = d_{If}(o_1)\cdots o_n = d_{If}(o_n)$ 并且 $\rho^n = d_{If}(\rho^n)$ 并且 $< o_1, \cdots, o_n > \in ext(\rho^n, w)$；

（3）如果 $\varphi = o\rho^1$，f 相对 w 满足 φ，当且仅当，$(\exists o)(\exists \rho^1)(o = d_{If}(o)$ 并且 $\rho^1 = d_{If}(\rho^1)$ 并且 $o \in ext_A(\rho^1)$；

（4）如果 $\varphi = \neg\psi$，那么，f 相对 w 满足 φ，当且仅当，f 相对 w 不满足 ψ；

（5）如果 $\varphi = \psi \rightarrow X$，f 相对 w 满足 φ，当且仅当，f 相对 w 不满足 ψ，或者 f 相对 w 满足 X；

（6）如果 $\varphi = (\forall x)\psi$，那么，f 相对 w 满足 φ，当且仅当，$(\forall f')(f' \underset{x}{=} f \rightarrow f'$ 相对 w 满足 ψ)；

（7）如果 $\varphi = \Box\psi$，那么，f 相对 w 满足 φ，当且仅当，$(\forall w')$(f 相对 w′满足 ψ)。

上面定义中有些符号不是形式语言中的符号，而是属于语义语言层次的符号。比如，（2）（3）（6）（7）中“当且仅当”右面出现的量词以及（6）中的“$f \underset{x}{=} f$”和“→”，其中“$f \underset{x}{=} f$”指的是 f′与 f 至多在 x 上的取值不同。

在解释下为真： φ 在解释 I 下为真，当且仅当，$(\forall f)$(f 相对 $I_@$ 满足

φ）。

模态有效定义：φ是模态有效的，当且仅当，对任意的解释I，φ在I下为真。

附录 III

附录 III 是合取创造主义虚构对象理论依赖的形式语言和语义。形式语言和语义将分别进行展示。形式语言按照通常步骤进行定义，即先引入初始符号，再定义项和公式。

初始符号包括下面八类：

1. 初始对象项：

（1）对象名字：a_1，a_2，a_3，…（非正规地：a，b，c，…）；

（2）对象变元：x_1，x_2，x_3，…（非正规地：x，y，z，…）。

2. 初始 n 元关系项：

（3）关系名字：P_1^n，P_2^n，P_3^n，…（非正规地：P^n，Q^n，…），n≥1；

（4）关系变元：F_1^n，F_2^n，F_3^n，…（非正规地：F^n，G^n，…），n≥1。

3. 指定关系名字：

（5）对象同一：$=_1$；

（6）关系同一：$=_2$；

（7）虚构算子：Fly；

（8）具体性：C。

4. 连接词：（9）¬，→。

5. 量词：（10）∀。

6. 兰贝塔：（11）λ。

7. 必然算子：（12）□。

8. 括号：（13）(，)，[，]。

项和公式的形成规则：

（1）所有初始对象项都是对象项，所有初始关系项都是关系项；

（2）对任意的1元关系项ρ^1，Fly(ρ^1）是1元关系项；

（3）如果R^n是n元关系项，o_1，o_2，…，o_n是对象项，那么，$R^n(o_1, \cdots, o_n)$是公式，特别地，$=_1(t_1, t_2)$也被方便地记作“$t_1 =_1 t_2$”；

（4）如果t_1和t_2是n元关系项，那么，$t_1 = t_2$是公式；

（5）分子公式，量化公式，模态公式，等式：如果φ和ψ是公式，x是（对象或关系）变元，那么，$\neg\varphi$，$\varphi\rightarrow\psi$，$(\forall x)\varphi$，$\Box\varphi$是公式；

（6）复合n元关系项：如果φ是一个公式，并且x_1，x_2，…，x_n是对象变元，那么，$[\lambda x_1 \cdots x_n \varphi]$是一个n元关系项；

（7）如果φ是一个闭公式，那么，φ是0元关系项；

（8）一个表达式是项，当且仅当，它是对象项，或者是关系项。

下面定义形式语义。具体将分别定义模态结构、解释、赋值、指称、满足、相对可能世界为真以及模态有效。

模态结构：

一个模态结构是满足下列条件的五元组$\langle W, \mathcal{R}, FLY, U, H \rangle$：

（1）W是一个非空集，被称作“可能世界集”，W中的成员被称作“可能世界”；

（2）$\mathcal{R}$是一个非空集，$\mathcal{R} = \cup_{n\geqslant 0}\mathcal{R}^n$，其中每个$\mathcal{R}^n$被称作“n元关系集”，并且$\mathcal{R}$在一般逻辑操作下封闭［比如：任给一个$R^n \in \mathcal{R}^n$，那么，$PLUG(R^n, i, o) \in \mathcal{R}^{n-1}$，就是说，在$R^n$的第i个位置嵌入对象o得到的是一个n-1元关系；任给一个$R^n \in \mathcal{R}^n$，$NEG(R^n) \in \mathcal{R}^n$，就是说，n元关系的否定依然是一个n元关系］①，并且R在FLY操作下封闭，FLY的功能是生成虚构属性，是一个$\mathcal{R}^1$到$\mathcal{R}^1$的函数，并且是单射，就是说，若$FLY(R^1) = FLY(G^1)$，则$R^1 = G^1$；

（3）U是一个非空集，被称作“对象全域”；

（4）H是一个函数，映射给W的每一个成员w一个U的非空子集H_w，H_w直觉上意味的是w上存在的所有对象。

解释：

一个解释是满足下列条件的七元组$\langle W, \mathcal{R}, FLY, U, H, \digamma, ext \rangle$：

① 一般逻辑操作清单，可参见扎尔塔的介绍（E. N. Zalta, *Abstract Objects: An Introduction to Axiomatic Metaphysics*, Dordrecht: D. Reidel Publishing Company, 1983, pp. 62-63）。

(1) $<W, R, FLY, U, H>$是一个模态结构。

(2) Ғ 是从项到 $D \cup \mathcal{R}$ 的函数：

(2.1) 对任意的对象名字 a，Ғ(a)∈D；

(2.2) 对任意的 n 元关系名字 R^n，Ғ$(R^n) \in \mathcal{R}^n$；

(2.3) 对任意的 λ 关系项 t，Ғ(t) 是对相应关系进行逻辑操作得到的复合关系（比如，Ғ([λx(¬Px)]) = NEG(Ғ(P))，NEG(Ғ(P))是对 1 元关系 Ғ(P)进行否定操作得到的 1 元关系；Ғ([λx(Px→Qx)]) = COND(Ғ(P)，Ғ(Q))，COND(Ғ(P)，Ғ(Q))是对 1 元关系 Ғ(P) 和 Ғ(Q)进行条件化操作得到的 1 元关系)，特别地，如果 R^n是初始关系名字，那么，Ғ$([\lambda x_1 \cdots x_n(R^n x_1 \cdots x_n)])$ = Ғ(R^n)；

(2.4) Ғ$(Fly(R^1))$ = FLY(Ғ(R^1))，FLY(Ғ(R^1))是对 1 元关系 Ғ(R^1)进行 FLY 操作得到的 1 元关系；

(2.5) Ғ(φ)$\in \mathcal{R}^0$，其中 φ 是闭公式。

(3) ext 是一个 $W \times \mathcal{R}$ 到 $\{T, F\} \cup \mathcal{R}^2 \cup \cup_{n \geqslant 1} P(U)^n$的函数，$P(U)^n$是$(U)^n$的幂集，且满足如下条件：

(3.1) 对于 0 元关系 R^0，$ext(w, R^0) \in \{T, F\}$，并且真值映射满足公式相对世界的真定义；

(3.2) 若 $n \geqslant 1$，$ext(w, R^n) \in P(H_w)^n$，① 并且对于通过一般逻辑操作得到的关系，ext 映射的外延具有相应的逻辑特征（比如，$ext(NEG(R^n)) = \{<o_1, \cdots, o_n> \in (H_w)^n: <o_1, \cdots, o_n> \notin ext(R^n)\}$）；

(3.3) ext(w, Ғ$(=_1)$) = $\{<a, a>: a \in H_w\}$；②

(3.4) ext(w, Ғ$(=_2)$) = $\{<R, R>: R \in \mathcal{R}\}$。

赋值：

一个赋值 f 是满足下列条件的函数：

(1) 如果 v 是对象变元，那么，f(v)∈U；

---

① 一般关系相对可能世界的外延被限定在世界的论域上，这使得关系都具有存在隐含功能。在一个世界上不存在的对象，不能在该世界上处于任何关系中。这是一个在形上学上受欢迎的结果：真理以存在为必要条件。

② 对象同一关系也不例外。就是说，只有存在的对象才能与自身处于同一关系中。同一性真理同样以存在为必要条件。

（2）如果 V^n 是 n 元关系变元，那么，$f(V^n) \in R^n$。

指称：

任给解释 $M = \langle W, R, FLY, U, H, Ꞙ, ext \rangle$，赋值函数 f，项 t 相对 M 和 f 的指称（记作"$d_{Mf}(t)$"），如下约定定义：①

（1）如果 t 是（对象或关系）名字，$d_{Mf}(t) = Ꞙ(t)$；

（2）如果 t 是（对象或关系）变元，$d_{Mf}(t) = f(t)$；

（3）如果 t 是 λ 关系项或者 Fly 关系项，那么，$d_{Mf}(t) = Ꞙ(t)$。

满足：

任给解释 $M = \langle W, R, FLY, U, H, Ꞙ, ext \rangle$，赋值函数 f，f 相对 w 满足 φ 如下定义：②

（1）如果 $\varphi = R^n(t_1, \cdots, t_n)$，其中 R^n 是 n 元关系项，$t_1, \cdots, t_n$ 是对象项，那么，f 相对 w 满足 φ，当且仅当，$\langle d_{Mf}(t_1), \cdots, d_{Mf}(t_n) \rangle \in ext(w, d_{Mf}(R^n))$；

（2）如果 $\varphi = (t_1 =_1 t_2)$，其中，t_1 和 t_2 是对象项，那么，f 相对 w 满足 φ，当且仅当，$d_{Mf}(t_1) = d_{Mf}(t_2) \in H_w$；

（3）如果 $\varphi = (t_1 =_2 t_2)$，其中 t_1 和 t_2 是关系项，那么，f 相对 w 满足 φ，当且仅当，$d_{Mf}(t_1) = d_{Mf}(t_2)$；

（4）如果 $\varphi = \neg\psi$，那么，f 相对 w 满足 φ，当且仅当，f 相对 w 不满足 ψ；

（5）如果 $\varphi = \psi \rightarrow \phi$，f 相对 w 满足 φ，当且仅当，若 f 相对 w 满足 ψ，则 f 相对 w 满足 ϕ；

（6）如果 $\varphi = (\forall x)\psi$，其中 x 是对象变元，那么，f 相对 w 满足 φ，当且仅当，对任意满足 $f' \underset{x}{\approx} f$ 且 $f'(x) \in H_w$ 的赋值函数 f′，f′相对 w 满足 ψ；③

---

① 这里的"项"不包括 0 元关系项。笔者将闭公式看成是 0 元关系项。相对可能世界确定 0 元关系项的指称的任务，将最终通过"公式相对可能世界为真"定义来完成。

② 在第七章，笔者建议诉诸不确定真值来刻画由于作者疏忽而导致的矛盾的虚构对象。该建议需要三值逻辑语义，就是说，至少有的句子可以取真和假之外的"不确定"真值。在笔者看来，由于作者疏忽而导致的矛盾虚构对象只是一种极特殊的情况。这里只规定二值语义。若有需要，可拓展为三值语义。

③ 根据（6），量词同样具有存在隐含功能，就是说，量词量化的范围是存在的对象。这同样是一个在形上学上受欢迎的结果。奎因提出的"存在者就是变元的值"，正是以此为前提，就是说，变元取值的范围，即量词量化的范围，就是存在对象的范围。

(7) 如果 $\varphi = (\forall X^n)\psi$，其中 X^n 是 n 元关系变元，那么，f 相对 w 满足 φ，当且仅当，对任意 $f'_{\underline{X^n}}f$，f′相对 w 满足 ψ；

(8) 如果 $\varphi = \Box\psi$，那么，f 相对 w 满足 φ，当且仅当，对任意可能世界 w′，f 相对 w′满足 ψ。

相对可能世界为真：

φ 在 w 上为真，当且仅当，对任意的赋值函数 f，f 相对 w 满足 φ（特别地，若 φ 是闭公式，且在 w 上为真，ext(w，F(φ)) = T)。

模态有效：

φ 是模态有效的，当且仅当，对任意的解释 M，M 中的任意世界 w，φ 在 w 上都是真的。

附录 IV

附录 IV 是合取创造主义虚构对象理论依赖的逻辑公理、形上学定义和公理。笔者将采用奎因和克里普克的方法，只允许闭公式做定理。① 我们先定义一个辅助概念“全称必然封闭式”。

全称必然封闭式： 如果 ψ 不包含自由变元，并且 ψ 是通过在 φ 前面以任意顺序添加 $\forall x$ 或 $\forall X$ 或者 $\Box$ 而得到，那么，称 ψ 是“φ 的全称必然封闭式”，简称为“φ 的封闭式”。其中，x 是任意的对象变元，X 是任意的关系变元。

下面介绍合取创造主义虚构对象理论依赖的逻辑公理和推理规则。逻辑公理包含下列三类公式的封闭式：命题公理模式、模态公理模式和量化公理模式。

命题公理模式： 略

模态公理模式：

（1）K：$\Box(\varphi\rightarrow\psi)\rightarrow(\Box\varphi\rightarrow\Box\psi)$；

（2）T：$\Box\varphi\rightarrow\varphi$；

（3）5：$\Diamond\varphi\rightarrow\Box\Diamond\varphi$。

量化公理模式：

（4）$\varphi\rightarrow\forall x(\varphi)$，其中 x 在 φ 中出现不自由；

（4*）$\varphi\rightarrow\forall X(\varphi)$，其中 X 在 φ 中出现不自由；

（5）$(\forall x)(\varphi\rightarrow\psi)\rightarrow[(\forall x)\varphi\rightarrow(\forall x)\psi]$；

---

① W. V. Quine, *Mathematical Logic*, Cambridge: Harvard University Press, 1940, p. 162; S. Kripke, "Semantic Considerations on Modal Logic", in L. Linsky ed., *Reference and Modality*, London: Oxford University Press, 1971, p. 69.

(5*) $(\forall X)(\varphi\to\psi)\to[(\forall X)\varphi\to(\forall X)\psi]$;

(6) $(\forall y)[(\forall x)\varphi(x)\to\varphi(y)]$;

(6*) $(\forall Y)[(\forall X)\varphi(X)\to\varphi(Y)]$;

(7) $(\forall x)\varphi(x)\to\varphi(t)$，其中 t 是可替换 x 的对象名字；

(7*) $(\forall X^n)\varphi\to\varphi(t)$，其中 t 是可替换 X^n的 n 元关系项；

(8) $(\forall x)(x=_1 x)$;①

(8*) $X=_2 X$;

(9) $(x=_1 y)\to[\varphi(x)\to\varphi(x/y)]$，其中 y 可替换 x；

(9*) $(X=_2 Y)\to[\varphi(X)\to\varphi(X/Y)]$，其中 Y 可替换 X；

(10) λ 等价原则：$(\forall x_1)\cdots(\forall x_n)([\lambda v_1\cdots v_n\varphi]x_1\cdots x_n\leftrightarrow\varphi(v_1\cdots v_n/x_1\cdots x_n))$。

推理规则:② MP：A→B，A / B。

下面介绍合取创造主义虚构对象理论依赖的形上学定义和公理。定义有六个，分别是“存在”“抽象对象”“虚构对象”“历史虚构对象”“纯粹虚构对象” 和“虚构的虚构对象”。

定义 1：存在

$E(x)=_{df}(\exists y)(y=x)$

读作：x 存在，当且仅当，x 与某物同一。

定义 2：抽象对象

$A(x)=_{df}\neg C(x)$

读作：x 是抽象的，当且仅当，x 不是具体的。

定义 3：虚构对象

$Fic(x)=_{df}(\exists R^1)Fly(R^1)(x)$

读作：x 是虚构对象，当且仅当，x 至少具有一个虚构属性。

---

① $x=_1 x$ 没有被设为公理，是因为其封闭式并不都是有效的。比如，不难构造 $(\forall x)\Box(x=_1 x)$ 的反模型。只要模型满足有的对象只存在于某个世界却不存在于所有世界即可。相比较，$X=_2 X$ 却被设为公理，是因为它的封闭式都是有效的。比如，$(\forall X)\Box(X=_2 X)$ 仍然是有效的，这是因为“$=_2$”的外延不受可能世界变化的影响。

② 必然化规则可作为导出规则推出来。假设 $\vdash\varphi$，要证 $\vdash\Box\varphi$。φ 或者是公理，或者通过 MP 规则推出来。假若是前者，则 $\vdash\Box\varphi$，因为$\Box\varphi$ 是 φ 的封闭式。假若是后者，那么，有 $\vdash\psi$ 和 $\vdash\psi\to\varphi$。根据归纳假设，有 $\vdash\Box\psi$ 和 $\vdash\Box(\psi\to\varphi)$。再根据 K 公理，有 $\vdash\Box\varphi$。

定义 4：历史虚构对象

$Hfic(x) =_{df} Fic(x) \wedge C(x)$

读作：x 是历史虚构对象，当且仅当，x 是虚构对象且 x 是具体的。

定义 5：纯粹虚构对象

$Pfic(x) =_{df} Fic(x) \wedge A(x)$

读作：x 是纯粹虚构对象，当且仅当，x 是虚构对象且 x 是抽象的。

定义 6：虚构的虚构对象

$Ficfic(x) =_{df} (\exists R^1) Fly(Fly(R^1))(x)$

读作：x 是虚构的虚构对象，当且仅当，x 具有虚构的虚构属性。

合取创造主义虚构对象理论依赖的形上学公理有五个，分别是“本质抽象性原则”“纯粹虚构对象的同一化原则”“本质虚构属性原则”“纯粹虚构对象的本体论依赖原则”和“虚构属性同一化原则”。

形上学公理 1：本质抽象性原则

$A(x) \rightarrow \Box (E(x) \rightarrow A(x))$

读作：如果一个对象是抽象的，那么，它本质地是抽象的。

形上学公理 2：纯粹虚构对象的同一化原则

$(Pfic(x) \wedge Pfic(y)) \rightarrow [(\forall R^1)(Fly(R^1)(x) \leftrightarrow Fly(R^1)(y)) \leftrightarrow (x =_1 y)]$

读作：两个纯粹虚构对象同一，当且仅当，它们具有完全相同的虚构属性。

形上学公理 3：本质虚构属性原则

$Pfic(x) \rightarrow [Fly(R^1)(x) \rightarrow \Box (E(x) \rightarrow Fly(R^1)(x))]$

读作：一个纯粹虚构对象具有的虚构属性是它的本质属性。

形上学公里 4：纯粹虚构对象的本体论依赖原则

$(\forall x)(Pfic(x) \rightarrow (\forall t)) \Box (E(xt) \leftrightarrow (\exists y)(Tyxt))$

读作：对于一个纯粹的虚构对象，必然地：对任意时刻 t，如果它存在于时刻 t，当且仅当，在时刻 t 存在一个关于它的故事文本。

形上学公理 5：虚构属性同一化原则

$(Fly(F^1) =_2 Fly(G^1)) \leftrightarrow (F^1 = G^1)$

读作：两个虚构属性同一，当且仅当，它们的原属性同一。

请注意：合取创造主义概括原则需要更高阶的逻辑语言来表达，因此，并没有被列为形式化理论的公理。具体而言，需要形式语言中有能够应用于属性的高阶谓词。附录 III 定义的二阶模态量化语言允许对对象进行量化和一般谓述、对关系进行量化和同一性谓述，但是不允许对关系进行一般谓述。假如引进一个普通的高阶谓词，在公式定义和语义定义方面都需要做较大的调整，复杂性将大大增加。因此，笔者假设读者能够直观上把握合取创造主义概括原则，而不进行形式化刻画。

假若引进高阶谓词，合取概括主义原则将大致形如：

$$(R^2(s(x),C(x))\wedge A(x)\wedge(\exists y)(Q^2(y,s(x)))\rightarrow(\exists z)(Pfic(z)\wedge((\forall R^1)(Fly(R^1)(z)\leftrightarrow R^2(s(x),R^1(x))))))$$

其中“R^2”是可以应用于 0 元关系的高阶谓词，“R(s(x), C(x))”表示“根据故事 s(x)，C(x) 成立”。“s”是项的生成算子，“s(x)”是一个项，指称的是 x 出现其中的故事，与此不同的是，“C(x)”是一个命题，表达的是“对象 x 是具体的”。“Q^2”表示的关系是“……是……的文本”，“Q^2(y, s(x))”表示的是“y 是故事 s(x) 的一个文本”。整个公式可读作：若根据 x 出现其中的故事 x 是具体的，但是，x 实际上是抽象的，并且该故事至少拥有一个现实的文本 y，那么，存在一个虚构对象 z，z 具有的虚构属性恰恰是该故事分配给 x 的那些虚构属性。比如，根据该原则，可知福尔摩斯是存在的，就是说，存在如此那般的一个纯粹虚构的侦探，因为存在一个故事文本，并且根据故事福尔摩斯是具体的，但是，他实际上并不是具体的。

参考文献

A:

F. Adams et al. , "The Semantics of Fictional Names", *Pacific Philosophical Quarterly*, Vol. 78, No. 2, 1997.

D. M. Armstrong, *Sketch for a Systematic Metaphysics*, Oxford: Oxford University Press, 2010.

D. M. Armstrong, "Reacting to Meinong", *Grazer Philosophische Studien*, No. 50, 1996.

B:

D. Braun, "Empty Names", *Noûs*, Vol. 27, No. 4, 1993.

D. Braun, "Empty Names, Fictional Names, Mythical Names", *Noûs*, Vol. 39, No. 4, 2005.

S. Brock, "Fictionalism about Fictional Characters", *Noûs*, Vol. 36, No. 1, 2002.

S. Brock, E. Mares, *Realism and Anti-realism*, Stocksfield: Acuman Publishing Ltd. , 2007.

C:

R. M. Chisholm, "Beyond Being and Nonbeing", in J. Kim et al. eds. , *Metaphysics: An Anthology*, Oxford: Blackwell Publishing Ltd. , 2012.

A. Church, *Introduction to Mathematical Logic*, Princeton: Princeton University Press, 1956.

M. Crimmins, "Hesperus and Phosphorus: Sense, Pretense, and Reference", *The Philosophical Review*, Vol. 107, No. 1, 1998.

C. Crittenden, *Unreality: The Metaphysics of Fictional Objects*, New York: Cornell University Press, 1991.

D:

M. Devitt, *Realism and Truth*, Princeton: Princeton University Press, 1991.

H. Deutsch, "The Creation Problem", *Topoi*, Vol. 10, No. 2, 1991.

E:

G. Evans, "Can There Be Vague Objects", *Analysis*, Vol. 38, No. 4, 1978.

A. Everett, "Against Fictional Realism", *Journal of Philosophy*, Vol. 102, No. 12, 2005.

F:

K. Fine, "The Problem of Non-Existents", *Topoi*, No. 1, 1982.

K. Fine, "Ontological Dependence", *Proceedings of the Aristotelian Society*, No. 95, New Series, 1995.

G. Frege, "The Thought: A Logical Inquiry", *Mind*, Vol. 65, No. 259, 1956.

G. Frege, "Sense and Reference", *The Philosophical Review*, Vol. 57, No. 3, 1948.

G:

J. Goodman, "A Defense of Creationism in Fiction", *Grazer Philosophische Studien*, Vol. 67, No. 1, 2004.

J. Goodman, "Defending Author-Essentialism", *Philosophy and Literature*, Vol. 29, No. 1, 2005.

N. Goodman, *Fact, Fiction, and Forecast*, Cambridge: Harvard University Press, 1983.

H:

A. Hieke, G. Zecha, "Ernst Mally", in E. N. Zalta ed., *The Stanford Encyclopedia of Philosophy* (Winter 2016 Edition), URL = https://plato.stanford.edu/archives/win2016/entries/mally/.

K. J. J. Hintikka, "Existential Presuppositions and Existential Commitments", *The Journal of Philosophy*, Vol. 56, No. 3, 1959.

D. Hunter, "Reference and Meinongian Objects", *Grazer Philosophische Studien*, No. 14, 1981.

I：

R. Ingarden, *The Literary Work of Art: An Investigation of the Borderlines of Ontology, Logic, and Theory of Language*, translated by G. G. Grabowicz, Evanston: Northwestern University Press, 1979.

J：

D. Jacquette, "Nuclear and Extranuclear Properties", in L Albertazzi et al. eds. , *The School of Alexius Meinong*, London: Ashgate Publishing Limited, 2001.

K：

D. Kaplan, "Bob and Carol and Ted and Alice", in K. J. J. Hintikka et al. eds. , *Approaches to Natural Langauge: Proceedings of the 1970 Stanford Workshop on Grammar and Semantics*, Dordrecht: D. Reidel Publishing Company, 1973.

K. Koslicki, "Ontological Dependence: An Opinionated Survey", in M. Hoeltje et al. eds. , *Varieties of Dependence: Ontological Dependence, Grounding, Supervenience, Response-Dependence*, Augustin bei Bonn: Philosophia Verlag, 2013.

S. Kripke, "Semantic Considerations on Modal Logic", in L. Linsky ed. , *Reference and Modality*, London: Oxford University Press, 1971.

S. Kripke et al. , "Second General Discussion Session", *Synthese*, Vol. 27, No. 3/4, Intentionality, Language, and Translation, 1974.

S. Kripke, *Naming and Necessity*, Cambridge: Harvard University Press, 1980.

S. Kripke, "Vacuous Names and Fictional Entities", in his *Philosophical Troubles: Collected Papers* (Volume 1), Oxford: Oxford University Press, 2011.

S. Kripke, *Reference and Existence*, Oxford: Oxford University Press, 2013.

F. Kroon, "The Fiction of Creationism", in F. Lihoreau ed. , *Truth in Fiction*, Munich: Ontos Verlag, 2010.

F. Kroon, A. Voltolini, "Fiction", E. N. Zalta ed. , *The Stanford Encyclopedia of Philosophy*, (Winter 2016 Edition), URL = https://plato.stanford.edu/archives/win2016/entries/fiction/.

L:

K. Lambert, *Free Logics: Their Foundations, Character, and Some Applications Thereof*, Sankt Augustin: Academia-Verlag, 1997.

S. Laurence, C. Macdonald, "Introduction: Metaphysics and Ontology", in S. Laurence, C. Macdonald eds. , *Contemporary Readings in the Foundations of Metaphysics*, Oxford: Blackwell Publishers Inc. , 1998.

D. Lewis, "Counterpart Theory and Quantified Modal Logic", *The Journal of Philosophy*, Vol. 65, No. 5, 1968.

D. Lewis, "Truth in Fiction", *American Philosophical Quarterly*, Vol. 15, No. 1, 1978.

D. Lewis, "Postscripts to 'Truth in Fiction'", in his *Philosophical Papers* (Volume I), Oxford: Oxford University Press, 1983.

D. Lewis, *On the Plurality of Worlds*, Oxford: Basil Blackwell Ltd. , 1986.

D. Lewis, "Tensing the Copula", *Mind*, Vol. 111, No. 441, 2002.

D. Lewis, "Letters to Beall and Priest", in G. Priest et al. eds. , *The Law of Non-contradiction: New Philosophical Essays*, Oxford: Clarendon Press, 2004.

D. Lewis, "Causation", in J. Kim etc. eds. , *Metaphysics: An Anthology*, Oxford: Blackwell Publishing Ltd. , 2012.

B. Linsky, E. N. Zalta, "In Defense of the Simplest Quantified Modal Logic", *Philosophical Perspectives*, No. 8, 1994.

B. Linsky, E. N. Zalta, "In Defense of the Contingently Nonconcrete", *Philosophical Studies*, Vol. 84, No. 2, 1996.

B. Linsky, "Remarks on Platonized Naturalism", *Croatian Journal of Philosophy*, Vol. 5, No. 1, 2005.

E. J. Lowe, "Objects and Criteria of Identity", in B. Hale, C. Wright eds. , *A Companion to the Philosophy of Language*, Malden: Blackwell Publishers Inc. , 1999.

M:

E. Mally, *Gegenstandstheoretische Grundlagen der Logik und Logistik*, Leipzig: Barth, 1912.

R. B. Marcus, "Nominalism and the Substitutional Quantifier", in her *Modalities*: *Philosophical Essays*, Oxford: Oxford University Press, 1995.

A. Meinong, "The Theory of Objects", in R M. Chisholm ed., *Realism and the Background of Phenomenology*, Atascadero: Ridgeview Publishing Company, 1960.

P:

T. Parsons, "A Meinongian Analysis of Fictional Objects", *Grazer Philosophische Studien*, No. 1, 1975.

T. Parsons, *Nonexistent Objects*, New Haven: Yale University Press, 1980.

T. Parsons, "Fregean Theories of Fictional Objects", *Topoi*, No. 1, 1982.

T. Parsons, "Referring to Nonexistent Objects", in J. Kim et al. eds., *Metaphysics*: *An Anthology*, Oxford: Blackwell Publishing Ltd., 1999.

T. Parsons, "Fictional Characters and Indeterminate Identity", in F. Lihoreau ed., *Truth in Fiction*, Munich: Ontos Verlag, 2010.

M. Pendlebury, "In Defence of the Adverbial Theory of Experience", in F. Orilia et. al. eds., *Thought*, *Language and Ontology*, Dordrecht: Kluwer Academic Publishers, 1998.

A. Plantinga, *The Nature of Necessity*, Oxford: Oxford University Press, 1974.

Plato, "The Sophist", in F. M. Cornford tr., *Plato's Theory of Knowledge*: *The Theaetetus and the Sophist of Plato*, London: Kegan Paul, Trench, Trübner & Company, 1935.

S. Predelli, " 'Holmes' and Holmes-A Millian Analysis of Names from Fiction", *Dialectica*, Vol. 56, No. 3, 2002.

G. Priest, *Towards Non-being*: *The Logic and Metaphysics of Intentionality*, Oxford: Oxford University Press, 2005.

G. Priest, "Creating Non-Existents: Some Initial Thoughts", *Studies in Logic*, Vol. 1, No. 1, 2008.

G. Priest, "Creating Non-Existents", in F. Lihoreau ed., *Truth in Fiction*, Munich: Ontos Verlag, 2010.

G. Priest, *Towards Non-being*: *The Logic and Metaphysics of Intentionality*, Second Edition, Oxford: Oxford University Press, 2016.

Q:

W. V. Quine, *Mathematical Logic*, Cambridge: Harvard University Press, 1940.

W. V. Quine, "Identity, Ostension, and Hypostasis", *The Journal of Philosophy*, Vol. 47, No. 22, 1950.

W. V. Quine, "On What There Is", in his *From a Logical Point of View*, New York: Harper & Row Publishers, Incorporated, 1961.

W. V. Quine, "Speaking of Objects", in his *Ontological Relativity and Other Essays*, New York: Columbia University Press, 1969.

W. V. Quine, "On Individuation of Attributes", in his *Theories and Things*, Cambridge: Harvard University Press, 1981.

R:

R. W. Rapaport, "An Adverbial Meinongian Theory", *Analysis*, Vol. 39, No. 2, 1979.

D. Rose, et al., "Neuroscientific Prediction and the Intrusion of Intuitive Metaphysics", *Cognitive Science*, Vol. 41, No. 2, 2017.

D. Rose, J. Schaffer, "Folk Mereology is Teleological", *Noûs*, Vol. 51, No. 2, 2017.

B. Russell, "On Denoting", *Mind*, Vol. 14, No. 56, 1905.

B. Russell, *Introduction to Mathematical Philosophy*, London: George Allen & Unwin, Ltd., 1930.

B. Russell, *The Problems of Philosophy*, London, New York: Oxford University Press, 1952.

B. Russell, "Existence and Description", in J. Kim et al. eds., *Metaphysics: An Anthology*, Oxford: Blackwell Publishing Ltd., 1999.

G. Ryle, "About", *Analysis*, Vol. 1, No. 1, 1933.

S:

N. Salmon, "Nonexistence", *Noûs*, Vol. 32, No. 3, 1998.

N. Salmon, "Fiction, Myth, and Reality", in Alan Berger ed., *Saul Kripke*, Cambridge: Cambridge University Press, 2011.

J. Sartre, *The Psychology of Imagination*, New York: Carol Publishing Group,

1991.

B. Schnieder, T. V. Solodkoff, "In Defence of Fictional Realism", *The Philosophical Quarterly*, Vol. 59, No. 234, 2009.

S. Schiffer, "Language-Created Language-Independent Entities", *Philosophical Topics*, Vol. 24, No. 1, 1996.

J. R. Searle, "The Logical Status of Fictional Discourse", *New Literary History*, Vol. 6, No. 2, 1975.

S. Soames, *Beyond Rigidity: The Unfinished Semantic Agenda of Naming and Necessity*, Oxford: Oxford University Press, 2002.

D. C. Spewak Jr., "A Modulation Account of Negative Existentials", *Philosophia*, Vol. 44, No. 1, 2016.

P. F. Strawson, "On Referring", *Mind*, Vol. 59, No. 235, 1950.

P. F. Strawson, *Introduction to Logical Theory*, London: Methuen & Co. Ltd., 1952.

T:

A. Thomasson, "The Reference of Fictional Names", *Kriterion: Journal of Philosophy*, No. 6, 1993.

A. Thomasson, *Fiction and Metaphysics*, Cambridge: Cambridge University Press, 1999.

A. Thomasson, "Fictional Charactersand Literary Practices", *British Journal of Aesthetics*, Vol. 43, No. 2, 2003.

A. Thomasson, "Speaking of Fictional Characters", *Dialectica*, Vol. 57, No. 2, 2003.

A. Thomasson, "Fictional Entities", in J. Kim et al. eds., *A Companion to Metaphysics*, Oxford: Blackwell Publishing Ltd., 2009.

A. Thomasson, "If We Postulated Fictional Objects, What Would They Be?", in J. Kim et al. eds., *Metaphysics: An Anthology*, Oxford: Blackwell Publishing Ltd., 2012.

V:

P. van Inwagen, "Creatures of Fiction", *American Philosophical Quarterly*, Vol. 14, No. 4, 1977.

P. van Inwagen, "Fiction and Metaphysics", *Philosophy and Literature*, Vol. 7, No. 1, 1983.

Peter van Inwagen, "Meta-ontology", *Erkenntnis*, Vol. 48, No. 2, 1998.

P. van Inwagen, "Quantification and Fictional Discourse", in A. Everett & T. Hofweber eds., *Empty Names, Fictional and The Puzzles of Non-existence*, Stanford: CSLI Publications, 2000.

P. van Inwagen, "Why I Don't Understand Substitutional Quantification", in his *Ontology, Identity and Modality*, Cambridge: Cambridge University Press, 2001.

P. van Inwagen, "McGinn on Existence", *The Philosophical Quarterly*, Vol. 58, No. 230, 2008.

P. van Inwagen, "Existence, Ontological Commitment, and Fictional Entities", in M. J. Loux, D. W. Zimmerman eds., *The Oxford Handbook of Metaphysics*, Oxford: Oxford University Press, 2003.

A. Voltolini, "How Fictional Works Are Related to Fictional Entities", *Dialectica*, Vol. 57, No. 2, 2003.

A. Voltolini, "Précis of How Ficta Follow Fiction", *Dialectica*, Vol. 63, No. 1, 2009.

W:

N. Wolterstorff, "Worlds of Works of Art", *The Journal of Aesthetics and Art Criticism*, Vol. 35, No. 2, 1976.

N. Wolterstorff, "Characters and Their Names", *Poetics*, Vol. 8, No. 1 – 2, 1979.

X:

M. Xu, "The Creator-Determining Problem and Conjunctive Creationism about Fictional Characters", *Dialogue: Canadian Philosophical Review*, Vol. 54, No. 3, 2015.

M. Xu, "Reference and Existence", *Dialogue: Canadian Philosophical Review*, Vol. 55, No. 2, 2016.

Z:

E. N. Zalta, *Abstract Objects: An Introduction to Axiomatic Metaphysics*, Dordrecht: D. Reidel Publishing Company, 1983.

E. N. Zalta, "The Road Between Pretense Theory and Abstract Object Theory", in A. Everett & T. Hofweber eds., *Empty Names, Fiction and The Puzzles of Non-existence*, Stanford: CSLI Publications, 2000.

E. N. Zalta, "A Common Ground and Some Surprising Connections", *Southern Journal of Philosophy*, Vol. 40, S1, 2002.

E. Zalta, "Referring to Fictional Characters", *Dialectica*, Vol. 57, No. 2, 2003.

Wikipedia, "Roman Ingarden", URL = https://en.wikipedia.org/wiki/Roman_Ingarden.

[美] 彼得·范英瓦根:《形上学》，苏庆辉译，王文方审订，台北：学富文化事业有限公司 2002 年版。

[以色列] 尤瓦尔·赫拉利:《人类简史：从动物到上帝》，林俊宏译，中信出版社 2012 年版。

[美] 大卫·克里斯蒂安:《极简人类史》，王睿译，孙岳校，中信出版社 2016 年版。

[加拿大] B. 林斯基、[美] E. 扎尔塔:《现实化的可能体与最简的量化模态逻辑》,《哲学译丛》1994 年第 1 期。

彭孟尧:《形上学要义》，台北：三民书局 2013 年版。

徐明明:《什么是临时内在性问题》,《逻辑学研究》2013 年第 4 期。

王文方:《形上学》，台北：三民书局 2008 年版。

后　记

本人自知才疏学浅。能够从事这趟并不轻松的纯粹形上学探究，是因为得到众多师友和亲人的理解、鼓励、帮助和支持。我愿意用最后这方寸之地真诚致谢。当然，本书的所有可能错误都由本人负责，与他人无关。此路得遇你们是我的荣幸，你们的慷慨所予我皆深记于心。

首先，我要感谢中山大学的鞠实儿教授和梁庆寅教授。梁老师是我的硕士导师，是梁老师真正将我领入逻辑和哲学的殿门，从他那里我真正开始对哲学论证产生了浓厚的兴趣。鞠老师是我的博士导师，是一位出了名的严师。鞠老师对我的指导可谓“毫不留情”，一次一次的“香板”重重地打在痛处，让我丝毫不敢懈怠。鞠老师鼓励我要“出思想”，要大胆探索，但要在规范的严格约束下，并将这比作“带着枷锁跳舞”。感谢两位导师倾心指导。

我还要特别感谢加拿大阿尔伯塔大学的林斯基教授、美国罗格斯大学的谢菲尔教授和美国斯坦福大学的扎尔塔教授。我于 2007 年 5 月至 2008 年 5 月和 2013 年 1 月至 2014 年 1 月分别在阿尔伯塔大学和罗格斯大学访学，合作教授分别是林斯基教授和谢菲尔教授，我曾就“合取创造主义”理念与两位教授进行深入交流。扎尔塔教授是我访问阿尔伯塔大学的推荐人。如书中展示，他是柏拉图主义的主要代表之一，我们曾进行热烈的辩论，除此外，他还为我慷慨提供了很多重要的资料。

阅读过本书中的部分或所有内容并提供评论的人包括（但不限于）邓晓芒、陈嘉映、王文方、彭孟尧、朱菁、韩林合、周振忠、任远、文学锋、荣立武、周志羿、张若愚、薛富兴、陈道德、苏庆辉、汤志恒、张瑛、陈刚、李麒麟、梅剑华、王晓阳、何朝安、蒋运鹏、库慧君、盛捷、黄彧、A. P. 马蒂尼奇（A. P. Martinich）、L. 洛萨（L. Rosa）、J. 古德曼

(J. Goodman)、沃特里尼、N. 赞威尔（N. Zangwill），在此一并致谢。书稿内容曾在华中科技大学2018年硕士生课程“分析形上学专题研究”中进行研讨，感谢课堂上所有参加讨论的同学。感谢本书的责任编辑喻苗女士，她耐心细致的校改工作，让本书得以按期出版。本书写作计划得到国家社科基金青年项目“虚构对象理论前沿研究”（10CZX032）、中央高校基本科研业务费专项“克里普克洛克讲座研究”（2015AA026）、“虚构对象创造机制理论研究”（2016AD010）、华中科技大学“十三五”校园文化品牌重点支持项目“喻家山哲学小屋”的支持。

最后，我要特别感谢我的爱人邓桂芳女士、女儿希希和云宝。我选择从事哲学研究并没能给家庭带来什么物质上的财富，但是，她们对我所做哲学的喜欢和支持让我深信哲学本身就是巨大的财富，哲学能为我的家庭带来和谐与快乐。同样，感谢我的父母，他们的默默支持让我前行无畏。感谢我的大舅尹常富先生，他一直关心此书的写作，遗憾的是，老人家不久前刚刚离世，未能看到此书出版。我愿意将这本书献给所有喜爱哲学或支持哲学研究的人们，有了你们，这本书才有了存在的意义。